Schriften des Europa-Instituts der Universität des Saarlandes – Rechtswissenschaft

Herausgegeben von

Professor Dr. Marc Bungenberg, LL.M.
Professor Dr. Thomas Giegerich, LL.M.
Professor Dr. Dr. Dr. h.c. mult. Georg Ress
Professor Dr. Torsten Stein

Band 106

Prof. Dr. Annette Guckelberger

Deutsches Verwaltungsprozessrecht unter unionsrechtlichem Anpassungsdruck

Überlegungen de lege lata und de lege ferenda

Nomos

Die Deutsche Nationalbibliothek verzeichnet diese Publikation in der Deutschen Nationalbibliografie; detaillierte bibliografische Daten sind im Internet über http://dnb.d-nb.de abrufbar.

ISBN 978-3-8487-3939-4 (Print)
ISBN 978-3-8452-8263-3 (ePDF)

1. Auflage 2017

Vorwort

Als mir die ehrenvolle Anfrage zuteil wurde, auf dem 71. Deutschen Juristentag in Essen ein Referat über den „Funktionswandel der Verwaltungsgerichtsbarkeit unter dem Einfluss des Unionsrechts – Umfang des Verwaltungsrechtsschutzes auf dem Prüfstand“ zu halten, rief dies bei mir zunächst Assoziationen an meinen Studienaufenthalt im Jahre 1991 an der Universität Fribourg (CH) hervor, wo ich eine Seminararbeit zum Thema „Der Zugang zum Verwaltungsgericht nach deutschem und nach schweizerischem Recht“ erstellt habe. Damals gelangte ich zu dem Ergebnis, dass sich das deutsche Verwaltungsprozessrecht und das – auch vom französischen Recht inspirierte – schweizerische Prozessrecht insbesondere im Hinblick auf die Verbandsklage, aber auch die gerichtliche Kontrolldichte unterscheiden.

Die vorliegende Abhandlung zeigt auf, inwieweit das Unionsrecht mit seinen Rechtsschutzanforderungen zwischenzeitlich auf das deutsche Verwaltungsprozessrecht einwirkt und Änderungsbedarf hervorruft. Erstmals zeichnet sich nach meiner Einschätzung ernsthaft die Einführung neuer bzw. die Änderung bestehender Rechtsbehelfsarten aus Gründen des Unionsrechts ab. Während das deutsche Verwaltungsprozessrecht bislang vor allem im Umweltrecht unter Anpassungsdruck geraten ist, wird künftig das Datenschutzrecht ein weiteres Referenzgebiet sein, bei dem zwischen europäischen und nationalen Rechtsschutzvorgaben ein stimmiges Konzept herzustellen ist. Die Monographie gibt meine sehr ausführlichen Überlegungen auf dem Weg zur Vorbereitung meiner Thesen und meines Referats für den 71. Deutschen Juristentag wieder (veröffentlicht in: Verhandlungen des 71. Deutschen Juristentages, herausgegeben von der Ständigen Deputation des Deutschen Juristentages, Band II/1, Sitzungsberichte – Referate und Beschlüsse, Verlag C. H. Beck, München 2017, N 9 ff.). Außerdem wurden weitere für das Verwaltungsprozessrecht relevante Entwicklungen bis Ende Dezember 2016 berücksichtigt (Gesetzentwurf der Bundesregierung zur Anpassung des Umwelt-Rechtsbehelfsgesetzes, Referentenentwurf für ein Gesetz zur Anpassung des Datenschutzrechts an die Datenschutz-Grundverordnung).

Für wertvolle Recherche- und Überprüfungsarbeiten möchte ich mich bei meinem Lehrstuhlteam Dipl. iur. Emrah Dilek, cand. iur. Lukas Eisenhuth, Ass. iur. Andre Gard, Dipl. iur. Katja Gluding, Dipl. iur. Manuel Kollmann,

Dipl. iur. Dominik Nüßgen, Dipl. iur. Frank Schmidt, Ass. iur. Philipp Singler sowie cand. iur. Gina Starosta bedanken. Dank gebührt des Weiteren meiner Sekretärin, Frau Marlies Weber, für die Erstellung der Druckfassung meines Manuskripts. Schließlich danke ich meinen Kollegen Prof. Dr. Marc Bungenberg, LL.M., Prof. Dr. Thomas Giegerich, LL.M., Prof. Dr. Dr. h.c. mult. Georg Ress und Prof. Dr. Torsten Stein für die Aufnahme meiner Abhandlung in die von ihnen herausgegebene Schriftenreihe des Europa-Instituts der Universität des Saarlandes.

Saarbrücken, im Januar 2017

Annette Guckelberger

A. Ausgangssituation

In den vergangenen Jahren und Jahrzehnten sind die deutschen Verwaltungsgerichte zunehmend in die Rolle funktionaler Unionsgerichte hineingewachsen.[1] Heute haben viele vor den Verwaltungsgerichten ausgetragene Streitigkeiten einen unionsrechtlichen Hintergrund, weil mittlerweile ein Großteil der nationalen Rechtsvorschriften durch europäische Vorgaben determiniert wird.[2] Dies zeitigt nicht nur Konsequenzen für das gerichtliche Entscheidungsprogramm,[3] sondern auch für das nationale Prozessrecht.[4] Art. 19 Abs. 1 UAbs. 2 EUV verpflichtet die Mitgliedstaaten zur Schaffung der erforderlichen Rechtsbehelfe zur Gewährleistung eines wirksamen Rechtsschutzes in den vom Unionsrecht erfassten Bereichen.[5] Diese Verpflichtung wird durch das Recht auf einen wirksamen Rechtsbehelf in Art. 47 GRCh grundrechtlich abgesichert.

---

1 Zur Rolle als funktionale Unionsgerichte *Kotzur*, in: Leible/Terhechte, EnzEuR Bd. 3, § 5 Rn. 26; *Saurer*, Der Einzelne im europäischen Verwaltungsrecht, S. 364 f.; zum Verhältnis zwischen Unions- und nationalen Gerichten EuGH, Gutachten 2/13 v. 18.12.2014, Rn. 174 ff.

2 *Ehlers* JURA 2016, 603, 608; *Guckelberger* ZEuS 2012, 1, 7; *Hufen*, Verwaltungsprozessrecht, § 3 Rn. 16. Oft findet sich die Äußerung, 80 % der nationalen Rechte hätten einen europäischen Hintergrund, s. dazu *Büdenbender*, Das Verhältnis des Europäischen Gerichtshofs zum Bundesverfassungsgericht, S. 137; *Hoppe* EuZW 2009, 169.

3 *Siegel*, Europäisierung des Öffentlichen Rechts, Rn. 417.

4 Z. B. *Jochum*, Verwaltungsverfahrensrecht und Verwaltungsprozeßrecht, S. 389, 392. S. auch *Nolte*, Die Eigenart des verwaltungsgerichtlichen Rechtsschutzes, S. 58, wonach das nationale Prozessrecht nicht nur Gegenstand der Harmonisierung, sondern auch in seiner europarechtlichen Implementierungsfunktion beeinflusst wird.

5 So kommt den nationalen Gerichten eine Auffangfunktion beim Rechtsschutz gegen Gesetzgebungsakte der Union zu, gegen welche natürliche und juristische Personen wegen der engen Ausgestaltung in Art. 263 Abs. 4 Var. 2 AEUV keinen Rechtsschutz vor den Unionsgerichten erlangen können, s. EuGH, Rs. C-583/11 P, NVwZ 2014, 53, 56 f.; dazu *Giegerich/Lauer* ZEuS 2014, 461, 470 f.; *Guckelberger*, in: FS für Wendt, S. 1165, 1174 ff.; zur Auffangfunktion der nationalen Gerichte auch *Saurer*, Der Einzelne im europäischen Verwaltungsrecht, S. 156 f.; *Voßkuhle/Lange*, in: Leible/Terhechte, EnzEuR Bd. 3, § 6

Seit den 1990er Jahren befasst sich das Schrifttum vermehrt mit der Frage, ob und inwieweit das deutsche Verwaltungsprozessrecht infolge der Europäisierung unter Anpassungsdruck gerät.[6] Bereiche, in denen ein solcher Anpassungsbedarf ausgemacht oder diskutiert wird, sind vor allem die Ausgestaltung der Klagebefugnis,[7] der Eilrechtsschutz gegen Entscheidungen der Verwaltung[8] sowie der Kontrollumfang der Verwaltungsgerichtsbarkeit.[9] Obwohl die Verwaltungsgerichtsordnung seit ihrem Erlass im Jahre 1960[10] mehrfach geändert wurde, geht bislang nur ein kleiner Bruchteil ihrer Änderungen auf das Unionsrecht zurück.[11] Für den Gesetzgeber standen andere Fragen, wie etwa die Rückführung des Kollegialprinzips und die Übertragung von Rechtsstreitigkeiten auf den Einzelrichter oder

---

Rn. 22. Dazu, dass die nationalen Gerichte den Sachverhalt oftmals vor Ort besser aufbereiten und auch ein wirksamer Filter sein können, *Calliess* NJW 2002, 3577, 3582.

6 Inzwischen gibt es ein überbordendes Schrifttum zur Europäisierung des Verwaltungsprozessrechts, weshalb hier nur einzelne Werke exemplarisch genannt werden: *Burgi*, Verwaltungsprozess und Europarecht; *Classen*, Die Europäisierung der Verwaltungsgerichtsbarkeit; *Dörr*, Der europäisierte Rechtsschutzauftrag deutscher Gerichte; *Dünchheim*, Verwaltungsprozeßrecht unter europäischem Einfluß; *Ehlers*, Die Europäisierung des Verwaltungsprozessrechts; *Gärditz*, Funktionswandel der Verwaltungsgerichtsbarkeit unter dem Einfluss des Unionsrechts, Gutachten D zum 71. DJT; *Huber* BayVBl. 2001, 577 ff.; *Neidhardt*, Nationale Rechtsinstitute als Bausteine europäischen Verwaltungsrechts; *Steinbeiß-Winkelmann* NJW 2010, 1233 ff.

7 Z. B. *Breuer* Die Verw. 45 (2012), 171 ff.; *Calliess* NJW 2002, 3577 ff.; *Ruffert*, Subjektive Rechte im Umweltrecht der Europäischen Gemeinschaft; *Schwerdtfeger*, Der deutsche Verwaltungsrechtsschutz unter dem Einfluss der Aarhus-Konvention; *Triantafyllou* DÖV 1997, 192 ff.; *Wegener*, Rechte des Einzelnen.

8 Z. B. *Buck*, Die Europäisierung des verwaltungsgerichtlichen vorläufigen Rechtsschutzes; *Triantafyllou* NVwZ 1992, 129 ff.; *Windthorst*, Der verwaltungsgerichtliche einstweilige Rechtsschutz, S. 209 ff.

9 Z. B. *Classen*, Die Europäisierung, S. 119 ff.; *Neidhardt*, Nationale Rechtsinstitute als Bausteine des europäischen Verwaltungsrechts, S. 173 ff.

10 BGBl. 1960 I S. 17.

11 Z. B. Änderung des § 67 Abs. 2 S. 1 VwGO durch Art. 9 des Gesetzes zur Umsetzung der Dienstleistungsrichtlinie in der Justiz, BGBl. 2010 I S. 2248, 2250; Änderung des § 166 Abs. 2 VwGO durch Art. 13 des Gesetzes zur Durchführung der Verordnung (EU) Nr. 1215/2012, BGBl. 2014 I S. 890, 895 f.

Beschränkungen der Rechtsmittel, im Vordergrund.[12] Nur wenige Anpassungen der VwGO haben einen unionsrechtlichen Hintergrund. Zwar wurde durch die Umsetzung der Mediationsrichtlinie 2008/52/EG über bestimmte Aspekte der Mediation in Zivil- und Handelssachen[13] über die Richtlinie hinausgehend (sog. Spill-Over-Effekt[14]) die alternative Konfliktlösungsmöglichkeit der Mediation bei einem Güterichter für die Beteiligten im Verwaltungsprozess eröffnet.[15] Auch konnte sich Deutschland, nachdem es ein zweites Mal vom EGMR gerügt wurde,[16] zu Rechtsschutzregelungen bei überlangen Gerichtsverfahren durchringen (§ 173 S. 2 VwGO i. V. m. §§ 198 ff. GVG).[17] Mit Letzteren wurde zwar unmittelbar den Anforderungen aus Art. 6 Abs. 1 S. 1, Art. 13 EMRK an einen Rechtsschutz „innerhalb angemessener Frist" Rechnung getragen.[18] Diese Ausgestaltung kommt aber zugleich Art. 47 GRCh zugute, wonach jede Person beanspruchen kann, „dass ihre Sache von einem unabhängigen [...] Gericht in einem fairen Verfahren, öffentlich und innerhalb angemessener Frist verhandelt wird".[19]

---

12 *Mehmel* wiedergegeben bei *Stüer* DVBl. 2016, 829, 830; zum Asylkompromiss und zur Verlagerung von Zuständigkeiten auf die Sozialgerichtsbarkeit *Steinbeiß-Winkelmann* NVwZ 2016, 713 ff.

13 Richtlinie 2008/52/EG des Europäischen Parlaments und des Rates vom 21. Mai 2008 über bestimmte Aspekte der Mediation in Zivil- und Handelssachen, ABl. EU Nr. L 136, S. 3 ff., die gem. Art. 1 Abs. 2 S. 2 insbesondere nicht für Steuer- und Zollsachen sowie in verwaltungsrechtlichen Angelegenheiten gilt.

14 Z. B. *Ehlers*, in: ders./Pünder, Allgemeines Verwaltungsrecht, § 5 Rn. 49; s. auch *Neidhardt*, Nationale Rechtsinstitute als Bausteine des europäischen Verwaltungsrechts, S. 94 ff.

15 *Guckelberger* NVwZ 2011, 390, 391; *Schenke/Ruthig*, in: Kopp/Schenke, VwGO, § 1 Rn. 35a; allgemein zum Trend in Richtung eines Multi Door Courthouses *Brosius-Gersdorf* VVDStRL 74 (2014), S. 191 m. w. N.

16 EGMR NJW 2006, 2389 ff.; NJW 2010, 3355 ff.; s. dazu *Guckelberger* DÖV 2012, 289.

17 BGBl. 2011 I S. 2302 ff., 2554 f.; s. dazu *Guckelberger* DÖV 2012, 289 ff.; *Steinbeiß-Winkelmann/Sporrer* NJW 2014, 177 ff.; *Schenke* DVBl. 2016, 745 ff.

18 Allgemein zu den Auswirkungen der Art. 6 Abs. 1, Art. 13 EMRK auf das nationale Prozessrecht EGMR NVwZ 2016, 519 ff. Zur EMRK als Rechtsquelle des Verwaltungsprozessrechts *Schmaltz*, in: Schenke/Suerbaum, Verwaltungsgerichtsbarkeit, S. 99 ff.

19 Zu den diesbezüglichen Zusammenhängen EuGH, Rs. C-385/07 P, Slg. 2009 I-6155, 6269 f.; Rs. C-40/12 P, EuGRZ 2013, 671, 676.

Mit der bundesweiten Einführung der Verbandsklage im Umwelt-Rechtsbehelfsgesetz[20] (nachfolgend: UmwRG) wurde ein folgenschwerer Einschnitt in das traditionell individualschutzrechtlich ausgerichtete deutsche Verwaltungsprozessrecht unternommen.[21] Auslöser für die Implementierung der Verbandsklage im UmwRG war die Aarhus-Konvention (nachfolgend: AK),[22] die in Abweichung zum herkömmlichen Umweltvölkerrecht auch Individualrechte für die BürgerInnen begründet.[23] Die Aarhus-Konvention ist ein sowohl von der Bundesrepublik Deutschland[24] als auch der damaligen Europäischen Gemeinschaft[25] unterzeichnetes und ratifiziertes regionales völkerrechtliches Abkommen. Abweichend vom herkömmlichen Völkerrecht begründet die Aarhus-Konvention nicht nur Rechte und Pflichten zwischen Staaten, sondern zielt auf die Verleihung einklagbarer Rechtspositionen für die BürgerInnen und Verbände ab.[26] Weil die Union ebenfalls Vertragspartner dieses Abkommens und dieses somit gem. Art. 216 Abs. 2 AEUV integraler Bestandteil des Unionsrechts ist,[27] erhöht sich seine Durchschlagskraft in den Mitgliedstaaten.[28] Auf diese Weise kommt dem EuGH hinsichtlich des im Zusammenhang mit der Aarhus-Konvention stehenden Sekundärrechts die Auslegungshoheit zu.[29] Im Rahmen eines Vorabentscheidungsersuchens (Art. 267 AEUV), aber auch eines

20 BGBl. 2006 I S. 2816.

21 Dazu *Breuer* Die Verw. 45 (2012), 171, 172; *Kment* UPR 2013, 41, 44 („Fremdkörper"); *Schlacke*, Überindividueller Rechtsschutz, S. 371.

22 Eine deutsche Übersetzung findet sich z. B. in *Durner/Walter*, Rechtspolitische Spielräume bei der Umsetzung der Århus-Konvention, S. 121 ff. Zur Bedeutung der Aarhus-Konvention etwa *Wegener* EurUP 2014, 226 ff. S. auch *Schwerdtfeger*, in: Lohse/Poto, Participatory Rights, S. 173, 186, wonach die AK die Judikative aus Misstrauen gegenüber dem Gesetzgeber gestärkt hat.

23 *Scheyli* ArchVR 2000, 217, 227; *Seifert* ZEuS 2016, 49, 52.

24 BGBl. 2007 II S. 1392, 1397. Dazu *Schwerdtfeger*, Der deutsche Verwaltungsrechtsschutz, S. 17.

25 Beschluss des Rates vom 17.2.2005 über den Abschluss des Übereinkommens über den Zugang zu Informationen, die Öffentlichkeitsbeteiligung an Entscheidungsverfahren und den Zugang zu Gerichten in Umweltangelegenheiten im Namen der Europäischen Gemeinschaft, ABl. EU Nr. L 124, S. 1 ff.

26 *Sommerfeldt*, Die Verbandsklage, S. 86 f.; s. auch Schlussanträge GA *Kokott* v. 30.6.2016 in der Rs. C-243/15 Rn. 61; *Guckelberger* UTR 2011, 49, 61 f.

27 Schlussanträge GA *Kokott* v. 30.6.2016 in der Rs. C-243/15 Rn. 56.

28 Dazu auch *Franzius* UPR 2016, 281, 288; *Nowak* NuR 2015, 375, 382.

29 *Kokott/Sobotta*, in: GfU, Dokumentation zur 37. wissenschaftlichen Fachtagung der Gesellschaft für Umweltrecht, S. 17; *Seifert* ZEuS 2016, 49, 59; *Steinbeiß-Winkelmann* NVwZ 2016, 713, 717.

Vertragsverletzungsverfahrens (Art. 259 AEUV) nimmt der EuGH zur Übereinstimmung der nationalen Rechtsschutzvorschriften mit dem die Anforderungen der Aarhus-Konvention implementierenden Sekundärrecht Stellung.[30]

Lange Zeit maß man in Deutschland Art. 9 Abs. 3 AK, wonach die Mitglieder der Öffentlichkeit, „sofern sie etwaige in ihrem innerstaatlichen Recht festgelegte Kriterien erfüllen", Zugang zu verwaltungsbehördlichen oder gerichtlichen Verfahren für die Anfechtung umweltrechtswidriger Handlungen oder Unterlassungen der Behörden erlangen müssen, keine Bedeutung zu.[31] Dies änderte sich mit der Entscheidung des EuGH zum slowakischen Braunbären.[32] Trotz fehlender unionsrechtlicher Ausfüllungsvorschriften hielt er sich angesichts zahlreicher unionsrechtlicher Umweltvorschriften aus Gründen der einheitlichen Anwendung für entscheidungsbefugt.[33] Angesichts der Ziele des Art. 9 Abs. 3 AK sowie des bezweckten effektiven Rechtsschutzes der durch das Unionsrecht verliehenen Rechte seien die nationalen Rechtsvorschriften so auszulegen, dass eine Umweltschutzorganisation eine möglicherweise im Widerspruch zum Unionsumweltrecht stehende behördliche Entscheidung gerichtlich anfechten könne.[34]

Aufgrund dieser Rechtsprechung sieht sich Deutschland mehr oder minder „gezwungen", die Implementierung des Art. 9 Abs. 3 AK ins nationale Recht anzugehen. Daher hat man sich in der Bundesregierung auf den Entwurf eines Gesetzes zur Anpassung des Umwelt-Rechtsbehelfsgesetzes und anderer Vorschriften an europa- und völkerrechtliche Vorgaben verständigt, der dem Bundesrat am 12.8.2016 als besonders eilbedürftig zugeleitet wurde.[35] Deshalb liegen Überlegungen dazu nahe, ob die dort angedachte Regelungsstrategie zur Ausgestaltung des Umweltrechtsschutzes sinnvoll ist oder man einzelne für notwendig erachtete Regelungen nicht z. B. besser

---

30 Ohne Bezug zu Deutschland EuGH, Rs. C-240/09, NVwZ 2011, 673, 674.

31 EuGH, Rs. C-240/09, NVwZ 2011, 673 ff.

32 EuGH, Rs. C-240/09, NVwZ 2011, 673 ff.

33 EuGH, Rs. C-240/09, NVwZ 2011, 673, 675.

34 EuGH, Rs. C-240/09, NVwZ 2011, 673, 675. Es ist streitig, ob der EuGH hier seine Kompetenzen überschritten hat, dazu z. B. *Dietz* UPR Sonderheft 2016, 469, 470; *Schink* DÖV 2012, 622, 624 f.; *Seifert* ZEuS 2016, 49, 60 ff.; vor einer Überinterpretation warnend *Gärditz*, Der Funktionswandel der Verwaltungsgerichtsbarkeit, D 29.

35 BT-Drucks. 18/9526, S. 5.

in der Verwaltungsgerichtsordnung treffen sollte. Zwar hat der EuGH in einer Entscheidung vom Oktober 2015 den auf eine Rechtsverletzung abstellenden § 113 Abs. 1 VwGO – anders als die Kommission und Generalanwalt *Wathelet*[36] – für unionsrechtskonform erachtet.[37] Nichtsdestotrotz ergibt sich daraus mit aller Deutlichkeit, wie wichtig Erörterungen darüber sind, ob und inwieweit das deutsche Verwaltungsprozessrecht im Hinblick auf das bestehende, aber auch das künftige Unionsrecht gut aufgestellt ist. Bei der Debatte über Modifizierungen nationaler Prozessrechtsvorschriften ist zwischen Änderungen zu unterscheiden, die aus unionsrechtlichen Gründen zwingend geboten sind, und solchen, die auf freiwilliger Basis vorgenommen werden, weil man sich davon langfristig Vorteile im europäischen Verwaltungs- und Rechtsprechungsverbund verspricht. Derartige Diskussionen sind nicht nur in Deutschland, sondern auch in anderen Mitgliedstaaten zu führen, deren nationales Prozessrecht ebenfalls an der einen oder anderen Stelle unter unionsrechtlichem Anpassungsdruck steht.[38] Durch einen Vergleich der Vor- und Nachteile des eigenen Rechtsschutzsystems mit denjenigen anderer Systeme bietet sich die Gelegenheit, über die Einführung von Verbesserungen und/oder eine attraktivere Ausgestaltung des Rechtsschutzes nachzudenken.[39]

---

36 Schlussanträge des GA *Wathelet* v. 21.5.2015 in der Rs. C-137/14.

37 EuGH, Rs. C-137/14, NVwZ 2015, 1665, 1666 f.; s. etwa *Hufen*, Verwaltungsprozessrecht, Vorwort; *Kment/Lorenz* EurUP 2016, 47, 48.

38 *Epiney/Reitmeyer*, in: GfU, Dokumentation zur 37. wissenschaftlichen Fachtagung der Gesellschaft für Umweltrecht, S. 71 Rn. 125 ff.; *Sommermann*, in: Schenke/Suerbaum, Verwaltungsgerichtsbarkeit, S. 189 ff.

39 *Skouris* DVBl. 2016, 937, 943.

B. Regelungskompetenzen und mögliche Regelungsstrategien

Bislang gibt es nur wenige und überdies zumeist allgemein gehaltene[40] sekundärrechtliche Rechtsschutzvorgaben der Union an die Mitgliedstaaten. Erklären lässt sich dies mit dem für die Union geltenden Grundsatz der begrenzten Einzelermächtigung (Art. 5 Abs. 1 S. 1 EUV) sowie deren Rücksichtnahme auf die Verfahrens- und Prozessautonomie der Mitgliedstaaten.[41] Detailliertere EU-Rechtsschutzvorgaben finden sich vor allem im Bereich des Migrationsrechts[42] (Art. 39 Richtlinie 2005/85/EG,[43] Art. 20 ff. Richtlinie 2013/32/EU[44]), im Umweltrecht (Art. 11 UVP-Richtlinie 2011/92/EU,[45] Art. 25 IE-Richtlinie 2010/75/EU[46] und Art. 13 Abs. 1 i. V. m. Art. 12 Abs. 1 Umwelthaftungsrichtlinie 2004/35/EG[47]) sowie in

40 Art. 30 Abs. 6 Richtlinie 2001/14/EG; Art. 37 Abs. 16, 17 Richtlinie 2009/72/EG; Art. 41 Abs. 16, 17 Richtlinie 2009/73/EG.

41 Zur fehlenden allgemeinen Kompetenz der Union für das Verwaltungsprozessrecht z. B. *Neuhäuser*, Die Zulassung der Berufung, S. 357 ff.; *Ruffert*, Subjektive Rechte im Umweltrecht, S. 323; *Schlacke*, Überindividueller Rechtsschutz, S. 89; näher zur Bedeutung der Verfahrensautonomie *U. Stelkens*, in: Stelkens/Bonk/Sachs, VwVfG, EuR Rn. 126 ff.

42 Zum Rechtsschutz nach der Dublin-III-Verordnung *Kleinlein* DÖV 2016, 1032 ff.

43 Richtlinie 2005/85/EG des Rates vom 1.12.2005 über Mindestnormen für Verfahren in den Mitgliedstaaten zur Zuerkennung und Aberkennung der Flüchtlingseigenschaft, ABl. 2005 Nr. L 326, S. 13 ff.

44 Richtlinie 2013/32/EU des Europäischen Parlaments und des Rates vom 26.6.2013 zu gemeinsamen Verfahren für die Zuerkennung und Aberkennung des internationalen Schutzes, ABl. EU 2013 Nr. L 180, S. 60 ff.

45 Richtlinie 2011/92/EU des Europäischen Parlaments und des Rates vom 13.12.2011 über die Umweltverträglichkeitsprüfung bei bestimmten öffentlichen und privaten Projekten, ABl. EU 2012 Nr. L 26, S. 1 ff.

46 Richtlinie 2010/75/EU des Europäischen Parlaments und des Rates vom 24.11.2010 über Industrieemissionen (integrierte Vermeidung und Verminderung der Umweltverschmutzung), ABl. EU 2010 Nr. L 334, S. 17 ff.

47 Richtlinie 2004/35/EG des Europäischen Parlaments und des Rates vom 21.4.2004 über Umwelthaftung zur Vermeidung und Sanierung von Umweltschäden, ABl. EG 2004 Nr. L 143, S. 56 ff.

Art. 4 Telekommunikations-Rahmenrichtlinie 2002/21/EG.[48] Sie enthalten allesamt Rechtsschutzvorgaben, welche eine Modifizierung verwaltungsprozessrechtlicher Vorschriften bedingen könnten. Die EU-Datenschutzrundverordnung 2016/679/EU (nachfolgend: EU-DSGVO) enthält nunmehr in Art. 78 ff. detaillierte Regelungen zum Recht auf einen wirksamen gerichtlichen Rechtsbehelf.[49] Weil ein Großteil ihrer Bestimmungen unmittelbar gilt, andere dagegen der Ausfüllung durch die Mitgliedstaaten bedürfen, geht damit in Zukunft ein Nebeneinander von unmittelbar anwendbaren und vorrangig anzuwendenden Prozessrechtsregelungen aus der EU-DSGVO sowie nationalen Prozessrechtsvorgaben einher.[50] Dies ist der Rechtsklarheit abträglich[51] und hat zur Konsequenz, dass sich die Rechtslage gegenüber bisher komplizierter erschließen lässt.

Im Übrigen haben die Mitgliedstaaten die zuständigen Gerichte und Verfahrensmodalitäten für gerichtliche Rechtsbehelfe zur Durchsetzung unionsrechtlicher Rechtspositionen zu regeln (Art. 291 Abs. 1 AEUV).[52] Ihre Verfahrens- bzw. Prozessautonomie wird dabei durch das Recht auf effektiven Rechtsschutz in Art. 47 GRCh[53] und vor allem durch den Äquivalenz- und Effektivitätsgrundsatz[54] begrenzt. Vor kurzem stellte sich der EuGH hinsichtlich des Effektivitätsgrundsatzes auf den Standpunkt, dass „die Anforderungen an die Rechtssicherheit betreffend die Zulässigkeitsvoraussetzungen für Klagen unterschiedlich hoch [sein können], je nachdem, ob es sich um Schadenersatzklagen oder um Nachprüfungsverfahren mit dem

---

48 Richtlinie 2002/21/EG des Europäischen Parlaments und des Rates vom 7.3.2002 über einen gemeinsamen Rechtsrahmen für elektronische Kommunikationsnetze und -dienste (Rahmenrichtlinie), ABl. EG 2002 Nr. L 108, S. 33 ff.

49 Verordnung (EU) 2016/679 des Europäischen Parlaments und des Rates vom 27.4.2016 zum Schutz natürlicher Personen bei der Verarbeitung personenbezogener Daten, zum freien Datenverkehr und zur Aufhebung der Richtlinie 95/46/EG (Datenschutz-Grundverordnung), ABl. EU 2016 Nr. L 119, S. 1 ff.

50 *Sydow* ZG 2016, 237, 252.

51 *Sydow* ZG 2016, 237, 252.

52 EuGH, Rs. C-556/10, EuZW 2003, 666, 670; *Saurer*, Der Einzelne im europäischen Verwaltungsrecht, S. 310 ff.

53 EuGH, Urt. v. 19.3.2015 – Rs. C-510/13, Rn. 46, 48, 50 juris; s. auch *Franzius*, in: Leible/Terhechte, EnzEuR Bd. 3, § 4 Rn. 20; *Kotzur*, in: Leible/Terhechte, EnzEuR Bd. 3, § 5 Rn. 26.

54 EuGH, Rs. C-556/10, EuZW 2003, 666, 670; Rs. C-505/14, DVBl. 2016, 42, 44 f.; Rs. C-176/14, EuZW 2016, 140, 141; *Neuhäuser*, Die Zulassung der Berufung, S. 375 ff.; *Saurer*, Der Einzelne im europäischen Verwaltungsrecht, S. 311 ff.

Ziel handelt, einem Vertrag die Wirksamkeit zu entziehen".[55] Infolge der soeben erwähnten unionsrechtlichen Vorgaben für den Rechtsschutz nähern sich die unterschiedlichen mitgliedstaatlichen Prozessordnungen einander etwas an.[56] Die Europäisierung des materiellen Rechts bedarf der Flankierung durch einen effektiven Rechtsschutz,[57] der im europäischen Rechtsprechungsverbund eine integrative, einheitsstiftende Funktion entfaltet.[58] So beschrieb Generalanwalt *Ruiz-Jarabo Colomer* das Vorabentscheidungsverfahren in Art. 267 AEUV als ein für die verschiedenen Gerichte bestehendes „Instrument der Zusammenarbeit auf dem gemeinschaftlichen Parkett".[59]

Der für die Verwaltungsgerichtsordnung regelungsbefugte Bund (Art. 74 Abs. 1 Nr. 1 GG) ist verpflichtet, seine nationalen Rechtsvorschriften an anderslautende unionsrechtliche Rechtsschutzvorgaben anzupassen.[60] Er entscheidet zudem darüber, ob er seine Rechtsvorschriften nicht sogar über das nach dem Unionsrecht Erforderliche hinaus aus Zweckmäßigkeitsüberlegungen oder Gründen der Kohärenz ändern möchte. Bislang hat Deutschland europäische Rechtsschutzanforderungen nur sehr zögerlich umgesetzt.[61] Bereits drei Mal musste der EuGH wegen unzulänglicher Umsetzung der europäischen Umweltrechtsschutzvorgaben im nationalen

55 EuGH, Rs. C-166/14, EuZW 2016, 140, 142 (in Bezug auf das Vergaberecht).

56 Zur Konvergenz bzw. Harmonisierung z. B. *Epiney/Reitmeyer*, in: GfU, Dokumentation zur 37. wissenschaftlichen Fachtagung der Gesellschaft für Umweltrecht, S. 71; *Jochum*, Verwaltungsverfahrensrecht und Verwaltungsprozeßrecht, S. 394; *Mangold/Wahl* Die Verw. 48 (2015), 1, 14 f.; *Nolte*, Die Eigenart des verwaltungsgerichtlichen Rechtsschutzes, S. 58 f.; *Saurer*, Der Einzelne im europäischen Verwaltungsrecht, S. 314; *Sommermann*, in: Schenke/Suerbaum, Verwaltungsgerichtsbarkeit, S. 189, 205 ff.; zur Bandbreite der mitgliedstaatlichen Rechtsschutzkonzeptionen *Epiney/Reitmeyer*, in: GfU, Dokumentation zur 37. wissenschaftlichen Fachtagung der Gesellschaft für Umweltrecht, S. 71 Rn. 94 f.; s. zur Annäherung der Rechtsordnung auch *Ebers*, Rechte, S. 67.

57 *Neuhäuser*, Die Zulassung der Berufung, S. 362.

58 *Saurer* RW 2016, 26, 28.

59 Schlussanträge des GA *Colomer* v. 2.6.2009 in der Rs. C-196/08, Slg. 2009 I-9913 Nr. 41 mit Fn. 24; s. auch *Saurer* RW 2016, 26, 33.

60 Z. B. *Tietje*, in: Grabitz/Hilf/Nettesheim, Das Recht der Europäischen Union, Art. 114 AEUV Rn. 61.

61 *Calliess* NVwZ-Editorial 23/2016.

UmwRG intervenieren.[62] Des Weiteren beanstandete er die Handhabung der Fehlerfolgenregelung in § 46 VwVfG als zu restriktiv.[63]

Wenn man über etwaige Modifizierungen des deutschen Verwaltungsprozessrechts im Hinblick auf unions- und völkerrechtliche Rechtsschutzvorgaben diskutiert, sollte sich die Diskussion auch auf die möglichen Regelungsstrategien beziehen. In dieser Hinsicht lassen sich zwei Pole ausmachen. Auf der einen Seite steht die eher restriktive Haltung,[64] bei der die nationalen Prozessrechtsvorschriften gegebenenfalls erst in Reaktion auf Beanstandungen durch die Unionsgerichte schrittweise angepasst werden. Sie lehnt es ab, ohne Not bewährte Rechtstraditionen aufzugeben und betont die mitgliedstaatliche Verfahrens- sowie Prozessautonomie.[65] Unter dem Blickwinkel des Wettbewerbs der Rechtsordnungen[66] möchte man so auf nationaler Ebene erfolgreiche Normenmodelle in den unionalen Diskussionsprozess über die Konzeption europäischer Rechtsschutzvorgaben einspeisen.[67] Die andere Regelungsstrategie will durch eine Fortentwicklung des nationalen Rechts (möglichen) Unionsrechtswidrigkeiten zuvorkommen. Greift der nationale Gesetzgeber Regelungskonzepte auf, die auf europäischer Ebene und/oder in vielen anderen EU-Mitgliedstaaten verbreitet sind, lassen sich z. B. Verständnisschwierigkeiten von Personen aus dem EU-Ausland bei der Inanspruchnahme des deutschen Verwaltungsrechtsschutzes verringern.[68] Eine Übernahme solcher Regelungen auch für rein

---

62 EuGH, Rs. C-115/09, NVwZ 2011, 801 ff.; Rs. C-72/12, NVwZ 2014, 49 ff.; Rs. C-137/14, NVwZ 2015, 1665 ff.

63 EuGH, Rs. C-137/14, NVwZ 2015, 1665, 1668 ff.

64 Dazu, dass die Verwaltungsgerichtsbarkeit der Zukunft selbstbewusst begegnen kann und zur Bewältigung neuer Herausforderungen in der Lage ist, *Schoch* VBlBW 2013, 361, 370.

65 Nachweise zu dieser Haltung in Bezug auf das allgemeine Verwaltungsrecht bei *Guckelberger/Geber*, Allgemeines Europäisches Verwaltungsverfahrensrecht, S. 174 ff.

66 Zum Wettbewerb der Rechtsordnungen z. B. *Giegerich* VVDStRL 69 (2010), S. 57 ff.; *Peters* VVDStRL 69 (2010), S. 7 ff.; zu diesem möglichen Gegenargument im Hinblick auf eine freiwillige Anpassung des nationalen Verwaltungsverfahrensrechts an ein kodifiziertes unionales Verwaltungsverfahrensrecht *Guckelberger/Geber*, Allgemeines Europäisches Verwaltungsverfahrensrecht, S. 174 f.

67 So meint *Mayer* NuR 2016, 106, 107 allerdings bezogen auf die Schutznormtheorie in einem bereits seit langem geführten Diskussionsfeld, Deutschland solle sich mit deren Aufgabe nicht vorschnell an die Spitze der Bewegung setzen.

68 In diese Richtung *Winter* NVwZ 1999, 467, 472.

nationale Rechtsstreitigkeiten fördert die Einheitlichkeit des Rechtsschutzes und trägt zu einer erleichterten Erschließbarkeit und Anwendbarkeit des Prozessrechts bei.[69] Je geringer die nationalen verwaltungsprozessualen Besonderheiten sind, desto leichter fallen Vernetzungen im europäischen Gerichtsverbund.[70]

Richtigerweise ist im Wege einer Abwägung zwischen den Vor- und Nachteilen der möglichen Regelungsstrategien zu entscheiden, ob bei der Änderung des Verwaltungsprozessrechts eine Politik der eher großen oder kleinen Schritte eingeschlagen werden soll.[71] Da bspw. der Diskussionsprozess über die Forcierung kollektiver Rechtsschutzmöglichkeiten in Form der Sammelklage auf Unionsebene erst in den Anfängen steckt,[72] ist es jedenfalls allein aus Gründen des Unionsrechts im Moment nicht geboten, über die Implementierung eines solchen „Fremdkörpers" im nationalen Verwaltungsprozessrecht zu reflektieren. Als Reaktion auf den VW-Abgasskandal (in der Motorsteuerung bestimmter Dieselfahrzeuge wurden illegale Abschalteinrichtungen zur Umgehung der Abgasnormen verwendet)[73] rückt jedoch im Zivilprozessrecht die Einführung einer Sammel- oder Musterklage näher.[74] Laut Pressemeldungen sollen nach einem Referentenentwurf des Justizministeriums künftig VerbraucherInnen leichter Schadensersatz- und andere Ansprüche einklagen können, indem Verbraucherverbände und weitere Organisationen – jedoch wohl nicht die Anwaltschaft

---

69 So für die Verwaltung *Guckelberger/Geber*, Allgemeines Europäisches Verwaltungsverfahrensrecht, S. 173; s. auch *Kahl*, in: Hill/Sommermann/Stelkens/Ziekow, 35 Jahre Verwaltungsverfahrensgesetz, S. 111, 133.

70 Zur Verbesserung der Zusammenarbeit allerdings im Verwaltungsverbund *Guckelberger/Geber*, Allgemeines Europäisches Verwaltungsverfahrensrecht, S. 173; s. auch *Kahl,* in: Hill/Sommermann/Stelkens/Ziekow, 35 Jahre Verwaltungsverfahrensgesetz, S. 111, 133.

71 So zum Verhältnis deutsches und EU-Verwaltungsverfahrensrecht *Guckelberger/Geber*, Allgemeines Europäisches Verwaltungsverfahrensrecht, S. 177.

72 S. COM(2013) 401 final, „Auf dem Weg zu einem allgemeinen europäischen Rahmen für den kollektiven Rechtsschutz". Zum kollektiven Rechtsschutz im Zivilprozess *Geiger*, Kollektiver Rechtsschutz im Zivilprozess.

73 S. dazu den Artikel „VW-Abgasskandal", abgerufen über Wikipedia am 3.11.2016.

74 Dazu *Prantl*, Sammelklagen in Deutschland wären ein Fehler, SZ v. 27.10.2016; *Vetter*, Bis zu 44.176 Dollar in den USA, 0 Euro in Deutschland, WeltN 24 online v. 2.11.2016. Kritisch auch *Roth* JZ 2016, 1134, 1138.

– zentrale Fragen in einem einzelnen Musterprozess klären lassen.[75] Von dieser Begrenzung der Klagebefugnis auf bestimmte Organisationen und Verbände verspricht man sich eine Eindämmung sachwidriger oder missbräuchlicher Musterfeststellungsklagen.[76] Außerdem soll dargelegt werden, dass die begehrte Feststellung für Ansprüche oder Rechtsverhältnisse von mindestens zehn Personen bedeutsam sein wird.[77] Auch wenn die Einzelnen – sofern es nicht zu einer außergerichtlichen Einigung kommt – dennoch Klage erheben müssten, erfolgt die Klärung zentraler Fragen im Musterverfahren. In dieser Hinsicht unterscheidet sich die Musterfeststellungsklage von den in den USA üblichen Sammelklagen mit den dort oft sehr hohen Schadensersatzsummen.[78] Das Vorhaben der Einführung einer Musterfeststellungsklage, deren Integration sogar in die Zivilprozessordnung angedacht ist,[79] könnte langfristig auch im Verwaltungsprozessrecht die Debatte über die Einführung derartiger Rechtsschutzmöglichkeiten befeuern. Insoweit könnte die Feststellung der EU-Kommission Relevanz erlangen, in der diese als geeignete Einsatzfelder für Sammelklagen u. a. den Bereich der Finanzdienstleistungen sowie den Umwelt- und Datenschutz identifizierte.[80]

Weil die Praxis bei einem grundlegenden Umbau des Prozessrechts eine gewisse Einarbeitungszeit benötigt und sich erst im Laufe der Zeit ungewollte Nebeneffekte herausstellen werden, gibt es gute Argumente gegen eine zu extensive Regelungsstrategie. Andererseits hat sich beim Umweltrechtsschutz gezeigt, dass eine zu restriktive Haltung gegenüber konkreten

---

75 Artikel „Referentenentwurf zu Musterklagen" in der LTO v. 1.12.2016. Zur Kritik hinsichtlich der Ausklammerung der Anwaltschaft *Rohwetter*, Auf sie mit Gebrüll!, in: Zeit v. 8.12.2016, S. 35.

76 *Windau*, Referentenentwurf zur Einführung einer Musterfeststellungsklage, LTO v. 19.12.2016.

77 *Windau*, Referentenentwurf zur Einführung einer Musterfeststellungsklage, LTO v. 19.12.2016.

78 Artikel „Referentenentwurf zu Musterklagen" in der LTO v. 1.12.2016.

79 *Windau*, Referentenentwurf zur Einführung einer Musterfeststellungsklage, LTO v. 19.12.2016.

80 S. COM(2013) 401 final, S. 6. Dazu, dass sich Kollektivklagen möglicherweise auch im Informationsverwaltungsrecht anbieten, *Schmidt-Aßmann*, Kohärenz und Konsistenz, S. 234.

unionsrechtlichen Rechtsschutzvorgaben erfahrungsgemäß nicht zielführend ist.[81] Tendenziell liegt daher ein zwischen diesen beiden Extremen zu verortender Ansatz nahe. Bei diesem wird in Bezug auf einzelne konkrete verwaltungsprozessuale Regelungen untersucht, ob und inwieweit es bei ihnen ein Bedarf zur behutsamen Fortentwicklung gibt.[82] Dementsprechend empfiehlt *Hufen*, anstelle von einer Europäisierung „des" Prozessrechts besser nur von einer solchen in Bezug auf einzelne Rechtsfragen zu reden.[83] Bei derartigen Erörterungen sind selbstverständlich nicht nur die unionalen Rechtsschutzanforderungen, sondern ebenso die sich aus dem nationalen (Verfassungs-)Recht ergebenden Anforderungen und Bedürfnisse einzustellen.[84]

Wird ein solcher Änderungsbedarf ausgemacht, ist in einem zweiten Schritt zu klären, ob die Nachjustierung bereichsspezifisch oder in der Verwaltungsgerichtsordnung vorgenommen werden sollte. Im zuletzt genannten Fall bestünde zugleich die Gelegenheit, bestehende Regelungen, bei denen aus nicht unionsrechtlich determinierten Gründen ein Verbesserungsbedarf besteht, mit zu ändern.[85] Zur Behebung der im Bereich der europäischen Verbundverwaltung ausgemachten Rechtsschutzdefizite,[86] die sich

---

81 *Ziekow* NVwZ 2010, 793, 799. *Greim*, Rechtsschutz bei Verfahrensfehlern, S. 22 moniert, dass man sich häufig auf einen Minimalkonsens und ein Stückwerk ohne Blick auf das Ganze verständigt hat.

82 So die Terminologie von *Epiney/Reitmeyer*, in: GfU, Dokumentation zur 37. wissenschaftlichen Fachtagung der Gesellschaft für Umweltrecht, S. 71 Rn. 125.

83 *Hufen*, Verwaltungsprozessrecht, § 3 Rn. 16.

84 So zum Verwaltungsverfahrensrecht *Guckelberger/Geber*, Allgemeines Europäisches Verwaltungsverfahrensrecht, S. 177 f.

85 In diese Richtung *Durner* NVwZ 2015, 841, 845.

86 Eingehend zur Verbundverwaltung als solcher z. B. *Glaser*, Die Entwicklung des europäischen Verwaltungsrechts, S. 529 ff.; *Holoubek/Lang*, Verfahren der Zusammenarbeit von Verwaltungsbehörden in Europa; zu den Problemen im Bereich des Rechtsschutzes, der nach wie vor dem Trennungsmodell folgt, *Dünchheim*, Verwaltungsprozeßrecht unter europäischem Einfluß, S. 75 f.; *Franzius*, in: Leible/Terhechte, EnzEuR Bd. 3, § 4 Rn. 23; *Glaser*, Die Entwicklung des europäischen Verwaltungsrechts, S. 510 ff., 581 ff.; *Merli*, in: Holoubek/Lang, Verfahren der Zusammenarbeit von Verwaltungsbehörden in Europa, S. 377 ff.; *Nowak*, in: Leible/Terhechte, EnzEuR Bd. 3, § 34 Rn. 2, 53; *Siegel*, Europäisierung des Öffentlichen Rechts, S. 224 ff.; *U. Stelkens*, in: Stelkens/Bonk/Sachs, VwVfG, EuR Rn. 177 ff. und in Rn. 296 ff. zu den Rechtsschutzproblemen; speziell zur Finanzaufsicht *Kaufhold* Die Verw. 49 (2016), 339, 363 ff.

u. a. aus Transparenz- und Zurechnungsproblemen einzelner Verwaltungsbeiträge[87] und daraus ergeben, dass nach dem Trennsystem die nationalen Gerichte die Handlungen des eigenen Mitgliedstaats[88] und die Unionsgerichte diejenigen der Unionsorgane kontrollieren,[89] kann der deutsche Prozessrechtsgesetzgeber momentan nur wenig beitragen.[90] Derartige Probleme sind mit Blick auf den europäischen Verbund zu lösen, sei es, dass aus Transparenzgründen besondere Begründungsanforderungen und Rechtsbehelfsbelehrungen vorgeschrieben werden[91] oder man die rechtlichen Voraussetzungen für eine Rechtsschutzkonzentration[92] und/oder eine horizontale Kooperation der Gerichte im Verbund schafft.[93] Da ein effektiver Rechtsschutz unionsrechtlich (s. Art. 47 GRCh) und durch Art. 19 Abs. 4

87 *Gärditz*, Der Funktionswandel der Verwaltungsgerichtsbarkeit, D 94; *Glaser*, in: Weller/Althammer, Mindeststandards im europäischen Zivilprozessrecht, S. 149, 166; *Hofmann*, in: Schmidt-Aßmann/Schöndorf-Haubold, Der Europäische Verwaltungsverbund, S. 353, 364; *Merli*, in: Holoubek/Lang, Verfahren der Zusammenarbeit von Verwaltungsbehörden in Europa, S. 377, 382; *Schmidt-Aßmann*, Kohärenz und Konsistenz, S. 50.

88 *Gärditz*, Der Funktionswandel der Verwaltungsgerichtsbarkeit, D 93; *Glaser*, Die Entwicklung des europäischen Verwaltungsrechts, S. 590 und auf S. 593 zu den sich aus der Klage in einem anderen Mitgliedstaat ergebenden Problemen (fehlende Gerichtssprache, ungewohntes Verfahrensrecht, Unkenntnis der Rechtsbehelfe, räumliche Entfernung und Schwierigkeiten bei der Anwaltssuche); dazu auch *Hofmann*, in: Schmidt-Aßmann/Schöndorf-Haubold, Der Europäische Verwaltungsverbund, S. 353, 362, der auf S. 363 f. den Verweis auf den Rechtsschutz in einem anderen Mitgliedstaat als zumutbar erachtet.

89 *Gärditz*, Der Funktionswandel der Verwaltungsgerichtsbarkeit, D 93; *Glaser*, Die Entwicklung des europäischen Verwaltungsrechts, S. 510, 581.

90 *Hofmann*, in: Schmidt-Aßmann/Schöndorf-Haubold, Der Europäische Verwaltungsverbund, S. 353, 375; *Saurer*, Der Einzelne im europäischen Verwaltungsrecht, S. 160 (Gestaltungskompetenz beim Unionsgesetzgeber). Für eine unmittelbare Kontrolle durch die mitgliedstaatlichen Gerichte *Gärditz*, Der Funktionswandel der Verwaltungsgerichtsbarkeit, D 96.

91 *Glaser*, Die Entwicklung des europäischen Verwaltungsrechts, S. 603; auch in Richtung einer derartigen Klarheit *Merli*, in: *Holoubek/Lang*, Verfahren der Zusammenarbeit von Verwaltungsbehörden in Europa, S. 377, 387.

92 *Dünchheim*, Verwaltungsprozeßrecht unter europäischem Einfluß, S. 81, 83; *Glaser*, Die Entwicklung des europäischen Verwaltungsrechts, S. 602; *Saurer*, Der Einzelne im europäischen Verwaltungsrecht, S. 160.

93 *Dünchheim*, Verwaltungsprozeßrecht unter europäischem Einfluß, S. 83; in diese Richtung auch *Franzius*, in: Leible/Terhechte, EnzEuR Bd. 3, § 4 Rn. 23; skeptisch gegenüber einer Verzahnung der Gerichtsverfahren *Glaser*, Die Entwicklung des europäischen Verwaltungsrechts, S. 602.

GG vorgegeben wird, wäre es zu begrüßen, wenn sich die zuständigen deutschen Stellen auf Unionsebene für einen kohärenten Rechtsschutz im Bereich der Verbundverwaltung einsetzen würden.

C. Diskussionsfelder möglicher Änderungen

Die Diskussion über eine Änderung einzelner verwaltungsprozessualer Regelungen sollte sachlich geführt werden.[94] Dabei ist auch auf ihre Einbettung in die deutsche Rechtsordnung sowie ihre Bedeutung für die Durchsetzung nationaler Rechtsvorschriften ohne unionsrechtlichen Hintergrund zu achten.[95]

I. Einführung einer Aufgabenumschreibung der Verwaltungsgerichte

Da die deutschen Verwaltungsgerichte zunehmend in die Rolle funktionaler Unionsgerichte hineingewachsen sind, bietet es sich an, dies explizit in einer Regelung am Anfang der Verwaltungsgerichtsordnung zum Ausdruck zu bringen. Wirft man einen rechtsvergleichenden Blick ins EU-Ausland, wird etwa in § 1 italienische Verwaltungsprozessordnung bestimmt, dass die Verwaltungsgerichtsbarkeit einen vollen und effektiven Rechtsschutz nach den Grundsätzen der Verfassung und des Europarechts gewährleistet.[96] Zwar ergibt sich bereits aus Art. 19 Abs. 1 UAbs. 2 EUV die Eigenschaft der deutschen Verwaltungsgerichte als funktionale Unionsgerichte. Eine besondere einfachgesetzliche Regelung würde aber die Bedeutung der deutschen Verwaltungsgerichtsbarkeit im europäischen Integrationsprozess besonders hervorheben.[97]

Dies käme nicht nur den Rechtsschutzsuchenden entgegen. Gleichermaßen hält eine solche Vorgabe die VerwaltungsrichterInnen zur Prüfung der

---

94 So aber ohne Bezug auf das Prozessrecht *Guckelberger/Geber*, Allgemeines Europäisches Verwaltungsverfahrensrecht, S. 180; *Neidhardt*, Nationale Rechtsinstitute als Bausteine europäischen Verwaltungsrechts, S. 193.

95 So zum Verwaltungsrecht *Guckelberger/Geber*, Allgemeines Europäisches Verwaltungsverfahrensrecht, S. 178; *Neidhardt*, Nationale Rechtsinstitute als Bausteine europäischen Verwaltungsrechts, S. 176.

96 S. dazu auch *Glaser*, Die Entwicklung des europäischen Verwaltungsrechts, S. 149 f.

97 Zur Integrationsfunktion deutscher Gerichte *Burgi*, Verwaltungsprozeß und Europarecht, S. 58.

Determinierung eines Sachverhalts durch das Unionsrecht und, falls gegeben, zu dessen effektiver Umsetzung an. Die Bedeutung der nationalen Gerichte bei der Umsetzung des Unionsrechts und der Kontrolle seiner Anwendung kann – so *Hufen* – „nicht genug betont werden“.[98] Möglicherweise könnte eine solche Einleitungsbestimmung in manchen Konstellationen zu einer etwas europarechtsfreundlicheren Haltung einzelner RichterInnen beitragen und einer zu restriktiven Handhabung einer nationalen Rechtsvorschrift sowie deren späteren Einstufung als unionsrechtswidrig entgegenwirken.[99] Der (mögliche) Einwand, dass der Verwaltungsgerichtsbarkeit eine nicht minder wichtige Bedeutung für die Implementierung des Völkerrechts zukommt, verkennt die größere Durchsetzungsfähigkeit des Unionsrechts gegenüber diesem.[100]

II. Schaffung neuer oder Modifizierung bestehender Rechtsbehelfsarten

Um das gerichtliche Verfahren dem jeweiligen Prozessverhältnis entsprechend funktionsadäquat auszugestalten, unterscheidet die Verwaltungsgerichtsordnung zwischen verschiedenen Klagearten.[101] Angesichts der Prozessautonomie der EU-Mitgliedstaaten können sie sich beim Rechtsschutz gegen europäisiertes Verwaltungsrecht dem vollständigen Arsenal ihrer Rechtsschutzformen bedienen.[102] Nach ständiger Rechtsprechung des EuGH ist die Bestimmung des zuständigen Gerichts sowie der Verfahrensmodalitäten für Klagen mangels unionsrechtlicher Regelungen Sache der

98 *Hufen*, Verwaltungsprozessrecht, § 3 Rn. 16.

99 Beispielhaft dafür sei die Auslegung nationaler Präklusionsvorschriften gegenüber Umweltschutzvereinigungen genannt, s. etwa die Darstellung der Rechtsprechung bei *Guckelberger/Geber* EurUP 2014, 167, 168 ff.

100 Völkerrechtliche Verträge haben in Deutschland in der Regel den Rang eines einfachen Bundesgesetzes und können nach der nicht unumstrittenen Rechtsprechung des BVerfG, DVBl. 2016, 503, 505, durch spätere Gesetze abgeändert werden; dazu kritisch z. B. *Giegerich*, in: Dörr/Grote/Marauhn, EMRK/GG, Kapitel 2, Rn. 65 und *Giegerich*, Saar Expert Papers 02/2016, online verfügbar unter: http://jean-monnet-saar.eu/?page_id=70 (zuletzt abgerufen am 3.11.2016).

101 S. nur *Nolte*, Die Eigenart des verwaltungsgerichtlichen Rechtsschutzes, S. 125.

102 *Dörr*, in: Sodan/Ziekow, VwGO, EVR Rn. 231 f.; *Huber* BayVBl. 2001, 577, 579; *Siegel*, Europäisierung des Öffentlichen Rechts, Rn. 438.

Mitgliedstaaten.[103] So hat der AEUV nach dem EuGH „zwar eine Reihe von Klagemöglichkeiten eröffnet, die gegebenenfalls von natürlichen und juristischen Personen vor den Unionsgerichten ausgeübt werden können, doch sollten weder mit dem AEU-Vertrag noch mit Art. 19 EUV zusätzlich zu den nach nationalem Recht bestehenden Rechtsbehelfen neue Klagemöglichkeiten zur Wahrung des Unionsrechts vor den nationalen Gerichten geschaffen werden".[104] Mit dem Unionsrecht nicht mehr kompatibel ist es jedoch, wenn das nationale Rechtsschutzsystem gar keinen Rechtsbehelf vorsieht, „mit dem zumindest inzident die Wahrung der dem Einzelnen aus dem Unionsrecht erwachsenden Rechte gewährleistet werden könnte, oder wenn die einzige Möglichkeit für den Einzelnen, Zugang zu einem Gericht zu erlangen, darin bestünde, eine Rechtsverletzung begehen zu müssen".[105] Infolge von Art. 19 Abs. 1 UAbs. 2 EUV sowie Art. 47 GRCh obliegt es den Mitgliedstaaten, auffangweise die prozessualen Voraussetzungen dafür zu schaffen, dass die Einzelnen bei unionalen Gesetzgebungsakten ohne erforderliche Durchführungsmaßnahmen vor den nationalen Gerichten Rechtsschutz erhalten, damit diese sodann den EuGH im Wege des Vorabentscheidungsverfahrens nach Art. 267 AEUV anrufen können.[106]

Bislang haben sich die bestehenden Klage- und Antragsarten der Verwaltungsgerichtsordnung zur Behandlung unionsrechtlich geprägter Streitgegenstände als geeignet und ausreichend erwiesen.[107] Da eine Inzidentkontrolle zur Erfüllung des unionsrechtlichen Rechtsschutzauftrags ausreicht, ergibt sich aus diesem keine Verpflichtung zur Ausweitung der normenkontrollfähigen Gegenstände nach § 47 Abs. 1 VwGO.[108] Sollte eine Anfechtungs- oder Leistungsklage ausscheiden, kann eine solche Inzidentkontrolle regelmäßig über die in § 43 VwGO geregelte allgemeine Feststellungsklage

---

103 EuGH, Rs. C-432/05, Slg. 2007 I-2317 Rn. 40; Rs. C-583/11 P, NVwZ 2014, 53, 57; *Siegel*, Europäisierung des Öffentlichen Rechts, Rn. 439.

104 EuGH, Rs. C-583/11 P, NVwZ 2014, 53, 57; s. auch EuGH, Rs. C-432/05, Slg. 2007 I-2317 Rn. 40.

105 EuGH, Rs. C-583/11 P, NVwZ 2014, 53, 57; s. auch EuGH, Rs. C-432/05, Slg. 2007 I-2371 Rn. 41.

106 Wissenschaftliche Dienste, Deutscher Bundestag, Nr. 07/13 vom 19. November 2013, S. 2.

107 *Dünchheim*, Verwaltungsprozeßrecht unter europäischem Einfluß, S. 103.

108 *Ehlers*, Die Europäisierung, S. 41; *Siegel*, Europäisierung des Öffentlichen Rechts, Rn. 440; *Ziekow*, in: ders./Sodan, VwGO, § 47 Rn. 38a; eingehend zu den verschiedenen Positionen in Bezug auf § 47 VwGO *Dünchheim*, Verwaltungsprozeßrecht unter europäischem Einfluß, S. 85 ff.

erfolgen.[109] Während man lange Zeit keinen Anlass für eine Nachjustierung der bestehenden Rechtsschutzformen gesehen hat, belegen zwei aktuelle Entwicklungen, dass das Unionsrecht auch auf diese Einwirkungen zeitigen kann.

1. Datenschutzrecht

Nach der Safe-Harbor-Entscheidung des EuGH muss eine nationale Aufsichtsbehörde auf eine Beschwerde hin eigene Ermittlungen dahingehend anstellen können, ob Daten in ein Drittland übermittelt werden dürfen, selbst wenn die Kommission das Vorliegen eines angemessenes Datenschutzniveaus in diesem Land bejaht hat. Gelangt diese Behörde zu einer von dem Angemessenheitsbeschluss der Kommission abweichenden Ansicht, muss ihr im Hinblick auf den im Lichte des Art. 8 GRCh zu interpretierenden Art. 28 Abs. 3 UAbs. 1 Spstr. 3 Datenschutzrichtlinie 95/46/EG ein Klagerecht vor den nationalen Gerichten zukommen. „Insoweit ist es Sache des nationalen Gesetzgebers, Rechtsbehelfe vorzusehen, die es der betreffenden nationalen Kontrollstelle ermöglichen, die von ihr für begründet erachteten Rügen vor den nationalen Gerichten geltend zu machen, damit diese, wenn sie die Zweifel der Kontrollstelle an der Gültigkeit der Entscheidung der Kommission teilen, um eine Vorabentscheidung über deren Gültigkeit ersuchen."[110]

Aufgrund dessen sah sich der Bundesrat in seiner Entschließung vom 13. Mai 2016 dazu veranlasst, die Wichtigkeit des Klagerechts der Datenschutzaufsichtsbehörden für eine effektive Datenschutzkontrolle hervorzuheben.[111] Zugleich forderte er die Bundesregierung zur zeitnahen Vorlegung eines Gesetzentwurfs auf, der z. B. „eine spezielle Form einer objektiven Feststellungsklage" zum BVerwG enthalten könnte.[112] Zur Begründung seines Antrags verwies der Bundesrat auf Unsicherheiten darüber, ob

---

109 Dazu *Schenke* NVwZ 2016, 720 ff. einschließlich zur Möglichkeit einer atypischen Feststellungsklage aus verfassungsrechtlichen Gründen.

110 EuGH, Rs. C-362/14, NJW 2015, 3151, 3154.

111 BR-Drucks. 171/16, S. 1.

112 BR-Drucks. 171/16, S. 1 f. In Erwägung gezogene Regelung: § 38b BDSG – Verfahren zur Überprüfung von Rechtsakten nach Artikel 25 Absatz 6 der Richtlinie 95/46/EG: (1) Jede Aufsichtsbehörde ist im Rahmen ihrer Prüfung von Beschwerden eines Betroffenen über den Schutz seiner Rechte und Freiheiten bei

die Aufsichtsbehörden bereits über ein entsprechendes Klagerecht i. S. d. EuGH-Urteils verfügen.[113] Bei einer Feststellungsklage nach § 43 VwGO lasse sich deren Klagegegner nur schwer bestimmen: Die Union komme als Beklagte nicht in Betracht.[114] Bund und Länder hätten weder die Kommissionsentscheidung zu verantworten noch seien sie mit deren Durchführung betraut.[115] Auch der Dritte, gegen den sich die Aufsichtsmaßnahme richten soll, habe die Kommissionsentscheidung nicht zu verantworten, „so dass zweifelhaft erscheint, ob er verpflichtet werden kann, diese (mit entsprechendem Kostenrisiko) zu verteidigen".[116] Außerdem bezieht sich der Bundesrat auf ein Positionspapier der Datenschutzkonferenz, in dem insbesondere die Etablierung einer speziellen Form der Feststellungsklage in Erwägung gezogen wird, „die auf einen Beklagten verzichtet".[117] Wegen der abschließenden und erschöpfenden Regelung der Klagearten in der Verwaltungsgerichtsordnung solle der Bund aufgrund seiner aus Art. 74 Abs. 1 Nr. 1 GG folgenden Gesetzgebungskompetenz eine einheitliche Regelung für Bund und Länder treffen.[118]

Befasst man sich mit der Rechtsprechung zur Feststellungsklage nach § 43 VwGO, steht diese nur zur Feststellung des Bestehens oder Nichtbestehens eines konkreten Rechtsverhältnisses zur Verfügung, welches – so das BVerwG – „in Anwendung einer Rechtsnorm auf einen bestimmten bereits überschaubaren Sachverhalt streitig" sein muss.[119] Es muss zwischen den Parteien des Rechtsstreits ein Meinungsstreit bestehen, aufgrund dessen

---

der Verarbeitung personenbezogener Daten, die aus der Bundesrepublik Deutschland an ausländische, nicht in § 4b Absatz 1 Satz 1 erfasste Stellen übermittelt werden, befugt, das Bundesverwaltungsgericht zur Entscheidung im ersten und letzten Rechtszug mit dem Antrag anzurufen, festzustellen, dass ein zur Rechtfertigung der Übermittlung angewendeter Rechtsakt der Kommission nach Artikel 25 Absatz 6 der Richtlinie 95/46/EG ungültig ist, weil das Recht und die Praxis dieses Landes kein angemessenes Schutzniveau gewährleisten. (2) Absatz 1 gilt entsprechend für den Bundesbeauftragten oder die Bundesbeauftragte für den Datenschutz und die Informationsfreiheit und die nach Landesrecht für die Kontrolle des Datenschutzes bei öffentlichen Stellen der Länder zuständigen Behörden.

113 BR-Drucks. 171/16, S. 3.

114 BR-Drucks. 171/16, S. 4.

115 BR-Drucks. 171/16, S. 4.

116 BR-Drucks. 171/16, S. 4.

117 BR-Drucks. 171/16, S. 4.

118 BR-Drucks. 171/16, S. 4.

119 BVerwGE 152, 55, 58.

die eine Seite von der anderen ein bestimmtes Tun oder Unterlassen verlangt.[120] Dieser Rechtsstreit kann sich grundsätzlich auf die Änderung oder Ergänzung von untergesetzlichen Rechtsnormen beziehen.[121] Auch kann es sich bei den dem Rechtsverhältnis zugrunde liegenden Normen des öffentlichen Rechts um solche des Unionsrechts handeln.[122]

In einer Rechtstreitigkeit – allerdings ohne unionsrechtlichen Hintergrund – hielt das BVerwG bei der Klage eines österreichischen Unternehmers gegen eine Rücknahme- und Pfandpflicht für Einweggetränkepackungen aufgrund einer Rechtsverordnung des Bundes ein Rechtsverhältnis zwischen dem Normadressaten und dem Normanwender für möglich. Im Regelfall bestehe jedoch kein Rechtsverhältnis zwischen Normadressat und Normgeber, weil dieser an der Umsetzung der Norm gegenüber dem Adressaten nicht beteiligt sei.[123] Dies gelte auch bei self-executing Normen, sofern ein Verwaltungsvollzug möglich sei.[124] Allein Erwägungen der Prozessökonomie, wie die Vermeidung einer Vielzahl möglicher Klagen gegen die Bundesländer und deren nachgeordnete Behörden oder im Hinblick auf die bei der Feststellungsklage nur mögliche Inter-partes-Wirkung der Gerichtsentscheidung, würden nicht zur Annahme einer „zentralen“ Klage führen.[125]

Wie diese Entscheidung zeigt, kann die Bestimmung des richtigen Klagegegners der Feststellungsklage nicht nur bei unionsrechtlich geprägten Streitigkeiten, sondern beispielsweise auch bei der inzidenten Überprüfung untergesetzlicher Rechtsvorschriften des Bundes Probleme bereiten. Sofern sich diese Probleme mittels der herkömmlichen juristischen Methoden ausräumen lassen, ist allein aufgrund dessen die Schaffung einer neuen Klageform nicht zwingend geboten. Bei genauer Betrachtung der Safe-Harbor-Entscheidung kann man schon nach dem bestehenden Recht für die vom

120 BVerwGE 152, 55, 58.
121 BVerwGE 152, 55, 58.
122 *Giegerich/Lauer* ZEuS 2014, 461, 474.
123 BVerwG NVwZ 2007, 1311, 1313.
124 BVerwG NVwZ 2007, 1311, 1313.
125 BVerwG NVwZ 2007, 1311, 1313; dazu, wie man ggf. aus Gründen effektiven Rechtsschutzes im Ergebnis eine vergleichbare Rechtslage wie bei einer erfolgreichen abstrakten Normenkontrolle mit Erga-omnes-Wirkung erzielen kann, *Schenke* NVwZ 2016, 720, 725 ff.

EuGH für notwendig erachtete Klagemöglichkeit für die Aufsichtsbehörden einen Klagegegner konstruieren.[126] Gem. Art. 25 Abs. 6 UAbs. 2 Datenschutzrichtlinie 95/46/EG müssen die Mitgliedstaaten die aufgrund der Feststellung der Kommission gebotenen Maßnahmen treffen. Als möglicher Beklagter einer vorbeugenden Feststellungs- oder auch Unterlassungsklage der Kontrollstelle kommen deshalb die Rechtsträger derjenigen nationalen Stellen in Betracht, welche für die Übermittlung der Daten an das Drittland zuständig sind.

Vor der Implementierung einer objektiven Feststellungsklage wäre es wünschenswert, wenn dies eingehend erörtert und diskutiert würde. Denn aus verwaltungsprozessualer Sicht wäre die Einführung eines verwaltungsgerichtlichen Rechtsbehelfs ohne Klage- bzw. Antragsgegner ein Novum.[127] Auch bei der in § 47 VwGO geregelten abstrakten Normenkontrolle, die nach überwiegender Auffassung eine Kombination von Rechtsschutz- und Rechtsbeanstandungsverfahren enthält,[128] gibt es einen Antragsgegner (s. § 47 Abs. 2 S. 2 VwGO).[129] Andererseits zeigt ein Blick auf das Verfassungsprozessrecht, dass objektive Rechtsschutzverfahren ohne Verfahrensgegner nicht undenkbar sind.[130]

Als Vorteile der vom Bundesrat intendierten objektiven Feststellungsklage lassen sich nennen, dass eine solche die Unklarheiten hinsichtlich des Klagegegners beseitigt und die wirksame Durchsetzung des unionsrechtlich vorgegebenen Datenschutzes fördert. Andere Beteiligte werden nicht unnö-

---

126 An dieser Stelle möchte ich meinem Kollegen Prof. Dr. Thomas Giegerich, LL.M. für seinen Hinweis danken.

127 Zum Zusammenhang zwischen Individualrechtsschutz und der kontradiktorischen Ausgestaltung der Streitigkeiten *Rennert*, in: Schenke/Suerbaum, Verwaltungsgerichtsbarkeit, S. 165, 168.

128 Mit eingehenden Nachweisen zum Wesen der abstrakten Normenkontrolle und den diversen Ansichten zu ihren Verfahrenszwecken *Ziekow,* in: Sodan/ders., VwGO, § 47 Rn. 31 ff.

129 Näher dazu *Ziekow*, in: Sodan/ders., VwGO, § 47 Rn. 272 f.

130 Zur abstrakten Normenkontrolle nach Art. 93 Abs. 1 Nr. 2 GG z. B. *Rozek*, in: Maunz/Schmidt-Bleibtreu/Klein/Bethge, BVerfGG, § 76 Rn. 7; zur Verfassungsbeschwerde nach Art. 93 Abs. 1 Nr. 4a GG z. B. *Bethge*, in: Maunz/Schmidt-Bleibtreu/Klein/Bethge, BVerfGG, § 90 Rn. 127; zur konkreten Normenkontrolle nach Art. 100 Abs. 1 GG *Müller-Terpitz*, in: Maunz/Schmidt-Bleibtreu/Klein/Bethge, BVerfGG, § 80 Rn. 33 und zum Normenverifikationsverfahren nach Art. 100 Abs. 2 GG; *ders.*, in: Maunz/Schmidt-Bleibtreu/Klein/Bethge, § 83 Rn. 7.

tig involviert und das zuständige Gericht kann schnell ein Vorabentscheidungsverfahren zum EuGH veranlassen. Für die Installierung eines Rechtsbehelfs mit einem Klage- bzw. Antragsgegner spricht dagegen, dass das entscheidungsbefugte Gericht bei einer Aufbereitung des Streitstoffs durch zwei Beteiligte die Voraussetzungen für eine Vorlage an den EuGH unter Umständen besser und umfassender beurteilen kann.[131] Wie auch die Möglichkeit eines Anerkenntnisurteils im Verwaltungsprozess belegt,[132] müssen die Haltungen der Beteiligten bei verwaltungsgerichtlichen Streitigkeiten nicht zwangsläufig divergieren. Die Kostenproblematik könnte möglicherweise in Anlehnung an § 156 VwGO aufgefangen werden, wobei eine explizite Regelung des Gesetzgebers vorzugswürdig wäre.

Hält man die Einführung einer objektiven Feststellungsklage für geboten, sollte dieser Rechtsbehelf zunächst nur bereichsspezifisch im Datenschutzrecht ausgeformt werden. So könnte man erste Erfahrungen mit jenem Rechtsbehelf sammeln. Erst anschließend sollte entschieden werden, ob er sich als Ausgangsbasis für weitere Vorschriften oder gar eine generalisierende Regelung eignet. Dazu wären fundierte Überlegungen anzustellen, in welchen Konstellationen die objektive Feststellungsklage anstelle der allgemeinen Feststellungsklage einschlägig sein soll. Für eine bereichsspezifische Regelung spricht überdies, dass die Aufsichtsbehörden in dieser Konstellation die Verwaltungsgerichte nicht wegen einer möglichen Verletzung ihrer subjektiven öffentlichen Rechte anrufen. Letztlich kommt dieser Rechtsbehelf aber allen Trägern der sich aus dem Unionsrecht ergebenden Datenschutzrechte zugute, weil er indirekt die Individualgrundrechte (Art. 7, 8 GRCh) stärkt.

Nach einem Schreiben des Bundesministeriums des Innern (nachfolgend: BMI) vom 11. Juli 2016 sollen bei der Ausarbeitung eines Gesetzentwurfs zur Konkretisierung des Art. 58 Abs. 5 EU-DSGVO die Rechtsbehelfe der Aufsichtsbehörden unter Berücksichtigung der einschlägigen

131 Zur Bedeutung des argumentativen Wettbewerbs s. auch das Referat von Prof. Dr. Klaus *Rennert* auf dem 71. DJT über den Funktionswandel der Verwaltungsgerichtsbarkeit.

132 Dazu BVerwGE 104, 27, 28 f.; BVerwG UPR 2012, 349; ob es ein Anerkenntnisurteil bei der Anfechtungsklage geben kann, wurde bislang offen gelassen, s. BVerwG NVwZ 2015, 1528, 1529.

Rechtsprechung ausgestaltet werden.[133] Gem. Art. 58 Abs. 5 EU-DSGVO müssen die Mitgliedstaaten der Aufsichtsbehörde durch Rechtsvorschriften die Befugnis einräumen, den Justizbehörden Verstöße gegen diese Verordnung zur Kenntnis zu bringen „und gegebenenfalls die Einleitung eines gerichtlichen Verfahrens zu betreiben oder sich sonst daran zu beteiligen, um die Bestimmungen dieser Verordnung durchzusetzen".[134]

Im Referentenentwurf (nachfolgend: RE) des BMI für ein Gesetz zur Anpassung des Datenschutzrechts an die Datenschutz-Grundverordnung und zur Umsetzung der Richtlinie (EU) 2016/680 vom 5.8.2016 wird folgender § 28 vorgeschlagen:

„Jede Aufsichtsbehörde ist bei der Prüfung der Beschwerde einer betroffenen Person befugt, das Bundesverwaltungsgericht zur Entscheidung im ersten und letzten Rechtszug mit dem Antrag anzurufen festzustellen, dass es die Zweifel der Aufsichtsbehörde an der Gültigkeit eines zur Rechtfertigung der Übermittlung angewendeten Angemessenheitsbeschlusses der Kommission teilt. Teilt das Bundesverwaltungsgericht die Zweifel, befasst es den Europäischen Gerichtshof im Wege eines Vorabentscheidungsverfahrens nach Artikel 267 des Vertrags über die Arbeitsweise der Europäischen Union".[135]

In den Erläuterungen des Entwurfs wird auf die Eigenart dieses Rechtsbehelfs nicht näher eingegangen.[136] Stellt man auf den Wortlaut des Normvorschlags („Antrag") ab, handelt es sich dabei um keine Klage. Da nur hinsichtlich des in § 41 RE geregelten gerichtlichen Rechtsschutzes auf die Verwaltungsgerichtsordnung verwiesen wird und in § 41 Abs. 5 S. 1 Nr. 2 RE explizit von einer Antragsgegnerin die Rede ist, eine entsprechende Regelung aber in Bezug auf § 28 RE fehlt, scheint § 28 RE im Umkehrschluss nicht als kontradiktorischer Rechtsbehelf konzipiert zu sein. Die Regelung ruft gewisse Assoziationen zu Art. 100 Abs. 1 GG hervor, bei welchem ein

---

133 Unterrichtung durch die Bundesregierung vom 15.7.2016 zu BR-Drucks. 171/16, https://www.umwelt-online.de/PDFBR/2016/0171_2D16B_28zu_29.pdf, zuletzt abgerufen am 8.11.2016.

134 Eine vergleichbare Regelung findet sich in Art. 47 Abs. 5 EU-Richtlinie 2016/680 zum Schutz natürlicher Personen bei der Verarbeitung personenbezogener Daten durch die zuständigen Behörden, ABl. EU 2016 Nr. L 119, S. 89 ff.

135 Referentenentwurf des Bundesministeriums des Innern für ein Gesetz zur Anpassung des Datenschutzrechts an die Datenschutz-Grundverordnung zur Umsetzung der Richtlinie (EU) 2016/680 (Datenschutz-Anpassungs- und -Umsetzungsgesetz EU – DSAnpUG-EU), abrufbar unter: https://www.datenschutz-grundverordnung.eu/wp-content/uploads/2016/09/Entwurf-ABDSG-E-08.2016.pdf, zuletzt abgerufen am 7.11.2016.

136 Referentenentwurf des BMI für ein DSAnpUG-EU, S. 63 f.

Gericht bei der Überzeugung von der Verfassungswidrigkeit eines Gesetzes die Entscheidung des Landes- oder Bundesverfassungsgerichts einzuholen hat. Der Antrag nach § 28 RE, für den bereits Zweifel genügen, zielt ebenfalls auf eine erst- und letztinstanzliche Entscheidung des BVerwG ab, das bei seinerseitigen Zweifeln ein Vorabentscheidungsverfahren an den EuGH zu initiieren hat.

Für diese Sichtweise spricht auch die Stellungnahme des Bundesministeriums der Justiz und für Verbraucherschutz (nachfolgend: BMJV) vom 31.8.2016, welches folgende Ausgestaltung des § 28 befürwortet:

> „(1) Hält eine Aufsichtsbehörde einen Angemessenheitsbeschluss der Kommission, auf dessen Gültigkeit es bei der Entscheidung über die Beschwerde einer betroffenen Person ankommt, für europarechtswidrig, so hat die Aufsichtsbehörde ihr Verfahren auszusetzen und einen Antrag auf gerichtliche Entscheidung zu stellen. (2) Für Verfahren nach Absatz 1 ist der Verwaltungsrechtsweg gegeben. Die Verwaltungsgerichtsordnung ist nach Maßgabe der Absätze 3 bis 6 anzuwenden. [...] (4) In Verfahren nach Absatz 1 ist die Aufsichtsbehörde beteiligungsfähig. An einem Verfahren nach Absatz 1 ist die Aufsichtsbehörde als Antragstellerin beteiligt; § 63 Nummer 3 und 4 der Verwaltungsgerichtsordnung bleibt unberührt. Das Bundesverwaltungsgericht kann der Kommission Gelegenheit zur Äußerung binnen einer zu bestimmenden Frist geben [...].“[137]

Indem § 63 Nr. 2 VwGO zum Beklagten nicht erwähnt wird, ergibt sich daraus mit aller Deutlichkeit, dass es sich um ein nichtkontradiktorisches Verfahren handelt. Dritte können jedoch nach § 63 Nr. 3, § 65 VwGO vom Bundesverwaltungsgericht beigeladen werden. Das BMJV empfiehlt, in der Gesetzesbegründung zum Ausdruck zu bringen, „dass die Parallele zu Artikel 100 Absatz 1 GG nur formaler Natur ist“.[138]

In der 2. Fassung der Ressortabstimmung des Referentenentwurfs des BMI vom 11.11.2016[139] wird der Antrag der Aufsichtsbehörde auf gericht-

---

137 Stellungnahme des BMJV zum Referentenentwurf des BMI für ein DSAnpUG-EU, abrufbar unter: https://netzpolitik.org//wp-upload/2016/09/BMJV_Stellungnahme_DSAnpUG_EU.pdf, zuletzt abgerufen am 7.11.2016.

138 Stellungnahme des BMJV zum Referentenentwurf des BMI für ein DSAnpUG-EU, S. 23.

139 Referentenentwurf des BMI zum Entwurf eines DSAnpUG-EU auf dem Stand: 2. Ressortabstimmung vom 11.11.2016, abrufbar unter: https://www.datenschutzverein.de/wp-content/uploads/2016/11/2016-11-11_DSAnpUG-EU-BDSG-neu_Entwurf-2_Ressortabstimmung.pdf, zuletzt abgerufen am 5.12.2016.

liche Entscheidung bei angenommener Europarechtswidrigkeit eines Angemessenheitsbeschlusses der EU-Kommission in § 21 RE geregelt. Die jetzt vorliegende Normausgestaltung deckt sich mit der Stellungnahme des BMJV. Die Begründung des Entwurfs ist spärlich. Hinsichtlich des Absatzes 4 Satz 2 wird darauf verwiesen, dass er § 47 Abs. 2 S. 3 VwGO nachgebildet ist.[140] Da sich die Vorschrift über den Antragsgegner bei der abstrakten Normenkontrolle im nicht erwähnten § 47 Abs. 2 S. 2 VwGO befindet, bestätigt sich die Annahme, dass es sich hierbei um ein objektives Rechtsschutzverfahren ohne einen Antragsgegner handelt.

Abweichend von der Regel des § 45 VwGO, wonach die Verwaltungsgerichte im ersten Rechtszug über die verwaltungsgerichtlichen Rechtsbehelfe entscheiden, soll das Bundesverwaltungsgericht erst- und letztinstanzlich für den neuen Rechtsbehelf zuständig sein. Da es sich bei der Frage, ob in einem Drittland ein angemessenes Datenschutzniveau gewährleistet ist, um eine schwierige Materie handelt, die vor allem rechtlicher Natur ist, könnte dies in der Tat ein ausreichend gewichtiger Grund für eine besondere Zuständigkeitsregelung sein. Auch wenn die Verwaltungsgerichte ebenso Vorlageverfahren an den EuGH starten können und manchmal nach Unionsrecht sogar müssen,[141] geht mit einer solchen Ausgestaltung möglicherweise eine etwas längere Dauer für die Durchsetzung des Datenschutzes einher. Für das BVerwG ergibt sich klar und eindeutig aus Art. 267 Abs. 3 AEUV, dass dieses unter den dort genannten Voraussetzungen zur Anrufung des EuGH verpflichtet ist. Bei der Konzeption des neuen Rechtsbehelfs sollte sich der demokratisch legitimierte Bundesgesetzgeber bewusst sein, dass dieser zukünftig möglicherweise als Prototyp für andere kraft Unionsrechts gebotene Rechtsbehelfe fungieren könnte.

---

140 Referentenentwurf des BMI zum Entwurf eines DSAnpUG-EU auf dem Stand: 2. Ressortabstimmung vom 11.11.2016, S. 89.

141 So die Rechtsprechung des EuGH im Falle einer beabsichtigten Nichtigerklärung von Handlungen der Gemeinschaftsorgane EuGH, Rs. 314/85, NJW 1988, 1451 und von nationalen Maßnahmen im Rahmen eines unionsrechtlichen Systems koordinierter Produktzulassungen EuGH, Rs. C-6/99, NVwZ 2001, 61, 64 f.

2. Umsetzung von Art. 9 Abs. 3 AK

Gem. Art. 9 Abs. 3 AK müssen Mitglieder der Öffentlichkeit, sofern sie etwaige in ihrem innerstaatlichen Recht festgelegte Kriterien erfüllen, unbeschadet der Überprüfungsverfahren nach Art. 9 Abs. 1, 2 AK Handlungen und Unterlassungen von Privatpersonen und Behörden, die gegen umweltbezogene Bestimmungen des innerstaatlichen Rechts verstoßen, in einem verwaltungsbehördlichen oder gerichtlichen Verfahren anfechten können. Nachdem Deutschland lange Zeit dieser Regelung kaum Beachtung geschenkt und die 5. Vertragsstaatenkonferenz zur Aarhus-Konvention den Beschluss V/9h des Compliance-Committees vom 20.12.2013 bestätigt hat, wonach die bestehende Rechtslage nicht den Anforderungen aus Art. 9 Abs. 3 AK gerecht wird,[142] möchte es nunmehr seine völkerrechtlichen Verpflichtungen erfüllen. Nach dem Gesetzentwurf der Bundesregierung zur Anpassung des Umwelt-Rechtsbehelfsgesetzes und anderer Vorschriften an europa- und völkerrechtliche Vorgaben (nachfolgend: UmwRG-E)[143] sollen nunmehr u. a. auch Entscheidungen über die Annahme der in § 1 Abs. 1 S. 1 Nr. 4 UmwRG-E genannten SUP-pflichtigen Pläne und Programme dem Umwelt-Rechtsbehelfsgesetz unterliegen.[144] Im Unterschied zu dem vorausgegangenen Referentenentwurf vom April 2016, der keinerlei konkrete Aussage über die einschlägigen Rechtsbehelfe traf,[145] enthält § 7 Abs. 2 UmwRG-E dazu eine explizite Regelung:

---

142 Wirtschaftskommission für Europa, Maastricht 30.6 und 1.7.2014, Entscheidung V/9h über die Einhaltung von Verpflichtungen im Rahmen des Übereinkommen seitens Deutschlands, ECE/MP.PP/2014/CRP.4.

143 BT-Drucks. 18/9526; dazu, dass dieser Gesetzentwurf in der Anhörung der Sachverständigen in der Sitzung des Ausschusses für Umwelt, Naturschutz, Bau und Reaktorsicherheit aus diversen Gründen auf harsche Kritik gestoßen ist, *Schütte/Winkler* ZUR 2016, 696, 697 f.

144 Dafür, dass diese Umsetzung zu eng ist, z. B. die Stellungnahme der Aarhus-Konvention-Initiative zum Referentenentwurf v. 16.5.2016, S. 13; Stellungnahme des NABU zum Referentenentwurf vom 19.4.2016, S. 5 ff., https://www.nabu.de/imperia/md/content/nabude/naturschutz/naturschutzrecht/160517-nabu-stellungnahme-umwrg.pdf, zuletzt abgerufen am 7.11.2016; Stellungnahme des UfU zum Referentenentwurf vom 15.5.2016, S. 2 ff.; *Calliess* NVwZ-Extra 23/2016; *Klinger* NuR 2016, 835 f.

145 § 6 Abs. 2 des Referentenentwurfs zum UmwRG (Stand: 19.04.2016) sowie die Ausführungen auf S. 35, abrufbar unter: http://www.bmub.bund.de/fileadmin/Daten_BMU/Download_PDF/Gesetze/entwurf_umwRG_bf.pdf (zuletzt abgerufen am 3.11.2016).

„Über Rechtsbehelfe gegen eine Entscheidung nach § 1 Absatz 1 Satz 1 Nummer 4 oder deren Unterlassen entscheidet im ersten Rechtszug das Oberverwaltungsgericht, auch wenn kein Fall des § 47 Absatz 1 Nummer 1 oder 2 der Verwaltungsgerichtsordnung vorliegt. Ist eine Gestaltungs- oder Leistungsklage oder ein Antrag nach § 47 Absatz 1 der Verwaltungsgerichtsordnung nicht statthaft, ist § 47 der Verwaltungsgerichtsordnung entsprechend anzuwenden. Bei länderübergreifenden Plänen und Programmen ist das Oberverwaltungsgericht örtlich zuständig, in dessen Bezirk die Behörde, die die Entscheidung über die Annahme des Plans oder Programms getroffen hat, ihren Sitz hat."[146]

Entsprechend der Begründung des Gesetzentwurfs ist die erstinstanzliche Zuständigkeit der Oberverwaltungsgerichte für Rechtsbehelfe von anerkannten Umweltvereinigungen bei Plänen und Programmen „auf Grund der grundsätzlichen Vergleichbarkeit [mit] Planungsentscheidungen" geboten.[147] Die Regelung in Satz 2 stelle sicher, dass eine Normenkontrolle entsprechend § 47 VwGO nur subsidiär greift, wenn weder eine Gestaltungs- oder Leistungsklage noch eine Normenkontrolle aufgrund des geltenden § 47 Abs. 1 VwGO statthaft ist.[148] Durch § 7 Abs. 2 S. 2 UmwRG-E werde die bisherige Rechtslage fortgeführt, wonach bei Unterlassen eines Plans oder Programms im Regelfall die allgemeine Leistungsklage der einschlägige Rechtsbehelf ist.[149] Bei Satzungen nach dem BauGB sowie bei Rechtsnormen aufgrund des § 246 Abs. 2 BauGB bleibe es dabei, dass die Normenkontrolle nach § 47 Abs. 1 Nr. 1 VwGO sowie bei Flächennutzungsplänen i. S. d. § 35 Abs. 3 S. 3 BauGB analog § 47 Abs. 1 Nr. 1 VwGO statthaft sei.[150] „Für alle übrigen Fälle ordnet die Vorschrift künftig an, dass die Regelungen über die Normenkontrolle nach § 47 VwGO entsprechende Anwendung finden."[151]

Im Unterschied zu der soeben behandelten, vom Bundesrat geforderten spezifischen objektiven Feststellungsklage knüpft § 7 Abs. 2 UmwRG-E an die bestehenden Rechtsschutzformen an. Dementsprechend will der Gesetzentwurf nach seiner Begründung hinsichtlich der einschlägigen Rechtsbehelfe in weitem Maße die bestehende Rechtslage fortführen.[152] Trotzdem

146 BT-Drucks. 18/9526, S. 11 f.
147 BT-Drucks. 18/9526, S. 42.
148 BT-Drucks. 18/9526, S. 42.
149 BT-Drucks. 18/9526, S. 42.
150 BT-Drucks. 18/9526, S. 43.
151 BT-Drucks. 18/9526, S. 43.
152 BT-Drucks. 18/9526, S. 42 f.

geht mit ihm im Ergebnis eine Erweiterung der normenkontrollfähigen Prüfgegenstände einher. Sowohl die Bundesrechtsanwaltskammer (BRAK)[153] als auch der Deutsche Anwaltverein (DAV)[154] hatten in ihren Stellungnahmen zum Referentenentwurf darauf hingewiesen, dass nach ständiger Rechtsprechung die Feststellungsklage in § 43 VwGO kein Instrument zur Klärung abstrakter Rechtsfragen ist.[155] Diese muss sich vielmehr auf ein konkretes Rechtsverhältnis beziehen, welches „in Anwendung einer Rechtsnorm auf einen bestimmten bereits überschaubaren Sachverhalt streitig sein" muss.[156] Deshalb sah sich die Bundesregierung in dem von ihr ins Gesetzgebungsverfahren eingebrachten Gesetzentwurf zu einer expliziten Regelung veranlasst, wonach derartige Pläne und Programme (subsidiär) im Wege der abstrakten Normenkontrolle gerichtlich überprüft werden können. Auch wenn Pläne und Programme nicht direkt bzw. analog[157] § 47 Abs. 1 Nr. 1 VwGO oder als Rechtsvorschriften i. S. d. § 47 Abs. 1 Nr. 2 VwGO[158] normenkontrollfähig sind, können sie somit künftig aufgrund von § 7 Abs. 2 S. 2 UmwRG-E Gegenstand eines Normenkontrollverfahrens sein.

Gegenüber dem vorherigen Referentenentwurf erleichtert § 7 Abs. 2 S. 2 UmwRG-E die Bestimmung des einschlägigen Rechtsbehelfs. Er sorgt für mehr Klarheit hinsichtlich der einschlägigen Rechtsbehelfe. Dies ist ein begrüßenswertes Anliegen. Andererseits trägt er zu einer Zersplitterung des Prozessrechts bei, da er eine sonderprozessuale Regelung beinhaltet. Eine solche fachspezifische Regelung war u. a. vom DAV empfohlen worden.[159] Erklären lässt sich diese Vorgehensweise wohl damit, dass man sich auf die

---

153 Stellungnahme Bundesrechtsanwaltskammer Nr. 12/2016 zum Referentenentwurf vom Mai 2016, S. 4.

154 Stellungnahme Deutscher Anwaltverein Nr. 26/2016 zu dem Referentenentwurf vom Juni 2016, S. 3.

155 BVerwGE 14, 235, 236; 149, 359, 364 f. unter Verweis auf die Verhinderung von Popularklagen sowie die Konzentration der Entscheidungsressourcen der Justiz; s. auch *Sodan*, in: ders./Ziekow, VwGO, § 43 Rn. 43 f.

156 BVerwGE 152, 55, 59; s. auch BVerwGE 149, 359, 364 m. w. N.

157 BVerwGE 146, 40, 43; 128, 382, 386; s. zur Normenkontrollfähigkeit von Flächennutzungsplänen z. B. *Ziekow*, in: Sodan/ders., VwGO, § 47 Rn. 79a f.

158 Näher zu den diesbezüglichen Streitfragen etwa *W.-R. Schenke*, in: Kopp/Schenke, VwGO, § 47 Rn. 33; *Ziekow*, in: Sodan/ders., VwGO, § 47 Rn. 118 f.

159 Stellungnahme DAV Nr. 26/2016 zu dem Referentenentwurf vom Juni 2016, S. 3.

Umsetzung des Art. 9 Abs. 3 AK ins nationale Recht fokussiert und – weil es sich hierbei aus deutscher Perspektive eher um eine als Fremdkörper empfundene Rechtsschutzvorgabe handelt – die Neuregelung eng halten möchte. Die BRAK hatte demgegenüber in ihrer Stellungnahme zum Referentenentwurf die Einfügung einer neuen Nr. 3 in § 47 Abs. 1 VwGO angeraten, wonach künftig Entscheidungen über Pläne und Programme i. S. d. § 1 Abs. 1 S. 1 Nr. 4 UmwRG-E normenkontrollfähig sein sollen.[160]

Durch die Wahl einer sonderprozessualen Regelung begibt sich der Prozessrechtsgesetzgeber erneut der Chance, eine Reihe von Streitfragen und Problemen über die Konzeption der normenkontrollfähigen Gegenstände in § 47 Abs. 1 VwGO auszuräumen. So ist die Normenkontrollfähigkeit von Flächennutzungsplänen seit langem umstritten.[161] Durch eine eindeutigere Regelung der normenkontrollfähigen Gegenstände könnte man in dieser Hinsicht mehr Klarheit schaffen. § 7 Abs. 2 S. 2 UmwRG-E bewirkt hingegen, dass man künftig bei der abstrakten Normenkontrolle von Flächennutzungsplänen folgendermaßen differenzieren muss: Flächennutzungspläne i. S. d. § 35 Abs. 3 S. 3 BauGB sind unter Zugrundelegung der bisherigen BVerwG-Rechtsprechung mit Ausnahme der dargestellten Positivflächen weiterhin analog § 47 Abs. 1 Nr. 1 VwGO normenkontrollfähig.[162] Diesen stehen SUP-pflichtige Flächennutzungspläne ohne die Wirkungen des § 35 Abs. 3 S. 3 BauGB gegenüber (s. § 7 Abs. 2 S. 2 UmwRG-E). Letztere können zukünftig von Umweltschutzvereinigungen innerhalb des Rahmens des Umwelt-Rechtsbehelfsgesetzes einer abstrakten Normenkontrolle zugeführt werden. Demgegenüber bleiben diese Pläne für andere Personen weiterhin nicht normenkontrollfähig. Sie können eine gerichtliche Überprüfung dieser Pläne nur im Wege des Inzidentrechtsschutzes erreichen.[163] Einem außenstehenden Betrachter lässt sich diese Rechtslage nur sehr schwer vermitteln. Warum variiert die Normenkontrollfähigkeit von SUP-pflichtigen Flächennutzungsplänen je nach einschlägigem Gesetz und somit der Person des Rechtsbehelfsführers? Wäre es nicht besser, die normenkontrollfähigen Gegenstände einheitlich an zentraler Stelle zu regeln und etwa für

160 Stellungnahme BRAK Nr. 12/2016 zum Referentenentwurf vom Mai 2016, S. 5.

161 Vgl. *Giesberts*, in: Posser/Wolff, Beck'OK VwGO, § 48 Rn. 22; *Guckelberger* DÖV 2006, 973, 980 f.; *Kment* NVwZ 2003, 1047, 1055; *Panzer*, in: Schoch/Schneider/Bier, VwGO, § 47 Rn. 18; *Ziekow*, in: Sodan/ders., VwGO, § 47 Rn. 118a.

162 BVerwGE 146, 40, 42 ff.; BVerwG NVwZ 2015, 1452, 1453.

163 Zum inzidenten Rechtsschutz etwa *W.-R. Schenke*, in: Kopp/ders., VwGO, § 47 Rn. 22.

geboten erachtete Einengungen über andere Stellschrauben, wie die Antragsbefugnis oder die Fristenregelung, vorzunehmen?

Eine Erklärung für den anvisierten § 7 Abs. 2 S. 2 UmwRG-E mag sein, dass die aufgrund dieser Regelung eröffnete Normenkontrolle gegenüber den Gestaltungs- und Leistungsklagen sowie einem Antrag nach § 47 Abs. 1 VwGO nur subsidiär statthaft ist. Infolge dieses Subsidiaritätserfordernisses ist als Erstes zu prüfen, ob sich der hinsichtlich des Programms oder Plans begehrte Rechtsschutz nicht über die in § 7 Abs. 2 UmwRG-E vorrangig eingestuften Rechtsbehelfe verwirklichen lässt. Nur wenn dies nicht der Fall ist, sollen etwaige Rechtsschutzlücken auffangweise durch eine entsprechende Anwendung des § 47 VwGO geschlossen werden. Weil die Rechtsnatur einiger Pläne und Programme unklar und umstritten ist, werden sich infolgedessen sowohl die rechtsschutzsuchenden Umweltschutzvereinigungen als auch die Oberverwaltungsgerichte künftig vermehrt mit der Lösung derartiger Abgrenzungsprobleme zu befassen haben. Das Subsidiaritätserfordernis ruft Assoziationen zur Regelung in § 43 Abs. 2 S. 1 VwGO hervor, wonach die allgemeine Feststellungsklage unzulässig ist, „soweit der Kläger seine Rechte durch Gestaltungs- oder Leistungsklage verfolgen kann oder hätte verfolgen können“. Diese Regelung kann jedoch mangels Einschlägigkeit des § 43 VwGO bei der abstrakten Kontrolle von Plänen und Programmen nicht zur Anwendung gelangen. Während normalerweise die abstrakte Normenkontrolle bei Eröffnung ihres Anwendungsbereichs aufgrund ihrer anderen Zielrichtung auch dann statthaft ist, wenn daneben andere einschlägige Rechtsbehelfe in Betracht kommen, soll § 7 Abs. 2 S. 2 UmwRG-E ein solches Nebeneinander ausschließen. Weil das Oberverwaltungsgericht generell für Rechtsbehelfe gegen Entscheidungen nach § 1 Abs. 1 S. 1 Nr. 4 UmwRG-E oder deren Unterlassen erstinstanzlich zuständig sein soll (§ 7 Abs. 2 S. 1 UmwRG-E), ist die Frage nach der Sinnhaftigkeit eines solchen Subsidiaritätserfordernisses aufzuwerfen. Ohne dieses ließen sich nicht nur etwaige Streitigkeiten über die Statthaftigkeit des gewählten Rechtsbehelfs vermeiden. Auch würden sich dadurch Folgeüberlegungen dazu erübrigen, ob sich die in ständiger Rechtsprechung vorgenommene teleologische Reduktion des Subsidiaritätserfordernisses in § 43 Abs. 2 VwGO[164] sinngemäß auf § 7 Abs. 2 S. 2 UmwRG-E übertragen lässt oder nicht. Anstelle des momentan in Erwägung gezogenen spezifischen Rechtsbehelfs, der sich bei genauerer Betrachtung als eine mit Elementen der Feststellungsklage in § 43 VwGO versehene abstrakte Normenkontrolle

---

164 BVerwGE 36, 179, 181 f.; 111, 306, 311; 114, 61, 63.

erweist, sollte man auch bei dieser Ausgestaltung hinterfragen, ob es ausreichend gewichtige Gründe für diese abweichende Konzeption von den bestehenden herkömmlichen Rechtsbehelfen gibt.

Können andere Personen als anerkannte Umweltschutzvereinigungen gegen Flächennutzungspläne ohne die Ausschlusswirkung des § 35 Abs. 3 S. 3 BauGB die Verwaltungsgerichte im Wege des inzidenten Rechtsschutzes anrufen, liegt meines Erachtens eine rechtspolitische Diskussion darüber nahe, ob angesichts der Bündelungsfunktion der Normenkontrolle sowie der allgemeinverbindlichen Wirkung einer etwaigen Unwirksamkeitsfeststellung durch das Oberverwaltungsgericht (§ 47 Abs. 5 S. 2 VwGO) Flächennutzungspläne nicht generell normenkontrollfähig sein sollten. Die Erga-omnes-Wirkung einer oberverwaltungsgerichtlichen Unwirksamkeitsfeststellung ist das beste Mittel, um divergierende Gerichtsentscheidungen zu vermeiden und Rechtsunsicherheiten auszuräumen. Auch bei momentan nicht normenkontrollfähigen untergesetzlichen Rechtsvorschriften insbesondere des Bundes, bei denen ein verwaltungsgerichtlicher Rechtsschutz nur über eine auf ein konkretes Rechtsverhältnis bezogene Feststellungsklage möglich ist, wird aus prozessökonomischen, teils sogar aus verfassungsrechtlichen Gründen diskutiert, ob man nicht zumindest im Ergebnis eine Gerichtsentscheidung mit Erga-omnes-Wirkung erzielen kann.[165]

Wenn künftig bundesweit bei SUP-pflichtigen Plänen und Programmen subsidiär eine Normenkontrolle statthaft sein soll, auch wenn diese keine unter dem Landesgesetz stehenden „Rechtsvorschriften" i. S. d. § 47 Abs. 1 Nr. 2 VwGO sind, kann man darüber hinaus diskutieren, ob man nicht generell auf das bislang in § 47 Abs. 1 Nr. 2 VwGO vorgesehene Erfordernis „sofern das Landesrecht dies bestimmt" verzichten könnte. Die durch § 7 Abs. 2 S. 2 UmwRG-E hergestellte Abhängigkeit der Normenkontrollfähigkeit bestimmter Pläne und Programme von der Rechtsbehelfsbefugnis für die dortigen Umweltrechtsbehelfe stellt einen Bruch mit der herkömmlichen Konzeption der Rechtsbehelfe dar und sollte, wenn möglich, vermieden werden. Stattdessen könnte man darüber nachdenken, dass die Oberverwaltungsgerichte im Zuge der Normenkontrolle über die Gültigkeit von (1) untergesetzlichen Rechtsvorschriften und (2) ggf. zu präzisierenden Plänen und Programmen entscheiden sollen. Wegen der Reichweite einer solchen Änderung müsste diese zuvor gründlich erörtert und auch in ihren Auswirkungen auf die Oberverwaltungsgerichte untersucht werden. Soweit

165 Z. B. *Schenke* NVwZ 2016, 720, 721 ff.

sich aus dem Unions- oder Verfassungsrecht keine Einschränkungen ergeben, hat der Gesetzgeber darüber zu entscheiden, ob der gerichtliche Rechtsschutz bei Planungskaskaden bereits auf den vorgelagerten Ebenen einsetzen oder erst am Ende der Kaskade eröffnet werden soll.[166] Dabei handelt es sich jedoch weniger um eine Frage der Statthaftigkeit der Normenkontrolle, sondern um anderweitige Abschichtungsregelungen.

3. Zwischenfazit

Während die verwaltungsprozessualen Rechtsschutzformen bislang kaum im Fokus der Diskussion über eine Anpassung an unions- oder völkerrechtliche Rechtsschutzvorgaben standen,[167] zeichnen sich neuerdings, wenn auch vorsichtig, etwaige Nachjustierungsbedürfnisse ab. Weil sich die Zusammenfassung der statthaften Rechtsbehelfe in der Verwaltungsgerichtsordnung und deren diesbezügliche Kodifizierungsleistung bewährt hat, sollte sorgfältig überlegt werden, ob man zu diesem Zweck vermehrt bereichsspezifische Sonderregelungen einführen oder sich nicht besser einer zentralen Regelung bedienen sollte. Weil der im Moment im Datenschutzrecht zur Debatte stehende objektive Rechtsbehelf ohne Klage- bzw. Antragsgegner zur Veranlassung eines Vorabentscheidungsverfahrens an den EuGH ein Novum wäre, einen schmalen Anwendungsbereich hätte und es in Deutschland bislang keinerlei Erfahrungen mit einem solchen verwaltungsprozessualen Rechtsbehelf gibt, sollte ein solcher Rechtsbehelf zunächst nur bereichsspezifisch ausgeformt werden. Demgegenüber liegt, was die geplante Umsetzung des Art. 9 Abs. 3 AK ins nationale Recht anbetrifft, angesichts der Bandbreite des im UmwRG-E intendierten Rechtsschutzes bei Plänen und Programmen, von denen Teile schon jetzt nach § 47 Abs. 1

---

166 S. dazu die Überlegungen im Referat auf dem 71. DJT über den Funkionswandel der Verwaltungsgerichtsbarkeit von Prof. Dr. Klaus *Rennert* unter II 1. S. auch die späteren Ausführungen zum Verfahrensrechtsschutz in diesem Buch unter C. V.

167 Dazu, dass sich aus dem Unionsrecht keine Verpflichtung zur Ausweitung der abstrakten Normenkontrolle ergibt, *Siegel*, Europäisierung des Öffentlichen Rechts, Rn. 440; *Ziekow*, in: Sodan/ders., VwGO, § 47 Rn. 38a; eingehend zu den verschiedenen Positionen in Bezug auf § 47 VwGO *Dünchheim*, Verwaltungsprozeß unter europäischem Einfluß, S. 85 ff.

VwGO einer abstrakten Normenkontrolle unterzogen werden können, eine Nachjustierung bei den dort genannten Prüfgegenständen nahe.

III. Beibehaltung oder Änderung von § 42 Abs. 2 Hs. 2 VwGO als Prozessfilter zur besseren Durchsetzung des Unionsrechts?

§ 42 Abs. 2 Hs. 2 VwGO, wonach die Klage nur zulässig ist, wenn der Kläger eine Verletzung in eigenen Rechten geltend macht, baut auf der verfassungsrechtlichen Systementscheidung in Art. 19 Abs. 4 S. 1 GG für den Individualrechtsschutz auf.[168] Dieser hinter dem einfachgesetzlichen § 42 Abs. 2 Hs. 2 VwGO stehenden Grundrechtsnorm liegt – so *Peter Michael Huber* – die Erkenntnis zugrunde, dass vor allem gerichtlich durchsetzbare Rechte auch effektive Rechte sind.[169] Soweit der Rechtsuchende nicht Adressat einer belastenden Verwaltungsmaßnahme oder ihm nicht explizit ein subjektives öffentliches Recht eingeräumt ist,[170] beurteilt sich die Klagebefugnis anhand der „allgemein verbreiteten“[171] und auf eine lange Tradition zurückblickenden[172] Schutznormtheorie. Durch Auslegung der in Betracht kommenden Rechtsvorschriften ist zu ermitteln, ob sie dem Kläger ein solches möglicherweise verletztes subjektives Recht vermitteln.[173] Nach dem derzeit überwiegenden Verständnis der Schutznormtheorie hat eine Norm des öffentlichen Rechts dann einen „drittschützenden Charakter, wenn sie nicht nur öffentlichen Interessen, sondern – zumindest auch – Individualin-

168 *Mangold/Wahl* Die Verw. 48 (2015), 1, 2; s. auch *Guckelberger* ZBl. 1998, 345, 361 f.

169 *Huber*, in: FS für Hufen, S. 585, 592.

170 Dazu *Guckelberger*, in: Steinbach (Hrsg.), Verwaltungsrechtsprechung, S. 49.

171 BVerwG NJW 1994, 1604, 1605.

172 Diese wird von BVerfGE 27, 297, 307 auf *Bühler*, Die subjektiven öffentlichen Rechte und der Schutz in der deutschen Verwaltungsrechtsprechung, 1914, S. 9 ff., 21, 58, 60 zurückgeführt. Zum historischen Hintergrund z. B. *Bauer*, Geschichtliche Grundlagen der Lehre vom subjektiven öffentlichen Recht, S. 22 ff.; s. auch *Enders* ZUR 2016, 387; *Franzius* UPR 2016, 281 f.

173 Z. B. BVerwG NVwZ 2016, 1088, 1091 f.; VGH München, Beschl. v. 15.8.2016 – 20 ZB 16/1045, Rn. 5 juris; *Erbguth*, Allgemeines Verwaltungsrecht, § 9 Rn. 4; *Rennert*, in: Schenke/Suerbaum, Verwaltungsgerichtsbarkeit, S. 165, 171.

teressen derart zu dienen bestimmt ist, daß die Träger der Individualinteressen die Einhaltung des Rechtssatzes sollen verlangen können".[174] Beispielsweise judizierte das BVerwG im April 2016: „Weder aus dem Wortlaut noch aus dem Sinn und Zweck des Art. 25 Satz 2 Halbs. 2 GG ergeben sich unter Einbeziehung seiner Entstehungsgeschichte Anhaltspunkte dafür, dass für die Geltendmachung einer durch Art. 25 GG begründeten materiellen Rechtsstellung abweichend von Art. 19 Abs. 4 GG eine Popularklage eröffnet werden sollte."[175] Im Unterschied zu Art. 98 S. 4 Bayerische Verfassung kenne das Grundgesetz keine Popularklage bei einer Verletzung verfassungsmäßiger Rechte.[176]

Obwohl sich § 42 Abs. 2 Hs. 2 VwGO nach seinem Wortlaut nur auf die Anfechtungs- und Verpflichtungsklage bezieht, wird diese Vorgabe von der Rechtsprechung im Wege der Analogie auf die allgemeine Leistungs- und Feststellungsklage übertragen, weil der mit ihr bezweckte Ausschluss von Popularklagen auf diese Klagearten gleichermaßen zutreffe.[177] Infolge dieses Prozessfilters[178] ist der Zugang zur Verwaltungsgerichtsbarkeit in Deutschland sehr begrenzt.[179] Die Verwaltungsgerichte dürfen sich in der Sache nicht mit Klagen befassen, bei denen Einzelne als Sachwalter des Allgemeinwohls („quivis ex populo") agieren, um die Einhaltung der Bindung der Verwaltung an Gesetz und Recht (Art. 20 Abs. 3 GG) gerichtlich durchzusetzen.[180] Klagen von Bürgern, die eine mögliche Verletzung von nur im Allgemeininteresse liegenden Rechtsvorschriften rügen, wie dies bei

174 BVerwG NJW 1994, 1604, 1605; *Gärditz*, in: ders., VwGO, § 42 Rn. 54; *Redeker/v. Oertzen*, VwGO, § 42 Rn. 52; *Sodan*, in: ders./Ziekow, VwGO, § 42 Rn. 388; *Happ*, in: Eyermann, VwGO, § 42 Rn. 86.

175 BVerwG DVBl. 2016, 849, 853.

176 BVerwG DVBl. 2016, 849, 853.

177 BVerwGE 147, 312, 315; kritisch *Groß* Die Verw. 43 (2010), 349, 369; *Siegel*, Europäisierung des Öffentlichen Rechts, Rn. 442; *Sodan/Ziekow*, Grundkurs Öffentliches Recht, § 100 Rn. 5, § 101 Rn 11.

178 Zur Filterfunktion des § 42 Abs. 2 Hs. 2 VwGO BVerwG NVwZ 2014, 1675, 1676; *Dietz* UPR Sonderheft 2016, 469, 470; kritisch *Funke* JZ 2015, 369, 373.

179 *Schwerdtfeger*, Der deutsche Verwaltungsrechtsschutz, S. 97.

180 BVerwGE 17, 87, 91; *Dietz* UPR Sonderheft 2016, 469, 470; *Franzius* UPR 2016, 281; *Hufen*, Verwaltungsprozessrecht, § 14 Rn. 56; *Schlacke* DVBl. 2015, 929; *Steiger* VerwArch 107 (2016), 497, 505.

zahlreichen Umweltrechtsvorschriften der Fall ist, scheitern deshalb – mangels abweichender Regelung – am Erfordernis der Klagebefugnis.[181] Generalanwältin *Sharpston* verglich in ihren Schlussanträgen in der Rs. C-115/09 das deutsche Rechtsschutzmodell mit einem Ferrari, dessen Türen im Umweltrecht häufig verschlossen seien, weil mangels eines subjektiven Rechts weder Einzelne noch nichtstaatliche Umweltorganisationen klagebefugt seien.[182]

Demnach liegt in Deutschland die primäre Aufgabe der Verwaltungsgerichte in dem Schutz der individuellen Rechte der BürgerInnen gegenüber dem übermächtigen Staat.[183] Die damit ebenfalls einhergehende Kontrolle der Rechtmäßigkeit der Verwaltung einschließlich des Schutzes fremder oder öffentlicher Rechtsgüter bildet einen willkommenen Nebeneffekt.[184] Deutschland nimmt neben Österreich[185] mit seiner an ein subjektives Recht anknüpfenden Klagebefugnis innerhalb der Europäischen Union eine „Exotenstellung" ein. Die anderen Mitgliedstaaten, die in unterschiedlichen Schattierungen meistens dem Modell der Interessentenklage folgen, stellen niedrigere Anforderungen an die Klagebefugnis.[186] Es verwundert deshalb nicht, dass spätestens seit den 1990er Jahren die deutsche Klagebefugnis auch in Bezug auf das Unionsrecht vermehrt ins Zentrum der wissenschaftlichen Aufmerksamkeit geriet.[187]

Aufgrund des eigenständigen Charakters des Unionsrechts bestimmen die Unionsgerichte selbstständig, ob sich aus diesem Rechte, die oft auch

---

181 BVerwGE 147, 312, 324; *Guckelberger*, in: Steinbach, Verwaltungsrechtsprechung, S. 52 f.; *Niesler*, Individualrechtsschutz, S. 131.

182 Schlussanträge GA *Sharpston* v. 16.12.2010 in der Rs. C-115/09 Rn. 77; s. auch *Classen*, in: Schenke/Suerbaum, Verwaltungsgerichtsbarkeit, S. 11, 33.

183 *Mangold/Wahl* Die Verw. 48 (2015), 1, 25 f.; *Rennert*, in: Schenke/Suerbaum, Verwaltungsgerichtsbarkeit, S. 165; *Schmidt-Aßmann*, Kohärenz und Konsistenz, S. 18.

184 *Dietz* UPR Sonderheft 2016, 469, 471; *Niesler*, Individualrechtsschutz, S. 44.

185 Dazu *Ebers*, Rechte, S. 151; *Epiney/Reitemeyer*, in: GfU, Dokumentation zur 37. wissenschaftlichen Fachtagung der Gesellschaft für Umweltrecht, S. 71 Rn. 32, 99.

186 S. nur *Epiney/Reitemeyer*, in: GfU, Dokumentation zur 37. wissenschaftlichen Fachtagung der Gesellschaft für Umweltrecht, S. 71 Rn. 99.

187 *Schmidt-Kötters,* in: Posser/Wolff, Beck`OK VwGO, § 42 Rn. 109.

als „Rechte des Einzelnen“ bezeichnet werden,[188] ergeben.[189] Zur Vermeidung von Missdeutungen verwenden sie in Bezug auf die Klagbarkeit eine eigene, von den Begrifflichkeiten der Mitgliedstaaten losgelöste Terminologie.[190] Die Unionsgerichte haben bislang mit guten Gründen von der theoretischen Möglichkeit abgesehen, hinsichtlich der Anforderungen für die Annahme sich aus dem Unionsrecht ergebender Rechte ein in einem oder mehreren Mitgliedstaaten praktiziertes Konzept aufzugreifen. Denn eine solche einseitige Identifikation des Unionsrechts mit der Sichtweise eines oder mehrerer Mitgliedstaaten würde zu erheblichen Rezeptionsproblemen in denjenigen Mitgliedstaaten führen, die einem abweichenden Rechtsverständnis folgen,[191] und dementsprechend auf entsprechende Vorbehalte in diesen stoßen. Exemplarisch für die Haltung des EuGH sei dessen Urteil in der Rs. Salgoil genannt. In diesem betonte er zunächst, dass die damals maßgeblichen Art. 31, 32 EWGV Bestandteil des innerstaatlichen Rechts sind, in den Mitgliedstaaten unmittelbar gelten und insbesondere deren Gerichte die Interessen der durch diese Vorschriften begünstigten Einzelnen zu wahren haben. Es sei jedoch Sache der innerstaatlichen Rechtsordnung, „wie die so geschützte individuelle Rechtsstellung rechtlich zu qualifizieren ist.“[192] Soweit nicht ausnahmsweise das Unionsrecht Vorgaben für den mitgliedstaatlichen Rechtsschutz aufstellt, sind diesem die Rechte zu entnehmen, ihre prozessuale Durchsetzung erfolgt jedoch nach nationalem Recht.[193]

Selbst wenn bislang keine entwickelte Dogmatik zur Annahme unionsrechtlicher „Rechte des Einzelnen“ durch den EuGH ausgemacht werden

188 Näher zu dieser Terminologie, die aber nicht das gesamte Spektrum der Unionsrechte abdecken kann, *Ebers*, Rechte, S. 68 f.

189 Dazu etwa *Ruthig* BayVBl. 1997, 289, 291; *Wegener*, Rechte des Einzelnen, S. 162.

190 *Ebers*, Rechte, S. 68; *Wegener*, Rechte des Einzelnen, S. 161 f.; zutreffend weisen *Classen*, Die Europäisierung der Verwaltungsgerichtsbarkeit, S. 78 f. und *Schwerdtfeger*, Der deutsche Verwaltungsrechtsschutz, S. 207 darauf hin, dass sich die Unionsgerichte nur zum „Ob“ der Klagbarkeit äußern, während das „Wie“ Sache der Mitgliedstaaten ist.

191 *Ebers*, Rechte, S. 67.

192 EuGH, Rs. C-13/68, DVBl. 1969, 449, 451.

193 *Ebers*, Rechte, S. 72.

kann,[194] herrscht Konsens darüber, dass das Unionsrecht von einem gegenüber der herkömmlichen deutschen Schutznormtheorie großzügigeren Maßstab ausgeht.[195] Partiell lässt sich dieser Befund damit erklären, dass die Unionsgerichte darin ein Instrument zur Begegnung von Ineffizienzen bei der Durchsetzung des Unionsrechts auf der Ebene der Mitgliedstaaten erblicken.[196] Nach Meinung von *Dietz* soll die großzügigere Haltung des EuGH auf einem tiefen Misstrauen gegenüber der öffentlichen Verwaltung der Mitgliedstaaten, dem mangelnden Durchsetzungswillen und der fehlenden Durchsetzungsfähigkeit des Umweltrechts beruhen.[197] Bereits 1962 hob der EuGH hervor, dass die Wachsamkeit der interessierten Einzelnen an der Wahrung ihrer Rechte zu einer wirksamen Kontrolle führt und neben die Kontrollmöglichkeiten der Kommission und Mitgliedstaaten nach den Art. 169 f. EWGV (= heute Art. 258 f. AEUV) tritt.[198] So bejaht der EuGH eine individuell einklagbare Rechtsposition, wenn die in Rede stehende Unionsrechtsvorschrift beispielsweise mit dem Schutz der Volksgesundheit individualisierbaren Interessen der Allgemeinheit dient.[199] Von dem deutschen traditionellen Verständnis der Schutznormtheorie abweichend lässt das Unionsrecht für die Annahme einklagbarer subjektiver Rechte eine normative Betroffenheit in individualbezogenen Rechtsgütern genügen, wes-

194 *Bast*, in: Leible/Terhechte, EnzEuR Bd. 3, § 35 Rn. 7; *Dietz* UPR Sonderheft 2016, 469, 474; *Ebers*, Rechte, S. 49 ff.; *Redeker/v. Oertzen*, VwGO, § 42 Rn. 55; *Wegener*, Rechte des Einzelnen, S. 161 f.; Nach *Schwerdtfeger*, Der deutsche Verwaltungsrechtsschutz, S. 187 vereint das Modell des EuGH Elemente von Verletzten- und Interessentenklage.

195 BVerwGE 147, 312, 324 f.; *Gärditz*, in: ders.,VwGO, § 42 Rn. 68; *Kleinlein* DÖV 2016, 1032, 1036; *Saurer*, Der Einzelne im europäischen Verwaltungsrecht, S. 376; *Siegel*, Europäisierung des Öffentlichen Rechts, Rn. 219; *Wegener*, Rechte des Einzelnen, S. 120.

196 Dazu und auch zur Kritik an dieser Sichtweise *Ebers*, Rechte, S. 97 ff. S. auch *Kleinlein* DÖV 2016, 1032, 1037; *Masing*, Die Mobilisierung des Bürgers.

197 *Dietz* UPR Sonderheft 2016, 469, 470.

198 EuGH, Rs. 26/62, NJW 1963, 974, 976.

199 EuGH, Rs. C-237/07, EuZW 2008, 573, 574; *v. Danwitz*, Europäisches Verwaltungsrecht, S. 514; *Hofmann* EurUP 2015, 266, 271; *Ruthig* BayVBl. 1997, 289, 294; *Siegel*, Europäisierung des Öffentlichen Rechts, Rn. 219; *Steiger* VerwArch 107 (2016), 497, 511 f. Weitere Beispiele aus der EuGH-Rechtsprechung bei *Ebers*, Rechte, S. 154 ff.

halb eine fehlende besondere Individualisierung des Klägers oder ein überindividueller Schutzzweck der Rechtsvorschrift nicht schadet.[200] Das Schrifttum hat deshalb mehrere Vorschläge dazu entwickelt, wie man die vom Unionsrecht gebotene großzügigere Klagbarkeit bestimmter Rechtspositionen mit dem Verwaltungsprozessrecht in Einklang bringen kann. Diese verschiedenen Lösungsansätze lassen sich damit erklären, dass nach dem Unionsrecht nur die generelle Möglichkeit der Geltendmachung der Rechtsposition vor den nationalen Gerichten durch die Berechtigten sichergestellt sein muss. In aller Regel ist es den Mitgliedstaaten freigestellt, ob sie den so vorgegebenen Rechtsschutz auf materiell-rechtlichem oder auf prozessualem Weg verwirklichen wollen.[201] In den Worten des EuGH „ist es […] grundsätzlich Sache des nationalen Rechts, die Klagebefugnis und das Rechtsschutzinteresse des Einzelnen zu bestimmen, doch verlangt das Gemeinschaftsrecht über die Einhaltung der Grundsätze der Äquivalenz und Effektivität hinaus, dass die nationalen Rechtsvorschriften das Recht auf einen effektiven gerichtlichen Rechtsschutz nicht beeinträchtigen.“[202] Argumentativ lässt sich diese Ausgestaltungsfreiheit der Mitgliedstaaten damit untermauern, dass – so *Ebers* – sich ein „bloß“ prozessuales Recht auf gerichtliche Erzwingung für seinen Träger in der Praxis als ebenso effektiv wie eine Kombination aus materiellem und prozessualem Recht erweisen kann.[203]

1. Weg über die Öffnungsklausel

Teile des Schrifttums haben sich dafür ausgesprochen, in Konstellationen, in denen ein unionsrechtliches Recht nicht als subjektives öffentliches Recht i. S. d. traditionellen Schutznormtheorie eingestuft werden kann,

---

200 *Enders* ZUR 2016, 387, 389 f.; *Erbguth*, Allgemeines Verwaltungsrecht, § 9 Rn. 7; *Kadelbach,* Allgemeines Verwaltungsrecht, S. 385 f.; *Mangold/Wahl* Die Verw. 48 (2015), 1 (7 f.); *Nettesheim* AöR 132 (2007), 333, 337 f.; *Ruffert*, Subjektive Rechte im Umweltrecht, S. 224 ff.; *Schwerdtfeger*, Der deutsche Verwaltungsrechtsschutz, S. 185; *Steiger* VerwArch 107 (2016), 497, 512 f.; *Wollenschläger* VVDStRL 75 (2016), 187, 225. S. auch *Ebers*, Rechte, S. 125.

201 *Ebers*, Rechte, S. 82.

202 EuGH, Rs. C-12/08, Slg. 2009 I 6653, 671 Rn. 49.

203 *Ebers*, Rechte, S. 82.

seine Einklagbarkeit über § 42 Abs. 2 Hs. 1 VwGO zu gewährleisten.[204] Mittels der unionsrechtlichen Vorgabe würde dann der Passus „[s]oweit gesetzlich […] anderes bestimmt ist" ausgefüllt.[205] Bei dieser Lösung lässt sich die klassische Schutznormtheorie ohne Modifizierungen aufrechterhalten.[206] Wegen der Loslösung vom subjektiven Recht soll eine solche Rechtsposition nicht Art. 19 Abs. 4 S. 1 GG unterfallen.[207] Als weitere Folge dieses Vorschlags wird die Irrelevanz des Vorliegens einer Rechtsverletzung bei der Begründetheit von Anfechtungs- und Verpflichtungsklagen ausgemacht.[208]

Diesem Lösungsansatz war bislang kein Erfolg beschieden.[209] Er hätte die Rechtsanwendung in der Praxis erheblich verkompliziert. So hätte wegen der unterschiedlichen Konsequenzen der Zuordnung im Rahmen von § 42 Abs. 2 VwGO genau darlegt werden müssen, ob sich die unionsrechtliche Rechtsposition noch als subjektives öffentliches Recht qualifizieren lässt oder nicht. Dadurch wäre es zu einer Zweiteilung der unionsrechtlichen Rechtspositionen gekommen, die jedoch keinen supranationalen Ursprung hat.[210] Auch hätte die Herausnahme eines Teils der unionsrechtlichen Rechte trotz ihrer individualschützenden Richtung vom Schutz des

204 Z. B. *Kokott* Die Verw. 31 (1998), 335, 349 ff.; *Maurer*, Allgemeines Verwaltungsrecht, § 8 Rn. 16; *Remmert* Die Verw. 29 (1996), 465, 486.

205 *Kokott* Die Verw. 31 (1998), 335, 350.

206 *Dünchheim*, Verwaltungsprozeßrecht unter europäischem Einfluß, S. 164; *Schwerdtfeger*, Der deutsche Verwaltungsrechtsschutz, S. 210.

207 *Kokott* Die Verw. 31 (1998), 335, 350; dazu auch *Wegener*, Rechte des Einzelnen, S. 301 f.

208 *Ehlers* VerwArch 84 (1993), 139, 174 f.; s. auch *Dünchheim*, Verwaltungsprozeßrecht unter europäischem Einfluß, S. 164; *Schwerdtfeger*, Der deutsche Verwaltungsrechtsschutz, S. 212.

209 Allgemein gegen zwei unterschiedliche Rechtsregime *Epiney/Reitemeyer*, in: GfU, Dokumentation zur 37. wissenschaftlichen Fachtagung der Gesellschaft für Umweltrecht, S. 71 Rn. 7.

210 Nach *Schwerdtfeger*, Der deutsche Verwaltungsrechtsschutz, S. 211 kommt es dagegen zu einem dualen Regelungsregime je nach nationalem oder europäischem Recht.

Art. 19 Abs. 4 S. 1 GG unter dem Blickwinkel des europarechtlichen Diskriminierungsverbots Probleme bereitet.[211] Da die deutsche Rechtsschutzgarantie im systematischen Zusammenhang mit Art. 23 Abs. 1 S. 1 GG steht, sprechen gute Argumente für die Einbeziehung derartiger Rechte in deren Schutzbereich.[212] Jedenfalls bei unionsrechtlichen Normen mit individualschützendem Charakter schreibt das Unionsrecht eine Äquivalenz mit dem nationalen Rechtsschutz vor.[213]

Auch lässt sich dieses Lösungsmodell aus mehreren Gründen nur schwer mit der Normkonzeption des § 42 Abs. 2 VwGO in Einklang bringen. Zum einen geht die Öffnungsklausel davon aus, dass gesetzlich explizit eine vom Vorliegen einer Rechtsverletzung unabhängige Klagemöglichkeit eröffnet wird. Daran wird es in aller Regel bei der Vielzahl der nach Unionsrecht klagbaren Rechtspositionen fehlen,[214] zumal die Union aus Rücksichtnahme auf die Verfahrens- bzw. Prozessautonomie der Mitgliedstaaten bis dato meistens bewusst keine Aussagen zum „Wie" des mitgliedstaatlichen Rechtsschutzes trifft.[215] Zum anderen soll nach der Normstruktur des § 42 Abs. 2 VwGO die Klagebefugnis nach Hs. 2 den Regelfall bilden, der Weg über die Öffnungsklausel soll die Ausnahme sein.[216] Diese Austarierung gerät jedoch aus den Fugen, wenn das Unionsrecht häufig einen unter dem deutschen subjektiven Recht liegenden Rechtsschutz vorgibt.[217] Auch lässt sich nur schwer begründen, warum bei unionsrechtlich einklagbaren Rechtspositionen, die keine Schutznormen, aber individualschützend sind, die sich aus § 113 Abs. 1 S. 1, Abs. 5 S. 1 VwGO ergebenden Beschränkungen der Begründetheit komplett entfallen sollen.[218] Des Weiteren müsste der deutsche Gesetzgeber bei dem Weg über die Öffnungsklausel

211 Z. B. *Neidhardt*, Nationale Rechtsinstitute, S. 82 ff.; a. A. *Kokott* Die Verw. 31 (1998), 335, 351, wenn man argumentiert, dass den innerstaatlichen Rechtspositionen nur unionsrechtliche Rechtspositionen i. S. d. Schutznormtheorie vergleichbar sind.

212 *Dörr*, Der europäische Rechtsschutzauftrag, S. 190.

213 *Schwerdtfeger*, Der deutsche Verwaltungsrechtsschutz, S. 213.

214 Wie hier *Ebers*, Rechte, S. 84; *Wegener*, Rechte des Einzelnen, S. 295; dazu auch BVerwGE 147, 312, 318 f.

215 *Schwerdtfeger*, Der deutsche Verwaltungsrechtsschutz, S. 207; s. auch *U. Stelkens*, in: Stelkens/Bonk/Sachs, VwVfG, EuR Rn. 128.

216 *Schwerdtfeger*, Der deutsche Verwaltungsrechtsschutz, S. 211.

217 *Schwerdtfeger*, Der deutsche Verwaltungsrechtsschutz, S. 213 f.

218 Zu dieser Widersprüchlichkeit auch *Schwerdtfeger*, Der deutsche Verwaltungsrechtsschutz, S. 212 f.; s. auch *Niesler*, Individualrechtsschutz, S. 197.

stets die Entwicklungen auf Unionsebene verfolgen, um etwaigen Unionsrechtswidrigkeiten zuvorzukommen, wofür auch die Dauer eines solchen Gesetzgebungsverfahrens einzustellen wäre.[219]

2. Unionsrechtskonforme Auslegung des § 42 Abs. 2 Hs. 2 VwGO

Überwiegend wird bislang der Ansatz favorisiert, durch eine unionsrechtskonforme Auslegung der Schutznormtheorie einer von Seiten des Unionsrechts notwendigen Klagbarkeit bestimmter Rechtspositionen Rechnung zu tragen.[220] Weil der EuGH die prozessuale Durchsetzbarkeit unionaler Rechte ebenfalls in Rechtssatzabhängigkeit und unter Individualisierungsaspekten bestimmt,[221] hat sich die Schutznormtheorie bislang als geeignet und ausreichend flexibel erwiesen, um neue Entwicklungen und Anforderungen in prozessualer Hinsicht aufzufangen.[222] Besonders gut lässt sich dies an der Feststellung von *Hartmut Bauer* demonstrieren, welcher der Schutznormtheorie angesichts ihrer Schwächen eigentlich skeptisch gegenübersteht:[223] „Die Schwäche der Schutznormtheorie ist zugleich ihre Stärke! Gerade weil das Ensemble der unter dem Stichwort ‚Schutznormlehre' zusammengefaßten und in dessen Umfeld angesiedelten Theoreme in

---

219 Zu den Umsetzungsschwierigkeiten *Ebers*, Rechte, S. 84; *Huber* BayVBl. 2001, 577, 581; *Wegener*, Rechte des Einzelnen, S. 295 f.; s. auch BVerwGE 147, 312, 318 f. sowie *Kadelbach*, Allgemeines Verwaltungsrecht, S. 391 f.

220 Z. B. *Classen* NJW 2016, 2621, 2622; *Ebers*, Rechte, S. 84; *Erbguth*, Allgemeines Verwaltungsrecht, § 9 Rn. 12; *Fellenberg* AnwBl. 2016, 648, 649: *Gärditz*, Der Funktionswandel der Verwaltungsgerichtsbarkeit, D 45 f.; *Greim*, Rechtsschutz bei Verfahrensfehlern, S. 161; *Huber* BayVBl. 2001, 577, 582; *Schlacke*, Überindividueller Rechtsschutz, S. 96; *Schoch* NVwZ 1999, 457, 465 f.; *Siegel*, Europäisierung des Öffentlichen Rechts, Rn. 443; *Steiger* VerwArch 107 (2016), 497, 513; als Beispiel aus der Praxis BVerwG NVwZ 2016, 1088, 1092.

221 *Classen*, in: Schenke/Suerbaum, Verwaltungsgerichtsbarkeit, S. 11, 35; *Dörr*, Der europäisierte Rechtsschutzauftrag, S. 190; *Pietzcker*, in: FS für Isensee, S. 577, 586 ff.; ähnlich *Erbguth*, Allgemeines Verwaltungsrecht, § 9 Rn. 7; *Gärditz* EurUP 2015, 196, 207; *Mangold/Wahl* Die Verw. 48 (2015), 1, 26 f.; *Steiger* VerwArch 107 (2016), 497, 511.

222 Z. B. *Dünchheim*, Verwaltungsprozeßrecht unter europäischem Einfluß, S. 121; *Ruthig*, in: FS für Hufen, S. 625, 639; *Schwerdtfeger*, Der deutsche Verwaltungsrechtsschutz, S. 218.

223 Zu nennen wären etwa ihre Konturenunschärfe und Rechtsunsicherheiten, s. *Bauer* AöR 113 (1988), 582 ff.

all seinen Schattierungen zu keinem Zeitpunkt zweifelsfrei festgestellt wurde und heute teilweise sogar als ein ‚entwicklungsoffener' Kanon verstanden wird, ist es [...] möglich, die bei der Ermittlung subjektiver Rechte heranzuziehenden Grundsätze, Indizien, Regeln usw. zu variieren."[224]

Die unionsrechtskonforme Auslegung des § 42 Abs. 2 Hs. 2 VwGO lässt etwaige prozessuale Unterschiede je nach Ursprung des durchzusetzenden Rechts entfallen. Auf diese Weise lässt sich das auf eine lange Tradition zurückgehende deutsche Rechtsverständnis zur Klagebefugnis weiterhin aufrechterhalten.[225] Die Rechtsprechung kann auf ihren langjährigen Erfahrungsschatz zur Klagebefugnis zurückgreifen und muss nur prüfen, inwieweit sie aus Gründen des Unionsrechts ihre Annahmen in Bezug auf das Vorliegen eines subjektiven Rechts nachjustieren muss. In den Worten von *Siegel* findet bei diesem Ansatz „letztlich eine konsequente Fortentwicklung einer im Ausgangspunkt materiellen Europäisierung auf das Verwaltungsprozessrecht im Sinne einer auch prozeduralen Europäisierung statt".[226] Bis vor kurzem herrschte weitgehend Konsens, dass die unionsrechtskonforme Handhabung der Schutznormtheorie ein ideales Mittel zur Vermeidung unionsrechtlicher Umsetzungsdefizite ist. Diese Lösung entlastet den nationalen Gesetzgeber davon, in einer Vielzahl von Fällen besondere Regelungen zur gerichtlichen Durchsetzbarkeit unionsrechtlicher Rechte aufzustellen. Sofern der Gesetzgeber von den Möglichkeiten der Öffnungsklausel keinen Gebrauch macht, kann die Rechtsprechung durch eine entsprechende Interpretation der infrage stehenden Vorschrift die Klagebefugnis aus Gründen des Unionsrechts bejahen.

Seit der Entscheidung des 7. Senats des BVerwG vom September 2013 ist jedoch Bewegung in die Diskussion geraten.[227] Weil der nationale Gesetzgeber keine Vorschriften zur Erfüllung der Rechtsschutzanforderungen des Art. 9 Abs. 3 AK getroffen hatte und das Gericht angesichts des Wortlauts des § 1 UmwRG bzw. § 64 BNatSchG einen Rekurs auf die Öffnungsklausel versperrt hielt,[228] bejahte der Senat die Klagebefugnis einer Umweltvereinigung nach § 42 Abs. 2 Hs. 2 VwGO hinsichtlich der Aufstellung

224 *Bauer* AöR 113 (1988), 582, 607.

225 Zur geschichtlichen Entwicklung der Lehre vom subjektiven öffentlichen Recht *Bauer*, Geschichtliche Grundlagen der Lehre vom subjektiven öffentlichen Recht; s. auch *Kohl*, Das Reichsverwaltungsgericht, S. 16 ff.

226 *Siegel*, Europäisierung des Öffentlichen Rechts, Rn. 443.

227 BVerwGE 147, 312 ff.

228 BVerwGE 147, 312, 318 ff.; *Guckelberger* JA 2014, 647, 653.

eines Luftreinhalteplans. Die Umweltqualitätsziele des Unionsrechts bezweckten auch den Schutz der menschlichen Gesundheit, weshalb natürliche Personen klagebefugt seien.[229] Auch wenn die Vereinigung unter Zugrundelegung der herkömmlichen nationalen Doktrin nicht in ihrer Gesundheit betroffen sei, müssten nach dem EuGH unmittelbar betroffene juristische Personen derartige Maßnahmen wie natürliche Personen gerichtlich einklagen können.[230] Bestimme man etwa die Betroffenheit einer juristischen Person nach dem räumlichen Bezug zum Einwirkungsbereich der Immissionen, könne sich ein dort ansässiges Unternehmen ein fremdes Interesse in Form der Gesundheit seiner Mitarbeiter zu seinem eigenen Anliegen machen.[231] In unionsrechtskonformer Auslegung sei von einem subjektiven Recht i. S. d. § 42 Abs. 2 Hs. 2 VwGO auszugehen,[232] nach welchem der Bürger „zugleich – bezogen auf das objektive Interesse an einer Sicherung der praktischen Wirksamkeit und der Einheit des Unionsrechts – eine ‚prokuratorische' Rechtsstellung inne" habe.[233] Weil Umweltvereinigungen zur betroffenen Öffentlichkeit nach der Aarhus-Konvention und dem Unionsrecht gehörten, müssten sie klagebefugt sein.[234]

Unter Rekurs auf diese Rechtsprechung urteilte der Bayerische Verwaltungsgerichtshof am 28. Juli 2016, dass in unionsrechtskonformer Auslegung des § 47 Abs. 2 S. 1 VwGO neben den Bürgern auch unmittelbar betroffene juristische Personen, wie nach § 3 UmwRG anerkannte Umweltschutzvereinigungen, „bezogen auf das objektive Interesse an einer Sicherung der praktischen Wirksamkeit und der Einheit des Unionsrechts eine ‚prokuratorische' Rechtsstellung inne [hätten], individuelle unionsrechtliche Rechtspositionen zu ihrem eigenen Anliegen zu machen".[235] Sogar wenn die von der Vereinigung geltend gemachten FFH-Vorschriften keinen unmittelbaren Bezug zu individuellen Rechtsgütern hätten, sondern dem im Allgemeininteresse liegenden Natur- und Artenschutz dienten, dürfe die vom BVerwG in Erweiterung des Begriffs des subjektiven Rechts anerkannte prokuratorische Rechtsstellung „nicht auf unbedingte und hinreichend bestimmte subjektive europäische Umweltnormen (wie § 47 Abs. 1

229 BVerwGE 147, 312, 323 f.
230 EuGH, Rs. C-237/07, Slg. 2008 I-6221 Rn. 39.
231 BVerwGE 147, 312, 324 f.
232 BVerwGE 147, 312, 325.
233 BVerwGE 147, 312, 325.
234 BVerwGE 147, 312, 326.
235 VGH München, Urt. v. 28.7.2016 – 14 N 15.1870, Rn. 38 juris.

BImSchG) beschränkt werden".[236] Andernfalls würde in zahlreichen Fällen, in denen es um die Einhaltung unbedingter und hinreichend bestimmter unionsrechtlicher Umweltvorschriften geht, eine mit der EuGH-Rechtsprechung zum slowakischen Braunbären und mit der Spruchpraxis des Compliance Committees zu Art. 9 Abs. 3 AK inkompatible Rechtsschutzlücke entstehen.[237]

Unter Zugrundelegung dieses Ansatzes müsste sich die Frage nach der Geltendmachung eines subjektiven Rechts durch den Kläger künftig danach beantworten, ob die jeweilige Norm zumindest auch individuelle Interessen schützt *oder zur individuellen Durchsetzung öffentlicher Interessen berechtigen soll*.[238] Nach Meinung von *Scherzberg* legt es die europäische Rechtsentwicklung konzeptionell nahe, künftig von der tradierten Beschränkung des subjektiv-öffentlichen Rechts auf die Verfolgung eigener, individueller Interessen abzusehen „und statt dessen schlicht nach der Verleihung von Rechtsmacht zur Durchsetzung des Normbefehls zu fragen".[239] Die Entscheidung des 7. Senats des BVerwG ist spektakulär,[240] weil er abweichend von der traditionellen Schutznormtheorie ein subjektives Recht des Klägers nicht zum Schutz seiner, sondern anderer (objektiver) Interessen für möglich gehalten hat.[241] Wie anhand des Rekurses auf die Figur des „Prokurators" bzw. der „prokuratorischen Rechtsstellung" deutlich wird, geht es bei dieser Art von Rechten abweichend von der herkömmlichen Doktrin gerade nicht um den Schutz der individuellen Selbstentfaltung des Einzelnen.[242]

Die Entscheidung des 7. Senats des BVerwG hat ein zweigeteiltes Echo ausgelöst. Einerseits wird die Fortentwicklung der Schutznormtheorie be-

---

236 VGH München, Urt. v. 28.7.2016 – 14 N 15.1870, Rn. 45 juris.

237 VGH München, Urt. v. 28.7.2016 – 14 N 15.1870, Rn. 44 ff. juris.

238 *Hong* JZ 2012, 380, 384; s. auch *Enders* ZUR 2016, 387, 390; *Franzius* UPR 2016, 281, 290; *Masing*, in: Hoffmann-Riem/Schmidt-Aßmann/Voßkuhle, Grundlagen des Verwaltungsrechts, Bd. 1, § 7 Rn. 107, 112 ff.

239 *Scherzberg*, in: Ehlers/Pünder, Allgemeines Verwaltungsrecht, § 12 Rn. 45.

240 *Bunge* ZUR 2014, 3; *Franzius* UPR 2016, 281, 288; *Schlacke* NVwZ 2014, 11, 13 spricht von „dogmatische[r] Revolution".

241 S. auch *Franzius*, in: FS für Kloepfer, S. 377, 383 f.; *Hong* JZ 2012, 380 ff.; *Masing*, in: Hoffmann-Riem/Schmidt-Aßmann/Voßkuhle, Grundlagen des Verwaltungsrechts, Bd. 1, § 7 Rn. 96.

242 *Masing*, in: Hoffmann-Riem/Schmidt-Aßmann/Voßkuhle, Grundlagen des Verwaltungsrechts, Bd. 1, § 7 Rn. 92, 93, 93b.

grüßt, weil die Grenzen zwischen privaten und öffentlichen Interessen ohnehin fließend seien.[243] „Auch die Beachtung von Gesetzen, die unabhängig von Individualbelangen ‚objektive' Gemeinwohlvorstellungen konkretisieren, geht in einer Demokratie die Bürger als Staatsbürger etwas an."[244] So lasse sich die auf rein nationaler Ebene erfolgende Bejahung der Einklagbarkeit von Organrechten und sonstigen wehrfähigen Innenrechtspositionen gut erklären.[245] Auch bei den prokuratorischen Rechten entscheiden die Berechtigten selbst darüber, ob sie von ihnen Gebrauch machen wollen.[246] Ein solchermaßen angepasstes Verständnis ermögliche eine „Synthese des materialen Rechtsschutzkonzepts deutscher Tradition mit dem instrumentalen Verständnis europäischer Rechtsschutzsysteme".[247] Wie eine Gesamtbetrachtung des Unionsrechts zeige, beschränke sich der von ihm intendierte Interessenschutz nicht auf das Prozessrecht, sondern gehe darüber hinaus.[248] Da bei einer solchen unmittelbaren unionsrechtlichen Bestimmung der subjektiven öffentlichen Rechte kein weiteres Handeln des Gesetzgebers notwendig sei, ließen sich bei dieser großzügigen Auslegung Schadensersatzansprüche gegen die Bundesrepublik Deutschland vermeiden.[249] Eine Anpassung der Antragsbefugnis in § 47 Abs. 2 S. 1 Hs. 1 VwGO erübrige sich.[250] Sofern das Unionsrecht keine näheren Bestimmungen zum subjektiv-rechtlich berechtigten Personenkreis trifft, könne „sich der Einzelne jedenfalls dann auf zwingende unionsrechtlich fundierte oder geforderte Vorschr[iften berufen …], soweit er von deren Nichteinhaltung nachteilig betroffen werden kann".[251]

---

243 *Franzius*, in: FS für Kloepfer, S. 377, 382; *Schmidt-Aßmann*, in: GS für Brugger, S. 411, 424, 427; *ders.*, Kohärenz und Konsistenz, S. 20 f., der zusätzlich darauf verweist, dass in einer Demokratie die Exekutive kein Monopol zur Gemeinwohldefinition hat; *Schenke, W.-R./Schenke, R. P.* in: Kopp/Schenke, VwGO, § 42 Rn. 153. Auch *Bull/Mehde*, Allgemeines Verwaltungsrecht, Rn. 147 haben Zweifel an der strikten Entgegensetzung, insbesondere wenn man die Interessen als gebündelte und gefilterte Interessen vieler Einzelner versteht.

244 *Franzius* UPR 2016, 281, 290.

245 *Niesler*, Individualrechtsschutz, S. 197.

246 *Franzius* UPR 2016, 281, 290; *Hong* JZ 2012, 380, 381; s. auch *Krüper*, in: Kloepfer, Rechtsschutz im Umweltrecht, S. 163, 176, 183; *Schmidt-Aßmann* EurUP 2016, 360, 366.

247 *Scherzberg*, in: Ehlers/Pünder, Allgemeines Verwaltungsrecht, § 12 Rn. 45.

248 *W.-R. Schenke/R. P. Schenke,* in: Kopp/Schenke, VwGO, § 42 Rn. 153.

249 *W.-R. Schenke/R. P. Schenke, R. P.* in: Kopp/Schenke, VwGO, § 42 Rn. 153.

250 *W.-R. Schenke/R. P. Schenke,* in: Kopp/Schenke, VwGO, § 42 Rn. 153.

251 *W.-R. Schenke/R. P. Schenke,* in: Kopp/Schenke, VwGO, § 42 Rn. 154.

Andere lehnen diese Entscheidung, die teilweise sogar als kompetenzwidrige Rechtsfortbildung eingestuft wurde,[252] entschieden ab.[253] Die Fortentwicklung des 7. Senats stelle ein Aliud gegenüber der überkommenen Doktrin dar.[254] Angesichts ihrer strukturellen Unterschiede und Zielsetzungen dürften der bislang konsentierte und der nun eingeschlagene neue Ansatz nicht vermengt werden.[255] Ohne dass sich der 4. Senat vertieft mit der Ansicht des 7. Senats auseinandergesetzt hat, wonach auch anerkannten Umweltvereinigungen nach § 3 UmwRG „ein Klagerecht einer natürlichen Person zur Durchsetzung des Umweltrechts der Union [...] zusteht",[256] verneinte er deren Klagebefugnis, weil Art. 8 Abs. 1 S. 1 lit. b S. 2 der Umgebungslärmrichtlinie kein unbedingtes und hinreichend genaues Klagerecht einer natürlichen Person begründe[257] bzw. das Unionsrecht einer Naturschutzvereinigung keinen Anspruch auf Beteiligung bereits im Rahmen der naturschutzrechtlichen Verträglichkeitsprüfung verleihe.[258]

Wie an der Entscheidung des 7. Senats deutlich wird, kann die unionsrechtliche Aufladung der Klagebefugnis in § 42 Abs. 2 Hs. 2 VwGO samt Schutznormtheorie – zumindest für eine Übergangszeit – zu großen Unsicherheiten führen und die Tektonik der Klagebefugnis ins Wanken bringen. So wurde, abgesehen von dem nach wie vor konsentierten traditionellen Kern der Schutznormtheorie, einerseits die Frage aufgeworfen, ob unter Zugrundelegung dieser Judikatur ein durch Interpretation zu entnehmendes

252 *Gärditz*, in: GfU, Dokumentation zur 37. wissenschaftlichen Fachtagung der Gesellschaft für Umweltrecht, S. 35 Rn. 17; s. auch *Schink* DÖV 2012, 622, 624 f.; *Seifert* ZEuS 2016, 49, 60 ff.; in diese Richtung *Held* DVBl. 2016, 12, 17; a.A. BVerwGE 147, 312, 324 f.; *Enders* ZUR 2016, 387, 391 f.

253 Gegen prokuratorische Rechte z. B. *Gärditz*, in: GfU, Dokumentation zur 7. Wissenschaftlichen Fachtagung der Gesellschaft für Umweltrecht, S. 35 Rn. 17; *Kahl* JZ 2016, 666, 668; *Schoch* VBlBW 2013, 361, 367; *Seifert* ZEuS 2016, 49, 74 ff.; tendenziell *Lau* NVwZ 2014, 637, 640; *Sennekamp*, in: Fehling/Kastner/Störmer, HK-VerwR, § 42 VwGO Rn. 184; jedenfalls für das Erfordernis einer gesetzlichen Regelung *Porsch* NVwZ 2013, 1393, 1395.

254 *Mangold/Wahl* Die Verw. 48 (2015), 1, 19.

255 *Mangold/Wahl* Die Verw. 48 (2015), 1, 23.

256 BVerwG NVwZ 2015, 656, 660.

257 BVerwG NVwZ 2015, 656, 660 f.

258 BVerwGE 152, 10, 21.

prokuratorisches subjektives öffentliches Recht einen personalen Bezug voraussetze[259] oder auf diese Weise nunmehr natürliche Personen rein objektiv-rechtliche Rechtsverletzungen, wie dies etwa bei Artenschutzbestimmungen der Fall ist, gerichtlich einklagen können sollten.[260] Andererseits wird kritisiert, dass auf diese Weise die bislang klaren Grenzen zur Öffnungsklausel in § 42 Abs. 2 Hs. 1 VwGO verschwimmen würden.[261] Je weiter die prokuratorischen subjektiven öffentlichen Rechte gefasst werden, desto weniger Raum bleibt für die Öffnungsklausel übrig. Ohne hier bereits auf das Verhältnis zwischen prokuratorischen subjektiven öffentlichen Rechten zu dieser einzugehen, lässt sich diese Abgrenzung formal betrachtet einfach bewältigen. Die Öffnungsklausel ist immer dann einschlägig, wenn eine Person die Verwaltungsgerichte „ohne eine Verletzung in eigenen Rechten geltend machen zu müssen" anrufen kann.[262]

An dieser Stelle sei nur festgehalten, dass sich in vielen Fällen die bislang an das Vorliegen eines subjektiven öffentlichen Rechts anknüpfende Klagebefugnis in Deutschland als Prozessfilter bewährt hat. Gegebenenfalls ist sie unter Heranziehung der Schutznormtheorie mit Blick auf die unionsrechtlichen Vorgaben erweiternd auszulegen. Wegen der Konsequenzen für den Verwaltungsrechtsschutz und die Verwaltungsgerichtsbarkeit ist es aber zuvörderst Aufgabe des Gesetzgebers darüber zu entscheiden, ob er eine Person trotz fehlenden personalen Bezugs zur Durchsetzung öffentli-

---

259 *Epiney* VVDStRL 61 (2002), 362, 399 ff.; *Kahl/Ohlendorf* JA 2011, 41, 42 f.; *Rennert* DVBl. 2015, 793, 796; *Schoch* VBlBW 2013, 361, 365; *Sennekamp*, in: Fehling/Kastner/Störmer, HK-VerwR, § 42 VwGO Rn. 184.

260 *Franzius* EurUP 2014, 283, 286; *ders.* UPR 2016, 281, 289; *Kokott/Sobotta*, in: GfU, Dokumentation zur 37. wissenschaftlichen Fachtagung der Gesellschaft für Umweltrecht, S. 17 Rn. 6, 36.

261 Dazu *Schlacke* NVwZ 2014, 11, 16; zur Überschneidungsproblematik auch *Bunge* ZUR 2014, 3, 12 f.

262 So die Formulierung in § 2 Abs. 1 UmwRG. Das Verhältnis dieser beiden Vorgaben verdeutlicht die Aussage von *Rupp* ZRP 1972, 32, 35: „Die Verbandsklage kann als besondere, nämlich durch spezielle Zuweisung gekennzeichnete und damit die erforderliche Filterwirkung auslösende Form der Gneistschen Beanstandungsklage verstanden werden, also eines Klagetyps, der, losgelöst von dem der Durchsetzung subjektiver Rechte dienenden Individualklagesystem der Überprüfung einer Maßnahme ausschließlich am Maßstab des objektiven Rechts und des Wohls aller gewidmet ist [...]."

cher Interessen mit einem prokuratorischen oder überindividuellen subjektiven öffentlichen Recht ausstatten möchte.[263] Eine solche Haltung erlaubt eine klare Grenzziehung zwischen den Befugnissen des Gesetzgebers und der Rechtsprechung. Der vom 7. Senat eingeschlagene Pfad ist als eine „Notlösung“[264] anzusehen, weil der deutsche Gesetzgeber bislang eine Umsetzung des Art. 9 Abs. 3 AK unterlassen hat. Auch wenn eine unionsrechtsfreundliche Haltung der deutschen Verwaltungsgerichtsbarkeit zu begrüßen ist, sollte die Rechtsprechung davon absehen, in Bereichen, die auf eine Umsetzung durch den Gesetzgeber angewiesen sind, derartige Defizite zu beheben.[265]

Eine Beanstandung der Bundesrepublik durch die Unionsgerichte hätte den Druck auf den nationalen Gesetzgeber erhöht, um der aus Sicht des 7. Senats des BVerwG gegebenen Unionsrechtswidrigkeit möglichst bald im Hinblick auf Art. 9 Abs. 3 AK Abhilfe zu schaffen.[266] Der Gesetzgeber ist im Vergleich zu den Gerichten weitaus besser dazu in der Lage, ein kohärentes und stimmiges System des überindviduellen Rechtsschutzes zu entwickeln. Da die Annahme prokuratorischer Rechte Konsequenzen für die Ausbalancierung des Verhältnisses zwischen Verwaltung und Judikative zeitigt,[267] aber auch Folgewirkungen für die Durchsetzung von über Art. 19 Abs. 4 S. 1 GG geschützten Rechten und die Austarierung multipolarer Rechtsverhältnisse hat, sind derart wesentliche Entscheidungen vorrangig vom unmittelbar demokratisch legitimierten Gesetzgeber zu treffen.[268] Da momentan große Unsicherheiten hinsichtlich der Bedeutung der Entscheidung des 7. Senats des BVerwG bestehen, erhöht sich angesichts der unterschiedlichen Positionen die Gefahr einer uneinheitlichen und unzulänglichen Implementierung unionsrechtlicher Bestimmungen. Deshalb lässt sich auf diesem Wege zumindest in nächster Zeit nicht ausschließen, dass je

---

263 So auch *Lau* NVwZ 2014, 637, 640; *Rennert* DVBl. 2015, 793, 796; *ders.*, in: Schenke/Suerbaum, Verwaltungsgerichtsbarkeit, S. 165, 175; *Schmidt-Aßmann*, Kohärenz und Konsistenz, S. 23.

264 *Gärditz* EurUP 2015, 196, 210; *Greim* BayVBl. 2014, 517, 521; *Held* DVBl. 2016, 12, 17; *Rennert*, in: Schenke/Suerbaum, Verwaltungsgerichtsbarkeit, S. 165, 176; s. auch *Guckelberger* JA 2014, 647, 654.

265 BVerwG NVwZ 2015, 811 ff.

266 Zur Notwendigkeit, die bislang unzureichende Umsetzung von Art. 9 Abs. 3 AK anzugehen, *Pfau* VBlBW 2015, 357, 361.

267 Dazu *Krüper*, in: Kloepfer, Rechtsschutz im Umweltrecht, S. 166.

268 *Greim* BayVBl. 2014, 517, 521.

nach Haltung des entscheidenden Gerichts unionsrechtliche Schadensersatzansprüche ausgelöst werden. Eine klare und stringente Reaktion des Gesetzgebers könnte dagegen derartigen Rechtsunsicherheiten samt Schadensersatz- und Vertragsverletzungsverfahren ein Ende bereiten.

3. Spezielle Regelung zur Klagebefugnis bei unionsrechtlichen Rechten

Von *Wegener* stammt der als Übergangslösung angedachte[269] Vorschlag, eine spezielle Regelung zur Klagebefugnis für unionsrechtliche Rechte in die Verwaltungsgerichtsordnung aufzunehmen. Nach dem von ihm vorgeschlagenen § 42 Abs. 2 S. 2 VwGO n. F. soll die Klage abweichend von Satz 1 auch dann zulässig sein, „wenn der Kläger eine Beeinträchtigung von Interessen geltend macht, deren Verteidigung ihm durch Normen des europäischen Gemeinschaftsrechts ermöglicht ist".[270] Daran knüpft der von *Neidhardt* präsentierte, ähnliche Vorschlag einer solchen Regelung in einem § 42 Abs. 3 VwGO n. F. an.[271] Beide Autoren befürworten einen Wechsel zur Interessentenklage, allerdings beschränkt auf die gerichtliche Durchsetzung unionsrechtlicher Rechte. Im Übrigen bleibt es bei der bestehenden Regelung in § 42 Abs. 2 Hs. 2 VwGO, so dass die Schutznormlehre in ihrer tradierten Form hinsichtlich rein nationalrechtlich geprägter Sachverhalte aufrechterhalten wird.[272] Nach diesem Lösungsansatz wäre die Klagebefugnis bei allen unionsrechtlichen Rechtspositionen anhand der neuen Sonderregelung zu bestimmen. Auf diese Weise wird innerhalb der unionsrechtlichen Rechte eine Zweiteilung vermieden und erübrigt sich die möglicherweise komplizierte Abgrenzung, ob diese § 42 Abs. 2 Hs. 2 VwGO oder der neu hinzuzufügenden Regelung unterfallen.[273]

---

269 *Wegener*, Rechte des Einzelnen, S. 296, 306.

270 *Wegener*, Rechte des Einzelnen, S. 296, wobei § 113 Abs. 1 S. 1 VwGO aus Gründen der Rechtsklarheit angepasst werden soll.

271 *Neidhardt*, Nationale Rechtsinstitute, S. 178: „Individuelle Rechtspositionen, die in Umsetzung gemeinschaftsrechtlicher Verpflichtungen geschaffen wurden, berechtigen den Kläger auch dann zur Klage, wenn dieser zu einer Personengruppe zählt, deren Interessen dort in Bezug genommen werden."

272 *Wegener*, Rechte des Einzelnen, S. 307.

273 Lediglich wenn die betreffenden Personen das BVerfG wegen Verletzung des Art. 19 Abs. 4 S. 1 GG um Rechtsschutz ersuchen wollen, stellt sich wieder die Frage nach dem Vorliegen eines subjektiven Rechts.

Im Unterschied zu dem auf die Öffnungsklausel abstellenden Lösungsansatz lässt dieser Vorschlag deren Ausnahmecharakter unangetastet. Auch wird der nationale Gesetzgeber durch eine solche generelle Regelung zur unionsrechtlich gebotenen Klagebefugnis von der Notwendigkeit einer speziellen Anordnung hinsichtlich der Klagbarkeit jeder einzelnen unionsrechtlichen Rechtsposition entbunden.[274] Diese Lösung ist also mit weitaus weniger Mehrarbeit für den zuständigen Gesetzgeber als der Weg über die Öffnungsklausel verbunden. Weil der Regelungsvorschlag an die Geltendmachung einer „Beeinträchtigung von Interessen" anknüpft, nimmt er für sich in Anspruch, die Nachteile der sich für die Durchsetzbarkeit einzelner unionsrechtlicher Normen zu engen Klagebefugnis aus § 42 Abs. 2 Hs. 2 VwGO zu überwinden. Eine solche Ausgestaltung verdeutlicht sowohl den klageberechtigten Personen als auch den staatlichen Stellen, dass die Klagbarkeit sich aus dem Unionsrecht ergebender Rechtspositionen oftmals großzügiger als nach dem nationalen Recht ausfällt und fördert damit deren Effektivität und Durchsetzbarkeit.[275] Betrachtet man die sekundärrechtlichen Rechtsschutzvorgaben lässt sich eine derartige Neuerung gut mit dem an die Betroffenheit anknüpfenden Art. 4 Abs. 1 S. 1 Telekommunikations-Rahmenrichtlinie 2002/21/EG in Einklang bringen. Sollte man sich de lege ferenda für die Übernahme dieses Ansatzes entscheiden, würde es nahe liegen, die Terminologie der mitgliedstaatlichen Klagebefugnis an Art. 11 Abs. 1 lit. a UVP-Richtlinie 2011/92/EU, Art. 25 Abs. 1 lit. a IE-Richtlinie 2010/75/EU und Art. 12 Abs. 1 lit. b Umwelthaftungsrichtlinie 2004/35/EG auszurichten, die allesamt an ein „ausreichendes Interesse" anknüpfen.

Der soeben vorgestellte Lösungsansatz führt aber insoweit zu einer Zweiteilung der Klagebefugnis, als zwischen der Durchsetzung eines rein innerstaatlichen oder unionsrechtlich (determinierten) Rechts unterschieden wird. Auf diese Weise würde nach *Wegener* die „Europäisierung des

---

274 *Wegener*, Rechte des Einzelnen, S. 296, wonach diese Lösung „die Vorteile einer ausdrücklichen gesetzgeberischen Klarstellung und Anerkennung der ‚Europäisierung' des Rechtsschutzes mit denen einer allein in der Zusammenarbeit mit dem Gerichtshof und den innerstaatlichen Gerichten zu erarbeitenden ausreichend flexiblen und ‚entwicklungsoffenen' Dogmatik" erlaubt. Ähnlich, aber ohne Bezug auf die Interessentenklage *Schlacke*, Überindividueller Rechtsschutz, S. 95.

275 *Neidhardt*, Nationale Rechtsinstitute, S. 172; *Wegener*, Rechte des Einzelnen, S. 293 f.

Rechtsschutzes auf das unabdingbar Notwendigste" begrenzt.[276] Dadurch könnte man zunächst beschränkt auf das Unionsrecht Erfahrungen mit dieser von der herkömmlichen Verletztenklage abweichenden Klagebefugnis, insbesondere hinsichtlich ihrer Auswirkungen auf die Verwaltungsgerichtsbarkeit, sammeln. Auch wenn sich aus Gründen des Art. 3 Abs. 1 GG wegen der unterschiedlichen Träger von Hoheitsgewalt keine Notwendigkeit zur Änderung des § 42 Abs. 2 VwGO ergibt, wird den Rechtsuchenden langfristig kaum plausibel zu vermitteln sein, warum für den Verwaltungsrechtsschutz zur Durchsetzung nationaler Rechte im Vergleich zu unionsrechtlichen Sachverhalten höhere Hürden bestehen.[277] Aufgrund der immer breiteren und intensiveren Durchdringung des Unionsrechts wird die Neuregelung erhebliche Bedeutung erlangen, § 42 Abs. 2 Hs. 2 VwGO dagegen an Relevanz verlieren.[278] Praktische Probleme bei der Bestimmung der Klagebefugnis treten auf, wenn streitig ist, ob die Rechtsposition noch einen unionsrechtlichen Hintergrund hat oder es sich um eine ausschließlich nationale Rechtsvorschrift handelt.[279] *Rennert*, der im Übrigen bei einer solchen Kombination interne Friktionen innerhalb der verschiedenen Rechtsschutzsysteme befürchtet, ist deshalb in seiner Prognose zuzustimmen, dass ein solches Huckepackmodell auf Dauer nicht sinnvoll sein wird.[280] Weil Deutschland und die Europäische Union beide Vertragsparteien der Aarhus-Konvention sind und daher dieselben Rahmenparameter für den Umweltrechtsschutz unabhängig vom Ursprung der durchzusetzenden Rechtsposition gelten, scheint jedenfalls in diesem Bereich eine einheitliche Lösung angezeigt.[281] Sowohl aus Sicht der Rechtsuchenden als auch der Verwaltungsgerichtsbarkeit ließe sich eine einheitliche Regelung der Klagebefugnis einfacher erschließen. Je segmentierter die Klagebefugnis in Deutschland ausgestaltet ist, desto schwerer dürfte es im deutschen Verwaltungsprozessrecht werden, im inter- und supranationalen Diskussionsprozess gerade für eine bestimmte Ausgestaltung der Regelungen zur Klagebefugnis einzutreten.

---

276 So *Wegener*, Rechte des Einzelnen, S. 306.

277 *Wegener*, Rechte des Einzelnen, S. 307.

278 *Rennert*, in: Schenke/Suerbaum, Verwaltungsgerichtsbarkeit, S. 165, 178.

279 *Wegener*, Rechte des Einzelnen, S. 307.

280 *Rennert*, in: Schenke/Suerbaum, Verwaltungsgerichtsbarkeit, S. 165, 178.

281 Im Ergebnis auch gegen zwei unterschiedliche Rechtsregime für den Gerichtszugang *Epiney/Reitemeyer*, in: GfU, Dokumentation zur 37. wissenschaftlichen Fachtagung der Gesellschaft für Umweltrecht, S. 71 Rn. 7.

4. Allgemeiner Übergang zur Interessentenklage

Um der gerade angesprochenen Zweiteilung der Klagebefugnis zu entgehen, könnte man in Erwägung ziehen, generell von der Verletztenklage in § 42 Abs. 2 Hs. 2 VwGO Abstand zu nehmen und zum Modell der Interessentenklage überzugehen.[282] Die meisten EU-Mitgliedstaaten folgen diesem die gerichtliche Geltendmachung von Allgemeininteressen[283] und des Unionsrechts[284] erleichternden Rechtsschutzmodell. Die Interessentenklage verfügt ebenfalls über ein einengendes Kriterium als Prozessfilter, das allerdings im Vergleich zur Verletztenklage niedrigere Anforderungen aufstellt.[285] Dieser Klageform wird eine größere Realitätsnähe bescheinigt.[286] Außerdem bestünde bei einem solchen Wechsel in der Klagebefugnis die Chance, diese ganz ohne Vorbelastungen neu auszulegen und zu bestimmen.[287] Angesichts der EuGH-Rechtsprechung zum Umweltrechtsschutz sowie der Tragweite des Art. 9 Abs. 3 AK halten manche Stimmen im Schrifttum die Überlebenschancen der deutschen Schutznormtheorie für gering.[288] Wegen der Reichweite der Vorgaben der Aarhus-Konvention sowie der Tragweite eines solchen Wechsels solle dieser rechtsgebietsunabhängig in einer allgemeinen Vorschrift erfolgen.[289]

---

282 So *Winter* NVwZ 1999, 467, 473; in diese Richtung auch *Sußmann*, Vollzugs- und Rechtsschutzdefizite, S. 198.

283 *Sußmann*, Vollzugs- und Rechtsschutzdefizite im Umweltrecht, S. 198; zur Rechtslage in den einzelnen Mitgliedstaaten *Epiney/Reitemeier*, in: GfU, Dokumentation zur 37. wissenschaftlichen Fachtagung der Gesellschaft für Umweltrecht, Rn. 10 ff.

284 So bezeichnet z. B. *Kadelbach*, Allgemeines Verwaltungsrecht, S. 384 die Klagerechte als eine durch subjektiv-rechtliche Elemente aufgeladene Interessentenklage.

285 *Sußmann*, Vollzugs- und Rechtsschutzdefizite, S. 198.

286 *Classen*, Die Europäisierung der Verwaltungsgerichtsbarkeit, S. 83.

287 In diese Richtung *Winter* NVwZ 1999, 467, 473.

288 *Berkemann* DVBl. 2011, 1253, 1261; *Bruckert* NuR 2015, 541, 546.

289 *Bruckert* NuR 2015, 541, 546; so wohl auch *Leidinger* NVwZ 2011, 1345, 1347 f.

5. Abschaffung des § 42 Abs. 2 VwGO

Einige Autoren im Schrifttum halten eine Abschaffung des § 42 Abs. 2 VwGO für möglich.[290] Da im Rahmen der Begründetheitsprüfung von Anfechtungs- und Verpflichtungsklage (s. § 113 Abs. 1 S. 1, Abs. 5 S. 1 VwGO) ebenfalls auf das Vorliegen einer Rechtsverletzung einzugehen sei und sich eine bislang offensichtlich unzulässige Klage ohne weiteres als unbegründet abweisen lasse, wird die Prüfung der Geltendmachung einer Rechtsverletzung bei der Zulässigkeit der Klage aus prozessökonomischen Gründen für entbehrlich gehalten (Stichwort: unnötige Doppelprüfung).[291] Auch bei den anderen Klagearten und Rechtsbehelfen würde es angesichts weiterer einengender Anforderungen, wie etwa dem Vorliegen eines Rechtsverhältnisses oder eines nichtigen Verwaltungsaktes bei der allgemeinen Feststellungsklage, durch den Wegfall der Analogie zu § 42 Abs. 2 VwGO zu keiner Überlastung der Verwaltungsgerichtsbarkeit kommen.[292] Es genüge, wenn der VwGO-Gesetzgeber z. B. in einem § 63a VwGO vorgebe, dass eine gesetzliche Prozessstandschaft nur ausnahmsweise in Betracht komme.[293] Außerdem sei § 113 Abs. 1 VwGO um eine dem § 42 Abs. 2 Hs. 1 VwGO entsprechende Öffnungsklausel zu ergänzen.[294]

---

290 *Ehlers* VerwArch 84 (1993), 139, 175; *Gierth* DÖV 1980, 893 ff.; *Niesler*, Individualrechtsschutz, S. 244 ff.; *Rupp* DVBl. 1982, 144, 146; s. dazu auch *Pietzcker*, in: FS für Isensee, S. 577, 585 f.; nach *Klenke* NWVBl 2005, 125 ff. entfaltet § 42 Abs. 2 VwGO keine Entlastungsfunktion. Seine Wirkung soll sich daraus ergeben, Klägern bestimmte aus dem Prozessrechtsverhältnis folgende Verfahrensgarantien wie den Suspensiveffekt vorzuenthalten, die nicht einmal die Verletzung eines subjektiven Rechts geltend machen können.

291 *Gierth* DÖV 1980, 893, 896; *Krause* NJW 1979, 1007, 1015; *Niesler*, Individualrechtsschutz, S. 244 ff.; *Rupp* DVBl. 1982, 144, 145 f.

292 *Niesler*, Individualrechtsschutz, S. 245 ff.

293 *Niesler*, Individualrechtsschutz, S. 256: „Soweit gesetzlich nichts anderes bestimmt ist, steht das Recht zur Geltendmachung einer Rechtsverletzung bzw. zur Herbeiführung der Feststellung des Bestehens oder Nichtbestehens eines Rechtsverhältnisses oder der Nichtigkeit eines Verwaltungsaktes nur demjenigen zu, der Inhaber dieses Rechts ist oder der selbst ein berechtigtes Interesse an der begehrten Feststellung hat.“

294 *Niesler*, Individualrechtsschutz, S. 257.

Angesichts der langen Rechtstradition, die der Klagebefugnis für den verwaltungsgerichtlichen Rechtsschutz zugeschrieben wird, sind die Realisierungschancen derartiger Überlegungen gering.[295] Von einem solch weitgehenden Schritt ist abzuraten, da diese Position zwingend die Existenz des § 113 Abs. 1 S. 1 VwGO voraussetzt.[296] An dessen Unionsrechtskonformität wurden jedoch Zweifel angemeldet, wofür beispielhaft der Schlussantrag von Generalanwalt *Wathelet* in der Rs. C-137/14 steht.[297] Für Art. 263 Abs. 4 AEUV, aber auch Prozessordnungen vieler anderer Mitgliedstaaten ist kennzeichnend, dass sie zwar die Befugnis der Personen zur Einlegung eines Rechtsbehelfs von einschränkenden Voraussetzungen abhängig machen. Anders als in Deutschland stellen diese Rechtsordnungen aber kein Junktim dahingehend auf, dass diese Einschränkung ein zweites Mal bei der Begründetheit Relevanz erlangt.[298] Im Hinblick auf unions- und andere völkerrechtliche Rechtsschutzvorgaben wäre deshalb eine Abschaffung des § 42 Abs. 2 VwGO aufgrund des fortbestehenden § 113 Abs. 1 VwGO taktisch unklug. Das deutsche Prozessrecht würde sich erneut in eine Sonderrolle hineinbegeben. Während es bei den Vorschriften über die Klagebefugnis nur auf die Geltendmachung und damit die Möglichkeit einer Rechtsverletzung ankommt, stellt man bei der Begründetheitsprüfung auf das Vorliegen einer tatsächlichen Rechtsverletzung und somit einen strengeren Maßstab als bei der Klagebefugnis ab.

Da § 113 Abs. 1 S. 1 VwGO wie § 42 Abs. 2 Hs. 2 VwGO das Erfordernis einer eigenen Rechtsverletzung vorsieht, würde sich im Übrigen die Diskussion über die Wahl einer großzügigeren Normausgestaltung aus Gründen des Unionsrechts nur verlagern. Für die Beibehaltung einer Regelung spricht ein Blick auf Art. 11 Abs. 1 UVP-Richtlinie 2011/92/EU, wonach bei einem ausreichenden Interesse oder der Geltendmachung einer Rechtsverletzung Zugang zu einem Gerichtsverfahren gewährt werden muss, um die materiell-rechtliche und verfahrensrechtliche Rechtmäßigkeit anzufechten (in Art. 25 Abs. 1 IE-Richtlinie 2010/75/EU ist von der Erfüllung „folgende[r] Bedingungen“ die Rede). Auch der Text des Art. 12 Abs. 1 Umwelthaftungsrichtlinie 2004/35/EG unterscheidet zwischen der Anrufung

295 *Müller*, in: Lohse/Poto, Participatory Rights, S. 203, 215.

296 So befürchtet *Stüer* DVBl. 2015, 769, 770 bei einem Fallen der Schutznormtheorie einen über die Begründetheit nicht mehr aufzufangenden Dammbruch.

297 Schlussanträge des GA *Wathelet* v. 21.5.2015 in der Rs. C-137/14.

298 *Skouris* DVBl. 2016, 937, 940 bezeichnet diese Einschränkung als einzigartig.

des Gerichts sowie der Überprüfung der formellen und materiellen Rechtmäßigkeit. Die Rechtsschutzvorgaben in Art. 18 Richtlinie 2003/86/EG und Art. 4 Abs. 1 S. 1 Telekommunikations-Rahmenrichtlinie 2002/21/EG beziehen sich auf die Einlegung des Rechtsbehelfs. Schließlich wird in Art. 79 EU-DSGVO das Recht auf einen wirksamen Rechtsbehelf gewährt, wenn die betroffene Person der „Ansicht ist, dass die ihr aufgrund dieser Verordnung zustehenden Rechte [...] verletzt wurden."

Auch wenn dies von den Befürwortern einer möglichen Abschaffung des § 42 Abs. 2 VwGO keinesfalls beabsichtigt ist, kann bei einem solchen Schritt nicht ausgeschlossen werden, dass mancher dessen Beseitigung als Hinwendung zur Popularklage versteht und sich die Verwaltungsgerichtsbarkeit vermehrt mit derartigen Anliegen auseinandersetzen müsste. Eine einfachgesetzliche Regelung der Klagebefugnis vermeidet derartige Missverständnisse. Sie sorgt für Rechtsklarheit und kann dazu beitragen, dass Popularklagen erst gar nicht erhoben werden. Dies entlastet die Gerichte und kommt indirekt all denjenigen zugute, deren eingelegte Rechtsbehelfe zur Entscheidung anstehen. Gegen die Beseitigung einer solchen zentralen Stellschraube des Verwaltungsprozessrechts sprechen die fehlende Erfahrung hiermit und deren unabsehbaren Konsequenzen. Hinzu kommt, dass weder das Unionsrecht noch die Aarhus-Konvention die Einführung einer Popularklage fordern.[299] Da sie aber einer objektiven Gerichtskontrolle gegenüber aufgeschlossener sind,[300] als dies in Deutschland mit seinem am Individualrechtsschutz ausgerichteten Verwaltungsprozessrecht der Fall ist, kommt *Niesler* in seiner Dissertation zutreffend zu dem Schluss, dass die Beibehaltung der Klagebefugnis jedenfalls zur Ermöglichung und Verwirklichung einer individualisierten objektiven Rechtskontrolle bedeutsam ist.[301] Aus all den genannten Gründen ist eine ersatzlose Streichung des § 42 Abs. 2 Hs. 2 VwGO abzulehnen.

299 *Dünchheim*, Verwaltungsprozeßrecht unter europäischem Einfluß, S. 130 f.; *Ebers*, Rechte, S. 175; *Epiney/Reitemeyer*, in: GfU, Dokumentation zur 37. wissenschaftlichen Fachtagung der Gesellschaft für Umweltrecht, S. 71 Rn. 109; *Gärditz* EurUP 2015, 196, 204; *Ruthig* BayVBl. 1997, 289, 295; *Schlacke* DVBl. 2015, 929, 933.

300 *Gärditz* EurUP 2015, 196, 207.

301 *Niesler*, Individualrechtsschutz, S. 257 f.

6. Vorläufiges Fazit zur Interessenten- oder Verletztenklage

Von einer speziell auf das Unionsrecht bezogenen Vorschrift zur Klagebefugnis ist aus mehreren Gründen abzuraten.[302] Zwar schließt es der unionsrechtliche Äquivalenzgrundsatz nicht aus, zur Durchsetzung des Unionsrechts günstigere Rechtsbehelfe als bei rein nationalen Rechtsstreitigkeiten zur Verfügung zu stellen. Mangels unionsrechtlicher Vorgaben genügt es jedoch, wenn die in dem jeweiligen Mitgliedstaat dafür zur Verfügung stehenden Verfahren nicht ungünstiger als bei Klagen sind, die nur das innerstaatliche Recht betreffen.[303] Abgesehen von Abgrenzungsschwierigkeiten in manchen Fällen, ob eine nationale Umsetzungsvorschrift noch unionsrechtlich infiltriert ist oder nicht, ist eine solchermaßen aufgespaltene Klagebefugnis wenig praktikabel. Aus Sicht der Rechtsuchenden wird es auf wenig Verständnis stoßen, wenn die deutschen Verwaltungsgerichte bei der Durchsetzung von Unionsrecht bereits dem Wortlaut nach unter großzügigeren Voraussetzungen angerufen werden können. Deshalb sollte sich die Diskussion auf die Erörterung beschränken, ob man allgemein dem Modell der Verletzten- oder Interessentenklage folgen sollte.

Für einen Übergang zu der gegenüber der Verletztenklage großzügigeren Interessentenklage spricht, dass sie eine wirksamere prozessuale Durchsetzung des Unionsrechts ermöglicht.[304] Dies gilt auch in Bezug auf das Verfahrensrecht, dem – wie später nochmals gesondert erörtert werden wird[305] – im Unionsrecht gegenüber der in Deutschland anzutreffenden Vorstellung von der (eher) dienenden Funktion des Verfahrens[306] ein größerer Stellenwert beigemessen wird.[307] Bei der unionsrechtskonformen Auslegung der

302 I. E. gegen die Einführung einer diesbezüglichen Interessentenklage *Fellenberg* AnwBl. 2016, 648, 649.

303 S. zum Äquivalenzgrundsatz z. B. EuGH, Beschl. v. 21.9.2016 – Rs. C-614/15 (Popescu), Rn. 42 juris; Urt. v. 28.7.2016 – Rs. C-168/15, Rn. 38 juris.

304 *Wegener*, Rechte des Einzelnen, S. 285 verspricht sich hiervon einen Akzeptanz- und Wirksamkeitsgewinn.

305 S. unter C. V. 1.

306 Z. B. BVerwGE 139, 11, 18; BayLSG, Urt. v. 22.7.2015 – L 1 LW 7/13 ZVW, Rn. 53 juris.

307 Dazu *Burgi* DVBl. 2011, 1317, 1317 ff.; *Greim*, Rechtsschutz bei Verfahrensfehlern, S. 29 ff.; *Guckelberger*, in: Reinhardt, Wasserrecht im Umbruch, S. 69, 74 f.; *Hufen/Siegel*, Fehler im Verwaltungsverfahren, Teil 1 Rn. 31 ff.; *Schlecht*, Die Unbeachtlichkeit von Verfahrensfehlern, S. 70 ff.; *Schmidt-Aßmann* NVwZ

Schutznormtheorie ist nicht auszuschließen, dass einzelne RichterInnen diese Notwendigkeit verkennen und eine Klage vorschnell als unzulässig abweisen. Damit geht aus der Perspektive des Unionsrechts die Gefahr einer divergierenden oder zu engen Verwaltungsrechtsprechung einher. Bei der großzügiger konzipierten Interessentenklage verringern sich diese Unsicherheiten und ist weniger mit Beanstandungen Deutschlands zu rechnen.[308] Die Wahrscheinlichkeit, dass sich andere Mitgliedstaaten wegen des Beharrens Deutschlands auf seiner Klagebefugnis nach § 42 Abs. 2 Hs. 2 VwGO zu einer am deutschen Modell ausgerichteten Umstellung ihrer Rechtsbehelfsbefugnis entschließen werden, ist angesichts der nur in Deutschland und Österreich anzutreffenden Verletztenklage als gering einzustufen.[309]

Der Rechtsschutz durch die deutschen Verwaltungsgerichte ließe sich bei einer Interessentenklage leichter in den europäischen Rechtsprechungsverbund integrieren. Denn die ganz überwiegende Zahl der EU-Mitgliedstaaten macht die Klagebefugnis lediglich von einer mehr oder minder intensiven Betroffenheit des Klägers in eigenen Interessen abhängig.[310] Ein solcher Wechsel würde nicht nur den Rechtsuchenden entgegenkommen, sondern würde sich aller Voraussicht nach auch positiv auf einen erst noch de lege ferenda zu konzipierenden wirksamen Rechtsschutz bei der europäischen Verbundverwaltung auswirken. Je mehr transnationale Klagen zunehmen, desto mehr werden Unterschiede im Gerichtszugang kritisch betrachtet werden oder zu unerwünschten Nebeneffekten führen.[311] Des Weiteren wird für einen Wechsel zur Interessentenklage angeführt, dass nicht auf die Verletzung eines Individualrechts gegründete Klagen die interessantesten sowie die für die Sicherung des Rechtsstaats und Entwicklung des öffentlichen Rechts bedeutsamsten sein könnten.[312] Wegen der Abhängigkeit des menschlichen Lebens von den natürlichen Ressourcen diene die

---

2007, 40, 41; *Schmidt-Preuß* NVwZ 2005, 489, 490; *Schoch* VBlBW 2013, 361, 369.

308 S. auch *Wegener*, Rechte des Einzelnen, S. 294.

309 So schon *Wegener*, Rechte des Einzelnen, S. 306.

310 *Epiney/Reitemeyer*, in: GfU, Dokumentation zur 37. wissenschaftlichen Fachtagung der Gesellschaft für Umweltrecht, S. 71 Rn. 99; *Leidinger* NVwZ 2011, 1345, 1347.

311 *Winter* NVwZ 1999, 467, 472.

312 *Woehrling* NVwZ 1998, 462, 465; s. auch *Winter* NVwZ 1999, 467, 472.

erweiterte Einklagbarkeit derartiger Güter letztendlich allen Individuen.[313] Da Deutschland bei der (Fortsetzungs-)Feststellungsklage seit jeher (zusätzlich) mit Elementen der Interessentenklage arbeitet und es bereits eine langjährige Rechtsprechung zum Feststellungsinteresse gibt,[314] würde bei einem Übergang zur Interessentenklage kein absolutes Neuland betreten. Zudem könnten sich die Verwaltungsgerichte bei unionsrechtlichen Sachverhalten an der EuGH-Rechtsprechung orientieren.[315] Schließlich wurde aufgezeigt, dass sich eine solche Klagebefugnis gut mit einigen sekundärrechtlichen Rechtsschutzregelungen in Einklang bringen lässt, die an die Betroffenheit oder das Vorliegen eines ausreichenden Interesses anknüpfen.

Andererseits wird zu Recht betont, dass sich bislang aus dem Unionsrecht keine eindeutige und allgemeine Festlegung der Mitgliedstaaten gerade auf die Form der Interessentenklage entnehmen lässt.[316] Besonders deutlich wird dies an den sekundärrechtlichen Rechtsschutzanforderungen aus dem Bereich des Umweltrechts, nach denen die Mitgliedstaaten die Klagebefugnis entweder von einem ausreichenden Interesse oder von der Geltendmachung einer Rechtsverletzung abhängig machen können. Dies kommt auch in einer Entscheidung des EuGH vom April 2015 zum Ausdruck, in welcher er unter Rekurs auf den Leitfaden zur Aarhus-Konvention hervorhob, dass die in Art. 9 Abs. 2 UAbs. 1 AK „genannten Möglichkeiten der Zulässigkeit von Rechtsbehelfen zwei angesichts der Unterschiede zwischen den Rechtsordnungen der Parteien des Übereinkommens gleichwertige Mittel dar[stellen], die auf das gleiche Ergebnis abzielen“.[317] Betrachtet man die jüngst verabschiedete Datenschutz-Grundverordnung müssen nach ihrem Art. 78 Abs. 1 natürliche und juristische Personen gegen einen sie betreffenden rechtsverbindlichen Beschluss der Aufsichtsbehörde vorgehen können. Diese Formulierung ruft Assoziationen an die Adressatentheorie hervor.[318] Art. 79 Abs. 1 EU-DSGVO gewährt jeder Person ein Recht auf einen wirksamen gerichtlichen Rechtsbehelf gegen Verantwortliche oder Auftragsverarbeiter, wenn sie der Ansicht sind, dass die ihnen zustehenden

---

313 *Winter* NVwZ 1999, 467, 472.

314 BVerwGE 45, 87, 90 f.; 61, 164, 165; BVerwG NVwZ 2004, 105.

315 *Winter* NVwZ 1999, 467, 473.

316 *Leidinger* NVwZ 2011, 1345, 1347 f.; *Schoch* VBlBW 2013, 361, 365; s. auch *Ress*, in: Europäische Integration, S. 449, 453 f., wonach der subjektive Rechtsschutz nur punktuell durchbrochen wird.

317 EuGH, Rs. C-570/13, NuR 2015, 321, 323 Rn. 35; zum Wahlrecht zwischen der Interessenten- und Verletztenklage auch *Ebers*, Rechte, S. 83.

318 S. auch *Sydow* ZG 2016, 236, 245 f.

Rechte infolge einer nicht mit dieser Verordnung in Einklang stehenden Verarbeitung ihrer personenbezogenen Daten verletzt wurden. All diese Regelungen deuten darauf hin, dass eine Verletztenklage genauso zur effektiven Durchsetzung des Unionsrechts beitragen kann.

Die bestehende Verwaltungsgerichtspraxis zur Handhabung der Schutznormtheorie belegt, dass sich diese sehr wohl Gedanken über deren unionsrechtskonforme Handhabung macht und sich mit dieser vielfach eine mit dem Unionsrecht in Einklang stehende Lage herbeiführen lässt. So zieht z. B. das BVerwG bei der Bestimmung des drittschützenden Charakters eines subjektiven Rechts die großzügiger konzipierte Rechtsschutzvorgabe des Art. 4 Abs. 1 Telekommunikations-Rahmenrichtlinie 2002/21/EG heran und achtet darauf, dass es zu einem unionsrechtskonformen Ergebnis gelangt.[319] Die Anfang und Mitte der 1990er Jahre genannten Gründe für eine Umstellung auf die Interessentenklage sind deshalb aus heutiger Perspektive etwas weniger gewichtig. Nichtsdestotrotz gehen mit der Schutznormtheorie, wie man an der Entscheidung des 7. Senats des BVerwG über die Möglichkeit prokuratorischer subjektiver öffentlicher Rechte sieht, Unsicherheiten einher. Sowohl bei der Verletzten- als auch der Interessentenklage werden sich Abgrenzungsprobleme nicht vermeiden lassen.[320] Da die Rechtsprechung bislang bei den Feststellungsklagen zusätzlich § 42 Abs. 2 VwGO analog anwendet und bei anderen Klagen gar kein Feststellungsinteresse geprüft hat, würde ein Übergang zur Interessentenklage zumindest in einer etwas längeren Übergangsphase erst einmal zu gewissen Unsicherheiten führen, in der sich herauskristallisieren müsste, wie weit oder eng der Begriff des berechtigten Feststellungsinteresses zu verstehen ist.[321] Da das Unionsrecht nicht durchgehend und nicht in allen Fällen verlangt, dass bereits bei einem ausreichenden oder hinreichenden Interesse dem Rechts-

---

319 BVerwG NVwZ 2016, 1088, 1092; Richtlinie 2002/21/EG des Europäischen Parlaments und des Rates vom 7.3.2002 über einen gemeinsamen Rechtsrahmen für elektronische Kommunikationsnetze und -dienste, ABl. EG Nr. L 108, S. 33.

320 *Mangold/Wahl* Die Verw. 48 (2015), 1, 15; zu den Abgrenzungsschwierigkeiten bei der Schutznormtheorie *Bauer* AöR 113 (1988), 582, 604 ff.; *Gärditz*, in: ders., VwGO, § 42 VwGO Rn. 58; *Ruthig* BayVBl. 1997, 289, 292.

321 Dazu, dass es auch beim objektiven Rechtsschutz einen Filter geben muss, *Ress*, in: Europäische Integration, S. 449, 454 ff., wonach mittels des Erfordernisses der „erheblichen Auswirkungen“ möglicherweise eine sinnvolle Begrenzung erreicht werden könnte (S. 457).

behelfsführer der Zugang zu Gericht eröffnet sein muss, vermeidet das Festhalten an der bestehenden Rechtslage, dass ein Mitgliedstaat sein Tor zur Inanspruchnahme gerichtlichen Rechtsschutzes weitergehend öffnet, als dies erforderlich ist.[322] So meint *Classen*, dass die großzügigere Einklagbarkeit des europäischen Umweltrechts in engem Kontext mit den Problemen bei der Sicherung seines effektiven Vollzugs zu sehen und daher vor Verallgemeinerungen Vorsicht geboten sei.[323]

Letztlich lässt sich nur schwer voraussagen, wie künftige sekundärrechtliche Rechtsschutzbestimmungen konzipiert werden und ob sich die EuGH-Rechtsprechung bei der Beurteilung der Klagbarkeit unionsrechtlicher Rechtspositionen eher in Richtung Interessenten- oder Verletztenklage entwickeln wird. Dies hängt mit dem sektorspezifischen Charakter vieler unionsrechtlicher Rechtsvorschriften zusammen. Da im Unionsrecht solche (Rechtsschutz-)Regelungen oft ohne Blick auf Regelungskonzepte in anderen Gebieten im Kompromissweg verabschiedet werden, verwundert es nicht, wenn deren Anforderungen an einen wirksamen Rechtsbehelf graduell variieren und die Rechtsschutzbestimmungen, sieht man von der gleichmäßigen Bezeichnung der Rechtsbehelfe als „Recht auf einen wirksamen Rechtsbehelf" ab, keinem ganz stringenten Modell folgen. Wie eine Entscheidung des EuGH zum Vergaberecht verdeutlicht, hält dieser unter Effektivitätsgesichtspunkten unterschiedliche Anforderungen an die Zulässigkeit der Klage sogar je nach durchzusetzendem Anspruch (Schadensersatzklage oder Nachprüfungsverfahren, um einem Vertrag die Wirksamkeit zu entziehen) für möglich.[324] Angesichts der unionsrechtlichen Überwölbung vieler Rechtsgebiete ist daher die Frage berechtigt, ob sich große nationale Kodifikationen, wie dies zurzeit der Erlasses des Bürgerlichen Gesetzbuchs der Fall war, heutzutage überhaupt noch aufstellen lassen.[325] Teilweise

---

322 Für eine bessere Vereinbarkeit mit dem verfassungsrechtlich garantierten Individualrechtsschutz *Erbguth*, Allgemeines Verwaltungsrecht, § 9 Rn. 12.

323 *Classen*, in: Schenke/Suerbaum, Verwaltungsgerichtsbarkeit, S. 11, 34 ff.; demgegenüber meint *Rennert*, in: Classen/Suerbaum, Verwaltungsgerichtsbarkeit, S. 165, 166, dass der effet utile nicht bereichsspezifisch sei.

324 EuGH, Rs. C-166/14, EuZW 2016, 140, 142.

325 Dazu *Lepsius* Die Verw. 43 (2010), Beiheft 10, S. 179, 198 ff.; *v. Lewinski*, in: FS für Kloepfer, S. 1, 3.

senkt man die Anforderungen an die Begrifflichkeit der Kodifikation ab, damit diese Bezeichnung weiterhin verwendet werden kann.[326]

Dafür, dass sich das Unionsrecht künftig etwas mehr in Richtung der Verletztenklage entwickeln könnte, könnte die Rechtsschutzgarantie in Art. 47 Abs. 1 GRCh sprechen. Diese ruft durch das Anknüpfen an die Verletzung unionsrechtlich garantierter Rechte und Freiheiten Anklänge an die Formulierung der Rechtsschutzgarantie in Art. 19 Abs. 4 S. 1 GG hervor.[327] Andererseits ist es mit Blick auf die teilweise unterschiedlich gelagerten Motive für die Gewährung unionsrechtlich durchsetzbarer Rechtspositionen und mit Blick auf die verschiedenen Verfassungsüberlieferungen in den EU-Mitgliedstaaten, von denen zumindest indirekt Impulse für die Konzeption oder auch Auslegung unionsrechtlicher Vorschriften ausgehen können,[328] sehr unwahrscheinlich, dass dieses unionsrechtliche Rechtsschutzgrundrecht gerade im Lichte des deutschen Verständnisses der Rechtsschutzgarantie des Art. 19 Abs. 4 S. 1 GG ausgelegt werden wird. Obwohl sich der EuGH vermehrt mit Art. 47 Abs. 1 GRCh befassen muss, liegt noch zu wenig Rechtsprechung vor, um valide Aussagen darüber treffen zu können, ob allein aufgrund des Unionsgrundrechts auf einen wirksamen Rechtsbehelf Deutschland mit seiner Ausgestaltung der Klagebefugnis in § 42 Abs. 2 Hs. 2 VwGO langfristig gut aufgestellt ist oder diese nicht doch nachjustieren sollte. Ähnlich verhält es sich mit Aussagen dazu, wie ein besserer Rechtsschutz im Bereich der europäischen Verbundverwaltung aussehen sollte, da es hierfür im Idealfall einer unionsrechtlichen Regelung,

---

326 Z. B. *Appell*, in: Koch/Rossi, Kodifikation in Europa, S. 1, 28; *Peine*, in: FS für Rauschning, S. 669, 678; *Schärdel*, Die Bücherkodifikation, S. 22, 85 ff., 95; allgemein dazu *Guckelberger/Geber*, Allgemeines Europäisches Verwaltungsverfahrensrecht, S. 88 f.

327 Für die Durchsetzung der Verletztenklage aufgrund Art. 47 Abs. 1 GRCh *Gärditz*, Der Funktionswandel der Verwaltungsgerichtsbarkeit, D 21 ff.; Referat auf dem 71. DJT über den Funktionswandel der Verwaltungsgerichtsbarkeit von Prof. Dr. Klaus *Rennert*; s. auch die Nachweise bei *Ebers*, Rechte, S. 66 bei Fn. 129; kritisch dazu *Classen* NJW 2016, 2621; *Wegener* JZ 2016, 829, 833. Nach *Dietz* UPR Sonderheft 2016, 469, 470 favorisiert der EuGH den objektiven Rechtsschutz.

328 Zur wechselseitigen Beeinflussung der Rechtsordnungen z. B. *Guckelberger/Geber*, Allgemeines Europäisches Verwaltungsverfahrensrecht, S. 169 f.; *Hatje,* in: Schwarze, EU-Kommentar, Art. 6 EUV, Rn. 18; *Streinz,* in: Streinz, EUV/AEUV, Art. 6 Rn. 25.

jedenfalls aber der Abstimmung unter den Mitgliedstaaten bedarf und man davon noch weit entfernt ist.

Weil hier vieles nur schwer absehbar ist und im Bewusstsein, dass sehr viele in Deutschland dem traditionsreichen Individualrechtsschutzkonzept verhaftet sind, liegt es nahe, mit derartigen Anpassungen noch etwas zuzuwarten und z. B. erst nach einer etwas mehr gefestigten EuGH-Rechtsprechung zu Art. 47 GRCh die Entscheidung darüber zu treffen, ob man von § 42 Abs. 2 Hs. 2 VwGO zugunsten der Interessentenklage Abstand nehmen soll.[329] Die Anknüpfung der Klagebefugnis an ein subjektives öffentliches Recht ist mit Art. 6 Abs. 1 EMRK, soweit der Anwendungsbereich dieser Norm eröffnet ist, kompatibel.[330] Nach Meinung von *Ress* ist die deutsche Weichenstellung „durch das Rechtschutzsystem der EMRK selbst, die nach Art. 34 EMRK auch auf einer möglichen subjektiven Rechtsverletzung beruht, angelegt und geprägt“,[331] welcher aber selbstversändlich eine autonome Begrifflichkeit zugrundeliegt. Im Dezember 2015 stellte die große Kammer des EGMR fest, dass die Europäische Menschenrechtskonvention keine actio popularis kennt. Für die Beschwerdebefugnis nach Art. 34 EMRK müsse das Individuum zeigen, „that he or she was ‚directly affected‘ by the measure complained of. This is indispensable for putting the protection mechanism of the Convention into motion, although this criterion is not to be applied in a rigid, mechanical and inflexible way throughout the proceedings".[332]

Bleibt es zunächst einmal bei dem bisherigen Rechtsschutzmodell, ist darauf zu achten, dass der Gesetzgeber und die Rechtsprechung dort von einklagbaren subjektiven Rechten ausgehen, wo dies von Unionsrechts wegen notwendig ist.[333] Nach der EuGH-Entscheidung vom 16.4.2015 steht es dem nationalen Gesetzgeber bei Art. 11 UVP-Richtlinie 2011/92/EU frei, die Rechte, deren Verletzung der Einzelne gerichtlich geltend machen kann,

329 So meint auch *Schwerdtfeger*, Der deutsche Verwaltungsrechtsschutz, S. 221 allerdings allgemein in Bezug auf das Unionsrecht, dass die stetige Fortentwicklung der Rechtsprechung des EuGH zur Klagbarkeit noch nicht abgeschlossen sei und vor diesem Hintergrund die Festschreibung gemeinschaftsrechtlich vorgegebener Zugangsvoraussetzungen unangebracht erscheine.

330 *Ress*, in: Meng/ders./Stein, Europäische Integration, S. 449, 454.

331 *Ress*, in: Meng/ders./Stein, Europäische Integration, S. 449, 454.

332 EGMR, Case of Roman Zakharov v. Russia, Nr. 47143/06 Rn. 164.

333 So meint *Calliess* NVwZ 2006, 1, 4, dass die geforderte Europäisierung auch durch eine entsprechende Vermehrung der subjektiven Rechte in der nationalen Rechtsordnung bewirkt werden könne.

„auf subjektiv-öffentliche Rechte zu beschränken, d. h. auf individuelle Rechte, die nach dem nationalen Recht als subjektiv-öffentliche Rechte qualifiziert werden können".[334] Allerdings dürften diese Rechte nach Maßgabe der Richtlinie nicht zu restriktiv gehandhabt werden.[335] Um Unsicherheiten und unterschiedliche Meinungen in der Praxis über das Vorliegen eines subjektiven öffentlichen Rechts erst gar nicht entstehen zu lassen oder auszuräumen, wäre es sinnvoll, wenn der Gesetzgeber hierzu selbst vermehrt Position beziehen würde. Deshalb ist die Forderung des 71. Deutschen Juristentags zu begrüßen, wonach der Gesetzgeber in geeigneten Fällen ausdrücklich regeln soll, ob und inwieweit eine Vorschrift des materiellen Rechts individualschützend ist.[336]

IV. Die Verbandsklage

Wenn im öffentlichen Recht der Terminus der Verbandsklage verwendet wird, wird damit regelmäßig die Möglichkeit von Verbänden oder Vereinigungen bzw. Vereinen zur Anrufung der Gerichte unabhängig von einer eigenen Rechtsverletzung und damit kraft gesetzlicher Anordnung i. S. d. § 42 Abs. 2 Hs. 1 VwGO gemeint. Bislang hat sich hinsichtlich der verschiedenen Formen der Verbandsklage im Schrifttum keine einheitliche Terminologie herausgebildet.[337] Während manche von einer „egoistischen Verbandsklage" sprechen, wenn ein Verband ein ihm selbst zustehendes Recht, etwa wegen der Beeinträchtigung eines ihm gehörenden Grundstücks, gerichtlich geltend macht,[338] bezeichnen andere diese als „Verbandsverletztenklage".[339] Letztere behalten die Bezeichnung der „egoistischen Verbandsklage" für solche gerichtlichen Rechtsbehelfe vor, die ein

---

334 EuGH, Rs. C-570/13, NuR 2015, 321, 324 Rn. 40.

335 EuGH, Rs. C-570/13, NuR 2015, 321, 324 Rn. 40.

336 Beschlüsse des 71. Deutscher Juristentag Essen 2016, S. 26 unter Nr. 16a. Losgelöst vom Unionsrecht kritisch gegenüber der starken Zunahme subjektiver Rechte *Ladeur*, Bitte weniger Rechte!, FAZ v. 8.12.2016, S. 8.

337 S. nur *Kloepfer*, Umweltrecht, § 8 Rn. 83; *Ziekow*, Die Verbandsklage gegen Planungsakte, in: ders., Planung 2000, S. 197, 200.

338 *Schenke,* Verwaltungsprozessrecht, § 14 Rn. 525.

339 *Schlacke*, Überindividueller Rechtsschutz, S. 176 verwendet hierfür die Bezeichnung „materielle Verbandsklage". *Bauer*, Die Durchsetzung des europäischen Umweltrechts, S. 40; *Gärditz*, Gutachten D zum 71. DJT, D 41 bedient sich beider Begriffe.

Verband zur Wahrung der Rechte bzw. Interessen seiner Mitglieder erhebt.[340] Im Grunde handelt es sich bei Letzterer um eine Form der Prozessstandschaft.[341] Aus prozessökonomischen Gründen wird der Verband als klageberechtigt angesehen, so dass nicht jedes seiner Mitglieder seine Rechte in einem separaten Gerichtsverfahren durchsetzen muss.[342]

Demgegenüber stehen die sog. altruistischen bzw. überindividuellen Verbandsklagen nicht nur im Fokus des Schrifttums, sondern auch der Gesetzgebung. Bei diesen wird bestimmten Verbänden oder Vereinigungen kraft Gesetzes die Befugnis zur gerichtlichen Durchsetzung bestimmter öffentlicher Interessen eröffnet.[343] Bei dieser Form der Verbandsklage strengt der Verband oder die Vereinigung im eigenen Namen ein gerichtliches Verfahren an, wird dabei aber zur Durchsetzung bestimmter öffentlicher Interessen tätig.[344] Die nachfolgenden Ausführungen beschränken sich auf diese Form der Verbandsklage, die man auch als eine Form der privaten Implementierungskontrolle zur Beanstandung objektiv-rechtlicher Normenverstöße umschreiben kann.[345]

1. Entwicklung der altruistischen Verbandsklagen in Deutschland

Obwohl bereits § 1 S. 2 des UWG von 1896[346] – allerdings im Bereich des Privatrechts – Verbänden zur Förderung gewerblicher Interessen die Geltendmachung von Unterlassungsansprüchen über unlautere Bekanntmachungen und Mitteilungen in Bezug auf geschäftliche Verhältnisse erlaubte und § 8 Abs. 3 HwO a. F. aus dem Jahre 1953[347] eine altruistische verwal-

340 *Hufen*, Verwaltungsprozessrecht, § 14 Rn. 93; *Kloepfer*, Umweltrecht, § 8 Rn. 85; *Meier*, Das ideelle Verbandsbeschwerderecht, S. 6.

341 *Kloepfer*, Umweltrecht, § 8 Rn. 85; *Meier*, Das ideelle Verbandsbeschwerderecht, S. 6.

342 *Meier*, Das ideelle Verbandsbeschwerderecht, S. 6.

343 *Kloepfer*, Umweltrecht, § 8 Rn. 86, 88; *Ruthig*, in: FS für Hufen, S. 632; *Schlacke*, Überindividueller Rechtsschutz, S. 128.

344 *Meier*, Das ideelle Verbandsbeschwerderecht, S. 1.

345 *Kloepfer*, Umweltrecht, § 8 Rn. 86; s. auch *Gärditz*, Der Funktionswandel der Verwaltungsgerichtsbarkeit, D 36.

346 RGBl. 1896, S. 145.

347 BGBl. 1953 I S. 1411, 1413.

tungsgerichtliche Klagemöglichkeit der Handwerkskammern gegen Ausnahmebewilligungen von Eintragungen in die Handwerksrolle kannte,[348] wurde die Möglichkeit altruistischer Verbandsklagen im Verwaltungsprozessrecht lange Zeit abgelehnt. Da sich nach zutreffender Meinung aus Art. 9 Abs. 1 GG und auch aus Art. 20a GG keine verfassungsrechtliche Pflicht zur gesetzlichen Einführung überindividueller Klagerechte ergibt,[349] überwog lange Zeit der rechtspolitische Standpunkt, von der Öffnungsklausel in § 42 Abs. 2 Hs. 1 VwGO keinen Gebrauch zu machen.

Die Gegenargumente, die bis heute zur Ablehnung der altruistischen Verbandsklage vorgebracht werden, sind weitestgehend gleich geblieben. Bei derartigen Klagen handele es sich um „kollektiv-rechtlich verfaßte Popularklagen",[350] welche dem traditionellen und in Art. 19 Abs. 4 S. 1 GG garantierten Individualrechtsschutz widersprechen.[351] Mit einer solchen Klagemöglichkeit gehe eine schwer zu vermittelnde Privilegierung der Verbände gegenüber den BürgerInnen einher.[352] Verbandsklagen werden wegen der Gefahr missbräuchlicher Inanspruchnahme, den zusätzlichen Arbeitsbelastungen für die Verwaltungsgerichtsbarkeit[353] sowie der damit einhergehenden Juridifizierung abgelehnt.[354] Die Verbandsklagemöglichkeit beeinträchtige all diejenigen, die bei einer späteren Bestätigung der gerichtlichen Rechtmäßigkeit der Verwaltungsentscheidung zunächst die damit verbundene Verzögerung hinnehmen müssen.[355] Verbandsklagen hätten negative Folgen für den Wirtschaftsstandort Deutschland.[356] In der Praxis würden sie „zunehmend als Instrument zu[r] Erhöhung des ‚politischen

---

348 Zum altruistischen Charakter dieser Regelung *Schlacke*, Überindividueller Rechtsschutz, S. 125.

349 *Kloepfer*, Umweltrecht, § 8 Rn. 66; *Niesler*, Individualrechtsschutz, S. 114 ff.; *Schlacke*, Überindividueller Rechtsschutz, S. 65 ff.; zu Art. 20a GG *Rossi* NuR 2016, 733, 734 f.; s. auch *Dietz* UPR Sonderheft 2016, 469, 476; *Guckelberger* ZBl. 1998, 345, 363 f.; *Harings* NVwZ 1997, 538.

350 *Scholz* ZG 2003, 248, 251.

351 Z. B. *Scholz* ZG 2003, 248, 251; zur Systemwidrigkeit *Pernice* JZ 2015, 967, 970; *Weyreuther*, Verwaltungskontrolle durch Verbände?, S. 82 ff.

352 Z. B. *Koch* NVwZ 2007, 369, 371.

353 So *v. Mutius* VerwArch 64 (1973), 311, 313 f.; *Knöpfle* DVBl. 1974, 707, 714; *Koch* NVwZ 2007, 369, 372; *Steinbeiß-Winkelmann* NJW 2010, 1233, 1236.

354 *Kloepfer* NuR 2016, 729, 732.

355 *Skouris*, Verletzten- und Interessentenklage, S. 250; *Stelkens* DVBl. 1975, 137, 139; *Weyreuther*, Verwaltungskontrolle durch Verbände?, S. 43 ff.

356 Zu diesem Argument *Breuer* Die Verw. 45 (2012), 171, 184; *Pernice* JZ 2015, 967, 970.

Preises‘ oder zur grundsätzlichen Verhinderung bestimmter Projekte missbraucht“.[357] Durch derartige Klagen würden Gruppen- sowie Verbandsegoismen gestärkt.[358] Es sei nicht Aufgabe der Verbände, sondern der dafür demokratisch legitimierten staatlichen Stellen, für die Einhaltung des objektiven Rechts zu sorgen.[359] Dafür gäbe es besondere Kontrollinstrumente wie – die allerdings bislang nicht sehr verbreiteten – Bürgerbeauftragten, vor allem aber die Petitionsausschüsse oder den Rechnungshof.[360]

2. Altruistische Verbandsklage im Umweltrecht

Bremen hat als erstes Bundesland im Jahr 1979 eine umweltrechtliche Verbandsklage in seinem Naturschutzgesetz eingeführt.[361] Obwohl dieses Vorgehen in der öffentlich-rechtlichen Diskussion als Systembruch des individualschutzrechtlich ausgerichteten Verwaltungsprozessrechts betrachtet wurde,[362] haben allmählich viele Bundesländer vergleichbare Regelungen erlassen.[363] Auf Bundesebene wurde die vom Erfordernis einer Rechtsverletzung losgelöste Vereinsklage erst 2002 in § 61 BNatSchG[364] mit der Begründung eingeführt, im Zuge einer stärkeren Bürgerbeteiligung und zur Verbesserung der Transparenz naturschutzrechtlicher Entscheidungen sei

---

357 *Hufen*, Verwaltungsprozessrecht, § 14 Rn. 93.

358 *Kloepfer* NuR 2016, 729, 733.

359 *Koch* NVwZ 2007, 369, 371; *Schmitt Glaeser*, Der freiheitliche Staat des Grundgesetzes, S. 248; *Ule/Laubinger*, Gutachten B zum 52. DJT, B 103.

360 *Rennert* DVBl. 2015, 793, 797 f. nennt als Beispiel Ombudsmann und Rechnungshof. Da es nur in wenigen Bundesländern Bürgerbeauftragte gibt, die anders als in anderen EU-Mitgliedstaaten bislang in Deutschland nicht sehr verbreitet sind, fällt diese Aufgabe eher den Petitionsausschüssen zu. Näher zum Verhältnis und zur Bedeutung dieser beiden Kontrollinstrumente *Guckelberger* DÖV 2013, 613 ff.

361 BremGBl 1979 S. 345 ff., s. § 44 BremNatSchG; näher dazu *Lüthge* NJW 1980, 1037 f.; *Schlacke*, Überindividueller Rechtsschutz, S. 162 ff.; der Sachverständigenrat für Umweltfragen empfahl bereits in BT-Drucks. 7/2802, S. 177 f. die Einführung einer Verbandsklage.

362 *Ule/Laubinger*, Gutachten B zum 52. DJT, B 96 ff.

363 M. w. N. *Schlacke*, Überindividueller Rechtsschutz, S. 163 f.; *Ziekow/Siegel*, Anerkannte Naturschutzverbände als „Anwälte der Natur“, S. 57 ff.; s. auch *Kloepfer*, Umweltrecht, § 8 Rn. 96; *Ruthig*, in: FS für Hufen, S. 627; *Sommerfeldt*, Die Verbandsklage, S. 23 ff.

364 § 61 BNatSchG 2002, BGBl. 2002 I S. 1193. S. heute § 64 BNatSchG.

die Beteiligung anerkannter Naturschutzvereinigungen weiterzuentwickeln.[365] Mit der Vereinsklage, bei deren Konzeption man sich an den bestehenden Länderregelungen orientiert habe,[366] wolle man den insgesamt positiven Erfahrungen mit dieser Rechtsschutzmöglichkeit in 13 Bundesländern Rechnung tragen.[367] Außerdem sah man hierin einen ersten wichtigen Schritt für die Umsetzung der von der Bundesregierung 1998 gezeichneten Aarhus-Konvention.[368]

Das Umwelt-Rechtsbehelfsgesetz (UmwRG)[369] wurde zur Anpassung des Bundesrechts an die Rechtsschutzvorgaben der EG-Richtlinie 2003/35/EG erlassen. Es „bewirkt daher zugleich eine Anpassung des nationalen Rechts an die Anforderungen der Aarhus-Konvention zum Rechtsschutz bei Entscheidungen in umweltrechtlichen Entscheidungsverfahren mit Öffentlichkeitsbeteiligung".[370] Nach Art. 3 Nr. 7 sowie Art. 4 Nr. 4 der Richtlinie 2003/35/EG haben die einzelnen Staaten das für den Gerichtszugang ausreichende Interesse oder die erforderliche Rechtsverletzung in derartigen Angelegenheiten zu bestimmen. Allerdings gilt das Interesse jeder Nichtregierungsorganisation, die bestimmte Voraussetzungen erfüllt, als ausreichendes Interesse bzw. gelten die Organisationen als Träger der verletzbaren Rechte.[371] Wie man hieran erkennen kann, wurde die Ausweitung der Verbandsklage im Umwelt-Rechtsbehelfsgesetz vor allem durch das Unionsrecht[372] und die Aarhus-Konvention forciert. Indem unionsweit ein solcher Verbandsrechtsbehelf vorgegeben und damit die Rechtsschutzbedingungen zur Überprüfung bestimmter (Groß-)Vorhaben unionsweit gleich

365 BT-Drucks. 14/6378, S. 30.
366 BT-Drucks. 14/6378, S. 30.
367 BT-Drucks. 14/6378, S. 27.
368 BT-Drucks. 14/6378, S. 27.
369 BGBl. 2015 I S. 2069.
370 BT-Drucks. 16/2495, S. 1.
371 Art. 9 Abs. 2 UAbs. 3 AK; s. auch Art. 11 Abs. 3 UVP-Richtlinie 2011/92/EU, Art. 25 Abs. 3 UAbs. 2 IE-Richtlinie 2010/75/EU, Art. 12 Abs. 1 UAbs. 3 Umwelthaftungsrichtlinie 2004/35/EG.
372 Gemeint ist dabei das Sekundärrecht. Dazu, dass sich aus Art. 47 GRCh kein Recht auf eine Verbands- und Popularklage ergibt, *Rengeling/Szczekalla*, Grundrechte in der Europäischen Union, Rn. 1188.

sind, verfängt die Befürchtung einer Beeinträchtigung des Wirtschaftsstandorts Deutschland infolge der Einführung dieser Verbandsklagemöglichkeit heute nicht mehr.[373]

Die altruistische Verbandsklage trägt zum Abbau von Vollzugsdefiziten im Umweltrecht bei, das vielfach nur Allgemeininteressen dient und mangels individueller Klagebefugnis ansonsten von der Gerichtskontrolle ausgeschlossen wäre.[374] Auf diese Weise wird die Disparität zwischen Umweltnutzern und -schützern beseitigt[375] und auf die Einhaltung der vom Parlament beschlossenen Gesetze sowie die Gesetzmäßigkeit der Verwaltung in diesem Bereich hingewirkt.[376] Allein infolge der Existenz der Verbandsklage werden sich die Behörden vermehrt präventiv um die Einhaltung des Umweltrechts bemühen,[377] wodurch sich im Idealfall gerichtliche Auseinandersetzungen erübrigen.[378] Bislang haben die Vereinigungen schon im Hinblick auf die ihnen nur begrenzt zur Verfügung stehenden Finanzmittel,

---

373 Dazu auch die Ausführungen im Referat auf dem 71. DJT über den Funktionswandel der Verwaltungsgerichtsbarkeit von Prof. Dr. Martin *Beckmann* unter V.; s. auch *Sußmann*, Vollzugs- und Rechtsschutzdefizite, S. 205.

374 *Bender* DÖV 1976, 584, 585; *Gärditz*, Der Funktionswandel der Verwaltungsgerichtsbarkeit, D 43; *Hofmann* BayVBl. 1972, 524, 526; *Niesler*, Individualrechtsschutz, S. 207. Zum Vollzugsdefizit im Umweltrecht auch *Bauer*, Die Durchsetzung des europäischen Umweltrechts, S. 43 ff.; *Radespiel*, Die naturschutzrechtliche Verbandsklage, S. 26 ff.; *Ruffert*, Subjektive Rechte im Umweltrecht, S. 5 ff.; *Wegener*, Rechte des Einzelnen, S. 17 ff.; *Ziekow/Siegel*, Anerkannte Naturschutzverbände als „Anwälte der Natur", S. 31 ff.

375 *Breuer* Die Verw. 45 (2012), 171, 182; *Gärditz*, Der Funktionswandel der Verwaltungsgerichtsbarkeit, D 43 f.; *Koch* NVwZ 2007, 369, 370; *Niesler*, Individualrechtsschutz, S. 207; *Schwerdtfeger*, Der deutsche Verwaltungsrechtsschutz, S. 96.

376 *Wolf* ZUR 1994, 1, 4.

377 *Führ/Schenten/Schulze/Schütte* NVwZ 2014, 1041, 1042; *Meier*, Das ideelle Verbandsbeschwerderecht, S. 58; *Niesler*, Individualrechtsschutz, S. 207; *Schlacke*, Überindividueller Rechtsschutz, S. 228 f.; so auch schon *Bender* DÖV 1976, 584, 585; *Faber*, Die Verbandsklage im Verwaltungsprozeß, S. 79 ff.

378 *Meier*, Das ideelle Verbandsbeschwerderecht, S. 58.

aber auch aus Zeitgründen von der Verbandsklage sehr verantwortungsbewusst Gebrauch gemacht.[379] Dies lässt sich durch gegenüber dem Individualrechtschutz empirisch untersuchte höhere Erfolgsquoten belegen.[380] Die klageberechtigten Umweltschutzvereinigungen verfügen über eine große Erfahrung und Expertise auf ihrem Gebiet.[381] In Anlehnung an das Kooperationsprinzip im Umweltrecht eröffnen Umweltrechtsbehelfe den staatlichen Stellen die Möglichkeit, sich den Sachverstand der Verbände und deren Einsatzbereitschaft bei ihren Entscheidungen zunutze zu machen.[382] Die Aussage, viele Verbandsklagen würden nur missbräuchlich eingelegt, ist somit in dieser Verallgemeinerung nicht zutreffend.[383] Auch ist die oftmals befürchtete Klageflut bis dato ausgeblieben.[384]

3. Klagemöglichkeiten für Interessenverbände der Behindertenselbsthilfe

Die Einführung einer altruistischen Verbandsklage ist politisch umstritten, sofern die Bundesrepublik nicht aufgrund unionsrechtlicher oder völkerrechtlicher Vorgaben zu deren Implementierung verpflichtet ist. Das Verbandsklagerecht in § 13 BGG a. F. (s. heute § 15 BGG) wurde wesentlich von den unionsrechtlichen Diskriminierungsrichtlinien beeinflusst. Nach Art. 9 Abs. 2 Richtlinie 2000/78/EG müssen die Mitgliedstaaten sicherstellen, „dass Verbände, Organisationen oder andere juristische Personen, die gemäß den in ihrem einzelstaatlichen Recht festgelegten Kriterien ein rechtmäßiges Interesse daran haben, für die Einhaltung der Bestimmungen dieser Richtlinie zu sorgen, sich entweder im Namen der beschwerten Person oder

379 *Caliess* NVwZ-Editorial 23/16; *Gärditz*, Der Funktionswandel der Verwaltungsgerichtsbarkeit, D 45; *Koch* NVwZ 2007, 369, 373; *Meier*, Das ideelle Verbandsbeschwerderecht, S. 59; *Schlacke*, Überindividueller Rechtsschutz, S. 226 f.; *Wegener* JZ 2016, 829, 833.

380 *Führ/Schenten/Schulz/Schütte* NVwZ 2014, 1041, 1043; *Kloepfer*, Umweltrecht, § 12 Rn. 542; *Koch* NVwZ 2007, 369, 373; *Meier*, Das ideelle Verbandsbeschwerderecht, S. 78 f.; s. auch *Pernice-Warnke*, Effektiver Zugang zu Gericht, S. 16.

381 S. auch *Pernice-Warnke*, Effektiver Zugang zu Gericht, S. 16.

382 *Kloepfer* NuR 2016, 729, 731.

383 *Koch* NVwZ 2007, 369, 372 f.

384 *Führ/Schenten/Schulze/Schütte* NVwZ 2014, 1041, 1043.

zu deren Unterstützung und mit deren Einwilligung an den in dieser Richtlinie zur Durchsetzung der Ansprüche vorgesehenen Gerichts- und/oder Verwaltungsverfahren beteiligen können".[385] Auch wenn die Verbände nach diesen unionsrechtlichen Regelungen nur mit Zustimmung der Betroffenen deren Rechte wahrnehmen dürfen,[386] mithin die Einführung eigenständiger Beteiligungs- und Klagerechte für diese von den Richtlinien nicht gefordert wird,[387] lässt ihr Sinn und Zweck doch auch eine überindividuelle Zielsetzung erkennen.[388]

Über das Gebotene hinausgehend hat der deutsche Gesetzgeber zusätzlich zu den in § 14 BGG geregelten Vertretungsbefugnissen in verwaltungs- und sozialrechtlichen Verfahren für anerkannte Interessenverbände der Behindertenselbsthilfe[389] ein altruistisches Verbandsklagerecht in § 15 BGG vorgesehen, wonach ein nach Absatz 3 anerkannter Verband unabhängig von einer Rechtsverletzung die gerichtliche Feststellung eines Verstoßes gegen die in § 15 Abs. 1 S. 1 BGG genannten Vorschriften verlangen kann.[390] Mit diesem Rechtsschutzinstrument trägt der Gesetzgeber der weitverbreiteten Struktur von Selbsthilfegruppen sowie ihrer besonderen Sachkenntnis Rechnung.[391] §§ 15, 16 BGG ermöglichen es den Interessenverbänden für ihre Mitglieder, für Dritte und in eigenem Namen, die Gleichstellung behinderter Menschen durchzusetzen.[392] Zugleich werden dadurch die Einzelnen von Prozessrisiken entbunden.[393] Laut der Begründung des Gesetzentwurfs soll die Verbandsklage vor allem „eine mit den Vorschriften des Behindertengleichstellungsgesetzes in Einklang stehende Verwaltungspraxis herbei[...]führen".[394] Denn nach den bisherigen Erfahrungen

385 Art. 7 Abs. 2 Richtlinie 2000/43/EG, ABl. EG 2000 Nr. L 180, S. 22 ff.; Art. 9 Abs. 2 Richtlinie 2000/78/EG, ABl. EG 2000 Nr. L 303, S. 16 ff.

386 *Schlacke*, Überindividueller Rechtsschutz, S. 133.

387 *Schlacke*, Überindividueller Rechtsschutz, S. 133.

388 *Schlacke*, Überindividueller Rechtsschutz, S. 133.

389 BT-Drucks. 14/7420, S. 20 „im Rahmen einer Prozessstandschaft mit den behinderten Menschen zusammen oder auch im eigenen Namen"; s. auch *Klocke*, Rechtsschutz in kollektiven Strukturen, S. 131 f.

390 *Hlava*, Die verbandlichen Klagerechte nach SGB IX und BGG, Forum A, Beitrag A23-2012, S. 5.

391 *Klocke*, Rechtsschutz in kollektiven Strukturen, S. 132.

392 BT-Drucks. 14/7420, S. 18.

393 *Klocke*, Rechtsschutz in kollektiven Strukturen, S. 132.

394 BT-Drucks. 14/7420, S. 30.

würden Rechtsverstöße von den Betroffenen im Behindertenrecht eher selten geltend gemacht.[395]

Mit den Worten des BVerwG handelt es sich daher um einen vom herkömmlichen, auf eine Verletzung in eigenen Rechten abstellenden Rechtsschutzsystem der Verwaltungsgerichtsordnung abweichenden Rechtsbehelf, bei dem Parallelen zur naturschutzrechtlichen Vereinsklage gezogen werden können.[396] „Wie diese ist auch die altruistische Verbandsklage nach § 13 BGG [heute § 15 BGG] ein objektives Beanstandungsverfahren, das dazu dient, den mit dem Gesetz verfolgten Zielen in der Rechtswirklichkeit zur Durchsetzung zu verhelfen. [...] Ebenso wie der Rügeumfang eines Naturschutzvereins beschränkt ist, kann auch ein Behindertenverband nicht jeden Verfahrens- oder Abwägungsmangel rügen, sondern nur die Feststellung eines Verstoßes gegen bestimmte, enumerativ aufgezählte Rechtsvorschriften begehren.“[397]

4. Verbandsklage im Tierschutz- und Denkmalschutzrecht?

Insgesamt ist in Deutschland eine große Zurückhaltung bei der Einführung solcher von einer Rechtsverletzung losgelösten, auf eine objektive Rechtskontrolle durch die Gerichte abzielenden Rechtsbehelfe zu verzeichnen. Auf Landesebene lässt sich im Moment eine Tendenz in Richtung einer Verbandsklage für Tierschutzverbände ausmachen, wobei die konkrete

395 *Hlava*, Die verbandlichen Klagerechte nach SGB IX und BGG, Forum A, Beitrag A23-2012, S. 6.
396 BVerwGE 125, 370, 374.
397 BVerwGE 125, 370, 374.

Ausgestaltung dieses Rechtsbehelfs von Bundesland zu Bundesland variiert.[398] Zwischenzeitlich haben Baden-Württemberg,[399] Bremen,[400] Hamburg,[401] Nordrhein-Westfalen,[402] Rheinland-Pfalz[403], das Saarland[404] und Schleswig-Holstein[405] eine tierschutzrechtliche Verbandsklagemöglichkeit eingeführt. Dazu dürfte die Erweiterung der Staatszielbestimmung des Art. 20a GG im Jahr 2002[406] um den Tierschutz beigetragen haben.[407] Während die naturschutzrechtliche Verbandsklage ein ökologisches Anliegen verfolgt, bezweckt die tierschutzrechtliche Verbandsklage den Schutz der Interessen der Tiere.[408] Es ist nicht überraschend, dass diese Verbandsklage teils befürwortet und teils abgelehnt wird.

Als Pro-Argumente werden genannt, dass Tiere ihre Interessen nicht selbst artikulieren können,[409] sie dafür einen (weiteren) Stellvertreter benötigten[410] und es auch in diesem Rechtsgebiet zur Behebung von Vollzugsdefiziten einer objektiven Rechtsschutzmöglichkeit bedürfe.[411] Von den Verbänden sei nicht anders als im Umweltrecht ein wohl überlegtes, von

---

398 Dazu *Kloepfer* NuR 2016, 729, 729 f.; *Rossi* NuR 2016, 733, 733 f.

399 Gesetz über Mitwirkungsrechte und das Verbandsklagerecht für anerkannte Tierschutzorganisationen LT- Drucks. 15/6858.

400 Gesetz über das Verbandsklagerecht für Tierschutzvereine, BremGBl. 2007, 455.

401 Hamburgisches Gesetz über das Verbandsklagerecht für Tierschutzvereine, HmbGVBl. 2013, S.247, 248.

402 Gesetz über das Verbandsklagerecht und Mitwirkungsrechte für Tierschutzvereine, GV. NRW 2013 S. 416.

403 Landesgesetz über Mitwirkungsrechte und das Verbandsklagerecht für anerkannte Tierschutzvereine, GVBl. 2014, 44.

404 Gesetz Nr. 1810 über das Verbandsklagerecht für anerkannte Tierschutzverbände, ABl. 2013, 268.

405 Gesetz zum Tierschutz-Verbandsklagerecht, GVOBl. 2015, 44.

406 BGBl. 2002 I 2862.

407 *Kloepfer* NuR 2016, 729; s. auch *Hager* NuR 2016, 831; zur Erweiterung des Art. 20a GG auch *Precht*, Tiere denken, S. 331. Auch das Unionsrecht enthält in Art. 13 AEUV im Primärrecht eine Querschnittsklausel zum Tierschutz.

408 *Hager* NuR 2016, 831 f. spricht von tierspezifischen Individualinteressen und sieht diese daher nicht als klassische Form der altruistischen Verbandsklage an.

409 *Hager* NuR 2016, 831; *Näckel/Wasiliewski* NordÖR 2004, 379, 381; *Precht*, Tiere denken, S. 335.

410 Dazu *Rossi* NuR 2016, 733, 734.

411 *Classen* NJW 2016, 2621, 2622; *Kloepfer* NuR 2016, 729, 730 f.; *Näckel/Wasiliewski* NordÖR 2004, 379, 381. Eingehender zu dem Ungleichgewicht *Caspar*, Tierschutz, S. 498 f.

Engagement und Sachkunde geprägtes Vorgehen zu erwarten.[412] Außerdem fördere die gerichtliche Konkretisierung der unbestimmten Rechtsbegriffe in diesem Gebiet die Rechtssicherheit.[413] Rechtliche Grundsatzfragen lassen sich so rasch einer Klärung zuführen.[414] Die gegenteilige Ansicht hat Zweifel am Vorliegen eines Vollzugsdefizits und hält die bestehenden Kontrollinstrumente insbesondere unter Verweis auf die Funktion der Veterinärmediziner für ausreichend.[415] Der Einwand, die Involvierung der Verbände führe zu einer Verlängerung der Verwaltungsverfahren und einer Mehrbelastung der Gerichte, hat sich jedenfalls bislang in Bezug auf die Verwaltungsgerichtsbarkeit nicht bestätigt, da in den einzelnen Bundesländern mit einer tierschutzrechtlichen Verbandsklage bislang davon nur selten Gebrauch gemacht wurde.[416] Manche äußern verfassungsrechtliche Bedenken an dieser Verbandsklage[417] bzw. halten sie sogar für verfassungswidrig, da der Bund mit dem Tierschutzgesetz von seiner diesbezüglichen Gesetzgebungskompetenz abschließend Gebrauch gemacht habe.[418] Auch wurde die Figur des Tieranwalts im Kanton Zürich, der aber nur in Strafsachen tätig war, nach geraumer Zeit wieder abgeschafft.[419]

Neuerdings werden auch Verbandsklagemöglichkeiten im Denkmalschutz erörtert. Da zur Umwelt i. S. d. UVP-Richtlinie Sachgüter und das kulturelle Erbe gehören,[420] könnten auch in diesem Rechtsgebiet die Rechtsbehelfsregelungen in Art. 9 Abs. 2, 3 AK sowie die korrespondierenden Unionsrechtsvorschriften bedeutsam werden. Zur Begründung für die Einführung eines solchen altruistischen Rechtsbehelfs wird auf die ähnliche

---

412 *Hager* NuR 2016, 831, 832; *Näckel/Wasiliewski* NordÖR 2004, 379, 381; s. auch *Fest/Köpernik* DVBl. 2012, 1473, 1479.

413 *Näckel/Wasiliewski* NordÖR 2004, 379, 381.

414 *Hager* NuR 2016, 831, 832.

415 Dazu *Rossi* NuR 2016, 733, 734.

416 Dazu *Rossi* NuR 2016, 733, 734.

417 Zu den Bedenken hinsichtlich wissenschaftlicher Tierversuche *Gärditz*, Der Funktionswandel der Verwaltungsgerichtsbarkeit, D 43.

418 *Löwer* WissR 2006, Beiheft 16, S. 123 ff. (verfassungswidrig); a.A. *Caspar* DÖV 2008, 145 ff.; *Rossi* NuR 2016, 733, 735 ff.

419 *Ellner*, Die Stimme der Tiere verstummt, Neue Zürcher Zeitung v. 16.12.2010, abrufbar unter http://www.nzz.ch/die-stimme-der-tiere-verstummt-1.8696578, zuletzt abgerufen am 9.11.2016.

420 *Gellermann* DVBl. 2013, 1341, 1343; *Möller*, Verbandsklagerecht im Denkmalschutz aufgrund der Rechtsprechung des Europäischen Gerichtshofs, S. 346, 349 ff.; *Oebbecke* DVBl. 2015, 1288, 1293 f.

Interessenlage wie im Naturschutzrecht verwiesen.[421] Im Denkmalschutzrecht seien ebenfalls administrative Vollzugsdefizite zu beklagen,[422] zumal gerade in diesem Bereich eine Vielzahl von Aufgaben zu bewältigen, die Verwaltung aber zunehmend personell ausgedünnt worden sei. „Die Eigentümer [...] von Denkmälern [...] haben – jedenfalls wenn sie Unternehmer sind – regelmäßig ein entscheidendes Interesse an einem möglichst hohen Profit"[423] ihres Gutes, so dass diese ökonomische Motivation nur zu leicht mit den Zielen des Denkmalschutzes in Konflikt gerät. Weil die anerkannten Natur- und Umweltschutzvereinigungen sich regelmäßig auf außerhalb des Denkmalschutzes liegende Problemfelder fokussierten, sei über den Erlass spezifischer Landesnormen nachzudenken, in denen die denkmalrechtliche Verbandsanerkennung sowie die Verbandsklage im Denkmalschutzrecht näher auszugestalten seien.[424]

5. Objektive Rechtsschutzmöglichkeiten im Datenschutzrecht?

Schließlich sollte man überlegen, ob nicht das Datenschutzrecht ein Bereich sein könnte, in dem sich eine altruistische Verbandsklage als sinnvoll erweisen könnte.[425] Vor kurzem[426] hat der Gesetzgeber den privatrechtlichen Datenschutz gestärkt, indem zum besseren Schutz der Rechte der Verbraucher nicht nur diese und die Datenschutzaufsichtsbehörden, sondern auch Verbände und Kammern gegen die unzulässige Erhebung, Verarbeitung oder Nutzung von Verbraucherdaten durch Unternehmer zur Werbung, Markt- und Meinungsforschung und weiteren vergleichbaren kommerziellen Zwecken gerichtlich vorgehen können.[427] Laut der Begründung des Gesetzentwurfs nutzen die besten datenschutzrechtlichen Bestimmungen ohne wirksame Durchsetzung wenig.[428] Angesichts der Zahl der Unternehmen

---

421 *Oebbecke* DVBl. 2015, 1288, 1293 f.

422 *Kloepfer*, Denkmalschutz und Umweltrecht, § 5 Rn. 597 ff.; *ders.* NuR 2016, 729, 731.

423 *Kloepfer* NuR 2016, 729, 731.

424 Hierzu einschließlich bereits in Erwägung gezogener Regelungen *Blume*, Drittschutz im Denkmalrecht, i. E.

425 Dazu *Pernice* JZ 2015, 965, 973; *Ruthig*, in: FS für Hufen, S. 625, 632.

426 BGBl. 2016 I S. 720.

427 BT-Drucks. 18/4631, S. 12.

428 BT-Drucks. 18/4631, S. 11.

und des stetig zunehmenden Umfangs ihrer Datenerhebungen, -verarbeitungen und -nutzungen könnten diese nicht flächendeckend von den Datenschutzaufsichtsbehörden kontrolliert werden.[429] Die Verbraucher würden oftmals nicht über derartige Verstöße Bescheid wissen und selbst wenn, würden sie häufig wegen der Kosten und Mühen von der Durchsetzung ihrer Ansprüche absehen.[430] „Dies gilt insbesondere auch dann, wenn die Daten einer Vielzahl von Verbrauchern unzulässig erhoben wurden, der einzelne Verbraucher aber nur in geringem Umfang betroffen ist".[431] Deshalb können jetzt die in § 3 Abs. 1 UKlaG bezeichneten qualifizierten Einrichtungen, dort umschriebene Verbände und Kammern als Inhaber eines Anspruchs nach § 2 Abs. 2 Nr. 11 UKlaG die Gerichte um Rechtsschutz ersuchen. Obwohl mit dieser Klagemöglichkeit überindividuelle Interessen verfolgt werden, handelt es sich dabei um keine altruistische Verbandsklage im herkömmlichen Sinne, da die Verbände ihnen selbst zustehende Ansprüche durchsetzen.[432] Dennoch zeigt die Gesetzesbegründung, dass im Bereich des Datenschutzes die Gerichte unabhängig vom Verhalten des eigentlich Verletzten Rechtsschutz vermitteln sollen.

Auch die jüngst angenommene EU-Datenschutz-Grundverordnung weist den Verbänden eine wichtige Rolle bei der Durchsetzung des Datenschutzes vor den nationalen Gerichten zu. Da Behörden grundsätzlich in den Anwendungsbereich der EU-DSGVO fallen, werden deren Rechtsschutzvorgaben auch für die Verwaltungsgerichte Bedeutung erlangen, soweit nicht eine andere Gerichtsbarkeit mit der Kontrolle betraut wird. Art. 80 Abs. 1 EU-DSGVO gewährt einer betroffenen Person das Recht, eine Einrichtung, Organisation oder Vereinigung ohne Gewinnerzielungsabsicht, die ordnungsgemäß nach dem Recht eines Mitgliedstaats gegründet ist, deren Satzungsziele im öffentlichen Interesse liegen und die im Bereich des Schutzes der Rechte und Freiheiten von betroffenen Personen in Bezug auf den Schutz ihrer personenbezogenen Daten tätig ist, zu beauftragen, „in ihrem Namen eine Beschwerde einzureichen, in ihrem Namen die in den Artikeln 77, 78 und 79 genannten Rechte wahrzunehmen und das Recht auf Schadensersatz gemäß Art. 82 in Anspruch zu nehmen, sofern dieses im Recht

429 BT-Drucks. 18/4631, S. 11.
430 BT-Drucks. 18/4631, S. 11.
431 BT-Drucks. 18/4631, S. 11 f.
432 *Gola* RDV 2016, 17; *Schulz* ZD 2014, 510, 511. Dazu, dass diese Verbandsklage primär dem Schutz des Allgemeininteresses dient, auch wenn die Verbände ein eigenes Recht geltend machen, *Roth* JZ 2016, 1134, 1136.

der Mitgliedstaaten vorgesehen ist". Gem. Art. 80 Abs. 2 EU-DSGVO können die Mitgliedstaaten vorsehen, dass diese Einrichtung „unabhängig von einem Auftrag der betroffenen Person" das Recht zur Einlegung einer Beschwerde bei der zuständigen Aufsichtsbehörde hat und die in Art. 78, 79 EU-DSGVO genannten Rechte in Anspruch nehmen kann, wenn ihres Erachtens die Rechte einer betroffenen Person nach dieser Verordnung infolge einer Verarbeitung verletzt worden sind.

Wie man an der Formulierung des Art. 80 Abs. 1 EU-DSGVO erkennen kann, beinhaltet diese Ausgestaltung des Rechtsschutzes keine altruistische Verbandsklagemöglichkeit. Da es um die Wahrnehmung der Rechte der betroffenen Person in deren Namen geht, macht der Verband in dieser Konstellation keine eigenen Rechte i. S. d. § 42 Abs. 2 Hs. 2 VwGO geltend.[433] Er klagt, so wie es für die Anwaltschaft typisch ist, die Rechte einer bestimmten Person in deren Namen ein.[434] Bei genauerer Betrachtung handelt es sich dabei um eine Regelung der Prozessvertretung, die jedoch von dem Verhalten des jeweiligen Mitgliedstaats abhängt. Infolgedessen muss sich der nationale Gesetzgeber überlegen, ob er nicht den Kreis der prozessbevollmächtigten Personen in § 67 Abs. 2 VwGO um die in Art. 80 Abs. 1 EU-DSGVO genannten Personen erweitern möchte.[435] Dafür spricht nicht zuletzt die Überschrift des Art. 80 EU-DSGVO „Vertretung von betroffenen Personen". Entschließt sich die Bundesrepublik zu einem solchen Schritt, stellt sich als Folgefrage, ob sich daraus nicht auch Konsequenzen für die Ausgestaltung der Postulationsfähigkeit vor den Oberverwaltungsgerichten und dem Bundesverwaltungsgericht ergeben könnten. Denn an und für sich ist der Text des Art. 80 Abs. 1 EU-DSGVO nicht auf eine bestimmte Instanz beschränkt. Außerdem könnte man argumentieren, dass diese Verbände über eine besondere Expertise im Datenschutzrecht verfügen, und es daher keinen plausiblen Grund gebe, um sie von einer Prozessvertretung vor den höheren Gerichten auszuschließen. Wenn es der natio-

---

433 Dazu auch *Frenzel*, in: Paal/Pauly, DSGVO, Art. 80 Rn. 7.

434 Zur Abgrenzung Prozessstandschaft und Prozessvertretung, bei der sich die Vertretungsmacht notwendig auf ein fremdes Recht bezieht, *Czybulka*, in: Sodan/Ziekow, VwGO, § 62 Rn. 16. Da der Verband nicht auf die Wahrnehmung der Rechte seiner Mitglieder beschränkt ist, handelt es sich auch nicht um eine egoistische Verbandsklage. Zur dadurch bezweckten Erleichterung des Rechtswahrnehmung *Frenzel*, in: Paal/Pauly, DSGVO, Art. 80 Rn. 6.

435 Dazu auch *Sydow* ZG 2016, 237, 240.

nale Gesetzgeber aber ganz in der Hand hat, über eine solche Prozessvertretungsregelung zu befinden, dann muss es ihm richtigerweise auch möglich sein, diese Vertretungsbefugnis auf die Verwaltungsgerichte zu beschränken. Da sich nach der EuGH-Rechtsprechung aus Art. 47 GRCh kein Anspruch auf eine weitere Instanz ergibt[436] und Art. 79, 80 EU-DSGVO sprachlich an einen wirksamen gerichtlichen Rechtsbehelf anknüpfen, spricht auch diese Zusammenschau sowie die Einschränkbarkeit dieser Rechtsschutzgarantie für die Möglichkeit einer unveränderten Beibehaltung des § 67 Abs. 4 VwGO.

Art. 80 Abs. 2 EU-DSGVO unterscheidet sich von Absatz 1 dadurch, dass der Verband „unabhängig von einem Auftrag der betroffenen Person" tätig werden darf. Auf diese Weise können sie die in Rede stehenden datenschutzrechtlichen Verstöße ohne den Willen des bzw. der eigentlich Betroffenen gerichtlich geltend machen. Da Art. 78 Abs. 1 EU-DSGVO dem Adressaten eines rechtsverbindlichen Beschlusses das Recht auf einen wirksamen Rechtsbehelf zugesteht und sich das in Art. 79 Abs. 1 EU-DSGVO geregelte Recht auf einen wirksamen gerichtlichen Rechtsbehelf auf die betroffenen Personen zur Durchsetzung ihrer Rechte bezieht, impliziert diese Regelung, sofern der jeweilige Mitgliedstaat von ihr Gebrauch macht („können"), eine Abweichung von § 42 Abs. 2 Hs. 2 VwGO. In diesem Fall erhebt der Verband eine Klage vor dem Verwaltungsgericht nicht zur Durchsetzung eigener Rechte, sondern zur Einhaltung von Rechtsvorschriften, die eigentlich auch von den betroffenen Personen selbst durchgesetzt werden könnten. Nach *Frenzel* impliziert Art. 80 Abs. 2 EU-DSGVO für die Mitgliedstaaten die Möglichkeit, eine „uneigentliche", hybride Verbandsklage einzuführen, die zwar unabhängig von der Klage eines Verletzten ist,[437] bei der das Klagerecht des Verbands aber eine Akzessorietät zur (behaupteten) Verletzung eines subjektiven Rechts aufweisen muss.[438] Es handelt sich dabei um eine ideelle oder auch altruistische Rechtsbehelfsmöglichkeit,[439] da der Verband zur Durchsetzung von Rechtsvorschriften im fremden Interesse sowie des darin sichtbar werdenden öffentlichen Interesses an der Einhaltung des Datenschutzes tätig wird. Geht man von der

436 EuGH, Rs. C-69/10, NVwZ 2011, 1380, 1383.

437 *Frenzel*, in: Paal/Pauly, DSGVO, Art. 80 Rn. 10.

438 *Frenzel*, in: Paal/Pauly, DSGVO, Art. 80 Rn. 11; zur Schuztnormakzessorietät des § 2 Abs. 1 Nr. 1 UmwRG a. F. *Ziekow* NVwZ 2007, 259, 260.

439 Wie hier *Kühling/Martini/Heberlein/Kühl/Nink/Weinzierl/Wenzel*, Die Datenschutz-Grundverordnung, S. 272.

Regelung zur Klagebefugnis in § 42 Abs. 2 VwGO aus, müsste diese Vorgabe über die Öffnungsklausel in § 42 Abs. 2 Hs. 1 VwGO implementiert werden.[440] Selbst wenn den einzelnen Mitgliedstaaten, wie man am Wortlaut des Art. 80 Abs. 2 EU-DSGVO sehen kann, keine zwingende Verpflichtung auferlegt wird,[441] wird ihnen dadurch nahegelegt, sich über die Implementierung einer solchen Rechtsschutzmöglichkeit in das nationale Recht Gedanken zu machen. Die Vorschrift des Art. 80 Abs. 2 EU-DSGVO beruht auf der Erkenntnis der Durchsetzungsschwierigkeiten des individuellen Datenschutzes. Angesichts der Unübersichtlichkeit und Intransparenz der Strukturen der digitalen Technologien, aber auch der Vielzahl von den Nutzern kaum noch zu durchschauenden Datenverarbeitungs- und -verwendungsmöglichkeiten, können in diesem Rechtsgebiet trotz der Existenz individueller subjektiver Rechte strukturelle Vollzugsdefizite eintreten.[442]

Es bleibt mit Spannung abzuwarten, wie sich der deutsche Gesetzgeber in Bezug auf den öffentlichen Datenschutz im Hinblick auf Art. 80 Abs. 2 EU-DSGVO verhalten wird, da hier nur eine Option für die Mitgliedstaaten eröffnet wird („können vorsehen").[443] Mit Art. 80 Abs. 2 EU-DSGVO wird das Motiv verfolgt, die Einhaltung von Datenschutzvorgaben durchzusetzen, wenn die betreffenden Personen entweder um die Verstöße nicht wissen oder Zeit und Mühen zur Durchsetzung ihrer Ansprüche scheuen. Vergleichbar der altruistischen Verbandsklage im Umweltrecht zielt deshalb auch diese Form der Verbandsklage auf die Schaffung „‘gleich langer Spiesse‘ im Verfahren [ab …], damit Schutzinteressen und Nutzinteressen

440 Zu der ähnlichen Regelung in § 2 Abs. 1 Nr. 1 UmwRG a. F. *Ziekow* NVwZ 2007, 259, 260. Zur dogmatischen Abstützung der gesetzlichen Prozessstandschaft auf die Öffnungsklausel *W.-R. Schenke/R. P. Schenke*, in: Kopp/Schenke, § 42 Rn. 61; *Sennekamp*, in: Fehling/Kastner/Störmer, HK-VerwR, § 42 VwGO Rn. 180.

441 Wie hier *Kühling/Martini/Heberlein/Kühl/Nink/Weinzierl/Wenzel*, Die Datenschutz-Grundverordnung, S. 271.

442 So auch *Hoffmann-Riem* in seinem Vortrag am 11. Mai 2016 „Das globalisierte Internet als rechtsschutzfreier Raum?" an der Universität des Saarlandes. S. auch *Fellenberg* AnwBl. 2016, 648, 650.

443 Wie hier *Kühling/Martini/Heberlein/Kühl/Nink/Weinzierl/Wenzel*, Die Datenschutz-Grundverordnung, S. 271. Dazu, dass so die Grundlage für die Einführung einer zivilrechtlichen datenschutzrechtlichen Verbandsklage geschaffen wurde, *Benecke/Wagner* DVBl. 2016, 600 (bezogen auf den früheren Art. 76 DSGVO).

gleich stark vertreten werden und ein sinnvoller Ausgleich möglich ist".[444] Bei seiner Entscheidung über die Implementierung einer solchen Klagemöglichkeit ist der nationale Gesetzgeber nicht völlig frei. Neben dem europäischen Datenschutzgrundrecht aus Art. 7, 8 GRCh[445] ist er innerhalb des ihm zustehenden Spielraums an die Grundrechte gebunden,[446] wie das Telekommunikationsgeheimnis (Art. 10 Abs. 1 Var. 3 GG) sowie die aus Art. 2 Abs. 1 i. V. m. Art. 1 Abs. 1 GG folgenden Grundrechte auf informationelle Selbstbestimmung sowie auf die Gewährleistung der Vertraulichkeit und Integrität informationstechnischer Systeme.[447] Wie man bereits an der Bezeichnung des zuletzt genannten und vom BVerfG auf der Zeitschiene als Letztes abgeleiteten Grundrechts erkennen kann, hat dieses neben dem Einzelnen auch die Systeme im Blick. Selbst wenn es bei der Entscheidung um die Ausgestaltung des Rechtsschutzes nicht um die Abwehr von staatlichen Eingriffen in diese Grundrechte geht, entfalten diese doch eine objektiv-rechtliche Dimension und halten den Gesetzgeber zu einem wirksamen Schutz der Grundrechte sowie der Rechtsgüter der BürgerInnen an.[448]

Dementsprechend hat der Gesetzgeber die verschiedenen konfligierenden Rechtsgüter abzuwägen und in einen angemessenen Ausgleich zu bringen. Dabei hat er die Entwicklungen der Informationstechnik einzustellen, welche „die Reichweite von Überwachungsmaßnahmen zunehmend ausdehnt, ihre Durchführbarkeit erleichtert und Verknüpfungen erlaubt, die bis hin zur Erstellung von Persönlichkeitsprofilen reichen".[449] Auch wenn sich

---

444 *Meier*, Das ideelle Verbandsbeschwerderecht, S. 175 aber allgemein in Bezug auf die ideelle Verbandsbeschwerde und ohne Bezug auf das (europäische) Datenschutzrecht.

445 EuGH, Rs. C-131/12, NVwZ 2014, 857, 862; s. auch *Guckelberger*, in: Schmidt-Bleibtreu/Hofmann/Henneke, Grundgesetz, Art. 10 Rn. 3.

446 Z. B. *Jarass*, in: ders./Pieroth, GG, Art. 1 Rn. 46; *Pieroth/Schlink*, Grundrechte, Rn. 216; *Wernsmann*, in: Schenke/Suerbaum, Verwaltungsgerichtsbarkeit, S. 147, 156.

447 S. nur BVerfG NJW 2016, 1781, 1782 f.

448 Zur objektiv-rechtlichen Dimension in Bezug auf das Grundrecht auf informationelle Selbstbestimmung *Dreier*, in: ders., GG, Art. 2 Rn. 94; *Kunig*, in: von Münch/ders., GG, Art. 2 Rn. 40; *Stern*, Das Staatsrecht, Bd. IV/1, § 99, S. 237 f. in Bezug auf Art. 19 Abs. 4 GG *Kunig*, in: von Münch/ders., GG, Art. 19 Rn. 55; *Schmidt-Aßmann*, in: Maunz/Dürig, GG, Art. 19 Rn. 10 ff.

449 BVerfG NJW 2016, 1781, 1783.

angesichts seines großen Spielraums keine direkt aus der Verfassung ableitbare Pflicht zur Einrichtung einer Verbandsklagemöglichkeit ergibt,[450] sollte doch berücksichtigt werden, dass das BVerfG seit langem die Notwendigkeit ergänzender Maßnahmen zum Schutz der Grundrechtsträger für nötig hält: „Je weniger die Gewährleistung subjektiven Rechtsschutzes möglich ist, desto größere Bedeutung erhalten dabei Anforderungen an eine wirksame aufsichtliche Kontrolle und an die Transparenz [...]."[451] Bei einer Ausfüllung des Art. 80 Abs. 2 EU-DSGVO muss sich der Gesetzgeber Gedanken über das Verhältnis dieser Verbandsklage zu dem sich aus der EU-DSGVO garantierten Recht der betroffenen Personen machen, ihre Rechte im eigenen Namen ggf. durch Beauftragung eines Verbandes im eigenen Namen durchzusetzen. Art. 80 Abs. 2 EU-DSGVO kann keinesfalls dazu führen, dass die Einzelnen ihre Rechte verlieren. Vielmehr handelt es sich dabei um eine zusätzliche Möglichkeit zur gerichtlichen Durchsetzung bestimmter Datenschutzanforderungen.[452]

Erst im Laufe der Zeit wird sich erweisen, welche Vorstellung der Austarierung des Verhältnisses zwischen Verbands- und Individualrechtschutz Art. 80 Abs. 2 EU-DSGVO zugrunde liegt und wie dieses Verhältnis durch den nationalen Gesetzgeber auszugestalten ist. Stellt man auf den Wortlaut dieser Vorschrift ab, dürfen die Verbände unabhängig von einem Auftrag der betroffenen Person u. a. die in Art. 78, 79 EU-DSGVO aufgeführten Rechte in Anspruch nehmen, wenn ihres Erachtens die Rechte einer betroffenen Person gemäß dieser Verordnung infolge einer Verarbeitung verletzt worden sind. Bei einem wortwörtlichen Verständis könnte Art. 80 Abs. 2 EU-DSGVO dazu führen, dass ein Verband vor Gericht ziehen möchte, obwohl der Betroffene selbst nicht klagen will. Dass nach dem Unionsrecht eine solche Interpretation nicht ausgeschlossen ist, zeigt ein Blick auf Erwägungsgrund 142, wo es am Ende heißt: „Diesen Einrichtungen,

---

450 Dazu, dass sich aus der Verfassung nur in seltenen Fällen eine Pflicht des Gesetzgebers zu einem konkreten Tätigwerden entnehmen lässt und ihm bei der Aufstellung normativer Schutzkonzepte ein weiter Spielraum zukommt, s. nur BVerfG, Nichtannahmebeschl. v. 11.1.2016 – 1 BvR 2980/14, Rn. 19 juris m. w. N.

451 BVerfG NJW 2016, 1781, 1788; s. auch BVerfGE 133, 277, 366 f.

452 So meinten auch schon *Rehbinder/Burgbacher/Knieper*, Bürgerklage im Umweltrecht, S. 151 im Jahre 1972 und ohne Bezug auf den Datenschutz, dass allein der Umstand, dass die Verbandsklage individuelle Interessen bündelt und funktionsfähig macht, kein ausreichendes Motiv für den Ausschluss von Individualklagen sei.

Organisationen oder Verbänden kann unabhängig vom Auftrag einer betroffenen Person nicht gestattet werden, im Namen einer betroffenen Person Schadenersatz zu verlangen". Sollte der Unionsgesetzgeber von einem solchen Inhalt des Art. 80 Abs. 2 EU-DSGVO ausgegangen sein, würde sich der nationale Gesetzgeber mit dessen Implementierung vermutlich schwerer tun. Denn bislang ist in der deutschen Doktrin fast einhellige Meinung, dass der Einzelne im Hinblick auf seine Subjektstellung selbst darüber befinden können soll, ob er im Falle einer Verletzung in eigenen Rechten gerichtlichen Rechtsschutz in Anspruch nehmen möchte oder nicht.[453] So weist etwa *Czybulka* darauf hin, dass die Einschränkung einer dem Bürger nach materiellem Recht zustehenden Rechtsposition durch eine teilweise oder gar vollständige Übertragung der Prozessführungsbefugnis auf einen anderen nicht ohne grundrechtliche Würdigung vorgenommen werden kann.[454] In ihrer Dissertation über das ideelle Verbandsbeschwerderecht in der Schweiz hat *Meier* als eine besondere Form des Verbandsrechtsschutzes die sozialpolitisch motivierte Verbandsbeschwerde ausgemacht, bei der zwar in der Regel legitimierte Private vorhanden seien, diese aber oftmals aus verschiedenen Gründen jedoch nicht selbstständig Beschwerde führen könnten oder wollten.[455] Da das Ziel dieser ideellen Verbandsbeschwerde nicht darin bestehe, den Betroffenen zu unmittelbaren Vorteilen zu verhelfen, könnten bei diesen im Regelfall bloße Feststellungsurteile erwirkt werden, die vor allem präjudizielle Wirkung entfalten sollen[456] und so den Weg für spätere individuelle Leistungsbegehren öffnen könnten.[457] Wie auch bei der umweltrechtlichen Verbandsbeschwerde sei es keinesfalls ausgeschlossen, dass Einzelpersonen indirekt von diesem Rechtsbehelf profitierten.[458]

Frenzel vertritt in seiner Kommentierung zu Art. 80 Abs. 2 EU-DSGVO, dass es eine Fehlvorstellung wäre, wenn innerhalb des Verbandsrechtsbehelfs die Verletzung der Rechte bestimmter betroffener Personen inzident

453 Dazu, dass Art. 19 Abs. 4 S. 1 GG von der Vorstellung der eigenständigen Durchsetzung der subjektiven Rechte ausgeht, *Huber*, in: FS für Hufen, S. 585, 587.

454 *Czybulka*, in: Sodan/Ziekow, VwGO, § 62 Rn. 16; weiterführend insoweit *Klocke*, Rechtsschutz in kollektiven Strukturen, S. 186 ff. zur Einschränkung der Privatautonomie bei der zivilrechtlichen Verbandsklage.

455 *Meier*, Das ideelle Verbandsbeschwerderecht, S. 4.

456 *Meier*, Das ideelle Verbandsbeschwerderecht, S. 5.

457 *Meier*, Das ideelle Verbandsbeschwerderecht, S. 5.

458 *Meier*, Das ideelle Verbandsbeschwerderecht, S. 5.

geprüft werden müsste. Sonst würde der betroffenen Person nicht nur die Hoheit über ihr Verfahren genommen, sondern sie selbst zum Objekt eines von ihr gar nicht beabsichtigten Verfahrens gemacht.[459] Er plädiert deshalb für eine teleologische Reduktion und will es genügen lassen, wenn der Verband eine Verletzung drittschützender Normen durch eine Datenverarbeitung ohne Rücksicht auf eine konkrete Person geltend macht.[460] Auch wenn dies ein durchaus in Erwägung zu ziehender Lösungsansatz ist, kann er doch das Gericht nicht von dem Erfordernis der Feststellung einer Rechtsverletzung entbinden. In ihrer Studie über „Die Datenschutz-Grundverordnung und das nationale Rechte" gelangen *Martini/Kühling* und Mitautoren zu der Empfehlung, der nationale Gesetzgeber solle sich zunächst den wesentlichen Regelungen zuwenden und erst zu einem späteren Zeitpunkt sorgfältig überlegen, ob und wie er den Regelungsspielraum des Art. 80 Abs. 2 EU-DSGVO nutzen wolle, um „die effektive Durchsetzung der Regelungen zu fördern".[461]

6. Zwischenfazit

Anhand der vorherigen Ausführungen wird deutlich, dass insbesondere das Unionsrecht zur Einführung bzw. Ausweitung der Verbandsklage im deutschen Umweltrecht[462] und damit zu einer Ausweitung des objektiven Rechtsschutzes durch die Verwaltungsgerichtsbarkeit geführt hat. Darüber hinaus wird momentan nur in wenigen Bereichen über die Einführung einer Verbandsklagemöglichkeit diskutiert. Sieben von sechzehn Bundesländern haben inzwischen eine Tierschutzverbandsklage eröffnet. Die erst in den Anfängen steckende Diskussion über eine mögliche Verbandsklage im Denkmalschutzrecht ist unionsrechtlich inspiriert. Des Weiteren könnte das Datenschutzrecht ein weiterer Bereich sein, in dem die Verbandsklage Bedeutung gewinnen könnte. Dabei ist die Regelung, hinter der sich eine eigene Klagemöglichkeit für die Verbände verbirgt, in Art. 80 Abs. 2 EU-DSGVO weich formuliert („Die Mitgliedstaaten können vorsehen, dass...").

459 *Frenzel*, in: Paal/Pauly, DSGVO, Art. 80 Rn. 12.

460 *Frenzel*, in: Paal/Pauly, DSGVO, Art. 80 Rn. 12.

461 *Kühling/Martini/Heberlein/Kühl/Nink/Weinzierl/Wenzel*, Die Datenschutz-Grundverordnung, S. 273.

462 *Gärditz*, Der Funktionswandel der Verwaltungsgerichtsbarkeit, D 43; dazu, dass sich aus dem Unionsrecht keine allgemeine ungeschriebene Verpflichtung der Mitgliedstaaten zur Einführung der Verbandsklage ergibt, *Ebers*, Rechte, S. 183.

Aus dem Wortlaut lässt sich jedenfalls nicht entnehmen, dass die Mitgliedstaaten zwingend zur Implementierung einer solchen Rechtsschutzmöglichkeit verpflichtet sind. Allerdings bringt Art. 80 Abs. 2 EU-DSGVO zum Ausdruck, dass der Unionsgesetzgeber in einer Verbandsklage ein geeignetes Mittel für die Ermöglichung und Durchsetzung eines wirksamen Datenschutzes erblickt. Aus Rücksichtnahme auf die Verfahrensautonomie der einzelnen Mitgliedstaaten hat der Unionsgesetzgeber ihnen jedoch deren Einführung anheimgestellt. Hinter Art. 80 Abs. 2 EU-DSGVO verbirgt sich die Vorstellung, dass der subjektive Rechtsschutz im Hinblick auf die stetig wachsende Digitalisierung und angesichts der für die Einzelnen kaum noch zu überschauenden und kontrollierbaren Datenverarbeitungsvorgänge an seine Grenzen stoßen kann. Indirekt wird so die Argumentation all derjenigen gestärkt, die in diesem Bereich Vollzugs- und/oder Rechtsschutzdefizite ausmachen. Da Art. 80 Abs. 2 EU-DSGVO den Mitgliedstaaten große Spielräume belässt, wird darüber hinaus der Grundstein dafür gelegt, dass die Mitgliedstaaten angesichts der ihnen so eröffneten Gestaltungsmöglichkeiten durch einen Vergleich ihrer Systeme voneinander lernen können.

Angesichts dieses Befundes ist zu bezweifeln, ob man den objektiven Verbandsrechtsschutz zum momentanen Zeitpunkt als „Megatrend" einstufen kann.[463] Für die Verwaltungsgerichtsbarkeit steht nach wie vor der Individualrechtsschutz im Vordergrund. Dieser wurde nur in wenigen ausgewählten Bereichen um einen altruistischen Verbandsrechtsschutz ergänzt. Weil Letzterer nur bestimmten, näher festgelegten Anforderungen genügenden Verbänden eröffnet wird, geht dadurch keinesfalls die Tür für eine Popularklage durch den quivis ex populo auf.[464] Daran knüpft die rechtspolitische Frage an, wie das Verhältnis zwischen der altruistischen Verbandsklage und dem Individualrechtsschutz ausgestaltet werden sollte. Wie noch eingehender bei den verfassungsrechtlichen Rahmenparametern aufgezeigt werden wird, würde ein vollständiger Systemwechsel hin zu einer objekti-

---

463 So aber *Gärditz*, Der Funktionswandel der Verwaltungsgerichtsbarkeit, D 41. Ebenfalls kritisch gegenüber der Wortwahl des Gutachters des 71. Deutschen Juristentages *Wegener* JZ 2016, 829, 830.

464 S. auch *Gärditz*, Der Funktionswandel der Verwaltungsgerichtsbarkeit, D 41. Dazu, dass die Verbandsklage keine Popularklage ist, und mit dieser nur die Durchbrechung des Systems der Verletztenklage der VwGO als Gemeinsamkeit hat, *Hufen*, Verwaltungsprozessrecht, § 14 Rn. 93; s. auch *Kloepfer*, Umweltrecht, § 8 Rn. 46.

ven Rechtskontrolle nur bei einer den Anforderungen des Art. 79 GG genügenden Änderung des Art. 19 Abs. 4 GG in Betracht kommen.[465] Dieses Grundrecht, aber auch die Vielzahl der primär- und sekundärrechtlichen Rechtspositionen für Einzelne sprechen dafür, den Individualrechtsschutz nur punktuell um Elemente des objektiven Rechtsschutzes zu arrondieren.[466] *Gärditz* empfiehlt in seinem Gutachten für den Deutschen Juristentag, von dem Verbandsrechtsschutz „abzusehen, wo durchsetzbare subjektive Rechte zur Verfügung stehen".[467] Nur dort, wo es keine individualschützenden Normen und „ein strukturelles Vollzugsdefizit [gibt], das gerade auf der mangelnden gerichtsförmlichen Klagbarkeit gründet",[468] möchte er dem Verbandsrechtsschutz Raum eröffnen. Vorteil dieser These ist, dass sich auf diese Weise Überlegungen zur Kollision von Individual- und Verbandsrechtsschutz von vornherein erübrigen. Nur dort, wo mangels durchsetzbarer subjektiver Rechte ein strukturelles Vollzugsdefizit auszumachen ist, soll auffangweise der Verbandsrechtsschutz greifen.

Auch wenn diese Linie einiges für sich haben mag, halte ich sie im Hinblick auf bereits bestehende oder künftige Rechtsschutzvorgaben aus dem Unions- oder Völkerrecht für zu eng. Sowohl Art. 9 Abs. 2 AK als auch die entsprechenden sekundärrechtlichen Rechtsschutzbestimmungen gehen von einer Klagemöglichkeit der anerkannten Umweltschutzvereinigungen aus, die neben eine Klagebefugnis der eine eigene Rechtsverletzung geltend machenden Personen hinzutreten kann.[469] Das Umweltrecht ist zwar ein Rechtsbereich, in dem viele Vorschriften nur im Allgemeininteresse liegen und es daher oft keinen individuellen Kläger gibt.[470] Dennoch wird dort ein Verbandsrechtsschutz auch in Konstellationen, in denen klageberechtigte

465 *Eichberger*, Objektive Verwaltungskontrolle aus verfassungsrechtlicher Sicht, S. 3.

466 *Eichberger*, Objektive Verwaltungskontrolle aus verfassungsrechtlicher Sicht, S. 6; *Gärditz*, Der Funktionswandel der Verwaltungsgerichtsbarkeit, D 45 hält punktuelle Ergänzungen für möglich.

467 *Gärditz*, Der Funktionswandel der Verwaltungsgerichtsbarkeit, D 45; in diese Richtung auch *Held* DVBl. 2016, 12, 20 f.; *Koch* NVwZ 2007, 369, 379.

468 *Gärditz*, Der Funktionswandel der Verwaltungsgerichtsbarkeit, D 102, These 5 b).

469 Art. 11 Abs. 1 UVP-Richtlinie 2011/92/EU; Art. 25 Abs. 1 IE-Richtlinie 2010/75/EU; Art. 12 Abs. 1 Umwelthaftungsrichtlinie 2004/35/EG.

470 BVerwGE 147, 312, 324; *Guckelberger*, in: Steinbach, Verwaltungsrechtsprechung, S. 53; *Niesler*, Individualrechtschutz, S. 131.

Einzelpersonen vorhanden sind, für sinnvoll erachtet. Denn Letztere werden nicht immer Klage erheben (wollen), etwa weil es ihnen an Sachkenntnis mangelt oder sie das finanzielle Risiko eines solchen Rechtsbehelfs und/oder die damit verbundenen Lasten und Mühen nicht auf sich nehmen wollen.[471]

Ähnlich gestaltet sich die Lage im Denkmalschutzrecht. Zwar hat das BVerwG in Abkehr seiner früheren Rechtsprechung im Jahre 2009 die Klagebefugnis des Eigentümers eines geschützten Denkmals unter Rekurs auf Art. 14 GG anerkannt, um sich gegen erheblich beeinträchtigende Veränderungen in der räumlichen Nähe des Denkmals zur Wehr setzen zu können, welche sich mit den künstlerischen, wissenschaftlichen, technischen, geschichtlichen oder städtebaulichen Gründen der Unterschutzstellung des Denkmals schwer vereinbaren lassen.[472] Wie man insbesondere an dem Erfordernis der „erheblichen beeinträchtigenden Veränderungen" erkennen kann, haben aber grundsätzlich die Landesgesetzgeber und Verwaltungsgerichte über die Reichweite des Drittschutzes denkmalschutzrechtlicher Bestimmungen zu entscheiden.[473] Dementsprechend betont *Gatz*, dass sich aus Art. 14 Abs. 1 GG ebenso wenig wie im Baurecht ableiten lasse, dass „in jeder Hinsicht nachbarlicher Drittschutz vorzusehen" ist.[474] Denn Art. 14 GG verleiht kein Grundrecht auf Denkmalschutz.[475] Auch wenn sich durch die Nachjustierung der Klagebefugnis durch das BVerwG Vollzugsdefizite im Denkmalschutz etwas abmildern lassen, ist eher nicht mit einer intensiven Inanspruchnahme dieser nachbarlichen Rechtsschutzmöglichkeit zu rechnen. Dagegen sprechen die psychologischen Hürden, die ein solcher gerichtlicher Angriff des Nachbarn mit sich bringt, insbesondere einer wohnlichen Dauerexistenz im Unfrieden mit Mitmenschen der nächsten

471 *Meier*, Das ideelle Verbandsbeschwerderecht, S. 4. S. auch *Rehbinder/Burgbacher/Knieper*, Bürgerklage im Umweltrecht, S. 149; *Koch* NVwZ 2007, 369, 377.

472 BVerwGE 133, 347, 354; OVG Hamburg BauR 2016, 997, 1000 f.; dazu auch *Kallweit*, Drittschutz aus dem Denkmalschutz, insbes. S. 105 ff.

473 *Gatz* jurisPR-BVerwG 16/2009 Anm. 2.

474 *Gatz* jurisPR-BVerwG 16/2009 Anm. 2.

475 *Kloepfer* NuR 2016, 729, 731.

Umgebung.[476] Je nach Eigentümer des Denkmals können dessen ökonomische Motivationen von den denkmalschutzrechtlichen Zielen abweichen.[477]

Auch Art. 80 Abs. 2 EU-DSGVO liegt die Erwägung zugrunde, dass es Rechtsgebiete gibt, in denen Personen rechtlich über einklagbare subjektive Rechte verfügen, die Einführung einer Verbandsklagemöglichkeit aber nahe liegt, weil die betroffenen Personen ihre verletzten Rechte nicht gerichtlich einfordern, sei es, weil sie Zeit und Aufwand für die Durchführung eines Gerichtsverfahrens im Vergleich zu dem damit für sie verbundenen Nutzen für gering erachten oder sie sich möglicher Rechtsverletzungen gar nicht bewusst sind.[478] Hinter diesem Verbandsrechtsschutz verbirgt sich die Erkenntnis, dass der individuelle Rechtsschutz im Bereich des Datenschutzes an seine Grenzen stößt. Da ungewiss ist, ob und inwieweit die Individuen gegen eine Verletzung ihrer Rechte mit gerichtlichen Rechtsbehelfen vorgehen und so dem Recht zu seiner Durchsetzung verhelfen werden, kann sich ein ergänzender Verbandsrechtsschutz als sinnvoll erweisen. Weil bei den Verbänden angesichts ihrer Aufgabenstellung eher mit einer verantwortungsvollen Einlegung von gerichtlichen Rechtsbehelfen zum Abbau ausgemachter Rechtsverstöße zu rechnen ist und dementsprechend die von einer solchen Klagemöglichkeit ausgehende Präventivwirkung höher ist, kann im Verbandsrechtsschutz eine weitere mögliche Stellschraube zum Abbau datenschutzrechtlicher Missstände liegen. Diese Verbandsklagemöglichkeit kommt letztlich allen individuellen Rechtsträgern zugute, da infolge ihrer Präventivwirkung eine stärkere Einhaltung der datenschutzrechtlichen Bestimmungen bewirkt wird.

Zusammenfassend bleibt insoweit festzuhalten: Als Einsatzfeld für die Verbandsklage kommen vor allem solche Bereiche in Betracht, bei denen erhebliche administrative Vollzugsdefizite zu verzeichnen sind. Zuvörderst ist hier an solche Rechtsgebiete zu denken, in denen die öffentlich-rechtlichen Normen ausschließlich oder überwiegend im öffentlichen Interesse

---

476 So *Blume*, Drittschutz im Denkmalrecht, der darauf eingeht, dass die bisherigen Streitfälle einen Bezug zur Großstadt aufweisen, wo die Nachbarschaft eher durch die Distanz und persönliche Neutralität geprägt wird.

477 *Kloepfer* NuR 2016, 729, 731.

478 *Nietsch* CR 2014, 272, 277 hält ein Durchsetzungsdefizit für möglich, wobei es äußerst fraglich sei, ob dieses aus einer tatsächlichen Überforderung, bloßer Bequemlichkeit oder Gleichgültigkeit herrühre.

liegen und es daher kaum Personen gibt, die deren Einhaltung im Verletzungsfall gerichtlich einfordern können.[479] Auch kann nicht jeder Verweis auf Vollzugsmängel, wie sie immer wieder vorkommen können und sich tatsächlich ereignen, für die Implementierung einer Verbandsklage ausreichen.[480] Dafür sollte vielmehr ein strukturelles Vollzugsdefizit vorliegen.[481] Dazu kann es insbesondere kommen, wenn die hinter einer Vorschrift stehenden Interessen angesichts bestimmter durchsetzungsstarker Interessen hintangestellt werden, weil bei Nichtbeachtung der Vorschrift keine gerichtlichen Konsequenzen drohen. Als derartige Bereiche lassen sich das Umwelt- und Tierschutzrecht sowie das Denkmalschutzrecht[482] ausmachen. Wie die unionsrechtlichen Erfahrungen und auch Bestimmungen zeigen, sind derartige Defizite im Umweltrecht wahrscheinlich. Auch wenn es im Umweltrecht Normen gibt, die sich aufgrund ihrer drittschützenden Wirkung im Wege der Verletztenklage durchsetzen lassen, empfiehlt es sich, angesichts des für diesen Sektor ausgemachten strukturellen Defizits, das Klagerecht der Verbände auf das gesamte Gebiet zu erstrecken und ihnen nicht nur die Durchsetzung derjenigen Bereiche zu überlassen, in denen es keinen individualberechtigten Kläger gibt bzw. geben kann. Dadurch wird dem Umstand Rechnung getragen, dass sich das umweltrechtliche Normengefüge stetig ändert. Oft ist umstritten, ob eine umweltrechtliche Rechtsvorschrift einen drittschützenden Gehalt hat oder nicht. Das Nebeneinander beider Rechtsschutzmöglichkeiten vermeidet weitere Rechtsstreitigkeiten über die schwierige Frage, ob nun der Einzelne oder ein Verband für die Durchsetzung der jeweiligen Rechtsvorschrift zu sorgen hat. Selbstverständlich kann der Einzelne aus Gründen der Garantie des effektiven Rechtsschutzes in Art. 19 Abs. 4 S. 1 GG seine subjektiven öffentlichen Rechte weiterhin durchsetzen. Jedenfalls im Umweltrecht ist ein solches Exklusivitätsverhältnis zwischen Individual- und Verbandsrechtsschutz als nicht praktikabel abzulehnen. Ähnlich dürfte die Lage im Denkmalschutzrecht ausfallen.[483] Trotz der Vielzahl von Denkmälern wurde in den letzten

479 So rät auch *Breuer* Die Verw. 45 (2012), 171, 185 diejenigen Bereiche zu identifizieren, in denen ein ähnliches strukturelles Ungleichgewicht besteht wie im Umweltrecht.

480 Ohne Bezug zur Verbandsklage, sondern zum strukturellen Vollzugsdefizit im Steuerrecht BVerfGE 110, 94, 131 ff.

481 S. auch *Classen* NJW 2016, 2621, 2622; *Fellenberg* AnwBl. 2016, 648, 650.

482 Zur diesbezüglichen Verbandsklagemöglichkeit in der Schweiz *Meier*, Das ideelle Verbandsbeschwerderecht, S. 26.

483 So *Blume*, Drittschutz im Denkmalrecht, i. E.

Jahren die Zahl der dafür zuständigen Behördenmitarbeiter stark zurückgeführt. Weil der Denkmalschutz aber Ländersache ist, ist letztlich in Bezug auf jedes einzelne Bundesland festzustellen, ob es in diesem Bereich ein strukturelles Vollzugsdefizit und welche verschiedenen Abhilfemöglichkeiten es hierfür gibt.

Auch in anderen Bereichen, in denen es Träger subjektiver öffentlicher Rechte gibt, kann trotz des rechtlich gegebenen Individualrechtsschutzes ausnahmsweise die Implementierung eines Verbandsrechtsschutzes sinnvoll sein.[484] Kürzlich betonte *Schmidt-Aßmann*, dass sich in solchen Bereichen ebenfalls Situationen struktureller Vollzugsdefizite und einseitig orientierter Verwaltung ergeben könnten.[485] *Nietsch* identifiziert hierfür vor allem Konstellationen, in denen sich die unmittelbar Betroffenen nicht hinreichend selbst zu schützen vermögen, was auf ein rechtliches Ungleichgewicht zurückzuführen sein könne.[486] So hat sich z. B. herausgestellt, dass Menschen mit Behinderungen aufgrund spezifischer Umstände, etwa ihres eigenen Unvermögens, Informationsdefiziten, Ressourcenknappheit oder eines nur geringfügigen Schadens selten von den ihnen an und für sich eröffneten Rechtsschutzmöglichkeiten Gebrauch machen.[487] Hier kann durch den Verbandsrechtsschutz einerseits administrativen Vollzugsdefiziten begegnet und andererseits den Berechtigten die Durchsetzung ihrer Rechte erleichtert werden. In § 63 SGB IX sowie § 85 des Gesetzentwurfs des Bundesteilhabegesetz (BTHG)[488] ist das Verbandsklagerecht solchermaßen ausgestaltet, dass die Verbände, sofern alle Verfahrensvoraussetzungen wie bei einem Rechtsschutzersuchen durch den Menschen mit Behinderung selbst vorliegen, „an ihrer Stelle und mit ihrem Einverständnis" zur Durchsetzung ihrer Rechte gerichtlich vorgehen können. Durch die Gestattung der gesetzlichen Prozessstandschaft[489] wird den Betroffenen die Rechtsdurchsetzung erleichtert[490] und eine Doppelung des Rechtsschutzes vermieden.

---

484 I. E. auch *Fellenberg* AnwBl. 2016, 648, 650.

485 *Schmidt-Aßmann* EurUP 2016, 360, 367.

486 *Nietsch* CR 2014, 272, 277.

487 *Schlacke*, Überindividueller Rechtsschutz, S. 482.

488 BT-Drucks. 18/9522, S. 66 f.

489 VGH München JZ 2005, 517; auch *Jabben*, in: Beck`OK Sozialrecht, § 63 SGB IX Rn. 1.

490 Zu deren Schwierigkeiten bei der Rechtsdurchsetzung *Plagemann*, in: FS 50 Jahre BSG, S. 813, 828 f.

Das Einverständniserfordernis trägt dazu bei, dass Menschen mit Behinderung genauso wie Menschen ohne Behinderung behandelt werden (s. Art. 3 Abs. 3 GG). Sie entscheiden selbst, ob und wie sie ihre Ansprüche gerichtlich geltend machen wollen. Durch das Erfordernis, dass die Verbände nicht selbst am Prozess beteiligt sein dürfen, sollen Interessenkollisionen vermieden werden. Denn die Prozessziele der Verbände müssen sich nicht zwangsläufig mit den Zielen des in seinen Rechten Verletzten decken.[491]

Ähnlich verhält es sich im Bereich des Datenschutzes, der aufgrund des Grundrechts auf informationelle Selbstbestimmung[492] sowie des neuen Computergrundrechts[493] sehr stark individualrechtlich geprägt ist. Angesichts der Vielzahl der heutzutage verarbeiteten und verwendeten Daten, von denen der Einzelne oft nichts weiß, hat das BVerfG von Anfang an die Bedeutung von unabhängigen Datenschutzbeauftragten und der Gerichtsbarkeit zum Schutz der Rechte der Individuen betont.[494] Wegen des Gefahrenpotenzials und der Bedeutung der Grundrechte besteht in diesem Bereich eine erhöhte Notwendigkeit, Missständen wirksam zu begegnen und sie möglichst frühzeitig abzustellen. Ob und inwieweit man hier mit dem Instrument des Verbandsrechtsschutzes arbeiten möchte, beruht auf einer Abwägungsentscheidung. Bei dieser ist zu berücksichtigen, dass die staatlichen Stellen in ihrem Bereich bei der Datenverarbeitung, -verwendung und -nutzung an das Gesetz und die Grundrechte gebunden sind. Andererseits können gerade die staatlichen Stellen ein besonderes Interesse an der Sammlung möglichst vieler Daten haben, etwa zur Terrorismus- und Straftatenbekämpfung. Bei der Abwägung, wie ein wirksamer Datenschutz gewährleistet werden kann, ist zu berücksichtigen, dass es Datenschutzbeauftragte und Aufsichtsbehörden zur Begegnung derartiger Missstände gibt. Je nachdem, wie gut oder schlecht diese personell und sachlich ausgestattet sind, wird der Bedarf nach einem zusätzlichen Verbandsrechtsschutz unterschiedlich ausfallen. Der Gesetzgeber muss sich darüber klar werden, ob die Implementierung eines weiteren Kontrollmechanismus für den Datenschutz neben den bestehenden staatlichen Kontrollmechanismen sinnvoll

491 VGH München JZ 2005, 517.

492 BVerfG NJW 2016, 1781; *Franzius* ZJS 2015, 259; *Schoch* Jura 2008, 352.

493 BVerfGE 120, 274. Siehe auch BVerfG NJW 2016, 1781, 1795; *Hoffmann-Riem* JZ 2008, 1009.

494 BVerfG NJW 2016, 1781, 1789; BVerfGE 65, 1, 46; 125, 260, 327; 133, 277, 370.

ist[495] und wie sich die verschiedenen Instrumente zur Gewährleistung eines wirksamen Datenschutzes zueinander verhalten. Schließlich darf nicht vernachlässigt werden, dass im Datenschutzrecht Träger subjektiver öffentlicher Rechte vorhanden sind.[496] Im Normalfall sind diese, wie es auch dem Bild des Grundgesetzes entspricht, als mündige BürgerInnen selbst dazu in der Lage, ihre Rechte gerichtlich geltend zu machen.[497] Deshalb bedarf es weiterer Überlegungen zur Austarierung des Verhältnisses zwischen dem Individual- und Verbandsrechtsschutz. Beispielsweise wird darüber nachgedacht, die Klagemöglichkeit der Verbände auf solche Bereiche zu beschränken, bei denen typischerweise eine Vielzahl von Personen erheblich in ihrem Recht auf informationelle Selbstbestimmung verletzt sein können.[498] Dies wirft schwierige Fragen auf, deren Klärung zwar erst ganz am Anfang steht, sich aber bezogen auf das jeweilige Gebiet durchaus beantworten lassen.

7. Verfassungsrechtliche Rahmenbedingungen für die Verbandsklage

Der Verbandsrechtsschutz muss sich in den verfassungsrechtlichen Rahmen einfügen. Dabei gilt es die Systementscheidung des Art. 19 Abs. 4 S. 1 GG für den Individualrechtsschutz zu beachten. Mit den Worten des BVerfG gewährleistet dieses Grundrecht „einen möglichst lückenlosen gerichtlichen Schutz gegen die Verletzung der *individuellen Rechtssphäre* durch Eingriffe der öffentlichen Gewalt“.[499] Für die Berechtigten muss zur Durchsetzung ihrer subjektiven öffentlichen Rechte nicht nur der Zugang

495 *Gola* RDV 2016, 17, 20 weist darauf hin, dass manche Aufsichtsbehörden dem Verbandsrechtsschutz wegen der Zersplitterung der Zuständigkeiten und der Schwächung der behördlichen Datenschutzaufsicht skeptisch gegenüberstehen. Bedenken gegenüber weiteren Kontrollinstrumenten haben z. B. *Nietsch* CR 2014, 272, 277 f.; *Schulz* ZD 2014, 510, 513.

496 In diese Richtung auch *Frenzel*, in: Paal/Pauly, DSGVO, Art. 80 Rn. 15.

497 S. auch *Huber*, in: FS für Ehlers, S. 585, 587.

498 So *Gola* RDV 2016, 17, 20.

499 BVerfG NVwZ 2014, 785 Kursivhervorhebung durch die Verfasserin; BVerfGE 101, 397, 407.

zu den Gerichten eröffnet, sondern auch ein wirksamer Rechtsschutz gewährleistet sein.[500] Nach ständiger BVerfG-Rechtsprechung folgt aus Art. 19 Abs. 4 S. 1 GG ein Anspruch auf eine möglichst wirksame gerichtliche Kontrolle in allen von der Prozessordnung zur Verfügung gestellten Instanzen.[501] Zwar ist die Rechtsschutzgarantie des Art. 19 Abs. 4 S. 1 GG auf juristische Personen des Privatrechts ihrem Wesen nach anwendbar (s. Art. 19 Abs. 3 GG), nicht jedoch – so das BVerfG – auf im Alleineigentum des Staates stehende oder staatlich beherrschte öffentliche Unternehmen. Etwas anderes gilt lediglich ausnahmsweise für juristische Personen des öffentlichen Rechts, die wie die Universitäten, Rundfunkanstalten oder Kirchen den Bürgern auch die Verwirklichung ihrer individuellen Grundrechte ermöglichen und „als eigenständige, vom Staat unabhängige oder jedenfalls distanzierte Einrichtungen bestehen".[502] Wie man an diesen kurzen Ausführungen erkennen kann, können sich Stellen, die aus altruistischen Gründen mit der Durchsetzung bestimmter, im öffentlichen Interesse liegender Rechtspositionen betraut werden (sollen), nicht auf die Rechtsschutzgarantie des Art. 19 Abs. 4 S. 1 GG berufen.[503] Stellt man auf dessen Wortlaut ab („in *seinen* Rechten verletzt"), gilt Entsprechendes für Rechtsschutzinstrumente zur Durchsetzung von im fremden Interesse liegenden Rechtspositionen, sogar wenn sich der Rechtsschutz im Erfolgsfall im Ergebnis für viele Grundrechtsträger, etwa in Bezug auf ihr Recht auf informationelle Selbstbestimmung, positiv auswirken mag.

---

500 BVerfG NVwZ 2014, 785; BVerfGE 101, 106, 122; BVerfG, Beschl. v. 20.9.2016 – 2 BVR 2453/15 Rn. 34 juris; Beschl. v. 22.11.2016 – 1 BvL 6/14 u. a., Rn. 20 juris.

501 S. nur BVerfG, Beschl. v. 20.9.2016 – 2 BVR 2453/15 Rn. 34 juris; Beschl. v. 22.11.2016 – 1 BvL 6/14 u. a., Rn. 20 juris.

502 BVerfG, Nichtannahmebeschl. v. 6.9.2016 – 1 BvR 1305/13 Rn. 20 juris; zur Grundrechtsberechtigung von einem ausländischen Staat gehaltener juristischer Personen des Privatrechts, die ausschließlich als Wirtschaftssubjekt agieren, BVerfG, Urt. v. 6.12.2016 – 1 BvR 2821/ 11 u. a., Rn. 194 ff. juris.

503 Nach BVerfG, Nichtannahmebeschl. v. 31.10.2016 – 2 BvR 1576/13, Ls 1b u. Rn. 44 muss bei einer Verfassungsbeschwerde gegen eine landesverfassungsgerichtliche Entscheidung über eine Popularklage wegen Verletzung des Art. 19 Abs. 4 GG berücksichtigt werden, dass ein Verstoß gegen diese eine im Interesse des Einzelnen bestehende Rechtsposition voraussetzt; s. auch *Eichberger*, Objektive Verwaltungskontrolle aus verfassungsrechtlicher Sicht, S. 5. Dazu, dass sich die Verbände bei einer Durchsetzung eigener Rechte auf Art. 19 Abs. 4 GG berufen können, *Dietz* UPR Sonderheft 2016, 469, 471.

Aus Art. 19 Abs. 4 GG lässt sich keine Verpflichtung zur Einführung von Verbandsrechtsbehelfen entnehmen.[504] Zugleich genießen all diejenigen, deren Rechte unter Art. 19 Abs. 4 S. 1 GG fallen, einen besonderen verfassungsrechtlichen Schutz. Sie müssen die Gerichte zur Wahrung ihrer subjektiven öffentlichen Rechte um Rechtsschutz ersuchen können; ihnen muss ein den Anforderungen des Art. 19 Abs. 4 S. 1 GG genügender wirksamer Rechtsschutz zur Verfügung stehen. Ein vollständiger Wechsel zu einem System objektiver Rechtskontrolle wäre nur nach einer Verfassungsänderung möglich (Art. 79 GG).[505] Ein solcher Schritt wird aber momentan im Hinblick auf die Grundrechtsgewährleistungen des Grundgesetzes, aber auch die Unionsgrundrechte sowie die Vorgaben in der Europäischen Konvention zum Schutz der Menschenrechte und der Grundfreiheiten zu Recht nicht in Erwägung gezogen. Nach allen soeben erwähnten Grund- und Menschenrechtsgarantien obliegt es den Menschen als freie und selbstverantwortliche Individuen grundsätzlich selbst, ihre Rechte im Verletzungsfall gerichtlich geltend zu machen.[506] Dementsprechend dreht sich die derzeit in Deutschland geführte Debatte ausschließlich um mögliche objektivrechtliche Arrondierungen des bestehenden individualschutzrechtlichen Systems.

Weil sich aus Art. 19 Abs. 4 S. 1 GG keine verfassungsrechtliche Verpflichtung zur Installation einer Verletztenklage ergibt,[507] sondern diese Rechtsschutzgarantie nur eine wirksame Rechtsschutzmöglichkeit für die Inhaber der dort genannten subjektiven öffentlichen Rechte verlangt, könnte ihr auch durch die Einführung einer entsprechend konzipierten Interessentenklage Rechnung getragen werden.[508] Zutreffend betont das

504 Nach BVerfG NVwZ-RR 2016, 521 muss bei einer Verfassungsbeschwerde gegen eine landesverfassungsgerichtliche Entscheidung über eine Popularklage wegen Verletzung des Art. 19 Abs. 4 GG berücksichtigt werden, dass ein Verstoß gegen diese eine im Interesse des Einzelnen bestehende Rechtsposition voraussetzt.

505 *Eichberger*, Objektive Verwaltungskontrolle aus verfassungsrechtlicher Sicht, S. 3.

506 *Huber*, in: FS für Hufen, S. 585, 587. In diese Richtung auch *Niesler*, Individualrechtsschutz, S. 128. Zur Frage individuelle bzw. kollektive Rechtsdurchsetzung im Rahmen des UWG auch *Klocke*, Rechtsschutz in kollektiven Strukturen, S. 101 ff.

507 *Niesler*, Individualrechtsschutz, S. 113.

508 S. auch *Gärditz*, Der Funktionswandel der Verwaltungsgerichtsbarkeit, D 10 ff.

BVerfG, dass es sich beim Rechtsschutz um eine staatliche Leistung handelt, „deren Voraussetzungen erst geschaffen, deren Art näher bestimmt und deren Umfang im Einzelnen festgelegt werden müssen".[509] Auch wenn Art. 19 Abs. 4 GG Zielrichtung und Grundzüge der prozessualen Regelungen vorgibt, steht dem Gesetzgeber bei der Ausgestaltung des Verwaltungsrechtsschutzes ein beträchtlicher Gestaltungsspielraum zu.[510] Obwohl Art. 19 Abs. 4 GG nach seinem Wortlaut keinen Schranken unterliegt, obliegt es dem Gesetzgeber dabei, zwischen der Rechtsschutzgarantie und anderen kollidierenden Verfassungsgütern eine praktische Konkordanz herzustellen.[511] Mit Blick auf die in Art. 19 Abs. 4 GG zum Ausdruck kommende Wertentscheidung hat der Gesetzgeber einen ausgewogenen, jedenfalls wirkungsvollen Rechtsschutz sicherzustellen.[512] Mit dem Schutzzweck dieser Verfassungsnorm lassen sich solche Regelungen nicht mehr vereinbaren, die darauf abzielen oder geeignet sind, den Rechtsschutz der Betroffenen zu vereiteln, indem sie unangemessen hohe Hindernisse für den Gerichtszugang schaffen.[513] Das Verfassungsrecht verwehrt es daher dem Gesetzgeber nicht, z. B. Gebühren für die Inanspruchnahme des gerichtlichen Rechtsschutzes zu erheben, die neben der Deckung der dem Staat entstehenden Kosten auch einer leichtfertigen oder gar missbräuchlichen Einlegung von Rechtsbehelfen entgegenwirken sollen.[514] Ebenso wird nach dem BVerfG der Rechtsschutz nicht unzumutbar eingeschränkt, wenn die Verfolgung eines subjektiven Rechts von einem schutzwürdigen Interesse abhängig gemacht wird, sofern an dieses Rechtsschutzbedürfnis keine aus Sachgründen nicht mehr zu rechtfertigenden Anforderungen gestellt werden.[515]

Soweit nicht vorrangige unionsrechtliche Bestimmungen Art. 19 Abs. 4 GG „überformen",[516] verbleiben dem nationalen Gesetzgeber beträchtliche Spielräume bei der Ausgestaltung des nationalen Rechtsschutzsystems.

509 BVerfGE 133, 1, 23; s. auch BVerfG, Nichtannahmebeschl. v. 6.7.2016 – 1 BvR 1705/15, Rn. 8 juris; BVerfG, Beschl. v. 22.11.2016 – 1 BvL 6/14 u. a., Rn. 21 juris.

510 BVerfGE 133, 1, 23; BVerfG, Beschl. v. 22.11.2016 – 1 BvL 6/14 u. a., Rn. 21 juris.

511 *Huber*, in: FS für Hufen, S. 585, 587.

512 *Huber*, in: FS für Hufen, S. 584, 588 f.

513 BVerfGE 133, 1, 20.

514 BVerfGE 133, 1, 27 f.

515 BVerfG, Nichtannahmebeschl. v. 6.7.2016 – 1 BvR 1705/15, Rn. 9 juris.

516 S. etwa *Wollenschläger* VVDStRL 75 (2016), 187, 224.

Weil es sich bei Art. 19 Abs. 4 S. 1 GG nur um eine Mindestgarantie handelt, steht diese Verfassungsbestimmung der Einführung altruistischer Rechtsschutzmöglichkeiten nicht per se entgegen.[517] Aus den vorherigen Ausführungen folgt aber zugleich, dass das bestehende Rechtsschutzsystem nicht beliebig weit in Richtung eines objektiven Rechtsschutzes ausdehnbar ist.[518] Die Grenze wird vielmehr erreicht, wenn das Rechtsschutzsystem so ausgestaltet wäre, dass der altruistische Rechtsschutz die Arbeitsfähigkeit der Verwaltungsgerichte so sehr in Anspruch nehmen würde, dass die durch Art. 19 Abs. 4 S. 1 GG berechtigten Personen keinen wirksamen Rechtsschutz innerhalb angemessener Zeit erhalten können.[519] Berechtigterweise wird darauf aufmerksam gemacht, dass eine Erweiterung altruistischer Verbandsklagemöglichkeiten nicht zu Lasten des verfassungsrechtlich garantierten Individualrechtsschutzes gehen darf.[520] Wenn der Gesetzgeber ein Mehr an objektivem Rechtsschutz in Erwägung zieht, muss er deshalb stets die damit einhergehenden Auswirkungen für den Individualrechtsschutz in seine Überlegungen einbeziehen.

Da die Verwaltungsgerichtsbarkeit – sieht man vom Migrationsrecht ab – momentan eher rückläufige Eingangszahlen verzeichnet[521] und sich eine Überlastung der Gerichte durch die bislang bestehenden Verbandsklagemöglichkeiten empirisch nicht belegen lässt,[522] besteht zurzeit kein Anlass

---

517 BVerfGE 22, 106, 110; *Breuer* Die Verw. 45 (2012), 171, 186; *Groß* Die Verw. 43 (2010), 349, 374; *Kloepfer*, Umweltrecht, § 8 Rn. 44; *Niesler*, Individualrechtsschutz, S. 125; *Skouris* NVwZ 1982, 233 f.; s. auch *Classen* NJW 2016, 2621, 2623; *Franzius* UPR 2016, 281, 292.

518 *Niesler*, Individualrechtsschutz, S. 127.

519 Zu Letzterem *Schlacke*, Überindividueller Rechtsschutz, S. 497. Auch nach *Nolte*, Die Eigenart des verwaltungsgerichtlichen Rechtsschutzes, S. 50 ff. ist die Zuweisung anderer Funktionen nicht verboten, solange sie dem Individualrechtsschutz nicht entgegenstehen. Zur Beeinträchtigung der Arbeitsfähigkeit auch *Ress*, in: Meng/ders./Stein, Europäische Integration, S. 449, 456.

520 *Niesler*, Individualrechtsschutz, S. 126.

521 *Brand/Meyer/Buchheister/Mehmel/van Niuewland,* Verwaltungsgerichtsbarkeit – quo vadis?, S. 2, 11, http://www.zukunft-der-verwaltungsgerichtsbarkeit.de/wp-content/uploads/Thesenpapier-Verwaltungsgerichtsbarkeit-quo-vadis.pdf, zuletzt abgerufen am 11.11.2016; *Mehmel,* Einführung zur Tagung am 22.4.2016, S. 2, http://www.zukunft-der-verwaltungsgerichtsbarkeit.de/wp-content/uploads/mehmel-einfuehrung.pdf, zuletzt abgerufen am 11.11.2016; *Steinbeiß-Winkelmann* NVwZ 2016, 713.

522 *Schlacke*, Überindividueller Rechtsschutz, S. 497; *dies.* DVBl. 2015, 929, 935; zur ausgebliebenen Klageflut auch *Bauer*, Die Durchsetzung des europäischen

für die Befürchtung, der Individualrechtsschutz werde durch die gegenwärtig bestehenden Verbandsklagemöglichkeiten in einer Weise beeinträchtigt, dass er den Anforderungen des Art. 19 Abs. 4 S. 1 GG nicht (mehr) entspricht. Weil es je nach Konzeption und Anwendungsbereich einer Verbandsklagemöglichkeit Konstellationen geben kann, bei denen klageberechtigte Einzelpersonen das von ihnen durchsetzbare Anliegen bereits durch die von einem Verband eingereichte Klage als ausreichend gewahrt sehen, muss diese Klageart nicht zwangsläufig zu einer Mehrarbeit für die Gerichte führen.[523] Da der Gesetzgeber bei der Verbandsklage aufgrund der Öffnungsklausel des § 42 Abs. 2 Hs. 1 VwGO dem Enumerationsprinzip folgt,[524] sind vor deren Erweiterung die damit verbundenen Konsequenzen für den Individualrechtsschutz sorgfältig zu klären. Außerdem kann der Staat Überlastungen der Verwaltungsgerichte jederzeit durch finanzielle Aufstockungen für mehr Richterstellen oder durch nachträgliche Restriktionen für den objektiven Rechtsschutz begegnen.[525] Zeichnen sich derartige Überlastungen ab, sind die zuständigen Stellen aufgrund von Art. 19 Abs. 4 S. 1 GG zur Ergreifung von Gegenmaßnahmen aus Gründen eines wirksamen Individualrechtsschutzes verpflichtet.[526]

Bei einem Systemwechsel zur Interessentenklage, bei der auch die Verbände wegen Vorliegens eines berechtigten Interesses die Gerichte um Rechtsschutz ersuchen könnten, wird diese Beurteilung angesichts der nur schwer prognostizierbaren Folgen eines solchen Wechsels für die Zahl der nunmehr bei den Verwaltungsgerichten eingehenden Klagen schwieriger sein. Insoweit müsste man einerseits im Vorfeld eine Prognose darüber anstellen, ob und wie die Verwaltungsgerichte personell, sachlich und finanziell ausgestattet sein müssen, damit sie ihren aus Art. 19 Abs. 4 GG folgenden Rechtsschutzauftrag erfüllen können. Sollte sich ihre Ausstattung

---

Umweltrechts, S. 41; *Pernice* JZ 2015, 967, 970; *Schenderlein*, Rechtsschutz und Partizipation, S. 205.

523 *Schlacke*, Überindividueller Rechtsschutz, S. 498; zum Bündelungseffekt von Verbandsklagen *Groß* Die Verw. 43 (2010), 349, 372; *Pernice-Warnke*, Effektiver Zugang zu Gericht, S. 16; dazu, dass die zivilgerichtlichen Verbandsklagen durch die knappe Ressource Justiz legitimiert sein können, *Klocke*, Rechtsschutz in kollektiven Strukturen, S. 198.

524 *Schlacke*, Überindividueller Rechtsschutz, S. 498.

525 *Schlacke*, Überindividueller Rechtsschutz, S. 498.

526 *Schlacke*, Überindividueller Rechtsschutz, S. 498.

entgegen der ursprünglichen Annahmen als unzulänglich herausstellen, müsste hier schnellstmöglich gegengesteuert werden.[527]

Im Übrigen darf der Gesetzgeber bei der Ausgestaltung des Prozessrechts auch andere verfassungsrechtliche Wertentscheidungen berücksichtigen. Als derartige legitime Interessen, denen er bei der Ausgestaltung Rechnung tragen darf, kommen verfassungsrechtlich fundierte Schutzverpflichtungen in Betracht, etwa aus dem Sozialstaatsprinzip oder der objektiv-rechtlichen Dimension einzelner Grundrechte, oder die in Art. 20a GG enthaltene Staatszielbestimmung zum Schutz der natürlichen Lebensgrundlagen und Tiere.[528] Der Denkmalschutz wird in mehreren Landesverfassungen als besondere Staatszielbestimmung ausgestaltet[529] und das BVerfG erblickt in ihm einen Gemeinwohlbelang von hohem Rang.[530] Aufgrund des Grundsatzes der loyalen Zusammenarbeit (Art. 4 Abs. 3 EUV) müssen die Mitgliedstaaten in dem vom Unionsrecht geforderten Umfang die wirksame Durchsetzung von Rechtspositionen ermöglichen, auch wenn diese aus deutscher Sicht nicht die herkömmlichen Kriterien für die Annahme eines subjektiven öffentlichen Rechts i. S. d. Art. 19 Abs. 4 GG erfüllen.[531]

Seit geraumer Zeit werden gegenüber einer weiteren Implementierung objektiver Rechtsschutzelemente Bedenken angesichts der geringeren demokratischen Legitimation der Verwaltungsgerichtsbarkeit geäußert. Da die Verwaltungsgerichtsbarkeit nur dem Gesetz unterworfen ist (Art. 20 Abs. 3, Art. 97 Abs. 1 GG),[532] ist die demokratische Legitimationsbasis der VerwaltungsrichterInnen aufgrund ihrer persönlichen und sachlichen Unabhängigkeit im Vergleich zu derjenigen der Verwaltung geringer.[533] Das

---

527 Ohne Bezug zur Interessentenklage *Schlacke*, Überindividueller Rechtsschutz, S. 498.

528 S. auch *Schlacke*, Überindividueller Rechtsschutz, S. 498. Ähnlich hinsichtlich der zivilgerichtlichen Verbandsklage *Klocke*, Rechtsschutz in kollektiven Strukturen, S. 189 f.

529 Vgl. Art. 3c Abs. 2 Verf BW; Art. 141 Abs. 2 Verf Bay; Art. 34 Abs. 2 S. 2 Verf Bbg; Art. 62 Verf Hess; Art.18 Abs. 2 Verf NRW; Art. 40 Abs. 3 S. 1 Verf RhPf; Art. 34 Abs. 2 S. 1 Verf Saarl; Art.11 Abs. 3 Verf Sachs; Art. 36 Abs. 4 Verf LSA; Art. 30 Abs. 2 S. 1 Verf Thür.

530 BVerfGE 100, 226, 242.

531 *Schlacke*, Überindividueller Rechtsschutz, S. 498 f.

532 *Gärditz*, Der Funktionswandel der Verwaltungsgerichtsbarkeit, D 31.

533 *Rennert* JZ 2015, 529, 530; *Voßkuhle/Sydow* JZ 2002, 673, 682; *Wittreck* VVDStRL 74 (2014), 115, 147.

zentrale rechtsstaatliche Postulat der Unabhängigkeit der Richterschaft sichert die funktionsgerechte Wahrnehmung der Verwaltungsrechtsprechung,[534] schließt aber eine enge personelle und sachliche Rückbindung an den Willen des Volkes aus.[535] Angesichts der Lückenhaftigkeit und Ausfüllungsbedürftigkeit vieler Gesetzesvorschriften sei dieses Legitimationsdefizit in anderer Weise zu kompensieren.[536] Könnten beliebige Teile des objektiven Rechts durch beliebige Personen zur Überprüfung durch die Verwaltungsgerichte gebracht werden, welche die Rechtsnormen konkretisieren, würde dies zu einer verfassungsrechtlich problematischen Verschiebung der Legitimationsmatrix führen.[537]

Als Ausgleichsmöglichkeit für das ausgemachte demokratische Legitimationsdefizit der Verwaltungsgerichtsbarkeit wird nun die individualfreiheitsrechtliche Legitimation der streitentscheidenden Richter herangezogen, die aus den Freiheitsinteressen der Rechtsschutzbegehrenden folge.[538] Der Verwaltungsgerichtsbarkeit obliege die Streitentscheidung zur rechtlichen formalen Erledigung individueller Freiheitskonflikte, um die Verselbständigung von Allgemeininteressen zu begrenzen.[539] Die individuelle Freiheitsentfaltung sei ein der demokratisch kollektiven Legitimation von Herrschaft gleichgeordneter Legitimationsstrang, weil individuelle Selbstbestimmung für ihre praktische Verwirklichung besonderer Institutionen bedarf.[540] Damit sich die individuelle Selbstbestimmung auch gegen demokratische Mehrheitsinteressen und bürokratische Eigeninteressen verteidigen kann, sei insbesondere bei der mit dem öffentlichen Wohl befassten Verwaltungsgerichtsbarkeit in besonderer Weise auf ihre Neutralität und

---

534 *Voßkuhle/Sydow* JZ 2002, 673, 682; zur Geschichte der richterlichen Unabhängigkeit *Willoweit* JZ 2016, 429 ff.

535 *Voßkuhle/Sydow* JZ 2002, 673, 682.

536 *Gärditz* NVwZ 2014, 1, 8; *ders.*, Der Funktionswandel der Verwaltungsgerichtsbarkeit, D 33; *Rennert* JZ 2015, 529, 532 ff.; *ders.*, in: Schenke/Suerbaum, Verwaltungsgerichtsbarkeit, S. 165, 187.

537 *Gärditz* EurUP 2015, 196, 205.

538 *Gärditz* NVwZ 2014, 1, 8; *ders.*, Der Funktionswandel der Verwaltungsgerichtsbarkeit, D 33; s. auch *Möllers*, in: Geis/Nullmeier/Daase, Der Aufstieg der Legitimitätspolitik, S. 398, 402 f.; schon *Bettermann* DVBl. 1953, 163, 164 sah die Funktion des Rechtsschutzes in der Freiheit des Individuums und seiner Rechte.

539 *Gärditz* NVwZ 2014, 1, 8. Nach *Rennert* DVBl. 2015, 793, 800 wird die Unterscheidung zwischen Verwaltungs- und Verwaltungsgerichtsverfahren schwierig, wenn die Gerichte nicht länger über Einzelfälle, sondern fließende Sachverhalte befinden.

540 *Gärditz*, Der Funktionswandel der Verwaltungsgerichtsbarkeit, D 33.

Passivität zu achten.[541] Diese kompensatorische individuelle Legitimation stehe jedoch bei gerichtlichen Rechtsbehelfen zur Durchsetzung von Allgemeininteressen nicht zur Verfügung.[542] Infolgedessen sei die richterliche Rechtserzeugung bei derartigen Gerichtsentscheidungen nicht ausreichend legitimiert.[543] „Zum anderen ist die Allgemeinheit, in deren Namen entindividualisierte Klagerechte geltend gemacht werden, im Gerichtsverfahren jedenfalls auf Klägerseite nicht repräsentiert, kann also nicht durch Prozesshandlungen auf die jeweils eigenen Deutungen von Allgemeinwohl hinwirken."[544]

Die individualschutzrechtliche Aufgabe der Verwaltungsgerichtsbarkeit ist unbestritten.[545] Im Unterschied zu den zuvor geschilderten Positionen lässt sich jedoch aus dem Grundgesetz keineswegs zwingend entnehmen, dass der Schutz von Allgemeininteressen nicht zu den verwaltungsgerichtlichen Aufgaben zählen darf.[546] Gegen die Richtigkeit dieser These spricht beispielsweise, dass gem. Art. 20a GG der Schutz der natürlichen Lebensgrundlagen und der Tiere „nach Maßgabe von Gesetz und Recht durch die vollziehende Gewalt und *die Rechtsprechung*" erfolgt. Mit dieser die Rechtsprechung explizit in Bezug nehmenden, nicht individualschutzrechtlichen Bestimmung ließe es sich nur schwer vereinbaren, wenn die Verwaltungsgerichtsbarkeit bei einer Ausfüllung durch den Gesetzgeber ihre Rechtsschutzfunktion nicht auch zur Durchsetzung dieser im Allgemeininteresse liegenden Güter wahrnehmen könnte und dürfte.[547] Gegen den ausschließlich freiheitsrechtlichen Kompensationsansatz spricht des Weiteren, dass

---

541 *Rennert* DVBl. 2015, 793, 800; *ders.*, in: Schenke/Suerbaum, Verwaltungsgerichtsbarkeit, S. 165, 186; s. auch *Gärditz*, Der Funktionswandel der Verwaltungsgerichtsbarkeit, D 33. Zur Gefahr der Politisierung auch *Ress*, in: Meng/ders./Stein, Europäische Integration, S. 449, 456.

542 *Gärditz*, Der Funktionswandel der Verwaltungsgerichtsbarkeit, D 34.

543 *Gärditz*, Der Funktionswandel der Verwaltungsgerichtsbarkeit, D 34.

544 *Gärditz*, Der Funktionswandel der Verwaltungsgerichtsbarkeit, D 34.

545 *Classen* NJW 2016, 2621, 2623; s. auch *Schmidt-Aßmann* EurUP 2016, 360, 366.

546 *Pernice* JZ 2015, 967, 970 spricht von dogmatischer Konstruktion ohne zwingende Verankerung in der Verfassung. Schon *Hailbronner* DVBl. 1979, 767, 774 vertrat den Standpunkt, dass das Rechtsstaats- und Demokratieprinzip einer solchen Erweiterung nicht entgegenstehen. S. auch *Wegener* JZ 2016, 829, 831, wonach die gegenteilige Annahme auf einer petitio principii beruht.

547 So auch *Schlacke*, Überindividueller Rechtsschutz, S. 495; eher im Hinblick auf die unbefriedigenden Folgen auf das Umweltrecht argumentierend *Hofmann* EurUP 2015, 266, 276 f.

sich die Regelung über die Bindung der Rechtsprechung an die Gesetze nicht im Abschnitt über die Grundrechte befindet und sich die Rechtsschutzfunktion der Gerichte auf alle Gesetze und nicht nur auf einen von vornherein ausgewählten Ausschnitt bezieht.[548] Mit dieser Vorstellung lässt sich auch die auf eine lange Tradition zurückreichende Normenkontrolle nach § 47 VwGO erklären.[549]

Die gegenteilige Ansicht berücksichtigt zu wenig, dass je nach infrage stehender Rechtsvorschrift die Eigenleistungen der Gerichte bei der Gesetzeskonkretisierung mehr oder minder groß ausfallen und man aus diesem Grund die demokratisch-sachliche Legitimation der Gerichte nicht verallgemeinernd als niedrig einstufen darf. Schon *Rehbinder/Burgbacher/Knieper* haben herausgearbeitet, dass sich keine generelle Gleichung des Inhalts aufstellen lässt, „daß individueller Rechtsschutz notwendig zur ‚Privatisierung', Rechtsanwendung mit den ausschließlichen Zielen objektiver Rechtskontrolle in Bereichen öffentlichen Interesses dagegen notwendig zu einseitiger ‚Politisierung der Entscheidungen' führt".[550] Weder die Verbandsklage noch die Gewährung über das klassische subjektive öffentliche Recht hinausgehender Rechtspositionen zielen auf die Eröffnung eigenständiger politischer Gestaltungsmöglichkeiten für die Verwaltungsgerichte ab; sie sollen die Überprüfung des Verwaltungshandelns durch die Gerichte anstoßen, die dieses allein am Maßstab des geltenden Rechts prüfen.[551] Einer zu großen Richtermacht kann durch richterliche Selbstbeschränkung sowie den Erlass präziserer bzw. detaillierter Rechtsvorschriften begegnet werden.[552] Der zuständige Gesetzgeber kann auf eine von ihm für unrichtig oder unerwünscht gehaltene Auslegung eines Gesetzes durch die Verwaltungsgerichte nachträglich durch eine Änderung seiner Vorschriften reagieren.[553] Darüber hinaus besteht die Möglichkeit, zusätzliche Legitimations-

---

548 *Hofmann* EurUP 2015, 266, 277.

549 Die Antragsbefugnis der Normenkontrolle war ursprünglich weiter als in § 47 Abs. 2 S. 1 Hs. 1 VwGO ausgestaltet und bei ihr wird bis heute in der Begründetheit nicht das tatsächliche Vorliegen einer Rechtsverletzung nachgeprüft, s. dazu nur *Ziekow*, in: Sodan/Ziekow, VwGO, § 47 Rn. 37 f., 144 ff.

550 *Rehbinder/Burgbacher/Knieper*, Bürgerklage im Umweltrecht, S. 124.

551 *Groß* Die Verw. 43 (2010), 349, 371; in diese Richtung auch *Calliess* NVwZ-Editorial 23/2016.

552 *Wegener* JZ 2016, 829, 831.

553 *Möllers*, in: Geis/Nullmeier/Daase, Der Aufstieg der Legitimitätspolitik, S. 398, 404, 408 f.; s. auch *Willoweit* JZ 2016, 429, 434.

kriterien, wie etwa die verfassungsrechtliche Entscheidung für eine rechtsstaatliche Justiz[554] oder die Professionalisierung, heranzuziehen.[555] Dem Gesetzgeber ist es unbenommen, dem ausgemachten Legitimationsdefizit auf andere Weise entgegenzuwirken. So unterliegen Gerichtsverfahren aus rechtsstaatlichen und demokratischen Gründen grundsätzlich kraft einfachgesetzlicher Anordnung (§ 55 VwGO i. V. m. § 169 GVG) dem Öffentlichkeitsgrundsatz.[556] Verbandsklagen, mit denen der Gesetzgeber in Wahrnehmung objektiv-rechtlicher Schutzpflichten für einzelne Grundrechte, wie etwa bei § 15 BGG oder im Datenschutzrecht individuellen Rechtsdurchsetzungsschwächen begegnen möchte, stärken aufgrund ihrer präventiven Funktion die Grundrechte der Einzelnen.[557] Was die Aarhus-Konvention anbetrifft, mutet die erst nachträglich entstandene Diskussion hinsichtlich der fehlenden demokratischen Legitimation der Verwaltungsgerichte für den objektiv-rechtlichen Umweltrechtsschutz befremdlich an.[558]

Es ist Sache des Gesetzgebers, das Verhältnis zwischen Verwaltung und Verwaltungsgerichtsbarkeit auszutarieren.[559] Entschließt er sich zur Einführung der Verbandsklage in einem bestimmten Bereich, verschiebt sich das Gewaltenverhältnis zwar leicht in Richtung des Rechtsschutzes.[560] Solange die Verbandsklage auf genau umrissene Bereiche beschränkt bleibt, stellt diese etwas andere Ausbalancierung jedoch keinen unzulässigen Übergriff in den Kernbereich der Verwaltung dar.[561] Der Einsatz der Judikative zur Sicherstellung der Gesetzmäßigkeit der Verwaltung in Art. 20

554 *Classen* NJW 2016, 2621, 2623.

555 *Voßkuhle/Sydow* JZ 2002, 673, 682. Dazu, dass eine materielle Theorie demokratischer Legitimation weitere Elemente einbeziehen darf, *Schmidt-Aßmann* EurUP 2016, 360, 367.

556 Nach *Voßkuhle/Sydow* JZ 2002, 673, 682 sind zusätzliche Legitimationskriterien einzubeziehen, wie die Akzeptanz, Professionalisierung, Partizipation. In diese Richtung auch der für ein organisatorisch-technisches Legitimationsmodell eintretende *Minkner*, Die Gerichtsverwaltung, S. 109 ff.

557 S. auch *Ekardt* Der Staat 44 (2005), 622 ff. Besonders deutlich wird diese Vorstellung bei der EU-GRCh, die z. B. mit Art. 37 GRCh eine auf die Union bezogene Vorschrift zum Umweltschutz innerhalb des Grundrechtskatalogs trifft.

558 *Pernice* JZ 2015, 967, 973.

559 *Schenderlein*, Rechtsschutz und Partizipation, S. 206.

560 *Groß* Die Verw. 43 (2010), 349, 372; *Schenderlein*, Rechtsschutz und Partizipation, S. 206.

561 I. E. auch *Franzius* UPR 2016, 281, 292 f.

Abs. 3 GG bildet ein legitimes Anliegen für solche Verschiebungen.[562] Indem der Gesetzgeber die Rügebefugnis der Verbände auf bestimmte Bereiche eingrenzt, nehmen die Verwaltungsgerichte nur partiell einen objektivrechtlichen Kontrollauftrag wahr.[563] Auch wird die Verbandsklage angesichts der beschränkten Ressourcen der Verbände und der zu initiierenden Gerichtskontrolle nur zu einer stichprobenartigen Kontrolle der Verwaltung führen.[564]

Die Verwaltungsgerichtsbarkeit unterscheidet sich von der Verwaltung dadurch, dass sie regelmäßig eine von dieser zu verantwortende Entscheidung zu überprüfen hat. Die mit der Verbandsklage verbundene prozessuale Kontrolle ändert nichts daran, dass die Verwaltung die Gesetze zu vollziehen und ihrem Gemeinwohlauftrag nachzukommen hat.[565] Die Gerichte dürfen nur die ihnen vorbehaltenen Entscheidungen nach den für das Gerichtsverfahren geltenden Regelungen treffen. Während die Verwaltung in Bereichen, in denen sie nach den anzuwendenden Gesetzesbestimmungen über einen Beurteilungsspielraum verfügt oder eine Ermessens- oder Abwägungsentscheidung zu treffen hat, andere Kriterien, wie z. B. Zweckmäßigkeitserwägungen, in ihre Entscheidung einfließen lassen darf, bildet das Recht den einzigen Entscheidungsmaßstab der Gerichte, welche die Spielräume der Verwaltung zu respektieren haben.[566] Die Verbandsklage bewirkt nicht, dass die Verwaltungsgerichte in die Rolle von Aufsichtsbehörden hineinwachsen. Letztere können die Rechtmäßigkeit des Verwaltungshandelns antragsunabhängig und nicht nur reaktiv prüfen.[567] Außerdem sind sie zur Überprüfung der gesamten Bandbreite des Behördenhandelns einschließlich seiner Zweckmäßigkeit befugt, sofern es sich bei diesen nicht ausnahmsweise z. B. um Selbstverwaltungsangelegenheiten handelt.[568]

562 *Groß* Die Verw. 43 (2010), 349, 375 f.; s. auch BVerfGE 22, 106, 112.
563 *Schlacke*, Überindividueller Rechtsschutz, S. 495 f.
564 *Schlacke*, Überindividueller Rechtsschutz, S. 495 f.
565 Ähnlich *Franzius* UPR 2016, 281, 292 f.; *Schlacke* DVBl. 2015, 929, 935.
566 Wie hier auch *Groß* Die Verw. 43 (2010), 349, 371.
567 *Krebs*, in: FS für Menger, S. 191, 192, 194.
568 *Groß* Die Verw. 43 (2010), 349, 371; s. auch *Rehbinder/Burgbacher/Knieper*, Bürgerklage im Umweltrecht, S. 129, wonach die Gerichtskontrolle die politische Kontrolle nie vollständig ersetzen kann.

Die Schaffung altruistischer Klagemöglichkeiten für Verbände kann in der Tat nicht bewirken, dass diese die demokratische Allgemeinheit als solche repräsentieren.[569] Indem der Gesetzgeber aber Verbänden, die bestimmte Kriterien erfüllen, die Möglichkeit zur Anrufung der Verwaltungsgerichtsbarkeit zur Durchsetzung bestimmter, im Allgemeininteresse liegender Rechtsvorschriften einräumt, ist die Entscheidungsbefugnis der Verwaltungsgerichte über derartige Rechtsschutzersuchen auf seine demokratisch legitimierte Entscheidung zurückzuführen.[570] Zutreffend betont *Schlacke* in ihrer Habilitationsschrift, dass „die Kontrolltätigkeit der Verwaltungsgerichte durch die gesetzliche Verankerung überindividueller Klagebefugnisse legitimiert“ wird.[571] Die Verwaltungsgerichte werden also nicht eigenmächtig, sondern auf Initiative privater Klageberechtigter tätig, denen der Gesetzgeber in aller Regel in Abhängigkeit von einer vorherigen behördlichen Anerkennung besondere Rechtsschutzmöglichkeit eingeräumt hat.[572] Da es in den Verwaltungsgerichtsverfahren einen Klage- oder Antragsgegner gibt, kann die Verwaltung im Regelfall auf dieser Seite die demokratisch legitimierten Allgemeininteressen in den Prozess der Rechtskonkretisierung einfließen lassen.[573] Die Entscheidung darüber, welche der vorgetragenen Rechtspositionen zutreffend ist, trifft unabhängig von Individual- oder Verbandsklage immer das Verwaltungsgericht, das – wie man auch an der sehr ausführlichen Regelung zur Rechtsprechung im Grundgesetz erkennen kann – dafür über eine besondere Legitimation verfügt.[574] Da die Gewaltenteilung in Deutschland nicht in einem strikten Sinne verstan-

---

569 *Gärditz*, Der Funktionswandel der Verwaltungsgerichtsbarkeit, D 34; s. auch *ders.* EurUP 2015, 196, 206; *Wegener* JZ 2016, 829, 831; anders *Schmidt-Aßmann*, Kohärenz und Konsistenz, S. 23.

570 *Schlacke*, Überindividueller Rechtsschutz, S. 496; s. auch *Schmidt-Aßmann* EurUP 2016, 360, 367. Alternativ könnte man auch über die Schaffung entsprechender Klagemöglichkeiten für Behörden nachdenken. Nach *Meier*, Das ideelle Verbandsbeschwerderecht, S. 214 verfügen diese aber in Querschnittsfragen nicht immer über das nötige Fachwissen und lassen sich oft von politischen Erwägungen leiten.

571 *Schlacke*, Überindividueller Rechtsschutz, S. 496.

572 Ähnlich *Schlacke*, Überindividueller Rechtsschutz, S. 496.

573 *Gärditz*, Der Funktionswandel der Verwaltungsgerichtsbarkeit, D 39 f.

574 Zur Letztentscheidung, die von den Gerichten und nicht von den Verbänden zu verantworten ist, vgl. Art. 92 Hs. 1 GG; zur Entscheidungskompetenz von Richtern allgemein *von Coelln*, in: Gröpl/Windthorst/ders., Studienkommentar GG, Art. 92 Rn. 2 ff.

den wird, verfügt der Gesetzgeber über einen Spielraum bei ihrer Ausbalancierung.[575] Mittelbar kann eine Verbandsrechtsschutzmöglichkeit den parlamentarischen Gesetzgeber durch eine bessere Absicherung der Anwendung seines Gesetzesrechts gegenüber der Verwaltung stärken.[576] Last but not least weisen die Erfahrungen mit Verbandsrechtsschutzmöglichkeiten in anderen rechtsstaatlichen und demokratischen Staaten innerhalb und außerhalb der Europäischen Union auf die grundsätzliche Möglichkeit ihrer Vereinbarkeit mit dem Demokratie- und Rechtsstaatsprinzip hin.[577] Etwaige, hier nicht geteilte Legitimationsbedenken ließen sich möglicherweise dadurch ausräumen, dass die Gerichte die Verwaltungsentscheidung nur aufheben, ohne in der Sache durchzuentscheiden.[578]

Soweit Verbandsklagemöglichkeiten nicht durch inter- oder supranationales Recht vorgegeben sind, kann der Gesetzgeber im Wege einer Abwägung unter Gegenüberstellung ihrer Vor- und Nachteile über deren Einführung, Ausweitung oder Modifizierung befinden.[579] Bei den negativen Effekten ist einzustellen, dass bestimmte, von der Verwaltung zugelassene Vorhaben erst nach ihrer gerichtlichen Bestätigung verwirklicht werden können. Ein dermaßen erweiterter Gerichtszugang – so *Gärditz* – „verschiebt die Bestandskraft von Entscheidungen und bedeutet daher auch einen Verlust an Rechtssicherheit, der gegenüber den Betroffenen zu rechtfertigen ist".[580] Dabei ist auch zu berücksichtigen, dass derartige objektive Klagemöglichkeiten Dritte in der Wahrnehmung ihrer Freiheitsrechte beeinträchtigen können.[581] Weil der Einzelne aber nur bei Einhaltung aller gesetzlichen Vorgaben über ein solches subjektives öffentliches Recht verfügt und der Rechtssicherheit auf der einen Seite die Gesetzmäßigkeit der Ver-

575 *Groß* Die Verw 43 (2010), 349, 376; *Schenderlein*, Rechtsschutz und Partizipation, S. 206; s. dazu auch *Schlacke*, Überindividueller Rechtsschutz, S. 496 f.

576 *Calliess* NVwZ-Eidtorial 23/2016; *Groß* Die Verw. 43 (2010), 349, 371; *Schlacke*, Überindividueller Rechtsschutz, S. 496.

577 *Wegener*, Rechte des Einzelnen, S. 273; s. auch *Classen* NJW 2016, 2621, 2623.

578 Vergleichbar dem § 113 Abs. 3 VwGO; zu den geringeren Befugnissen der Unions- sowie französischen Gerichte *Classen*, in: Schenke/Suerbaum, Verwaltungsgerichtsbarkeit, S. 11, 20 f.

579 *Kloepfer* NuR 2016, 729.

580 *Gärditz*, Der Funktionswandel der Verwaltungsgerichtsbarkeit, D 46.

581 *Gärditz*, Der Funktionswandel der Verwaltungsgerichtsbarkeit, D 46; *Rennert*, in: Schenke/Suerbaum, Verwaltungsgerichtsbarkeit, S. 165, 184 f.; *Seifert* ZEuS 2016, 49, 83.

waltung gegenübersteht, greifen die zuletzt geschilderten Bedenken vor allem bei missbräuchlichen oder unbegründeten Verbandsklagen,[582] deren Zahl sich möglicherweise durch Schadensersatzansprüche eindämmen ließe.[583] Da der Gesetzgeber bei der Ausgleichung der divergierenden Güter[584] die Bindung der Verwaltung an Gesetz und Recht einzustellen hat, bedarf es für die Eröffnung des Verbandsrechtsschutzes besonderer Gründe, etwa weil eine erhebliche Durchsetzungsschwäche des Rechts zu verzeichnen ist. Außerdem darf der Verbandsrechtsschutz nicht so ausgestaltet sein, dass dadurch der Rechtsschutz von Individuen, auf die Vorhaben unmittelbare Auswirkungen haben könnten, übermäßig eingeschränkt wird.[585]

Auch wenn sich aus der Staatszielbestimmung des Art. 20a GG nach zutreffender Ansicht keine gesetzgeberische Pflicht zur Einführung einer Verbandsklagemöglichkeit entnehmen lässt,[586] handelt es sich hierbei im Bereich des Umwelt- und Tierschutzes um eine objektive Wertentscheidung, welche die besondere Verantwortung des Staates für die natürlichen Lebensgrundlagen und Tiere zum Ausdruck bringt. In Wahrnehmung dieser Verantwortung kann sich der Staat deshalb zur Einführung objektiver Rechtsschutzmöglichkeiten in diesem Bereich entschließen.[587] Enger als auf der Bundesebene gestaltet sich die Rechtslage in den beiden Bundesländern, welche die umweltschutzrechtliche Verbandsklage sogar im Landesverfassungsrecht erwähnen.[588] Nach Art. 39 Abs. 8 S. 1 der Brandenburgischen Verfassung ist die Verbandsklage zum Schutz der natürlichen Lebensgrundlagen zulässig. Bei dieser Verfassungsbestimmung handelt es sich nach dem VG Potsdam um ein kollektives prozessuales Grundrecht,

582 Dazu *Pietzcker*, in: FS für Isensee, S. 577, 590.

583 S. auch § 123 Abs. 3 VwGO i. V. m. § 945 ZPO; in Bezug auf den Wegfall der Präklusion *Zeissler/Schmitz* UPR 2016, 1, 6 f.

584 Zur allerdings auf Art. 19 Abs. 4 GG bezogenen Abwägung mit ebenfalls grundrechtlich radizierten Anliegen anderer, den Schutzgütern der Rechtssicherheit, des Rechtsfrieden und der Effektivität des Verwaltungshandelns *Huber*, in: FS für Hufen, S. 585, 588.

585 *Pernice-Warnke*, Effektiver Zugang zu Gericht, S. 18.

586 BVerwG NVwZ 1996, 901, 904; *Niesler*, Individualrechtsschutz, S. 120 ff.; *Schlacke*, Überindividueller Rechtsschutz, S. 65.

587 *Niesler*, Individualrechtsschutz, S. 121; *Ruthig*, in: FS für Hufen, S. 632; *Schlacke*, Überindividueller Rechtsschutz, S. 69; *dies.*, in: Gärditz, VwGO, nach § 42 VwGO Überindividueller Rechtsschutz Rn. 19.

588 Zur Vereinbarkeit dieser Regelungen mit dem Bundesrecht VG Potsdam LKV 1996, 253, 254.

wobei im Unterschied zu Sachsen die Reichweite dieses Rechts aus der Verfassung zu entnehmen und der Landesgesetzgeber nur zur verfahrensrechtlichen Ausgestaltung der Verbandsklage befugt sei.[589] Gem. Art. 10 Abs. 2 S. 2 der Verfassung des Freistaates Sachsen ist anerkannten Naturschutzverbänden die Klagebefugnis in Umweltbelangen einzuräumen. Über die herkömmlichen Staatszielbestimmungen im Umweltrecht hinaus enthält diese Regelung für den Landesgesetzgeber eine verbindliche Weisung zu einem bestimmten legislativen Tätigwerden, überlässt die nähere Ausgestaltung der Verbandsklage jedoch seiner politischen Gestaltungsfreiheit.[590] Die Implementierung der Verbandsklage im Umwelt- und Naturschutzrecht bedeutet angesichts des Gestaltungsspielraums des Gesetzgebers bei der Einführung objektiver Rechtsschutzmöglichkeiten keinesfalls, dass eine Verbandsklage zugleich in weiteren Bereichen einzurichten ist.

Die Verbandsklage kann ein Mittel sein, um der Staatszielbestimmung des Art. 20a GG oder landesverfassungsrechtlichen Staatszielbestimmungen für den Denkmalschutz nachzukommen oder die Durchsetzung bestimmter individueller Rechte angesichts objektiv-rechtlicher Schutzpflichten aus einzelnen Grundrechten zu verbessern. So lassen sich die Rechtsschutzmöglichkeiten für Interessenverbände der Behindertenselbsthilfe in Abweichung vom Individualrechtsschutz mit der besonderen Schutzbedürftigkeit von Menschen mit Behinderungen und dem staatlichen Schutzauftrag in Art. 3 Abs. 3 S. 2 GG erklären.[591] In die gesetzgeberische Abwägungsentscheidung hinsichtlich Pro und Contra einer Verbandsklage sind auch andere Möglichkeiten zur Beseitigung administrativer Vollzugsdefizite einzubeziehen, etwa durch eine bessere Sach- und Personalausstattung der für den Gesetzesvollzug zuständigen Behörden,[592] durch die Behebung von Informationsdefiziten[593] oder eine Forcierung der Verwaltungskontrolle durch andere staatliche Stellen, etwa die Aufsichtsbehörden oder das Parlament.[594] Statt der Einführung einer Verbandsklage im Tierschutzrecht

589 VG Potsdam LKV 1996, 253, 254; NuR 1998, 675, 676.

590 BVerwG LKV 1994, 146, 147; dazu auch *Kunzmann*, in: Baumann-Haske/ders., Die Verfassung des Freistaates Sachsen, Art. 10 Rn. 17 ff.

591 Zum früheren § 13 BGG *Klocke*, Rechtsschutz in kollektiven Strukturen, S. 132.

592 S. auch den Wunsch von *Fellenberg* AnwBl. 2016, 648, 651 nach einer hinreichenden Ausstattung der Behörden.

593 S. auch *Kloepfer* NuR 2016, 729, 731 f.

594 Dazu Ausführungen im Referat auf dem 71. DJT über den Funktionswandel der Verwaltungsgerichtsbarkeit von Prof. Dr. Klaus *Rennert*.

kann man z. B. die Einführung von Tierschutzbeauftragten, die Einrichtung von Tierschutzkommissionen oder Tierschutzombudsleuten in Erwägung ziehen.[595] Idealerweise sollten an dieser Stelle auch Vergleichsüberlegungen darüber angestellt werden, wie wirksam die anderen in Betracht kommenden Maßnahmen zur Verringerung der administrativen Vollzugsdefizite sein werden. Eröffnet man den Verbänden eine Möglichkeit zur Anrufung der Gerichte, besteht die Möglichkeit, unterschiedliche Rechtsauffassungen über die Auslegung einer Vorschrift durch Richterspruch zu beseitigen.[596]

8. Verbandsklagen und prokuratorische Rechte

Während bei der Verbandsklage und auch in anderen Fällen der gesetzlichen Prozessstandschaft über die Öffnungsklausel in § 42 Abs. 2 Hs. 1 VwGO der gerichtliche Rechtsschutz nicht zur Durchsetzung eigener subjektiver Rechte erfolgt, wird bei den prokuratorischen Rechten einer Person ein eigenes subjektives öffentliches Recht zur Durchsetzung fremder oder altruistischer Interessen eingeräumt. Ihre Klagebefugnis folgt dann aus § 42 Abs. 2 Hs. 2 VwGO. Wie die Entscheidung des 7. Senats des BVerwG über das einklagbare subjektive Recht einer Umweltschutzvereinigung auf Aufstellung eines dem Gesundheitsschutz dienenden Luftreinhalteplans belegt,[597] kann man prokuratorische Rechte konstruieren. Dies wirft die Frage nach dem Verhältnis zwischen diesen beiden Rechtsschutzmöglichkeiten auf. Ein rechtsvergleichender Blick auf die Behandlung der Verbandsklagen in anderen Ländern ergibt ein weites Meinungsspektrum, das von Konstruktionen eines eigenen materiellen subjektiven Rechts der Verbände über die Annahme einer Prozessführungsbefugnis und Prozessstandschaft bis hin zu einer prozessualen Befugnis der Verbände zur Durchsetzung des objektiven Rechts reicht.[598] In einem seiner Schlussanträge charakterisierte Generalanwalt *Alber* Verbandsklagen als „untypische Rechtsschutzfor-

595 *Kloepfer* NuR 2016, 729, 731 f.; *Rossi* NuR 2016, 733, 734. Zu den denkbaren Varianten auch *Caspar*, Tierschutz, S. 500 ff.

596 *Kloepfer* NuR 2016, 729, 731.

597 Abstützung auf Art. 3 Abs. 3 S. 2 GG *Kossens*, in: ders./von der Heide/Maaß, § 63 SGB IX Rn. 1.

598 *Ebers*, Rechte, S. 62.

men“, deren Implementierung manchem Mitgliedstaat Schwierigkeiten bereitet.[599] Formal betrachtet lässt sich die Verbandsklage in Deutschland einfach von einem prokuratorischen Recht abgrenzen. § 42 Abs. 2 Hs. 2 VwGO ist nur einschlägig, wenn sich der Rechtsbehelfsführer auf ein möglicherweise verletztes eigenes subjektives öffentliches Recht berufen kann. Dies ist anhand der Rechtsvorschriften zu bestimmen, die er gerichtlich durchsetzen will.[600] Ohne Geltendmachung einer möglichen Verletzung in einem eigenen Recht kann er Zugang zu Gericht nur über die Öffnungsklausel erhalten.[601]

a) Rechtslage im Zivilrecht

Nach § 3 Abs. 1 S. 1 Nr. 2 des Gesetzes über Unterlassungsklagen bei Verbraucherrechts- und anderen Verstößen (UKlaG) stehen die in „§§ 1 bis 2 bezeichneten Ansprüche auf Unterlassung, auf Widerruf und auf Beseitigung [unter den dort näher beschriebenen Voraussetzungen] rechtsfähigen Verbänden zur Förderung gewerblicher oder selbständiger beruflicher Interessen“ zu. Unter Rekurs auf den Gesetzeswortlaut vertritt die Rechtsprechung, dass die Verbände bei der AGB-Verbandsklage originär ihnen zustehende Ansprüche durchsetzen, weshalb auch keine Prozessstandschaft gegeben sei.[602] Diese Rechtslage wird konsequent in § 3a UKlaG fortgeschrieben, wonach der Anspruch aus § 2a UKlaG den dort näher konkretisierten rechtsfähigen Verbänden zusteht.

Nach § 33 Abs. 1 S. 1, 2 GWB ist derjenige, der gegen eine Vorschrift dieses Gesetzes, gegen Art. 101, 102 AEUV oder eine Verfügung der Kartellbehörde verstößt oder wenn eine solche Zuwiderhandlung droht, dem Betroffenen zur Beseitigung und bei Wiederholungsgefahr zur Unterlassung verpflichtet. Gem. § 33 Abs. 2 Nr. 1 GWB können diese Ansprüche

---

599 Schlussanträge GA *Alber* v. 20.9.2001 in der Rs. C-372/99 Rn. 24.

600 So hält auch *Franzius* EurUP 2014, 283, 285 wegen der Anbindung an das materielle Recht die Verbandsklage keinesfalls für entbehrlich.

601 *Franzius* UPR 2016, 281, 291.

602 OLG Köln, Urt. v. 9.4.2010 – 19 U 99/09, Rn. 75 juris; *Baetge*, in: Herberger/Martinek/Rüßmann u. a, jurisPK-BGB, § 3 UKlaG Rn. 2; *Klocke*, Rechtsschutz in kollektiven Strukturen, S. 54; *Roos*, Die AGB-Verbandsklage im Urhebervertragsrecht, S. 175.

von den dort näher beschriebenen Verbänden „auch geltend gemacht werden“. Bei § 33 GWB steht somit der durchzusetzende Anspruch dem Betroffenen zu.[603] Die Verbände werden zusätzlich („auch“) zu dessen Geltendmachung berechtigt. In Bezug auf § 33 Abs. 2 GWB wird ebenfalls überwiegend vertreten, dass der Unterlassungs- und Beseitigungsanspruch dem Verband aus eigenem Recht zusteht.[604] § 33 Abs. 2 GWB habe eine Doppelnatur, indem er eine Regelung einerseits zur materiellen Anspruchsberechtigung und andererseits zur Prozessführungsbefugnis des Verbandes trifft.[605] Infolge dieser Doppelnatur haben die dafür zuständigen Gerichte die besonderen gesetzlichen Anforderungen an die Verbände von Amts wegen zu berücksichtigen und im Wege des Freibeweises zu klären.[606] Mit der Klagemöglichkeit für die Verbände wird der Zweck verfolgt, individuellen Durchsetzungsschwächen des Rechts abzuhelfen.[607]

b) Rechtslage im Öffentlichen Recht

Erst seit der Entscheidung des 7. Senats des BVerwG wird vermehrt über die Möglichkeit und Existenz verwaltungsgerichtlich einklagbarer prokuratorischer Rechte nachgedacht. Wie die Ausführungen zur Rechtslage im Zivilrecht zeigen, ist der vom BVerwG eingeschlagene Weg, einem Verband ein eigenes, gerichtlich durchsetzbares subjektives öffentliches Recht zum Schutz bestimmter öffentlicher Interessen einzuräumen, gar nicht so fernliegend, wie dies aus der rein öffentlich-rechtlichen Perspektive zunächst

603 *Rehbinder*, in: Loewenheim/Meessen/Riesenkampff/Kersting/Meyer-Lindermann, Kartellrecht, § 33 GWB Rn. 60.

604 *Lübbig*, im: MüKo, Europäisches und Deutsches Wettbewerbsrecht, Bd. 2, § 33 GWB Rn. 60; *Rehbinder*, in: Loewenheim/Meessen/Riesenkampff/Kersting/Meyer-Lindermann, Kartellrecht, § 33 GWB Rn. 68.

605 OLG Düsseldorf WuW/E DE-R 3979, 3979 ff.; *Bornkamm*, in: Lange/Bunte, Kartellrecht, Bd. 1, § 33 GWB Rn. 97; *Emmerich*, in: Immega/Mestmäcker, Wettbewerbsrecht, Bd. 2, GWB/Teil 1, § 33 Rn. 101. Ausführlich zu den verschiedenen dogmatischen Positionen in Bezug auf das UKlaG *Klocke*, Rechtsschutz in kollektiven Strukturen, S. 47 ff.

606 *Bornkamm*, in: Lange/Bunte, Kartellrecht, Bd. 1, § 33 GWB Rn. 98.

607 Nach *Lübbig*, im: MüKO, Europäisches und Deutsches Wettbewerbsrecht, Bd. 2, § 33 GWB Rn. 63 hatte man vor allem Fälle im Blick, in denen der unmittelbar Betroffene wegen seiner wirtschaftlichen Abhängigkeit vom Schädiger gegen diesen nicht vorgehen möchte.

scheinen mag. Im Unterschied zum Zivilrecht hat der deutsche Gesetzgeber jedoch im öffentlichen Recht, soweit ersichtlich, selbst bislang keine prokuratorischen Rechte eingeführt. Angesichts der herausragenden Stellung der Grundrechte im Verfassungsgefüge leuchtet es ein, wenn die einfachgesetzlich eingeräumten subjektiven öffentlichen Rechte bei natürlichen Personen an ihr personales Substrat anknüpfen.[608] Bei solchermaßen ausgestalteten Rechten besteht aufgrund dieser Koinzidenz eine erhöhte Wahrscheinlichkeit, dass ihre Träger sie im Verletzungsfall gerichtlich durchsetzen werden.

Weil der Gesetzgeber unter Beachtung der verfassungsrechtlichen Rahmenparameter über eine große Gestaltungsmacht verfügt, ist es nicht ausgeschlossen, dass er vergleichbar dem Zivilrecht eine neue Kategorie subjektiver öffentlicher Rechte einführt.[609] Die als Mindestgarantie konzipierte Rechtsschutzgarantie des Art. 19 Abs. 4 GG steht prokuratorischen Verbandsrechten nicht per se entgegen.[610] Zutreffend hat *Martens* vor kurzem herausgearbeitet, dass es keinen natürlichen, dem Menschen vorgegebenen Rechtsbegriff gibt, das Recht als eine kulturelle Schöpfung vielmehr von den jeweiligen Umständen abhängt.[611] Die Annahme eines a priori feststehenden, d. h. ort- und zeitlosen Rechtsbegriffs sei unzutreffend.[612] Dies lässt sich durch die Überlegungen zur (unions-)rechtskonformen Auslegung des

608 Dies zeigt sich an der Debatte, ob prokuratorische Rechte an ein personales Substrat anknüpfen müssen, s. bejahend *Greim* BayVBl. 2014, 517, 519 f.; *Lau* NVwZ 2014, 637, 638; *Rennert* DVBl. 2015, 793, 796 ff. *Klocke*, Rechtsschutz in kollektiven Strukturen, S. 78 spricht in Bezug auf die Rechtslage im Zivilrecht davon, dass das Recht die Interessen mit den in dieser Norm genannten persönlichen Tatbestandsmerkmalträgern verknüpfe.

609 *Ruthig*, in: FS für Hufen, S. 639.

610 *Breuer* Die Verw. 45 (2012), 171, 186; *Gärditz*, Der Funktionswandel der Verwaltungsgerichtsbarkeit, D 42; s. auch *Masing*, in: Hofmann-Riem/Schmidt-Aßmann/Voßkuhle, Grundlagen des Verwaltungsrecht, Bd. 1, § 7 Rn. 106; *Schlacke*, in: Gärditz, VwGO, nach § 42 VwGO Überindividueller Rechtsschutz Rn. 18.

611 *Martens* JZ 2016, 1021 ff.; zu den Unklarheiten hinsichtlich des Begriffs des subjektiven Rechts im Zivilrecht auch *Klocke*, Rechtsschutz in kollektiven Strukturen, S. 83 und zur Möglichkeit eines emanzipierten Anspruchsbegriffs auf S. 58.

612 *Martens* JZ 2016, 1021.

Begriffs des subjektiven öffentlichen Rechts bestätigen.[613] Schon 1964 vertrat *Kaufmann* den Standpunkt „daß es kein von Zeit und Raum unabhängiges richtiges Verständnis vom Verhältnis des materiellen zum Prozeßrecht gibt."[614]

Auf dieser Linie liegt die Aussage von *Kloepfer*, wonach in „[e]iner Rechtsordnung, die seit langem reine Kopfgeburten von Juristen, nämlich juristische Personen (d. h. bloßen Organisationen oder gedanklichen Konstruktionen), als Rechtsträger kennt"[615] sogar – wenn gewünscht – die Einräumung von Tierrechten möglich sein müsste.[616] Wenn juristische Personen unter bestimmten Voraussetzungen Träger subjektiver Rechte sein können, ist es jedenfalls nicht von vornherein ausgeschlossen, dass die Rechtsordnung Tieren bestimmte an ihre Interessen anknüpfende Rechte einräumen kann.[617] Da derartige Rechte von dem herkömmlichen Rechtsverständnis abweichen, wie es auch in der Verortung des Tierschutzes in Art. 20a GG außerhalb des Grundrechtskatalogs oder in manchen einfachgesetzlichen Regelungen, wonach die für Sachen geltenden Bestimmungen auf Tiere entsprechende Anwendung finden,[618] zum Ausdruck kommt, ist für eine solch wegweisende Richtungsänderung als wesentliche Angelegenheit

---

613 Allgemein zur nicht nur auf das Unionsrecht zurückzuführenden Ausweitung der subjektiven Rechte *Steiger* VerwArch 107 (2016), 497, 502 ff.

614 *Kaufmann* JZ 1964, 482, 488.

615 *Klopefer* NuR 2016, 729, 732; zur Diskussion um Tierrechte in den USA, s. etwa *Rath*, Amerika: Anerkennung von Affen als „Person" – Trickserei um die Evolutionstheorie, LTO v. 5.6.2016, online abrufbar unter: http://www.lto.de/recht/feuilleton/f/prozesse-usa-affen-personen-rechte-mensch/, zuletzt abgerufen am 14.11.2016; zur Bejahung von Tierrechten in einem argentischen Gerichtsverfahren *Stuckie*, Toward Hominid and Other Humanoid Rights, Verfassungsblog v. 30.12.2016; dazu, dass eigentlich eine Verbandsklage auf der Grundlage von Eigenrechten der Tiere stimmiger sein soll, *Hager* NuR 2016, 831, 832. Zur Diskussion über die Rechtsfähigkeit von Robotern *Schirmer* JZ 2016, 660 ff. Dazu, dass ein subjektives Recht auf rechtmäßiges Verwalten nur noch nach seiner äußeren Hülle ein Recht wäre, *Gärditz* NJW-Beil. 2016, 41, 42. Nach Meinung von *Kahl* JZ 2016, 666, 668 entfernt sich eine solche Ausgestaltung systemwidrig vom Rechtsschutzmodell des Grundgesetzes.

616 *Kloepfer* NuR 2016, 729, 732.

617 S. dazu die Ausführungen von *Stucki*, Toward Hominid and Other Humanoid Rights, Verfassungsblog v. 30.12.2016; dazu, dass die Tiere bei der Annahme solcher Rechte weitergehenden Schutz als bei einer Verbandsklage erfahren, und daher für derartige subjektive Rechte plädierend, *Precht*, Tiere denken, S. 340 ff.

618 Z. B. § 90a BGB, § 5 Abs. 1 S. 2 SPolG.

eine Regelung durch den unmittelbar demokratisch legitimierten Gesetzgeber erforderlich, der zugleich über die Reichweite oder Gestalt dieser Rechte zu entscheiden hat.[619] Da derartige Rechte jedoch nichts an den Artikulationsschwierigkeiten dieser Geschöpfe ändern können, liegt es nahe, stattdessen mit der Rechtsfigur prokuratorischer Rechte zu operieren.

Dem demokratisch legitimierten Gesetzgeber ist es unbenommen, vom herkömmlichen Begriff des subjektiven Rechts abweichende prokuratorische Rechte vorzusehen.[620] *Nettesheim* hat treffend aufgezeigt, dass es für den Gesetzgeber kein dogmatisches Prinzip und keinen Grundsatz dahingehend gibt, „subjektive Rechte nur dann zu gewähren, wenn dies im Lichte der Schutznormkriterien angezeigt wäre. Insbesondere läßt sich eine solche Aussage nicht der ‚Schutznormlehre' entnehmen, die doch erst dann zur Anwendung kommt, wenn ein Rechtssatz in einer subjektiv-berechtigenden Dimension offen oder unklar formuliert ist."[621] Die entscheidende Frage ist, ob man diesen Weg beschreiten und die Tür zu dieser neuen Rechtsfigur aufstoßen möchte. Wenn der Gesetzgeber aber darüber befinden kann, ob er eine altruistische Klageberechtigung losgelöst von einem verletzten subjektiven Recht oder ein prokuratorisches subjektives öffentliches Recht mit der Konsequenz der Klagebefugnis aus § 42 Abs. 2 Hs. 2 VwGO eröffnet, ist zugleich zu reflektieren, ob es sich hierbei um austauschbare Regelungstechniken handelt und man sich auf eine von ihnen beschränken kann.

aa) Mehr prokuratorische Rechte aus Gründen des supra- und internationalen Rechts?

Die Diskussion über etwaige Regelungsstrategien des deutschen Gesetzgebers hinsichtlich des Verhältnisses zwischen einer von einer Rechtsverletzung losgelösten Verbandsklage und sog. prokuratorischen Rechten wird erheblich durch die unions- und supranationalrechtlichen Regelungen beeinflusst. Bis dato hat der Unionsgesetzgeber aus Rücksichtnahme auf die Prozessautonomie der Mitgliedstaaten nur wenige explizite sekundärrechtliche Rechtsschutzvorgaben getroffen. Der von der EU-Kommission im

619 Für eine abgestufte Rechtsgleichheit *Caspar*, Tierschutz, S. 521 ff.

620 *Ebers*, Rechte, S. 193. Dazu, dass die Beschränkung des Kreises der Klageberechtigten Resultat einer demokratischen Entscheidung und wandelbar ist, *Wegener* JZ 2016, 829, 831.

621 *Nettesheim* AöR 132 (2007), 333, 388.

Jahre 2003 vorgelegte Vorschlag einer Richtlinie über den Zugang zu Gerichten in Umweltangelegenheiten[622] wurde nach jahrelanger Blockade[623] im Mai 2014 endgültig zurückgezogen.[624] In zwei Papieren aus den Jahren 2012 und 2013 wurde zwar der Erlass europäischer Vorgaben für den nationalen Gerichtszugang in allen Bereichen des EU-Umweltrechts angekündigt.[625] Solange deren Erlass aussteht und wegen der offensichtlichen Zusammenhänge mit dem nationalen Rechtsschutz auf Widerstand stößt, ist jedenfalls gut vorstellbar, dass man sich auf unions- oder supranationaler Ebene vermehrt der im Vergleich dazu unauffälligeren gemeinnützigen subjektiven Rechte bedienen könnte, um dennoch ihre gerichtliche Durchsetzung zu erreichen.

Sobald das Unionsrecht gerichtlich durchsetzbare prokuratorische Rechte verbindlich vorschreibt, wird dadurch die Gestaltungsfreiheit des nationalen Prozessrechtsgesetzgebers eingeengt. Im Moment ist vor allem streitig, ob sich nicht aus Art. 9 Abs. 3 AK eine Verpflichtung Deutschlands zur Einführung prokuratorischer Rechte ergibt. Da die von Seiten der Union erlassenen Sekundärrechtsvorschriften für die Mitgliedstaaten dazu aktuell keine Vorgaben enthalten, sich der EuGH aber in Bezug auf das EU-Umweltrecht zum Hinwirken auf dessen Einhaltung für kontrollbefugt hält, ist der nationale Gesetzgeber gut beraten, die bislang ausstehende nationale Ausfüllung des Art. 9 Abs. 3 AK endlich anzugehen. Art. 9 Abs. 3 AK verpflichtet die Vertragsparteien dazu, zusätzlich zu den Überprüfungsverfahren nach Art. 9 Abs. 1, 2 AK für Mitglieder der Öffentlichkeit, sofern sie etwaige im innerstaatlichen Recht festgelegte Kriterien erfüllen, Zugang zu verwaltungsbehördlichen oder gerichtlichen Verfahren zu gewähren, um die gegen umweltbezogene Bestimmungen ihres innerstaatlichen Rechts verstoßenden Handlungen und Unterlassungen anzufechten.

Die 5. Vertragsstaatenkonferenz zur UNECE Aarhus-Konvention hat die Entscheidung des Compliance-Committees (ACC) V/9h bestätigt, wonach Deutschland in vielen seiner einschlägigen Rechtsvorschriften eine Klagebefugnis für Umweltvereinigungen i. S. d. Art. 9 Abs. 3 AK fehlt. Es hat Deutschland daher empfohlen, seine Kriterien für die Klagebefugnis von

---

622 KOM(2003) 624 endg.

623 *Seifert* ZEuS 2016, 49, 55.

624 ABl. EU 2014 Nr. C 153, S. 3; s. auch *Sauer* ZUR 2014, 195, 201 f.; *Seifert* ZEuS 2016, 49, 56.

625 KOM(2012) 95 endg, S. 10; Beschluss Nr. 1386/2013, ABl. EU Nr. L 354, S. 171, 190; dazu *Saurer* ZUR 2014, 195, 201 f.; *Seifert* ZEuS 2016, 49, 56.

den Umweltschutz fördernden nichtstaatlichen Organisationen, einschließlich der Klagebefugnis im Hinblick auf einschlägiges Umweltrecht, zu überarbeiten.[626] Da Deutschland gegenüber dem Ausschuss hinsichtlich der Fortschritte bei der Umsetzung dieser Empfehlung berichtspflichtig ist, ist ein baldiges Handeln geboten. Dementsprechend hat die Bundesregierung nunmehr einen Gesetzentwurf zur Anpassung des Umwelt-Rechtsbehelfsgesetzes eingebracht.[627] Allein der Bundesgesetzgeber könne eine völkerrechtskonforme Rechtslage herstellen.[628] Eine solche Umsetzung gebieten sowohl der Grundsatz der Völkerrechtsfreundlichkeit als auch der völkerrechtliche Grundsatz des „pacta sunt servanda".[629] Auch wenn der Bundesgesetzgeber nach der zum Teil heftig kritisierten[630] Entscheidung des BVerfG zum Treaty Override im Hinblick auf den einfachgesetzlichen Rang des Zustimmungsgesetzes zu völkerrechtlichen Verträgen vom Völkerrecht abweichen darf,[631] ist die jetzige Initiative der Bundesregierung zur Vermeidung etwaiger Reaktionen auf Verstöße gegen die Vertragsverletzung[632] und aufgrund der aus dem Kontext des Art. 9 Abs. 3 AK i. V. m. den unionsrechtlichen Umweltvorschriften abgeleiteten Kontrollbefugnis des EuGH zu begrüßen.

Stellt man Art. 9 Abs. 2 AK und Art. 9 Abs. 3 AK einander gegenüber, ergeben sich folgende Unterschiede: Art. 9 Abs. 2 AK ist gegenständlich beschränkt. Diese Vorgabe bezieht sich auf UVP-pflichtige umweltrelevante Großvorhaben, die der in Art. 6 AK geregelten Öffentlichkeitsbeteiligung an Entscheidungen über bestimmte Tätigkeiten unterliegen.[633] Art. 9 Abs. 3 AK geht dagegen darüber hinaus[634] und ermöglicht es, behördliche

626 Wirtschaftskommission für Europa, Maastricht 30.6. und 1.7.2014, Entscheidung V/9h über die Einhaltung von Verpflichtungen im Rahmen des Übereinkommens seitens Deutschlands, ECE/MP.PP/2014/CRP.4.

627 BT-Drucks. 18/9526; zur harschen Kritik an diesem Gesetzentwurf bei der Anhörung der Sachverständigen *Schütte/Winkler* ZUR 2016, 696, 697 f.

628 BT-Drucks. 18/9526, S. 31.

629 BT-Drucks. 18/9526, S. 32.

630 S. nur *Giegerich,* Saar Expert Papers 02/2016, online verfügbar unter http://jean-monnet-saar.eu/wp-content/uploads/2013/12/TreatyOverride_TG.pdf.

631 BVerfG NJW 2016, 1295, 1298.

632 Zu den Folgen von Vertragsverletzungen auch BVerfG NJW 2016, 1295, 1299.

633 BT-Drucks. 18/9526, S. 32; *Sommerfeldt*, Die Verbandsklage, S. 88, 97 f.

634 *Epiney/Reitemeyer*, in: GfU, Dokumentation zur 37. wissenschaftlichen Fachtagung der Gesellschaft für Umweltrecht, S. 71 Rn. 4; *Gellermann*, BDVR 2013, S. 229, 233; *Sommerfeldt*, Die Verbandsklage, S. 108.

Handlungen und Unterlassungen einer Kontrolle zuzuführen, wenn sie gegen umweltbezogene Bestimmungen des innerstaatlichen Umweltrechts verstoßen. Dem weit gefassten Rügegegenstand steht somit ein auf die Einhaltung des innerstaatlichen Umweltrechts beschränkter Prüfungsmaßstab gegenüber.[635] Während in Deutschland teilweise der Standpunkt vertreten wurde, dass die gerichtliche Überprüfungsbefugnis bei Art. 9 Abs. 2 AK nach dem Sinn und Zweck dieses Übereinkommens ebenfalls nur die Einhaltung umweltbezogener Bestimmungen umfasst,[636] hat das ACC, bestätigt durch die Vertragsstaatenkonferenz, einen gegenteiligen Standpunkt eingenommen. Da auch Vorhaben, die nicht gegen umweltbezogene, sondern gegen andere Bestimmungen verstoßen, im Ergebnis dazu führen, dass die Umwelt in rechtswidriger Weise beeinträchtigt werde, dürfe die Klagebefugnis bei Art. 9 Abs. 2 AK nicht davon abhängen, dass die angefochtene Entscheidung gerade eine der Umwelt dienende Rechtsvorschrift verletzt.[637] Nur im Anwendungsbereich des Art. 9 Abs. 3 AK, der explizit eine solche Einschränkung enthält, darf eine solche Beschränkung vorgegeben werden. Unter umweltbezogenen Bestimmungen i. S. d. Art. 9 Abs. 3 AK sind nach dem ACC nicht nur solche zu verstehen, in deren Titel oder Überschrift der Begriff „Umwelt" verwendet wird.[638] Weil irgendein Bezug zur Umwelt ausreichend ist, fallen darunter auch Normen „in Bezug auf Stadtplanung, Umweltsteuern, Chemikalien- oder Abfallrecht, die Nutzung von natürlichen Ressourcen oder die Verschmutzung durch Schiffe [...], unabhängig davon, ob sich die entsprechenden Bestimmungen im Planungs-, Steuer- oder Seerecht finden".[639]

In § 1 Abs. 1 S. 1 Nrn. 4–6 UmwRG-E wird deshalb der Kreis der anfechtbaren Rechtspositionen erweitert (SUP-pflichtige Pläne und Programme; Verwaltungsakte, die die Zulassung von Vorhaben unter Anwendung umweltbezogener Rechtsvorschriften des Bundes- oder Landesrechts

---

635 Zu Letzterem *Sommerfeldt*, Die Verbandsklage, S. 108 f.

636 Z. B. *Karge*, Umwelt-Rechtsbehelfsgesetz, S. 27; *Seibert* NVwZ 2013, 1040, 1042; *Siegel* NVwZ 2016, 337, 340; *Sommerfeldt*, Die Verbandsklage, S. 104 f.

637 5. Vertragsstaatenkonferenz v. 30.6.2014, Entscheidung V/9h, S. 2.; *Bunge* ZUR 2015, 531, 534; *Berkemann* DVBl. 2015, 389, 390; *Grunow/Salzborn* ZUR 2015, 156 f.; *Klinger* wiedergegeben bei *Kümper* NuR 2016, 622, 623; *Schenderlein*, Rechtsschutz und Partizipation im Umweltrecht, S. 167.

638 Wiedergegeben in BT-Drucks. 18/9526, S. 32.

639 Wiedergegeben in BT-Drucks. 18/9526, S. 32; zu den Schwierigkeiten bei der Bestimmung des Terminus Umwelt *Berkemann* DVBl. 2015, 389, 3909; *Greim* BayVBl. 2014, 517, 521 ff.; *Nowak* NuR 2015, 375, 381 ff.

regeln sowie Verwaltungsakte über Überwachungs- oder Aufsichtsmaßnahmen zur Einhaltung umweltbezogener Rechtsvorschriften des Bundes- oder Landesrechts).[640] Seit geraumer Zeit wird diskutiert, ob zu den nach Art. 9 Abs. 3 AK klageberechtigten Personen auch Einzelpersonen gehören. Dafür spricht, dass sich der Text des Art. 9 Abs. 3 AK im Unterschied zu Art. 9 Abs. 2 AK nicht nur auf die „Mitglieder der betroffenen Öffentlichkeit", sondern auf die „Mitglieder der Öffentlichkeit" bezieht.[641] Ausweislich der Legaldefinition in Art. 2 Nr. 4 AK bedeutet Öffentlichkeit „eine oder mehrere natürliche oder juristische Personen und, in Übereinstimmung mit den innerstaatlichen Rechtsvorschriften oder der innerstaatlichen Praxis, deren Vereinigungen, Organisationen oder Gruppen". Als weiteres Argument für diese weite Auslegung wird die mit der Aarhus-Konvention verfolgte Zielsetzung, die Verbesserung des Umweltrechtsschutzes, angeführt.[642] Art. 9 Abs. 3 AK verwehrt es den Vertragsparteien jedenfalls nicht, auch Einzelpersonen eine Klagemöglichkeit zur Durchsetzung von innerstaatlichen Umweltbestimmungen zu verleihen.[643] Dies ergibt sich nicht nur aus dem Vertragstext und den Zielen der Aarhus-Konvention, sondern zudem aus Rücksichtnahme auf die unterschiedlichen prozessualen Rechtsdurchsetzungsmechanismen der Vertragsparteien in Bezug auf ihre Umweltrechtsvorschriften.

Nach dem aktuellen UmwRG-E sollen zur Umsetzung des Art. 9 Abs. 3 AK allein die Verbandsklagemöglichkeiten erweitert werden.[644] Die Bundesregierung stützt sich dabei auf die Formulierung des Compliance-Beschlusses V/9h der Aarhus-Vertragsstaatenkonferenz, in dem Deutschland eine Überarbeitung der Kriterien für die Klagebefugnis von den Umweltschutz fördernden nichtstaatlichen Organisationen nahegelegt wurde.[645] Nach der Formulierung in Art. 9 Abs. 3 AK muss nicht für alle, sondern nur

640 Wobei streitig ist, ob die damit einhergehende Beschränkung mit Art. 9 Abs. 3 AK kompatibel ist, kritisch etwa *Klinger* ZUR 2016, 449, 450.

641 *Lohse,* in: Lohse/Poto, Participatory Rights, S. 159, 167 f.; *Sommerfeldt*, Die Verbandsklage, S. 107; *Weber*, Umweltschutz durch Rechtsschutz, S. 56; *Wegener* EurUP 2014, 226, 231.

642 *Lohse*, in: Lohse/Poto, Participatory Rights, S. 159, 167.

643 S. auch *Ekardt* NVwZ 2014, 393, ggf. durch eine deutlich erweiterte Individualklage.

644 BT-Drucks. 18/9526, S. 32.

645 5. Vertragsstaatenkonferenz v. 30.6.2014, Entscheidung V/9h, S. 2.

für „Mitglieder der Öffentlichkeit, sofern sie etwaige in ihrem innerstaatlichen Recht festgelegte Kriterien erfüllen", eine Klagemöglichkeit bestehen. Weil den Vertragsparteien die Festlegung dieser zu erfüllenden Kriterien überantwortet wurde, halten Teile des Schrifttums eine Zuspitzung des Art. 9 Abs. 3 AK auf bestimmte Verbände in völkerrechtskonformer Weise für möglich.[646] Schon die im Vergleich zu Art. 9 Abs. 2 AK weniger detaillierte Ausgestaltung belege, dass die Vertragsparteien bei Art. 9 Abs. 3 AK einen größeren Gestaltungsspielraum hätten,[647] der allerdings nicht so gehandhabt haben werden darf, dass diese Rechtsschutzmöglichkeit faktisch leerläuft.[648] Für die Zuspitzung der Umsetzung auf die Umweltverbände wird auf deren besonderen Sachverstand sowie ihre besondere Rolle bei der Durchsetzung des unionsrechtlichen Umweltrechts verwiesen.[649]

Wenn bei der Umsetzung des Art. 9 Abs. 3 AK nach dem UmwRG-E die Verbandsklage im Zentrum steht, ändert dies nichts daran, dass Individuen gegen behördliche Handlungen und Unterlassungen nach den allgemeinen prozessualen Vorschriften vorgehen können, sofern sie (analog) § 42 Abs. 2 VwGO durch diese in einem eigenen subjektiven Recht verletzt sein können. Dies ist zum einen dann zu bejahen, wenn eine der Umwelt dienende Vorschrift zugleich drittschützenden Charakter hat. Zum anderen erhalten Eigentümer bei behördlichen Entscheidungen mit enteignender Vorwirkung sowie bei Enteignungen eine umfassende gerichtliche Prüfung, da Art. 14 Abs. 3 S. 1 GG eine Enteignung nur zum Wohle der Allgemeinheit zulässt und „damit eine dem objektiven Recht widersprechende Enteignung ausschließt".[650] Auch nach dem zwischenzeitlich zurückgezogenen Vorschlag einer EU-Richtlinie für den Zugang zu Gerichten in Umweltangelegenheiten war eine weitgehend uneingeschränkte Klagebefugnis für qualifizierte Einrichtungen angedacht (Art. 5), während die Klagebefugnis von Mitgliedern der Öffentlichkeit dagegen an ein ausreichendes Interesse oder die Geltendmachung einer Rechtsverletzung anknüpfen können sollte

646 So auch *Seibert* NVwZ 2013, 1040, 1043.

647 *Epiney/Reitemeyer*, in: GfU, Dokumentation zur 37. wissenschaftlichen Fachtagung der Gesellschaft für Umweltrecht, S. 71 Rn. 4; BT-Drucks. 18/9526, S. 33 verweist darauf, dass das ACC bei Art. 9 Abs. 3 AK das breitere Umsetzungsermessen der Vertragsparteien betont hat.

648 BT-Drucks. 18/9526, S. 33.

649 *Bunge* ZUR 2015, 531, 541; *Saurer*, Der Einzelne im europäischen Verwaltungsrecht, S. 343.

650 BVerwGE 147, 184, 189; *Dietz* UPR Sonderheft 2016, 469, 471.

(Art. 4).[651] Ob Deutschland mit seiner Haltung zur unterschiedlichen Umsetzung der Rügeberechtigung für die verschiedenen Mitglieder der Öffentlichkeit Recht behalten wird oder seine Rechtsschutzmöglichkeiten für Individuen zu eng konzipiert sind, bleibt – wie so häufig – abzuwarten.[652] Selbst wenn eine solche Beschränkung der Individualrechtsschutzmöglichkeiten völkerrechtskonform ist, bleibt zumindest rechtspolitisch zu diskutieren, ob es nicht besser wäre, im Anwendungsbereich des Art. 9 Abs. 3 AK (auch) den natürlichen Personen ähnlich den Verbänden entsprechende Rechtsschutzmöglichkeiten einzuräumen. Denn nach Art. 3 Abs. 5 AK dürfen die Mitgliedstaaten Maßnahmen ergreifen, die einen über die Konvention hinausgehenden Zugang zu den Gerichten in Umweltangelegenheiten eröffnen. Letztlich handelt es sich hierbei um eine Abwägungsfrage, ob und inwieweit der nationale Gesetzgeber von dieser Möglichkeit Gebrauch machen möchte.

Stellt man sich auf den Standpunkt, dass im Idealfall jede Person auch im Anwendungsbereich des Art. 9 Abs. 3 AK auf die Einhaltung der Umweltschutzbestimmungen hinwirken sollte, weil sich eine Einengung des Kreises der klagebefugten Individuen nicht hinreichend sachlich rechtfertigen lässt, würde in der Tat die Installierung von prokuratorischen Rechten nahe liegen. Stehen den natürlichen Personen selbst keine derartigen Rechte zur Verfügung, besteht zu befürchten, dass die Anwaltschaft ihnen anraten wird, sich an die Verbände zu wenden, damit diese ihr Anliegen gerichtlich durchsetzen. Entscheidet sich der angesprochene Verband für eine Klageerhebung, erreicht der Einzelne auf diesem Umweg mitunter sein Ziel gleichermaßen. Dem UmwRG-E dürfte die Annahme zugrunde liegen, dass die Verbände angesichts ihrer beschränkten finanziellen und personellen Ressourcen nur in wenigen ausgewählten Fällen eine Verbandsklage erheben würden.[653] Ob dies auch zutreffen wird, wenn der Einzelne bereit ist, für die dem Verband entstehenden finanziellen Kosten aufzukommen, ist eine andere Frage. Angesichts der Expertise und der Reputation der Verbände wird man jedenfalls nicht mit der Erhebung von Verbandsklagen allein auf Bitte einer Privatperson rechnen können, die kaum Aussicht auf Erfolg haben oder aussichtslos sind. Kann eine Person keinen Verband für

651 KOM(2003) 624 endg., S. 21 f.

652 S. auch *Wegener* JZ 2016, 829, 833.

653 *Bunge* ZUR 2015, 531, 541; s. auch *Klinger*, in: Kloepfer, Rechtsschutz im Umweltrecht, S. 135, 137 f.

ihr Umweltschutzanliegen motivieren, etwa weil ihre Angelegenheit aus Verbandssicht zu wenig spektakulär ist, wird es ihr oft schwer zu vermitteln sein, warum die Verbände in Bezug auf die gerichtliche Durchsetzung von Umweltrechtsverstößen besser behandelt werden,[654] sie selbst aber nicht klagen darf, insbesondere wenn sie die Mühen und finanziellen Kosten eines solchen Procedere auf sich nehmen möchte.[655] Dementsprechend wird als ein Vorteil der prokuratorischen Rechte ausgemacht, dass bei ihnen der subjektive und der objektive Rechtsschutz nicht gegeneinander ausgespielt werden.[656] In den Debatten der 1970er Jahre, ob man nicht neben der Verbandsklage zur Durchsetzung des Umweltrechts eine Bürgerklage einführen sollte, wurde u. a. genannt, dass man so ein notwendiges Gegengewicht gegen mögliche Oligarchisierungstendenzen bestehender, fest gefügter Verbände schaffen könne und individuelle Klagerechte das enge Interessenspektrum manchen Verbandes ausgleichen könnten.[657]

Alles in allem kann an dieser Stelle festgehalten werden, dass Art. 9 Abs. 3 AK den nationalen Gesetzgeber im Umweltbereich nicht zur Implementierung von prokuratorischen Rechten für Einzelne zwingt, sondern ihm die Festlegung der Kriterien für die nach dem innerstaatlichen Recht rügeberechtigten Mitglieder der Öffentlichkeit belässt. Durch eine großzügigere Umsetzung lassen sich von vornherein Streitigkeiten darüber vermeiden, ob zur Erfüllung der Anforderungen des Art. 9 Abs. 3 AK nicht auch andere Mitglieder der Öffentlichkeit einen erweiterten Gerichtszugang erhalten müssen.[658] Als ein gewichtiges Gegenargument gegen die Einführung solcher prokuratorischer Rechte wird auf die damit verbundenen Folgewirkungen für die Basisstruktur des deutschen Verwaltungsprozesses verwiesen,[659] indem z. B. auch beim herkömmlichen subjektiven Rechtsschutz die gerichtliche Kontrolldichte zurückgeführt werde.[660] Ob dies zwangsläufig

---

654 Zu diesem generellen Einwand in Bezug auf Verbandsklage *Saurer*, Der Einzelne im europäischen Verwaltungsrecht, S. 378.

655 So ein Diskussionsbeitrag auf der Tagung „Die Zukunft der Verwaltungsgerichtsbarkeit – vom Individualrechtsschutz zur objektiven Verwaltungskontrolle?“ am 22.4.2016 in der Bucerius Law School Hamburg.

656 *Franzius*, in: FS für Kloepfer, S. 377, 384.

657 *Rehbinder/Burgbacher/Knieper*, Bürgerklage im Umweltrecht, S. 157.

658 Bejahend *Lohse*, in: Lohse/Poto, Participatory Rights, S. 159, 167; *Weber*, Umweltschutz durch Rechtsschutz, S. 56; verneinend *Seibert* NVwZ 2013, 1040, 1043.

659 *Gärditz* EurUP 2015, 196, 211.

660 *Gärditz* EurUP 2015, 196, 211; s. auch *Beckmann* Rechtstheorie, 2014, 141, 156.

so sein muss, wird später bei der gerichtlichen Kontrolldichte zu erörtern sein.[661] Dass die Verbände im Vergleich zu den natürlichen Personen die Verwaltungsgerichte leichter um Umweltrechtsschutz ersuchen können, lässt sich damit erklären, dass dieser Unterschied in der Aarhus-Konvention und den sie umsetzenden unionsrechtlichen Bestimmungen angelegt ist.[662] Bei Art. 9 Abs. 2 AK wird die Klagebefugnis der Verbände unterstellt, während für die anderen Mitglieder der betroffenen Öffentlichkeit ein ausreichendes Interesse oder eine Rechtsverletzung verlangt werden darf (s. auch Art. 3 Abs. 3 AK). Die Aarhus-Konvention sieht in den Verbänden aufgrund ihrer Sachkunde und ihres Engagements für den Umweltschutz ein bedeutsames Instrument für die Durchsetzung des Umweltrechts und die Sicherstellung eines hohen Umweltschutzniveaus.[663] Diese beiden für die Involvierung der Argumente sprechenden Elemente sind dagegen nicht bei allen natürlichen Personen gleichermaßen anzutreffen.[664] Auch enger konzipierte Rechtsbehelfe können infolge ihrer präventiven Wirkung zum wirksamen Abbau von Vollzugsdefiziten im Umweltrecht beitragen. Sollte der Regelungsvorschlag im UmwRG-E Gesetz werden, wird wegen der nunmehr eröffneten Verbandsklagemöglichkeit in Bezug auf Luftreinhaltepläne die insbesondere vom 7. Senat des BVerwG entwickelte „Notlösung“ nicht mehr zum Tragen kommen müssen. Dies schließt es aber nicht aus, dass in Zukunft in anderen Bereichen mit dem Vorliegen eines prokuratorischen Rechts argumentiert werden wird.

bb) Denkbare Regelungsstrategien hinsichtlich des Verhältnisses Verbandsklage und prokuratorische Verbandsrechte

Gesetzgebungstechnisch bestehen drei Möglichkeiten, wie man das Verhältnis zwischen der von einer Rechtsverletzung unabhängigen Verbandsklage und prokuratorischen Verbandsrechten zueinander ausgestalten kann. Angesichts langjähriger Erfahrungen mit der von einer Rechtsverletzung unabhängigen Verbandsklage ist momentan die theoretisch denkbare gänzliche Abschaffung dieser Klagemöglichkeit zugunsten prokuratorischer

661 S. unter C. IX. 2.

662 S. auch *Skouris* DVBl. 2016, 937, 942.

663 *Sommerfeldt*, Die Verbandsklage, S. 96.

664 Nach *Fellenberg* AnwBl. 2016, 648, 649 ist die Wahrscheinlichkeit für eine tatsächliche Gemeinwohlorientierung bei vorselektierten Verbänden größer als bei der Jedermannklage.

Rechte für Verbände unrealistisch. Denn diese Form der Verbandsklage ermöglicht einen klaren Kontrast zwischen dem hier vorliegenden objektiven Rechtsschutz und dem über Art. 19 Abs. 4 GG gewährleisteten Individualrechtsschutz. Wie die bestehenden normativen Regelwerke zeigen, erlauben sie es, die Klagemöglichkeit nur Verbänden zuzugestehen, die bestimmte Kriterien erfüllen müssen, und diesen Rechtsschutz, falls man dies für sinnvoll und notwendig erachtet, etwas anderen prozessualen Regelungen zu unterstellen, weil Art. 19 Abs. 4 GG nicht einschlägig ist.[665]

Realistischer ist daher die Variante eines Nebeneinanders von altruistischer Verbandsklage und prokuratorischen (Verbands-)Rechten. Aussagen zu dem möglichen Verhältnis zwischen diesen beiden Rechtsfiguren fallen deshalb schwer, weil umstritten ist, ob die Annahme eines prokuratorischen Rechts nicht mittelbar einen Bezug zu einem personalen Rechtsgut voraussetzt. Der 4. Senat des BVerwG hat dies bejaht, da sich die Subjektivierung des Unionsrechts als Anknüpfungspunkt für ein Klagerecht von Umweltverbänden auf diejenigen Personen beschränke, denen das Unionsrecht Rechte einräume.[666] Für diese restriktive Sicht lässt sich benennen, dass dadurch der Spagat zu den herkömmlichen subjektiven öffentlichen Rechten weniger groß ausfällt. *Kahl* meint etwa, eine Subjektivierung objektiven Rechts einerseits und ohne Vorliegen der Voraussetzungen der altruistischen Verbandsklage als gesetzlich anerkanntes objektives Beanstandungsverfahren andererseits würde sich von dem dualistischen Rechtsschutzmodell des Grundgesetzes (Art. 19 Abs. 4 S. 1 GG, § 42 Abs. 2 VwGO) unzulässig weit und systemwidrig entfernen.[667] Ein vergleichender Blick auf das Zivilrecht deutet ebenfalls auf ein enger gefasstes Verständnis des Begriffs prokuratorischer Rechte hin, weil es bei dessen Verbandsrechten regelmäßig um die Wahrnehmung objektiver Interessen auf kollektiver Ebene geht. So meint etwa *Klocke*, dass „wenn ‚der Arbeitnehmer' und ‚der Verbraucher' jeweils ein bestimmtes objektives Interesse haben, [...] das objektive Interesse wegen seiner ‚Linearität' auf der kollektiven Ebene die Möglichkeit der Legitimation kollektiver Akteure" eröffne.[668] Von der gewohnten

665 S. dazu unter C. IV. 7.

666 BVerwGE 150, 294, 303.

667 *Kahl* JZ 2016, 666, 668; s. auch *Ruffert* Die Verw. 48 (2015), 547, 565.

668 *Klocke*, Rechtsschutz in kollektiven Strukturen, S. 61. Nach *Schmidt-Aßmann* EurUP 2016, 360, 366 reagiert das Prozessrecht mit der Erweiterung des subjektiven Rechts um ein prokuratorisches Element nur auf Kollektivierungen, die sich in Wirtschaft, Gesellschaft und Verwaltung längst ereignet haben.

herkömmlichen deutschen Rechtsauffassung ausgehend liegt es jedenfalls im Moment näher, eine altruistische Verbandsklage vorzusehen, als Rechte der Tiere zu konstruieren oder Verbände als prokuratorische Träger solcher Rechte zu etablieren.[669]

Diese enge Begriffsbildung eines prokuratorischen öffentlichen Rechts lässt sich aber nur aufrechterhalten, sofern sich nicht aus dem supra- oder internationalen Recht abweichende Vorgaben ergeben. Weil im Juli 2016 der nationale Gesetzgeber immer noch keine einfachrechtlichen Regelungen zur Ausfüllung des Art. 9 Abs. 3 AK getroffen hatte und daher die Verwaltungsgerichte erneut nicht den Weg über die Öffnungsklausel in § 42 Abs. 2 Hs. 1 VwGO einschlagen konnten, judizierte der Bayerische Verwaltungsgerichtshof, dass anerkannte Naturschutzvereinigungen eine prokuratorische Rechtsstellung zur prozessualen Geltendmachung unbedingter und hinreichend genauer Bestimmungen des objektiven Unionsumweltrechts, wie etwa aus dem Artenschutzrecht, zu ihrem eigenen Anliegen machen können, selbst wenn diese Vorschriften nur Interessen der Allgemeinheit und keine Rechtsgüter der Einzelnen schützen.[670] Es laufe dem Sinn und Zweck von Art. 9 Abs. 3 AK sowie dem europäischen Umweltrecht zuwider, wenn den Umweltverbänden weitestgehend die Möglichkeit genommen würde, die Verletzung von im Allgemeininteresse liegenden europäischen Umweltrechtsvorschriften überprüfen zu lassen.[671] „Dies führte in vielen Fällen, in denen unbedingte und hinreichend bestimmte objektivrechtliche Umweltvorschriften des Unionsrechts inmitten ständen, zu einer Rechtsschutzlücke.“[672]

Die Existenz prokuratorischer Verbandsrechte neben einer altruistischen Verbandsklage könnte sich vor allem dann anbieten, wenn man nicht nur Verbänden, sondern ohne einengende Anforderungen Individuen ebenfalls eine Klagemöglichkeit zur Durchsetzung bestimmter im öffentlichen Interesse liegender Rechtsvorschriften gewähren möchte. Während die von einer Rechtsverletzung unabhängige Verbandsklage immer ein gesetzgeberisches Tätigwerden voraussetzt, können prokuratorische Rechte, wie die

669 *Kloepfer* NuR 2016, 729, 732.

670 VGH München, Urt. v. 28.7.2016 – 14 N 15.1870, Rn. 44 juris; s. auch *Bunge* ZUR 2014, 3, 7 ff.; *Franzius* DVBl. 2014, 543, 546 ff.; *Schlacke* DVBl. 2015, 929, 933 ff.

671 VGH München, Urt. v. 28.7.2016 – 14 N 15.1870, Rn. 44 ff. juris.

672 VGH München, Urt. v. 28.7.2016 – 14 N 15.1870, Rn. 47 juris.

Entscheidung des 7. Senats des BVerwG gezeigt hat, notfalls von der Rechtsprechung konstruiert werden. Anders als bei der auf der Öffnungsklausel beruhenden Verbandsklage besteht bei den prokuratorischen Rechten die Möglichkeit, dass die Rechtsprechung gegebenenfalls einer Beanstandung des deutschen Rechts als unionsrechtswidrig und damit im Zusammenhang stehenden Schadensersatzansprüchen zuvorkommen kann.[673]

Auch wenn die Figur der prokuratorischen Rechte diesen Vorteil in sich bergen mag, ist zu bedenken, dass eine derartige Auslegung bestehender Normen immer nur innerhalb des Wortlauts des innerstaatlichen Rechts möglich ist.[674] Die Rechtsprechung kann auf diese Weise immer nur punktuell, aber keinesfalls flächendeckend Völker- bzw. Unionsrechtswidrigkeiten des deutschen Rechts abhelfen. Außerdem führen die zurzeit bestehenden Rechtsunsicherheiten in Bezug auf die prokuratorischen Rechte zu Nachteilen bei deren Inanspruchnahme, weil nicht jeder die diesbezüglichen Prozessrisiken auf sich nehmen möchte.[675] Gerade weil die Rechtsprechung des 7. Senats des BVerwG auf ein geteiltes Echo gestoßen ist und es unterschiedliche Meinungen dazu gibt, ob prokuratorische Rechte einen personalen Bezug aufweisen müssen oder nicht, ist es Aufgabe des unmittelbar demokratisch legitimierten Gesetzgebers, derartigen Rechtsunsicherheiten sowie unterschiedlichen Ansichten innerhalb der Verwaltungsgerichtsbarkeit entgegenzuwirken.[676]

Im öffentlichen Recht beinhaltet nicht jede Rechtsvorschrift ein subjektives Recht. Anders als im Zivilrecht gibt es in diesem Rechtsgebiet zahlreiche, nur objektivrechtliche Bestimmungen.[677] Vor diesem Hintergrund ist es zwar nicht zu beanstanden, wenn subjektive öffentliche Rechte im Interpretationsweg aus Rechtsvorschriften abgeleitet werden, die einen di-

---

673 *Frenz* UPR 2014, 1, 3.

674 Auch der EuGH erkennt an, dass die unionsrechtskonforme Auslegung nicht contra legem geschehen kann, so EuGH, Rs. C-505/14, DVBl. 2016, 42, 44.

675 An dieser Stelle möchte ich meinem wissenschaftlichen Mitarbeiter *Manuel Kollmann* für seinen Hinweis danken.

676 So, allerdings bezogen auf das Urteil des EuGH zu Art. 9 Abs. 3 AK, *Sommerfeldt*, Die Verbandsklage, S. 229.

677 Zur Unterscheidung objektives und subjektives öffentliches Recht *Detterbeck*, Allgemeines Verwaltungsrecht, Rn. 394 ff.; *Sodan/Ziekow*, Grundkurs Öffentliches Recht, § 71 Rn. 1. Zum Bezug des Zivilrechts auf die Durchsetzung privater Interessen *Martens* JZ 2016, 1021 ff.

rekten oder engen Bezug zu den Rechtsgütern des Berechtigten aufweisen.[678] So erklärt sich, dass die ständige Rechtsprechung in einer langen Tradition solchen Rechtsvorschriften ein subjektives öffentliches Recht für natürliche Personen entnimmt, die zumindest auch ihren Interessen zu dienen bestimmt sind.[679] Demgegenüber hat sie z. B. mit Blick auf den Tätigkeitsbereich der Kommunalaufsichtsbehörden ein subjektives öffentliches Recht des Bürgers auf deren Einschreiten verneint.[680] Ihm werde keine verwaltungsprozessuale Klagebefugnis „gleichsam als ‚Sachwalter des öffentlichen Interesses' zugebilligt".[681] In ähnlicher Weise wird bei den zwar nicht dem Schutz des Art. 19 Abs. 4 GG unterfallenden, aber analog § 42 Abs. 2 Hs. 2 VwGO einklagbaren organschaftlichen Rechten vorgegangen.[682] Dermaßen wehrfähige organschaftliche Rechte zeichnen sich dadurch aus, dass „sie einem Organ oder Teilen eines Kollegialorgans von Hoheitsträgern – etwa im Bereich des Kommunalverfassungsrechts – zur eigenständigen Wahrnehmung übertragen sind, um als selbstständige Funktionsträger mit eigenem Gewicht (‚Kontrastorgane') an einem pluralistisch organisierten Willensbildungsprozess teilzunehmen".[683]

Da die Berechtigten von prokuratorischen Rechten zum Schutz ihnen nicht immanenter Interessen tätig werden, ist es richtigerweise Aufgabe des Gesetzgebers, diese unter Austarierung der verschiedenen konfligierenden Rechtsgüter durch Gesetz einzuräumen.[684] So können die damit einhergehende Beeinträchtigung des Individualrechtsschutzes durch Mehrbelastungen für die Gerichte, aber auch Alternativüberlegungen zur Reduzierung von strukturellen Vollzugsdefiziten in dem jeweiligen Rechtsbereich angestellt werden, weil derartige Rechte möglicherweise wegen des geringeren

---

678 Zur Annahme eines subjektiven Rechts bei völkerrechtlichen Regelungen mit einem engen Bezug zu individuellen hochrangigen Rechtsgütern BVerfGE 112, 1, 22.

679 BVerwG NJW 1994, 1604, 1605; OVG Lüneburg, Beschl. v. 3.11.2016 – 12 ME 131/16 Rn. 4 juris; VGH München, Beschl. v. 5.9.2016 – 15 CS 16/1536, Rn. 23 juris; *Gärditz*, in: ders., VwGO, § 42 Rn. 54; *Redeker/v. Oertzen*, VwGO, § 42 Rn. 52; *Sodan*, in: ders./Ziekow, VwGO, § 42 Rn. 388; *Happ*, in: Eyermann, VwGO, § 42 Rn. 86.

680 VG Saarland LKRZ 2015, 193.

681 VG Saarland LKRZ 2015, 193.

682 Z. B. VG Meiningen, Urt. v. 15.12.2015 – 2 K 379/15 Me, Rn. 53 juris.

683 BVerwG NVwZ-RR 2016, 344, 345.

684 *Schmidt-Aßmann*, Kohärenz und Konsistenz, S. 23; *Seifert* ZEuS 2016, 49, 83; für die Notwendigkeit einer gesetzlichen Regelung bei prokuratorischen Verbandsrechten auch *Franzius* UPR 2016, 281, 289. Zu den verfassungsrechtlichen Erwägungen s. unter C. IV. 7.

Interesses an ihnen weniger durchgesetzt werden. Diese Sichtweise geht mit einer klaren Abgrenzung der Befugnisse von Legislative und Judikative sowie Abgrenzbarkeit der verschiedenen Formen subjektiver öffentlicher Rechte einher.

Ausgehend von dem hier favorisierten Standpunkt bedarf es also sowohl bei der altruistischen Verbandsklage als auch den prokuratorischen Rechten eines Tätigwerdens des Gesetzgebers. Wenn aber ein solches ohnehin nötig ist, stellt sich die Frage, ob es nicht aus Gründen der Systematisierung und der Übersichtlichkeit vorzugswürdig sein könnte, sich auf eine dieser Varianten und somit auf die altruistische Verbandsklage zu beschränken. Zwar würde dadurch die Rechtslage im Verwaltungsrecht von der momentanen Gesetzeslage im Zivilrecht abweichen. Erklären ließe sich diese Abweichung jedoch damit, dass sich der Verwaltungs- und Zivilprozess dadurch voneinander unterscheiden, dass im Ersteren die Zuordnung der durchzusetzenden Rechtsnorm zur Person der Rechtsschutzbegehrenden regelmäßig begründungsbedürftig ist. Angesichts der überwiegend anspruchsorientierten Ausrichtung des Zivilrechts ist es dort viel naheliegender, den gerichtlichen Rechtsschutz von Verbänden aus subjektiv-rechtlich ausgeprägten Normen zu entnehmen,[685] Sofern man dies für sinnvoll hält, kann auf diese Weise einer Vermehrung der prokuratorischen subjektiven Rechte ohne direkten Bezug zur Person des Rechtsuchenden entgegengewirkt und der objektive Rechtsschutz nach fachlichen Kriterien eingrenzbaren Akteuren überantwortet werden, deren Befugnis sich aus einer Festlegung durch den demokratisch legitimierten Gesetzgeber sowie der meist vorgeschriebenen Prüfung bestimmter Anerkennungsvoraussetzungen ergibt.[686]

Die hier angestellte Überlegung, von prokuratorischen Verbandsrechten zugunsten der altruistischen Verbandsklage abzusehen, würde zu einer Vereinfachung der Rechtslage beitragen. Gleichzeitig könnte so mittelbar die Handhabung der Kriterien der Schutznormtheorie beeinflusst werden. Die hier vorgestellten Ziele lassen sich nur realisieren, sofern der zuständige Gesetzgeber über ein entsprechendes Problembewusstsein verfügt und die nötige Stringenz bei der Umsetzung eines solchen Konzepts walten lässt.

---

685 S. auch *Ebers*, Rechte, S. 61, der diese Zuordnung als eine systematische Friktion einstuft. Zu diesem Unterschied *Sennekamp*, in: Fehling/Kastner/Störmer, HK-VerwR, § 42 VwGO Rn. 179; s. auch *Erbguth*, Allgemeines Verwaltungsrecht, § 9 Rn. 3.

686 *Gärditz*, Der Funktionswandel der Verwaltungsgerichtsbarkeit, D 45.

Ob eine solche Sichtweise realistisch ist, wird sich angesichts der oft hektischen gesetzgeberischen Aktivitäten zur Schließung von Rechtsschutzlücken erst zeigen müssen. Alles in allem kann man aber feststellen, dass die lange Untätigkeit des Gesetzgebers hinsichtlich der Transformation des Art. 9 Abs. 3 AK in das deutsche Recht zu den Problemen rund um die Frage, ob es prokuratorische (Verbands-)Rechte gibt und wie sich diese zur altruistischen Verbandsklage verhalten, erheblich beigetragen hat.

9. Implementierung der Verbandsklage

Angesichts des momentan bestehenden Gestaltungsspielraums des Gesetzgebers verwundert es nicht, dass es verschiedene Ansichten zur Implementierung der Verbandsklage gibt. Zu diskutieren ist u. a., ob für diese andere prozessuale Standards als für den Individualrechtsschutz gelten sollen, über welche Stellschrauben bei der Klagebefugnis den Verbänden der Gerichtszugang eröffnet werden soll, ob man den Verbandsrechtsschutz in der Verwaltungsgerichtsordnung oder bereichsspezifisch oder gar in einem allgemeinen Verbandsklagegesetz ausgestalten sollte.

a) Beanstandungssonderprozessrecht für Verbandsklagen?

Da die allgemeinen prozessualen Vorgaben der Verwaltungsgerichtsordnung vor allem zur Gewährleistung eines wirksamen Individualrechtsschutzes beitragen sollen, wird neuerdings vermehrt diskutiert, ob bei dem objektiv-rechtlich motivierten Verbandsrechtsschutz nicht Abstriche von diesen hohen prozessualen Rechtsschutzstandards gemacht werden könnten. Plastisch lässt sich dies an der These von *Gärditz* aufzeigen, wonach Verbands- oder Interessentenkläger „keinen effektiven Rechtsschutz [benötigen], da sie keine individuellen Freiheitsrechte gegen den Staat verteidigen. Für objektive Beanstandungsverfahren ist daher ein reduziertes Sonderprozessrecht einzuführen“.[687] Ohne bereits hier ins Detail zu gehen, wird für diese Rechtsbehelfe u. a. in Erwägung gezogen, vom Untersuchungsgrundsatz des § 86 Abs. 1 VwGO abzugehen und die Verbandsklage dem Beibringungsgrundsatz oder einer in das Ermessen des Gerichts gestellten

---

687 *Gärditz*, Der Funktionswandel der Verwaltungsgerichtsbarkeit, D 103, These 9.

Amtsermittlung zu unterstellen,[688] den Verbandsrechtsschutz von erhöhten Substantiierungsanforderungen abhängig zu machen,[689] bei den objektiven Rechtsschutzverfahren die gerichtliche Kontrolldichte zurückzuführen[690] sowie Abstriche bei den rechtsschutzfreundlichen §§ 80, 80a VwGO zu machen.[691]

Da sich die Individualrechtsschutzgarantie des Art. 19 Abs. 4 S. 1 GG nicht auf altruistische Verbandsklagen bezieht,[692] scheint das Grundgesetz derartige Abstriche nicht von vornherein zu verwehren. Nichtsdestotrotz ergeben sich aus ihm gewisse Grenzen für die Ausgestaltung des Verbandsrechtsschutzes. Denn neben Art. 19 Abs. 4 GG folgt aus dem allgemeinen Rechtsstaatsprinzip (s. Art. 20 Abs. 3, Art. 28 Abs. 1 S. 1 GG) ebenfalls eine Garantie effektiven Rechtsschutzes.[693] Mit den Worten des BVerfG umfasst eine funktionierende Rechtspflege in diesem Sinne „den Zugang zu den Gerichten, die Prüfung des Streitbegehrens in einem förmlichen Verfahren sowie die verbindliche gerichtliche Entscheidung".[694] Weil dem Gesetzgeber die normative Ausgestaltung dieses Rechtsschutzes obliegt, kann er für die Rechtsschutzbegehren besondere formelle Voraussetzungen aufstellen, welche Einschränkungen für den Rechtsuchenden implizieren.[695] Allerdings müssen diese mit einer rechtsstaatlichen Verfahrensordnung kompatibel sein und dürfen – so das BVerfG – „den einzelnen Rechtsuchenden nicht unverhältnismäßig belasten".[696] Auch juristische Personen des öffentlichen Rechts können sich in fachgerichtlichen Verfahren auf die justiziellen Gewährleistungen aus Art. 101 Abs. 1 S. 2 GG und Art. 103 Abs. 1

---

688 *Gärditz*, Der Funktionswandel der Verwaltungsgerichtsbarkeit, D 49 f.; *Leidinger* NVwZ 2011, 1345, 1350 f.; *Kment* UPR 2013, 41, 45.

689 *Leidinger* NVwZ 2011, 1345, 1351; *Steinbeiß-Winkelmann* NVwZ 2016, 713, 719.

690 *Gärditz*, Der Funktionswandel der Verwaltungsgerichtsbarkeit, D 50; *Leidinger* NVwZ 2011, 1345, 1349 f.; *Steinbeiß-Winkelmann* NVwZ 2016, 713, 719.

691 *Gärditz*, Der Funktionswandel der Verwaltungsgerichtsbarkeit, D 50.

692 S. vorne bei der Darstellung zu Art. 19 Abs. 4 GG, C. IV. 7.; *Eichberger*, Objektive Verwaltungskontrolle aus verfassungsrechtlicher Sicht, S. 5 ff.; *Gärditz*, Der Funktionswandel der Verwaltungsgerichtsbarkeit, D 49; *Leidinger* NVwZ 2011, 1345, 1350 f.; *Schlacke*, Überindividueller Rechtsschutz, S. 216.

693 BVerfGE 54, 277, 291; 107, 395, 401; BVerfG NJW 2016, 930, 932; *Eichberger*, Objektive Verwaltungskontrolle aus verfassungsrechtlicher Sicht, S. 7.

694 BVerfG NJW 2016, 930, 932; s. auch BVerfGE 107, 395, 401.

695 BVerfGE 10, 264, 268; 77, 275, 284; BVerfG NJW 2016, 2018, 2019.

696 BVerfG NJW 2016, 2018, 2019.

GG berufen.[697] Angesichts deren systematischer Stellung außerhalb des Grundrechtekatalogs kommen diese Prozessgrundrechte Verbänden ebenfalls zugute.[698] Alles in allem verfügt der Gesetzgeber bei der prozessualen Ausgestaltung des objektiven Rechtsschutzes aus grundgesetzlicher Perspektive über eine etwas größere Gestaltungsfreiheit.[699] Dies hindert ihn aber grundsätzlich nicht daran, Verbandsklagen denselben Maßstäben wie Individualrechtsschutzbehelfen zu unterstellen.[700]

Selbst wenn nach dem Grundgesetz für Verbandsklagen abweichende und weniger günstige prozessuale Regelungen als für Individualklagen vorgesehen werden können, ist immer noch zu überprüfen, inwieweit sich derartige Überlegungen mit etwaigen Rechtsschutzanforderungen aus dem inter- und supranationalen Recht in Einklang bringen lassen.[701] Das Recht auf einen wirksamen Rechtsbehelf in Art. 47 Abs. 1 GRCh steht jeder Person zu, deren durch das Recht der Union garantierte Rechte oder Freiheiten verletzt worden sind. Weil der dort verwendete Begriff der „Rechte“ nicht mit dem deutschen Verständnis des subjektiven öffentlichen Rechts übereinstimmen muss und nach dem Wortlaut des Art. 47 Abs. 1 GRCh „jede Person“ berechtigt ist, gibt es gute Argumente dafür, dass sich Verbände bei unionsrechtlich geprägten Streitigkeiten auf diese Rechtsschutzgarantie berufen können. Generalanwältin *Kokott* hatte in ihren Schlussanträgen v. 30.6.2016 in der Rs. C-243/15 keine Bedenken, dass bei hinreichend bestimmten und unmittelbar anwendbaren unionsrechtlichen Rechten Umweltschutzvereinigungen das Recht auf einen wirksamen Rechtsbehelf in Art. 47 GRCh für sich reklamieren können.[702] In seiner Entscheidung vom

697 BVerfGE 6, 45, 49; 61, 82, 104; 138, 64, 82; *Eichberger*, Objektive Verwaltungskontrolle aus verfassungsrechtlicher Sicht, S. 7.

698 Dazu auch *Eichberger*, Objektive Verwaltungskontrolle aus verfassungsrechtlicher Sicht, S. 7 f.

699 *Eichberger*, Objektive Verwaltungskontrolle aus verfassungsrechtlicher Sicht, S. 8 f.

700 *Eichberger*, Objektive Verwaltungskontrolle aus verfassungsrechtlicher Sicht, S. 6.

701 Ohne Bedenken gegenüber einer solchen Differenzierung *Steinbeiß-Winkelmann* NVwZ 2016, 713, 720.

702 Schlussanträge GA *Kokott* v. 30.6.2016 in der Rs. C-243/15 Rn. 59 ff.; für die Anwendbarkeit des Art. 47 GRCh bei der Verbandsklage *Jarass*, in: ders., Charta, Art. 47 Rn. 7.

8.11.2016 bezog der EuGH Art. 47 GRCh, ohne dies näher zur problematisieren, auf Rechtsschutzmöglichkeiten einer Umweltschutzorganisation.[703]

Für die Richtigkeit des hier vertretenen Standpunkts lässt sich anführen, dass Art. 47 GRCh im Unterschied zu Art. 19 Abs. 4 GG nicht auf eine Rechtsverletzung durch die öffentliche Gewalt abstellt.[704] Da die Rechtsschutzgarantie des Art. 47 GRCh ebenfalls die Verletzung eines Rechts voraussetzt, ist mit dieser Sichtweise nicht die Konsequenz verbunden, dass sich unmittelbar aus diesem Rechtsschutzgrundrecht die Notwendigkeit einer Verbands-, Interessenten- oder gar Popularklage ergibt.[705] Sofern der Schutzbereich des Art. 47 GRCh eröffnet ist, muss der Rechtsschutz den aus diesem Grundrecht zu entnehmenden prozessualen Anforderungen entsprechen (s. Art. 47 Abs. 2, 3 GRCh). Deren Präzisierung obliegt den Unionsgerichten. Insbesondere entnimmt der EuGH dem Grundsatz der Waffengleichheit, der eine Ausprägung des fairen Verfahrens ist und zur Wahrung des Gleichgewichts zwischen den Prozessparteien beiträgt, dass jede Partei ihren Standpunkt und ihre Beweise unter solchen Bedingungen vortragen können muss, die sie nicht gegenüber ihrem Gegner deutlich benachteiligen.[706] Zwar dürfen die mitgliedstaatlichen Gesetzgeber die Rechtsschutzgarantie beschränkende prozessuale Anforderungen vorgeben, sofern sie einem legitimen Zweck dienen, verhältnismäßig sind und ihr Wesen unangetastet lassen.[707] Allerdings ist mehr als zweifelhaft, ob sich ungünstigere prozessuale Standards mit dem mehr objektiv-rechtlichen Charakter der Rechte für die Verbände rechtfertigen lassen, zumal es sich hierbei um eine typisch deutsche Unterscheidung handelt. Da Art. 47 Abs. 2 GRCh ein Recht auf Rechtsschutz innerhalb angemessener Frist verleiht, darf der nationale gerichtliche Rechtsschutz bei Verbandsklagen nicht so ausgestaltet sein, dass über diese nicht innerhalb angemessener Zeit zu befinden ist.[708]

---

703 EuGH, Rs. C-243/15, NuR 2016, 840, 844 f.

704 *Alber*, in: Stern/Sachs, GRCh, Art. 47 Rn. 30; *Blanke*, in: Calliess/Ruffert, EUV/AEUV, Art. 47 GRCh Rn. 6; *Jarass*, in: ders., Charta, Art. 47 GRCh Rn. 10.

705 *Rengeling/Szczekalla*, Grundrechte in der Europäischen Union, Rn. 1188.

706 EuGH, Urt. v. 28.7.2016, Rs. C-543/14, Rn. 40 juris.

707 EuGH, Urt. v. 30.6.2016, Rs. C-205/15, Rn. 44 juris.

708 Entsprechendes gilt, wenn der Verband einen nach deutschem Recht öffentlich-rechtlichen Anspruch geltend macht, der aber aufgrund der autonomen Begrifflichkeit als ein zivilrechtlicher Anspruch i. S. d. Art. 6 Abs. 1 S. 1 EMRK einzuordnen ist. Dazu *Meyer-Ladewig*, in: ders., EMRK, Art. 6 Rn. 4, 17, wonach

Diese Position wäre auch rechtspolitisch nicht wünschenswert, da dadurch in mehrpoligen Rechtsverhältnissen die Rechtssicherheit für den Vorhabenträger weiter hinausgezögert würde.

Im Hinblick auf die Aarhus-Konvention ist ebenfalls von solchen Differenzierungen abzuraten. Wenn in Art. 9 Abs. 2 AK die Verbandskläger durch eine Fiktion den Individualrechtsklägern gleichgestellt werden, ergibt sich daraus der Wille der Vertragsparteien, dass die Umweltschutzvereinigungen rechtsschutzmäßig genauso wie diese gestellt werden sollen. Damit lässt es sich aber schwer in Einklang bringen, wenn sie gegenüber den Individualrechtsklägern prozessual weniger gut gestellt werden. Für eine Gleichbehandlung der klageberechtigten Personen spricht überdies die Regelung in Absatz 4, wonach die Verfahren nach den Absätzen 1, 2 und 3 einen angemessenen und effektiven Rechtsschutz beinhalten, fair, gerecht, zügig und nicht übermäßig teuer sein dürfen.[709] Für die Richtigkeit des hier vertretenen Standpunkts streitet außerdem der Blick auf die allgemeinen Bestimmungen in Art. 3 AK. Dessen Absatz 1 verpflichtet die Vertragsparteien zur Ergreifung der erforderlichen Gesetzgebungsmaßnahmen, „um einen klaren, transparenten und einheitlichen Rahmen zur Durchführung dieses Übereinkommens herzustellen und aufrechtzuerhalten". Von einem solchen einheitlichen Rahmen kann aber bei unterschiedlichen Rechtsschutzstandards für Umweltschutzvereinigungen und Individualklägern keine Rede sein. Ziel des Abkommens ist die Erleichterung des Zugangs zu den Gerichten (s. Art. 3 Abs. 1 AK) und nicht dessen Erschwerung. Das in Art. 3 Abs. 9 AK enthaltene Diskriminierungsverbot, wonach im Rahmen der einschlägigen Bestimmungen dieses Übereinkommens die Öffentlichkeit Zugang zu den Gerichten in Umweltangelegenheiten erhalten soll, ohne dabei wegen Staatsangehörigkeit, Volkszugehörigkeit, Wohnsitz, eingetragenem

---

auch bodenrechtliche Genehmigungen, Baugenehmigungen oder umweltrechtliche Abwehransprüche unter diese Formulierung subsumiert werden. Zur autonomen Auslegung der Begrifflichkeiten auch *Schmaltz*, in: Schenke/Suerbaum, Verwaltungsgerichtsbarkeit, S. 99, 102 ff.; zum EGMR als Verwaltungsgericht in umweltrechtlichen Fragestellungen *Pabel*, in: Schenke/Suerbaum, Verwaltungsgerichtsbarkeit, S. 121, 133 ff.

709 Der EuGH, Urt. 28.7.2016, Rs. C-543/14, Rn. 55 juris; EuGH Rs. C-543/14, UR 2016, 634, 641 hielt sich nicht zur Präzisierung dieser Regelung für befugt, da diese nicht inhaltlich unbedingt und hinreichend genau sei, sondern in dem entschiedenen Fall der mitgliedstaatlichen Konkretisierung bedurfte.

Sitz oder dem tatsächlichen Mittelpunkt der Geschäftstätigkeit benachteiligt zu werden, lässt die ablehnende Haltung des Abkommens gegenüber Benachteiligungen erkennen. Da Art. 11 Abs. 3, 4 UVP-Richtlinie 2011/92/EU und Art. 25 Abs. 3, 4 IE-Richtlinie 2010/75/EU – sieht man von dem Erfordernis der Klagebefugnis ab – von einheitlichen Maßstäben für Klagen von in ihren Rechten verletzten Personen und Nichtregierungsorganisationen ausgehen, wären derartige prozessuale Schlechterstellungen der Verbände mit dem Sekundärrecht nicht kompatibel.[710]

Hinter den Überlegungen zum Beanstandungssonderprozessrecht verbirgt sich vor allem das Bestreben, die Prozessdauer zu verkürzen und die Verwaltungsgerichtsbarkeit zu entlasten. Da die Umweltschutzvereinigungen bislang von der Verbandsklage sorgfältig Gebrauch gemacht haben und bislang tierschutzrechtliche Verbandsklagen selten sind,[711] ist jedenfalls im Moment nicht zu befürchten, dass dadurch der verfassungsrechtlich besonders geschützte Individualrechtsschutz nicht innerhalb angemessener Zeit zu erlangen ist.[712] Das Ansinnen, die Gerichtsverfahren nicht zu sehr in die Länge zu ziehen und möglichst bald Rechtssicherheit herbeizuführen, ist ein zentrales Anliegen der verfassungs- und unionsrechtlichen Rechtsschutzgarantien sowie des Art. 6 Abs. 1 EMRK. Deshalb müssen die dafür zuständigen innerstaatlichen Stellen ein Rechtsschutzsystem zur Verfügung stellen, das Individualklägern innerhalb angemessener Zeit gerichtlichen Rechtsschutz gewährt. Auch ist kritisch zu hinterfragen, ob die in Erwägung gezogenen abweichenden prozessualen Anforderungen für den Verbandsrechtsschutz tatsächlich zu einer ins Gewicht fallenden Verkürzung der gerichtlichen Verfahrensdauer beitragen können.[713] Erfahrungsgemäß hängt diese von einer Vielzahl von Faktoren ab.[714] So dürfte im Umwelt- und Regulierungsrecht die Dauer der Rechtsstreitigkeiten regelmäßig der Komplexität der Materie geschuldet sein.[715]

---

710 Dementsprechend hielt auch *Skouris* in der Diskussionsrunde auf der Tgaung „Die Zukunft der Verwaltungsgerichtsbarkeit – vom Individualrechtsschutz zur objektiven Verwaltungskontrolle?“ am 22.4.2016 in der Bucerius Law School Hamburg derartige Differenzierungen für unionsrechtlich bedenklich.

711 *Rossi* NuR 2016, 733, 734.

712 *Klinger*, in: Kloepfer, Rechtsschutz im Umweltrecht, S. 135, 140.

713 In diese Richtung auch *Klinger*, in: Kloepfer, Rechtsschutz im Umweltrecht, S. 135, 141.

714 *Klinger*, in: Kloepfer, Rechtsschutz im Umweltrecht, S. 135, 141; s. auch *Guckelberger* DÖV 2012, 289, 290.

715 *Klinger*, in: Kloepfer, Rechtsschutz im Umweltrecht, S. 135, 141.

Jedenfalls wenn das Unionsrecht die Notwendigkeit von Klagemöglichkeiten für Verbände zur Durchsetzung des europäischen Umweltrechts vor den nationalen Gerichten der Mitgliedstaaten verbindlich vorgibt, überzeugt das Argument nicht mehr, diese Rechtsschutzmöglichkeit schade dem Wirtschaftsstandort Deutschland.[716] Klagt ein Individuum auf Grundlage des Art. 14 Abs. 1 GG gegen ein Großvorhaben und daneben eine Umweltschutzvereinigung aufgrund der die Aarhus-Konvention umsetzenden Bestimmungen, erweist es sich aus Richtersicht einfacher, auf beide Klagen dieselben Prozessmaßstäbe anzuwenden.[717] Weil der Untersuchungsgrundsatz eher mit dem objektiven Rechtsschutzmodell in Verbindung gebracht wird,[718] erscheint die für Verbandsklagen im öffentlichen Recht in Erwägung gezogene Einführung des Beibringungsgrundsatzes kontraintuitiv.[719] Dementsprechend wird im zivilprozessualen Schrifttum für die dortigen Verbandsklagen gerade umgekehrt eine Abkehr von dem Beibringungsgrundsatz gefordert.[720]

Der Verbandsrechtsschutz soll zur Einhaltung und Durchsetzung von Rechtsvorschriften beitragen, die dem Schutz von Rechtsgütern dienen, die oftmals über einen verfassungsrechtlichen Hintergrund verfügen.[721] So werden die natürlichen Lebensgrundlagen und Tiere gem. Art. 20a GG geschützt. Dementsprechend hält *Eichberger* es jedenfalls nicht für ausgeschlossen, dass der Gesetzgeber diese innerhalb des ihm zukommenden Gestaltungsspielraums auch den gewöhnlichen prozessualen Anforderungen unterstellen kann. „Denn für die Klageberechtigten hier streitet die Aufgabe der Durchsetzung von Gemeinwohlbelangen, die sich ihrerseits – jedenfalls bei den Umweltverbandsklagen – mit Art. 20a GG auf eine verfassungsrechtliche Grundlage stützen können".[722] Ähnliches gilt für Verbandsrechtsbehelfe, die letztendlich auf ein Mehr an Schutz von Menschen mit

716 Referat auf dem 71. DJT über den Funktionswandel der Verwaltungsgerichtsbarkeit von Prof. Dr. Martin *Beckmann*; *Klinger*, in: Kloepfer, Rechtsschutz im Umweltrecht, S. 135, 140.

717 In diese Richtung auch *Janal*, Europäisches Zivilverfahrensrecht, § 8 Rn. 46.

718 *Gärditz*, Der Funktionswandel der Verwaltungsgerichtsbarkeit, D 49; *ders*. AöR 139 (2014), 329, 379.

719 Für den Untersuchungsgrundsatz als adäquateren Prozessgrundsatz *Schlacke*, Überindividueller Rechtsschutz, S. 504 f.

720 Dazu *Geiger*, Kollektiver Rechtsschutz im Zivilprozess, S. 250.

721 *Schlacke*, Überindividueller Rechtsschutz, S. 493, 496, 498.

722 *Eichberger*, Objektive Verwaltungskontrolle aus verfassungsrechtlicher Sicht, S. 11.

Behinderung abzielen oder den Durchsetzungsschwierigkeiten im Datenschutzrecht abhelfen sollen. Da derartige Rechtsschutzmöglichkeiten positive Effekte für viele Personen zeitigen können, die den Schutz bestimmter Grundrechte genießen, würde es befremdlich anmuten, wenn diese Rechtsbehelfe allein aufgrund der Involvierung eines Verbandes in prozessualer Hinsicht Abstriche erfahren würden. Nur ein dem Individualrechtsschutz ebenbürtiger Verbandsrechtsschutz wird dem damit verfolgten gesetzgeberischen Anliegen gerecht, Vollzugsdefiziten in bestimmten Rechtsgebieten in effektiver Weise zu begegnen.

Wie diese Überlegungen zeigen, ist eine pauschale Überführung aller Verbandsklagen unter ein Beanstandungssonderprozessrecht abzulehnen. Derartige Überlegungen sind allenfalls mit Blick auf die Gegebenheiten des jeweiligen Rechtsgebiets anzustellen, in dem man sich zur Einführung eines dem objektiven Kontrollmodell folgenden Verbandsrechtsschutzes entschließt. Entsprechend den Ausführungen zur Aarhus-Konvention und dem (diese betreffenden) Unionsrecht steht der Gesetzgeber auf der sicheren Seite, wenn die Maßstäbe für den verwaltungsgerichtlichen Individualrechtsschutz auch für Verbandsklagen gelten.

b) Verortung des Verbandsrechtsschutzes

Es gibt mehrere Möglichkeiten zur Verortung altruistischer Verbandsrechtsbehelfe. Unter anderem kann man darüber nachdenken, diese nur bereichsspezifisch auszugestalten oder ihnen durch darauf zugeschnittene Regelungen in der Verwaltungsgerichtsordnung oder einem Verbandsklagegesetz mehr Sichtbarkeit zu verleihen. Schließlich könnte man eine allgemeine Regelung in der Verwaltungsgerichtsordnung mit bereichsspezifischen Regelungen kombinieren.

aa) Streichung der Öffnungsklausel

Gärditz befürwortet in seinem Gutachten für den Deutschen Juristentag die Streichung der Öffnungsklausel in § 42 Abs. 2 Hs. 1 VwGO aus Gründen der Gesamtkohärenz und Einheitlichkeit des Rechtsschutzes.[723] Da der

723 *Gärditz*, Der Funktionswandel der Verwaltungsgerichtsbarkeit, D 102, These 6.

Bund nach Art. 74 Abs. 1 Nr. 1 GG für das gerichtliche Verfahren gesetzgebungsbefugt ist, könnte dieser in der Tat die bislang auch dem Landesgesetzgeber eröffnete Tür für eine Einführung altruistischer Verbandsklagemöglichkeiten, sofern sie sich nicht gegen Maßnahmen des Bundes oder anderer Länder richten,[724] schließen.[725] Mit seinem Vorschlag will *Gärditz* – auch hier wird eine polemische Formulierung verwendet – „Exzesse wie jüngst die Einführung einer Verbandsklage im Tierschutzrecht in einigen Ländern“[726] vermeiden.

Blickt man jedoch auf das Landesrecht, gibt es zurzeit auf dieser Ebene – sieht man von der nunmehr bundesrechtlich geregelten Verbandsklage im Umwelt- und Naturschutzrecht ab – bislang kaum weitere altruistische Verbandsklagemöglichkeiten. Tatsächlich haben die Länder von dieser für sie bestehenden Möglichkeit äußerst zurückhaltend Gebrauch gemacht.[727] Mit anderen Worten sind sich auch die Landesgesetzgeber der besonderen Verantwortung für den über Art. 19 Abs. 4 GG garantierten Individualrechtsschutz bewusst. Hinzu tritt, dass der Bundesgesetzgeber in solchen Rechtsbereichen, in denen er gesetzgebungsbefugt ist, durch den Erlass einer erschöpfenden Regelung den Ländern die Befugnis zur Eröffnung überindividueller Rechtsschutzmöglichkeiten entziehen könnte.[728] So könnte er, wenn er dies wollte, und die verfassungsrechtlichen Voraussetzungen des Art. 74 Abs. 1 Nr. 20 GG i. V. m. Art. 72 Abs. 2 GG vorliegen, durch eine entsprechende Ausgestaltung im Bundes-TierSchG der Verbandsklagemöglichkeit in diesem Bereich ein Ende bereiten.[729]

Angesichts des gegenwärtigen Befunds besteht im Moment kein Anlass für die Abschaffung der Öffnungsklausel in § 42 Abs. 2 Hs. 1 VwGO.[730] An dieser Stelle nimmt der Bund – wie er es auch bei anderen VwGO-Nor-

---

724 BVerwG NVwZ 1993, 891 f.; dazu, dass die Öffnungsklausel den Landesgesetzgeber einbezieht, BVerfGE 20, 238, 255; s. auch *v. Albedyll*, in: Bader/Kaiser/Stuhlfauth/ders., VwGO, § 42 Rn. 67; *Rossi* NuR 2016, 733, 736.

725 *Gärditz*, Der Funktionswandel der Verwaltungsgerichtsbarkeit, D 42.

726 *Gärditz*, Der Funktionswandel der Verwaltungsgerichtsbarkeit, D 42.

727 *Sennekamp*, in: Fehling/Kastner/Störmer, HK-VerwR, § 42 VwGO Rn. 184: „ihre praktische Relevanz hält sich seit Einführung der bundesrechtlichen Verbandsklage in Grenzen“.

728 BVerfGE 20, 238, 250; BVerwG NVwZ 1993, 891.

729 Zur Möglichkeit der Normierung eines bundeseinheitlichen Verbandsklagerechts *Rossi* NuR 2016, 733, 740 f.

730 I. E. auch *Fellenberg* AnwBl. 2016, 648, 653.

men getan hat – auf die Länder, deren Belange sowie abweichende Rechtsschutztraditionen in einzelnen Bundesländern Rücksicht. Dies entspricht dem ungeschriebenen Verfassungsgrundsatzes bundesfreundlichen Verhaltens, welcher dem Bundesstaatsprinzip entnommen wird (Art. 20 Abs. 1 GG), wonach der Bund und die Länder bei der Ausübung ihrer Kompetenzen im jeweils gegenseitigen Verhältnis wechselseitig aufeinander Rücksicht zu nehmen haben.[731] Die Streichung der Öffnungsklausel würde sich nicht nur auf altruistische Verbandsklagemöglichkeiten durch die Länder auswirken, sondern ebenso der im rheinland-pfälzischen und saarländischen Recht anzutreffenden Aufsichtsklage (§ 17 AGVwGO RP, § 17 SaarlAGVwGO) ein Ende bereiten.[732] Außerdem lässt sich nur schwer vermitteln, warum der Bund diejenigen Materien abschließend vorgeben darf, in denen eine Verbandsklage möglich sein soll, dagegen die Länder innerhalb ihres Zuständigkeitsbereichs, den sie einschließlich etwaiger Vollzugsdefizite am besten überblicken können, keinerlei Einfluss auf diese Rechtsschutzmöglichkeiten mehr haben sollen.

Auch im Hinblick auf das Unions- und internationale Recht ist von einem solchen Vorhaben abzuraten. Verlangt das Unionsrecht die gerichtliche Durchsetzbarkeit von bestimmten Vorgaben aus überindividuellen Gründen, die in den Kompetenzbereich der Länder fallen, können diese die nötigen Gesetzesvorschriften zu deren Umsetzung erlassen. Da sie für die Ausstattung der Landesgerichte zuständig sind, können sie sich bei deren Implementierung z. B. überlegen, ob aus diesem Grund zusätzliche Richterstellen nötig sind. Die Streichung der Öffnungsklausel hat nicht nur Konsequenzen für die Verbandsklage in den einzelnen Bundesländern, sondern auch für unionsrechtliche Vorgaben zur Prozessstandschaft. Wie die Diskussion um die über die herkömmlichen subjektiven öffentlichen Rechte im deutschen Recht hinausgehende prozessuale Durchsetzung des Unionsrechts zeigt, erlaubt die Öffnungsklausel eine (zunächst) schnelle und unkomplizierte Anpassung des nationalen Rechts an diese Anforderungen. Insoweit hat sich § 42 Abs. 2 Hs. 1 VwGO in seiner gegenwärtigen Gestalt bewährt und sollte auch aus diesem Grund nicht beseitigt werden.

731 BVerfGE 32, 199, 218; 81, 310, 337; 104, 249, 269 f.; 139, 321, 353; s. auch *Rossi* NuR 2016, 733, 739.

732 Wie hier auch *Classen* NJW 2016, 2621, 2622 f. Eingehend zur Aufsichtsklage *Guckelberger/Heimpel* LKRZ 2012, 6 ff.; allgemein zu den Beanstandungsklagen *Groß* Die Verw. 43 (2010), 349, 365 f.

Weil – wie man an der tierschutzrechtlichen Verbandsklage erkennen kann – nicht alle Länder gleichzeitig und gleichermaßen von der Öffnungsklausel Gebrauch gemacht haben, kann die Landesebene durchaus ein gutes Laboratorium für die Gewinnung erster Erfahrungen mit abweichenden Rechtsbehelfen vom Individualrechtsschutz sein, aus denen dann die anderen Bundesländer oder der Bund ggf. die aus ihrer Sicht gebotenen Konsequenzen ziehen können. Die gegenwärtige Rechtslage zur tierschutzrechtlichen Verbandsklage präsentiert sich insoweit als „Ausdruck der innovativen Kraft des Föderalismus".[733] Würde § 42 Abs. 2 Hs. 1 VwGO nicht mehr existieren, könnten sich manche vermehrt zum Vortrag veranlasst sehen, sie würden über ein prokuratorisches Recht i. S. d. § 42 Abs. 2 Hs. 2 VwGO verfügen. Der Begriff des subjektiven öffentlichen Rechts ließe eine solche Interpretation zu, da aus der Kontrastbestimmung der Öffnungsklausel gerade keine gegenteiligen Schlüsse mehr gezogen werden könnten.

Schließlich würde die Streichung der Öffnungsklausel unter Beibehaltung nur sondergesetzlicher Verbandsklageregelungen den mit dem unions- und internationalen Recht gerade nicht in Einklang stehenden Eindruck hervorrufen, dass der deutschen Verwaltungsgerichtsbarkeit ausschließlich ein Individualrechtsschutz obliegt. § 42 Abs. 2 VwGO in seiner gegenwärtigen Form gibt dagegen die Rechtslage weitaus zutreffender wider, wonach die deutsche Verwaltungsgerichtsbarkeit zwar im Wesentlichen,[734] aber eben nicht nur dem Individualrechtsschutz dient. Aus der Perspektive aller sich das deutsche Verwaltungsprozessrecht erschließenden Personen bildet die Öffnungsklausel des § 42 Abs. 2 Hs. 1 VwGO einen zentralen Merkposten dafür, dass es in Deutschland auch über den Individualrechtsschutz hinausgehende Rechtsschutzmöglichkeiten gibt. Bereits die Formulierung der Öffnungsklausel „[s]oweit *gesetzlich* nichts anderes bestimmt ist"[735] bringt den Ausnahmecharakter dieses Rechtsschutzes als Ergänzung zum subjektiven Rechtsschutz[736] treffend zum Ausdruck.

---

733 So *Rossi* NuR 2016, 733, 741; zu derartigen Innovationschancen auch *Kloepfer* NuR 2016, 729, 730.

734 S. auch *Enders* ZUR 2016, 387; *Sennekamp*, in: Fehling/Kastner/Störmer, HK-VerwR, § 42 VwGO Rn. 43.

735 Kursivhervorhebung durch die Verfasserin.

736 So *Schlacke*, Überindividueller Rechtsschutz, S. 489.

bb) Allgemeines Verbandsklagegesetz oder Verbandsklageordnung

Um dem Anliegen nach mehr Sichtbarkeit der Verbandsklage Rechnung zu tragen, könnte man den Erlass eines Verbandsklagegesetzes bzw. einer Verbandsklageordnung in Erwägung ziehen.[737] Auf diese Weise könnte man die verschiedenen Verbandsklagemöglichkeiten auf einen einheitlichen Nenner bringen, indem man eine Systematisierung in Bezug auf diese Rechtsbehelfe vornimmt und so klare Konturen für die Verbandsklage schafft. Wirft man einen Blick auf die Diskussion über Verbandsklage- und kollektive Rechtsschutzmöglichkeiten im Zivilprozess, tritt z. B. *Hess* für deren Integration in die Zivilprozessordnung ein, um einem weiteren Auseinanderdriften von Gesetz und Rechtswirklichkeit entgegenzuwirken.[738] So kann man eine weitere Zersplitterung dieser Rechtsschutzverfahren vermeiden.[739] Zu Recht wird momentan keine Überführung sämtlicher, d. h. sowohl dem Zivil- als auch Öffentlichen Recht angehörender Verbandsklagen in ein einheitliches Gesetz in Erwägung gezogen. Von einem solchen Schritt wird aufgrund der sich aus den Streitgegenständen und den prozessualen Systemen ergebenden Unterschiede abgeraten.[740] Da, wie gezeigt, die Verbandsklage im Zivilrecht als prokuratorisches Verbandsrecht ausgeformt wurde, ist diese Besonderheit für eine Zusammenführung aller verschiedenen Verbandsrechtsschutzmöglichkeiten sowie deren Systematisierung und Verallgemeinerung abträglich.

Insbesondere wenn man – das nach hier vertretener Ansicht abgelehnte – Beanstandungssonderprozessrecht für die öffentlich-rechtlichen Verbandsklagen befürwortet, könnte es sinnvoll sein, für diese Rechtsschutzform ein allgemeines Gesetz zu schaffen. Auf diese Weise lässt sich möglicherweise auf leichtere Weise eine einheitliche Auslegung der dafür maß-

---

737 So ein Diskussionsbeitrag auf der Tagung „Die Zukunft der Verwaltungsgerichtsbarkeit – vom Individualrechtsschutz zur objektiven Verwaltungskontrolle?" am 22.4.2016 in der Bucerius Law School Hamburg; s. zum schweizerischen Recht *Meier*, Das ideelle Verbandsbeschwerderecht, S. 217 f.

738 *Geiger*, Kollektiver Rechtsschutz im Zivilprozess, S. 198.

739 *Hess* JZ 2011, 66, 71 f.; ebenso *Schilken*, in: Meller-Hannich, Kollektiver Rechtsschutz im Zivilprozess, S. 21, 48; s. auch *Meier*, Das ideelle Verbandsbeschwerderecht, S. 218.

740 Wie hier *Schlacke*, Überindividueller Rechtsschutz, S. 507 f.; zur Eigenständigkeit der Verwaltungsgerichtsbarkeit *Nolte*, Die Eigenart des verwaltungsgerichtlichen Rechtsschutzes, S. 641.

geblichen Bestimmungen erreichen als bei einer Ausgestaltung der Verbandsklagen in diversen Nebengesetzen.[741] Die Zusammenfassung aller öffentlich-rechtlichen Verbandsklagemöglichkeiten in einem einzigen Gesetz könnte der Praxis die tägliche Arbeit erleichtern und zu einer besseren Abschätzung der Folgen dieser objektiven Rechtsschutzelemente für den verfassungsrechtlich gewährleisteten Individualrechtsschutz beitragen. Ein Verbandsklagegesetz oder eine Verbandsklageordnung könnte ein Mittel sein, um die Bewährung der Ausgestaltung des dortigen Verbandsrechtsschutzes nach einer festgelegten Zeit zu evaluieren und bei Bedarf nachzujustieren.[742]

Mancher mag diesen Überlegungen mit Skepsis begegnen, weil ein solches Gesetz zu einer weiteren Ausdehnung dieser Rechtsschutzform führen könnte. Einem Mehr an Sichtbarkeit der Verbandsklage hält jedoch *Ziekow* aus meiner Sicht zutreffend entgegen, dass „[d]er Glaube, man könne das Schlimmste verhüten, wenn man das [...] möglicherweise nicht Gewünschte in Sondergesetzen versteckt, [...] ein Irrglaube“ ist.[743] Nicht der Regelungsstandort, sondern der zuständige Gesetzgeber entscheidet innerhalb seines ihm durch die Parameter des Grundgesetzes, des Unionsrechts und des internationalen Rechts verbleibenden Gestaltungsspielraums über die Einführung oder Ausweitung der Verbandsklage einschließlich ihrer prozessualen Ausgestaltung. Wegen der Individualrechtsschutzgarantie des Art. 19 Abs. 4 GG sowie der am Individuum ausgerichteten Unionsgrundrechte sowie EMRK-Vorgaben ist keinesfalls zu erwarten, dass ein solches Gesetz den Individualrechtsschutz in eine Nebenrolle drängt. Auch könnte eine solche allgemeine Regelung zu einer Rationalisierung und Entemotionalisierung der wiederkehrenden Debatten über die Sinnhaftigkeit des altruistischen Verbandsrechtsschutzes beitragen.[744]

Ein solches Gesetzesvorhaben macht nur Sinn, wenn sich die bestehenden Verbandsklagemöglichkeiten auf einen gemeinsamen Nenner zurückführen lassen. Auf diese Weise könnte man möglicherweise deren Streuung

---

741 Hierzu auch *Sommerfeldt*, Die Verbandsklage, S. 29.

742 So ein Diskussionsbeitrag auf der Tagung „Die Zukunft der Verwaltungsgerichtsbarkeit – vom Individualrechtsschutz zur objektiven Verwaltungskontrolle?“ am 22.4.2016 in der Bucerius Law School Hamburg.

743 *Ziekow* EurUP 2005, 154, 163.

744 In diese Richtung auch *Ziekow* EurUP 2005, 154, 163.

über die Fachgesetze verringern[745] und bewirken, dass die Verbandsklage einem einheitlichen Modell folgt. Für eine solche Verallgemeinerungsfähigkeit sprechen die mit diesen Verbandsrechtsbehelfen verfolgten Zwecke sowie die notwendig werdende Abweichung von der individualschutzrechtlichen Klagebefugnis.[746] Ich halte es jedoch für fraglich, ob die Zeit für eine solche Verallgemeinerungsfähigkeit der Verbandsklage in einem zentralen allgemeinen Gesetz bereits gegeben ist.[747] Zwar kann man im Bereich der naturschutz- und umweltrechtlichen Verbandsklage auf langjährige Erfahrungen zurückblicken[748] und kann bei diesen in der Tat die Frage aufwerfen, ob man sich insoweit nicht auf eine einzige Verbandsklage verständigen könnte.[749] Bislang wurden jedoch kaum Anstrengungen unternommen, um die Parameter für diese Verbandsklagemöglichkeiten etwa mit dem Verbandsklagerecht nach dem Gesetz zur Gleichstellung von Menschen mit Behinderung zu vergleichen. Darüber hinaus bleibt abzuwarten, ob und inwieweit Deutschland von der Option des Art. 80 Abs. 2 EU-DSGVO Gebrauch machen wird. Gerade bei Verbandsklagemöglichkeiten im Bereich des Datenschutzrechts, aber auch derjenigen zum Schutz von Menschen mit Behinderungen sind die Rechtsbehelfe der Individuen mit denjenigen der Verbände abzustimmen. Würde man die Rechtsschutzmöglichkeiten dieser Verbände in einem separaten Rechtsakt von den Rechtsschutzmöglichkeiten der Einzelnen regeln, könnte dies zur Folge haben, dass die Einzelnen dieser Rechtsschutzinstrumente nicht ausreichend gewahr werden.

745 Zur Streuung und zu dem inkohärenten Erscheinungsbild *Schlacke*, Überindividueller Rechtsschutz, S. 507.

746 S. auch *Schlacke*, Überindividueller Rechtsschutz, S. 507 f.; a. A. *Gärditz*, in: GfU, Dokumentation zur 37. wissenschaftlichen Fachtagung der Gesellschaft für Umweltrecht, S. 35 Rn. 39; *ders.* EurUP 2015, 196, 202 f.

747 S. auch *Fellenberg* AnwBl. 2016, 648, 653.

748 Dazu auch *Ziekow* EurUP 2005, 154, 163; nach *Schunder*, in: FS für Dolde, S. 579, 589 sollte man diese erst konsolidieren, bevor man über deren Ausweitung nachdenkt.

749 Stellungnahme BRAK Nr. 12/2016 zum Referentenentwurf eines Gesetzes zur Anpassung des Umwelt-Rechtsbehelfsgesetzes vom Mai 2016, S. 10, abrufbar über http://www.brak.de/zur-rechtspolitik/stellungnahmen-pdf/stellungnahmen-deutschland/2016/mai/stellungnahme-der-brak-2016-12.pdf, zuletzt abgerufen am 17.11.2016; Stellungnahme des NABU zum Referentenentwurf vom 19.4.2016, S. 4, abrufbar über https://www.nabu.de/imperia/md/content/nabude/naturschutz/naturschutzrecht/160517-nabu-stellungnahme-umwrg.pdf, zuletzt abgerufen am 17.11.2016. Für eine Beibehaltung der naturschutzrechtlichen Verbandsklage *Schlacke* UPR Sonderheft 2016, 478, 485.

Hinzu kommt, dass der jeweilige Verbandsrechtsschutz nicht allen, sondern nur bestimmten Verbänden offenstehen soll. So beziehen sich die sekundärrechtlichen Regelungen zum Gerichtszugang in Umweltangelegenheiten auf Nichtregierungsorganisationen, die sich für den Umweltschutz einsetzen und alle nach dem innerstaatlichen Recht geltenden Voraussetzungen erfüllen (Art. 1 Abs. 2 lit. e UVP-Richtlinie 2011/92/EU, Art. 3 Nr. 17, Art. 25 Abs. 3 S. 2 IE-Richtlinie 2010/75/EU). Art. 80 EU-DSGVO hat dagegen Einrichtungen, Organisationen oder Vereinigungen ohne Gewinnerzielungsabsicht im Blick, die ordnungsgemäß nach dem Recht eines Mitgliedstaats gegründet wurden, deren satzungsmäßige Ziele im öffentlichen Interesse liegen und die sich zum Schutz der Rechte und Freiheiten von betroffenen Personen in Bezug auf den Schutz personenbezogener Daten engagieren. Schon dies zeigt, dass es zusätzlicher Bestimmungen zu den berechtigten Verbänden bedarf. Derartige Vorgaben einschließlich eines etwaigen Anerkennungsverfahrens lassen sich aber besser in einem bereichsspezifischen Regelwerk als in einem allgemeinen Verbandsklagegesetz ausformen.[750] Da in diesem allenfalls einige allgemeine Eckparameter ausgeformt werden könnten und dieses Gesetz daher nicht sehr umfangreich wäre, empfiehlt es sich, von einer solchen Strategie abzusehen und eher über eine allgemeine Regelung zur Verbandsklage in der Verwaltungsgerichtsordnung nachzudenken.

cc) Allgemeine Regelung zur Verbandsklage in der Verwaltungsgerichtsordnung

In seiner Stellungnahme zum Referentenentwurf eines Gesetzes zur Anpassung des Umwelt-Rechtsbehelfsgesetzes hat der DAV die Prüfung angeregt, ob man nicht die Verbandsklage aus Gründen der Rechtsklarheit in der Verwaltungsgerichtsordnung regeln könnte.[751] Der Bund Deutscher Verwaltungsrichter und Verwaltungsrichterinnen (BDVR) hat sich ebenfalls für eine Verortung in der Verwaltungsgerichtsordnung ausgesprochen, um einer weiteren Zersplitterung des Prozessrechts entgegenzuwirken.[752] So

750 So verweist *Meier*, Das ideelle Verbandsbeschwerderecht, S. 170, in Bezug auf die Schweiz auf diverse Unterschiede zwischen der umweltrechtlich und sozialpolitisch motivierten Verbandsklage.

751 *Müggenborg*, Stellungnahme des DAV, NuR 2016, 473, 474.

752 BDVR, Stellungnahme zum Entwurf eines Gesetzes zur Anpassung des Umwelt-Rechtsbehelfsgesetzes v. 19.5.2016, S. 2.

richtig und wichtig mir das Anliegen möglichst weniger sonderprozessualer Bestimmungen erscheint, habe ich Zweifel an einer vollständigen Integration der Umweltrechtsbehelfe in die Verwaltungsgerichtsordnung. Denn die Verwaltungsgerichtsordnung enthält als allgemeines Gesetz Regelungen, die für alle verwaltungsgerichtlichen Rechtsstreitigkeiten gelten. Viele der Vorgaben des Umwelt-Rechtsbehelfsgesetzes, wie die zur Anerkennung der Umweltschutzvereinigungen, sind jedoch bereichsspezifischer Natur.

Zwar ließe sich vorstellen, dass die Verwaltungsgerichtsordnung künftig neben einem vorangestellten allgemeinen Teil auch besondere Regelungen zu Rechtsbehelfen in bestimmten Rechtsbereichen enthalten könnte. Bei einer solchen Konzeption des Verwaltungsprozessrechts müsste der Gesetzgeber aber konsequenterweise nicht nur die Umweltrechtsbehelfe, sondern auch Sonderprozessrecht aus anderen Rechtsgebieten in die Verwaltungsgerichtsordnung überführen. Dabei wäre sorgfältig zu prüfen, inwieweit es hinsichtlich der einzelnen zu integrierenden Rechtsbereiche tatsächlich sonderprozessualer Bestimmungen bedarf. Ein dermaßen umfassendes Vorhaben benötigt Zeit. Aus den soeben benannten Gründen wird hier dem Vorschlag einer vollständigen Überführung der Umweltrechtsbehelfe in die Verwaltungsgerichtsordnung mit Skepsis begegnet. Auf jeden Fall geht aber mit derartigen Überlegungen insbesondere zur Verortung der Verbandsklage innerhalb der Verwaltungsgerichtsordnung die begrüßenswerte Notwendigkeit einer gewissen Selbstüberprüfung des deutschen Gesetzgebers hinsichtlich der Stimmigkeit des Gesamtsystems[753] einher. Außerdem würde dadurch die Rechtslage überschaubarer gestaltet.[754]

Weil, wie soeben dargelegt, die altruistische Verbandsklage in engem Zusammenhang zur jeweiligen Sachmaterie steht und sich daher – wie dies zumindest nach dem bestehenden Recht der Fall ist – auch eine bereichsspezifische Regelung empfiehlt,[755] bleibt als sinnvolle Alternative zu den bislang präsentierten Regelungsstrategien die Implementierung einer allgemeinen Regelung zur Verbandsklage in der Verwaltungsgerichtsordnung kombiniert mit bereichsspezifischen Ausgestaltungen übrig.[756] Deren Bei-

753 Dazu *Neidhardt*, Nationale Rechtsinstitute, S. 176.

754 *Neidhardt*, Nationale Rechtsinstitute, S. 177.

755 S. auch *Schlacke*, Überindividueller Rechtsschutz, S. 508; *Ziekow* EurUP 2005, 154, 159.

756 *Schlacke*, Überindividueller Rechtsschutz, S. 508; auch *Meier*, Das ideelle Verbandsbeschwerderecht, S. 217 kommt in Bezug auf die Schweiz zu dem Schluss,

behaltung verdeutlicht den Charakter der Verbandsklage als „Hilfsinstrument“ zur Bewältigung spezifischer Problemlagen einzelner Sachmaterien.[757] Zugleich wird so ein Signal gesetzt, dass die Verbandsklage nur in ausgewählten und keinesfalls in allen Verwaltungsbereichen zum Einsatz kommt.[758] Der konkrete Anwendungsimpuls für die Verbandsklage folgt also weiterhin aus dem Fachrecht.[759] Für die Einfügung einer zusätzlichen Regelung zur Verbandsklage in die Verwaltungsgerichtsordnung spricht, dass sie insbesondere angesichts der Bedeutung der Verbandsklage im Umweltrecht die zwischenzeitliche Rechtswirklichkeit besser abbildet[760] und auf sie grundsätzlich die allgemeinen prozessualen Vorschriften Anwendung finden. Die systematischen Querverbindungen würden klarer und die Rechtsanwendung würde erleichtert.[761]

Vorteil einer solchen Vorgehensweise wäre, dass dadurch die Bedeutung der Verbände, die ihnen insbesondere das unions- und internationale Recht in einigen Bereichen für die Rechtsdurchsetzung und den Rechtsschutz beimisst, verdeutlicht wird. Der VwGO-Gesetzgeber brächte damit zum Ausdruck, dass er diese Rechtsschutzvorgaben ernst nimmt. Durch die Festlegung bestimmter, für alle Verbandsklagen geltender Rahmenparameter in der Verwaltungsgerichtsordnung könnte man dieser Rechtsschutzform eine klare Struktur verleihen und einem Auseinandertriften der Verbandsklageausformungen in Nebengesetzen entgegenwirken.[762] Auch wenn die Verbandsklagemöglichkeiten bislang nur bereichsspezifisch geregelt sind, heißt dies nicht, dass nicht gewisse Merkmale für alle altruistischen Verbandsklagen vor den Verwaltungsgerichten verallgemeinert werden könnten.[763] Darin könnte eine wirksame Maßnahme zur Begrenzung weiterer Zersplitterungen bereichsspezifischer Verbandsrechtsschutzregelungen lie-

---

man könne möglicherweise bestimmte, für alle Verbandsklagen relevanten Parameter in einem allgemeinen Gesetz ausformen.

757 *Schlacke*, Überindividueller Rechtsschutz, S. 508.

758 *Ziekow* EurUP 2005, 154, 163.

759 *Ziekow* EurUP 2005, 154, 163.

760 So *Neidhardt*, Nationale Rechtsinstitute, S. 172.

761 *Fellenberg* AnwBl. 2016, 648, 653.

762 So auch *Ziekow* EurUP 2005, 154, 164; s. auch *Meier*, Das ideelle Verbandsbeschwerderecht, S. 217.

763 So auch *Ziekow* EurUP 2005, 154, 163; kritisch *Fellenberg* AnwBl. 2016, 648, 653.

gen; denn von diesem Modell abweichende Regelungen bedürfen einer besonderen Rechtfertigung.[764] Im Falle des Erlasses einer solchen allgemeinen Regelung könnten vermeidbare Divergenzen zwischen den Verbandsklagemöglichkeiten beseitigt werden. Durch eine derartige Ausgestaltung hätte Deutschland eine klare Strukturvorgabe in Bezug auf die Verbandsklage, die es in den Diskussionsprozess über die Ausgestaltung objektiver Rechtsschutzinstrumente auf der Unions- und internationalen Ebene einbringen könnte. Schließlich könnte man mit einer solchen allgemeinen Regelung zur Verbandsklage in der Verwaltungsgerichtsordnung der Entstehung einer diesbezüglichen Sonderdogmatik begegnen.[765]

Dementsprechend vertrat der Verwaltungsrechtsausschuss des DAV im Jahre 2005 den Standpunkt, dass es angesichts der Reichweite der von der Aarhus-Konvention und in deren Zusammenhang stehenden sekundärrechtlichen Regelungen gute Argumente für eine Implementierung dieser Vereinsklage in die Verwaltungsgerichtsordnung gebe.[766] Nur im Hinblick auf die damals alsbald ablaufende Umsetzungsfrist hielt der Verwaltungsrechtsausschuss eine nur sektorspezifische Regelung für vertretbar.[767] „Er empfiehlt indes, sich unabhängig von der anstehenden Gesetzgebung mit diesen Fragen zu befassen und in entsprechenden Arbeitskreisen oder Gutachtergremien unter Beteiligung von Wissenschaft, Anwaltschaft und Richterschaft entsprechende Lösungsvorschläge zu erarbeiten."[768] Wohl im Hin-

764 Hierzu auch *Burgi/Durner*, Modernisierung des Verwaltungsverfahrensrechts, S. 18; *Guckelberger/Geber*, Allgemeines Europäisches Verwaltungsverfahrensrecht, S. 114 f.; *Ziekow* EurUP 2005, 154, 163 f.; s. auch *Meier*, Das ideelle Verbandsbeschwerderecht, S. 217.

765 *Franzius* DVBl. 2015, 543, 548, der aber zugleich auf Probleme hinsichtlich der demokratischen Legitimation hinweist.

766 Stellungnahme des Deutschen Anwaltvereins durch den Ausschuss Verwaltungsrecht zum Umwelt-Rechtsbehelfsgesetz, Mai 2005, S. 3, abrufbar unter: https://anwaltverein.de/de/newsroom/id-2005-30?file=files/anwaltverein.de/downloads/newsroom/stellungnahmen/2005/2005-30.pdf, zuletzt abgerufen am 18.11.2016.

767 Stellungnahme des Deutschen Anwaltvereins durch den Ausschuss Verwaltungsrecht zum Umwelt-Rechtsbehelfsgesetz, Mai 2005, S. 3, abrufbar unter: https://anwaltverein.de/de/newsroom/id-2005-30?file=files/anwaltverein.de/downloads/newsroom/stellungnahmen/2005/2005-30.pdf, zuletzt abgerufen am 18.11.2016.

768 Stellungnahme des Deutschen Anwaltvereins durch den Ausschuss Verwaltungsrecht zum Umwelt-Rechtsbehelfsgesetz, Mai 2005, S. 3, abrufbar unter:

blick darauf, dass die richtige Umsetzung der unionsrechtlichen Umweltrechtsschutzvorgaben in einer ganzen Reihe von Punkten Diskussionen hervor- und teilweise den EuGH sozusagen gegensteuernd auf den Plan rief, lassen sich bislang kaum Regelungsvorschläge für eine allgemeine implementierungsfähige Rechtsschutzvorgabe zur altruistischen Verbandsklage in der Verwaltungsgerichtsordnung ausmachen. Aussichtsreich scheint mir der von *Neidhardt* präsentierte Vorschlag eines § 42 Abs. 4 S. 1 VwGO n. F.: „Soweit ihnen eine derartige Möglichkeit gesetzlich eingeräumt ist, können anerkannte Vereinigungen in ihrem satzungsgemäßen Aufgabenbereich gegen einen Verwaltungsakt oder seine Ablehnung oder Unterlassung klagen, ohne eine Verletzung in eigenen Rechten geltend machen zu müssen".[769] Da sich die unionsrechtlichen Rechtsschutzvorgaben nicht an den deutschen Klagearten ausrichten und die umweltrechtliche Verbandsklage, wie man an dem jetzigen UmwRG-E sehen kann, auch bei anderen Handlungsformen der Verwaltung Bedeutung erlangen kann, liegt es nahe, die allgemeine Regelung zur Verbandsklage nicht an bestimmte Klagearten zu koppeln, sondern nur auf die Klagebefugnis zu beziehen. Durch die Soweit-Formulierung würde klar ausgedrückt, dass die Verbandsklage eine „Besonderheit" ist und eines sich aus einem Fachgesetz ergebenden Anwendungsbefehls bedarf.

10. Fazit zur Verbandsklage und zur Ausgestaltung der Klagebefugnis

Auf dem 71. Deutschen Juristentag in Essen wurde mehrheitlich die Aufnahme einer allgemeinen Rahmenregelung zur Verbandsklage in die Verwaltungsgerichtsordnung befürwortet.[770] Weil bislang kaum Anstrengungen unternommen wurden, um für diese bestimmte allgemeingültige Merkmale herauszuarbeiten, sollte diese Herausforderung endlich angegangen werden. Eine solche allgemeine Regelung, die nach hier favorisierter Ansicht mit bereichsspezifischen Regelungen kombiniert werden sollte und deren Ausnahmecharakter ggf. durch eine Soweit- bzw. Sofern-Formulierung betont werden könnte, würde diesem Rechtsbehelf eine klare Struktur

---

https://anwaltverein.de/de/newsroom/id-2005-30?file=files/anwaltverein.de/downloads/newsroom/stellungnahmen/2005/2005-30.pdf, zuletzt abgerufen am 18.11.2016.

769 *Neidhardt*, Nationale Rechtsinstitute, S. 178.

770 Beschlüsse 71. DJT Essen 2016, S. 25 unter 11a (angenommen mit 26:14:1 Stimmen).

verleihen und zugleich eine Handreichung für den Gesetzgeber bei der Ausgestaltung seiner bereichsspezifischen Regelungen sein. Dadurch würde ein Mehr an Transparenz für alle erreicht, die sich die Rechtslage erschließen wollen. In den Verwaltungsprozessrechtsvorlesungen könnten die Grundzüge dieses Rechtsschutzinstruments einschließlich der dagegen vorgebrachten Bedenken allen Studierenden vermittelt werden. In den Kommentaren zur Verwaltungsgerichtsordnung, aber nicht nur dort, könnte der Verbandsrechtsschutz, seine Vor- und Nachteile, die inter- und supranationalen Vorgaben, die sich stellenden verfassungsrechtlichen Probleme einschließlich Hinweisen auf die bereichsspezifischen Ausgestaltungen eingehend behandelt werden. Da in diese Darstellungen Impulse aus der Anwendungspraxis, aus der Wissenschaft, aus der Rechtsvergleichung und dem Unionsrecht einfließen können, bleibt eine bessere Erschließung dieses Rechtsschutzinstruments zu erwarten als dies im Moment der Fall ist. Sollte ein solches Vorhaben angegangen werden, läge es nahe, den bislang nur auf die Anfechtungs- und Verpflichtungsklage bezogenen § 42 Abs. 2 VwGO von diesen Klagen zu lösen und in eine für alle Klagen geltende Bestimmung über die Klagebefugnis zu überführen.

Bis zum Erlass einer solchen langfristig anzustrebenden Regelung sprechen die besseren Argumente für eine Beibehaltung der Öffnungsklausel in § 42 Abs. 2 Hs. 1 VwGO. Deren Streichung ist entschieden entgegenzutreten. Gleiches gilt für die Vorstellung, die objektiven Gerichtskontrollverfahren abweichenden, gegenüber dem herkömmlichen Individualrechtsschutz ungünstigeren prozessualen Vorschriften zu unterstellen. Dagegen spricht jedenfalls im Bereich des Umweltrechts die Konzeption der Aarhus-Konvention sowie der auf ihr aufbauenden sekundärrechtlichen unionsrechtlichen Bestimmungen. Im Übrigen treffen die Erwägungen einer Entscheidung des Bundesverfassungsgerichts im 60. Band, die es allerdings für sonderprozessuale Regelungen im Hinblick auf verschiedene Grundrechte aufgestellt hat, sinngemäß auch auf den Verbandsrechtsschutz zu. Damit würde „die Klarheit, Berechenbarkeit und Durchschaubarkeit der Instrumente des gerichtlichen Rechtsschutzes, wie sie über die Typisierung in allgemeinen Prozeßordnungen in einem langen geschichtlichen Verlauf erzielt wurde, erheblich gemindert".[771] Es diene nicht nur der Effektuierung der materiellen Grundrechte, sondern ebenso dem Schutz anderer auf das Verfassungsrecht zurückzuführender Rechtsgüter, „wenn die Rechtsordnung

771 BVerfGE 60, 253, 297.

einheitliche, allgemeine Grundtypen des gerichtlichen Verfahrens mit zureichenden Prüfungsbefugnissen, Entscheidungsarten und Entscheidungswirkungen zur Verfügung stellt, um gerichtlichen Rechtsschutz zu ermöglichen".[772] Das Festhalten an einheitlichen Prozessstandards wirkt deren möglicherweise sich langfristig auch für den Individualrechtsschutz ergebenden Nivellierung infolge beim objektiven Rechtsschutz gemachter Erfahrungen entgegen und kommt all denjenigen zugute, die mit dem Prozessrecht zu tun oder dieses gar anzuwenden haben. Die Ausweitung bereichsspezifischer Regelungen birgt die Gefahr in sich, dass die Verwaltungsgerichtsordnung infolge der Sonderregelungen an Kohärenz und Transparenz sowie an Bedeutung verliert. Auch auf dem 71. Deutschen Juristentag 2016 sprach sich die überwiegende Mehrheit der Abstimmenden dafür aus, dass für anerkannte Verbände die gleichen prozessualen Grundsätze wie für Individualkläger gelten sollten.[773]

Bleibt es in dieser Hinsicht beim gegenwärtigen Rechtszustand, stellt sich die Frage, ob nicht auch bei der abstrakten Normenkontrolle in § 47 VwGO die in Absatz 2 Satz 1 Hs. 1 geregelte Antragsbefugnis um eine Öffnungsklausel ergänzt werden sollte. Soweit es sich um UVP-pflichtige, dem Umwelt-Rechtsbehelfsgesetz unterfallende Bebauungspläne handelte, stellte sich die Rechtsprechung bislang zutreffend auf den Standpunkt, dass sich die Antragsbefugnis der Verbände aus diesem Gesetz ergibt, das „trotz des Fehlens einer der Regelung für die Klagebefugnis (§ 42 Abs. 2 VwGO) entsprechenden Öffnungsklausel für abweichende sonstige gesetzliche Regelungen in § 47 Abs. 2 Satz 1 VwGO grundsätzlich als gleichrangiges späteres Bundesrecht in dem dort genannten Umfang anerkannten Umweltschutzverbänden auch eine Antragsbefugnis für ein Normenkontrollverfahren vermitteln kann".[774] Nach § 1 Abs. 1 S. 1 Nr. 4 UmwRG-E fallen in den Anwendungsbereich des Gesetzes Entscheidungen über die Annahme von

---

772 BVerfGE 60, 253, 298, allerdings nur mit Bezug auf die Grundrechte.

773 Beschlüsse 71. Deutscher Juristentag in Essen 2016, S. 26 unter Nr. 13.

774 OVG Saarland NuR 2015, 502, 503. Die Antragsbefugnis wurde auch in den Entscheidungen des OVG Koblenz NVwZ-RR 2015, 205 sowie VGH München, Urt. v. 24.8.2015 – 2 N 14/486, Rn. 24 juris bejaht. Der VGH München, Urt. v. 28.7.2016 – 14 N 15.1870, Rn. 34 ff. juris bejahte die Antragsbefugnis einer anerkannten Naturschutzvereinigung aufgrund einer prokuratorischen Rechtsstellung. Dagegen verneinte das OVG Münster NVwZ-RR 2016, 94 ff. ein Verbandsklagerecht gegen einen Bebauungsplan, weil dieser nicht in §§ 63, 64 BNatSchG genannt wurde. S. dazu auch *Spinner* NuR 2011, 335, 337 f.; *Ziekow*, in: Sodan/Ziekow, VwGO, § 47 Rn. 205a ff.

Plänen und Programmen i. S. v. § 2 Abs. 5 UVPG und der entsprechenden landesrechtlichen Vorschriften, für die nach Anlage 3 des Gesetzes über die UVP oder landesrechtlichen Vorschriften eine Pflicht zur Durchführung einer SUP bestehen kann. Laut der Begründung dieses Entwurfs werden davon u. a. SUP-pflichtige Bauleitpläne (Flächennutzungspläne und Bebauungspläne) erfasst.[775] Für Satzungen nach dem BauGB sowie für Rechtsverordnungen nach § 246 Abs. 2 BauGB sei die Normenkontrolle nach § 47 VwGO der einschlägige Rechtsbehelf.[776] Aus § 7 Abs. 2 S. 1, 2 UmwRG-E ergibt sich mit aller Deutlichkeit, dass die Verbände Normenkontrollverfahren initiieren können sollen. Da die Normenkontrolle nach § 47 Abs. 2 S. 1 Hs. 2 VwGO auch von Behörden beantragt werden kann und überdies in der Begründetheit als objektiv-rechtliches Kontrollverfahren ausgestaltet ist,[777] stellt sich der Verbandsrechtsschutz bei diesem Rechtsbehelf gegenüber den anderen VwGO-Klagen und Rechtsbehelfen weniger als Fremdkörper dar.

Obwohl nach dem UmwRG-E § 47 Abs. 2a VwGO aufgehoben werden soll,[778] scheint im Moment keine Aufnahme einer Öffnungsklausel bei § 47 Abs. 2 S. 1 VwGO geplant, wenngleich es gute Argumente für eine derartige Angleichung an § 42 Abs. 2 Hs. 1 VwGO gibt. Auch wenn sich die Antragsbefugnis für die Verbände aus dem Umwelt-Rechtsbehelfsgesetz ergibt, bildet der zentrale § 47 Abs. 2 S. 1 VwGO diese Rechtswirklichkeit so nicht ab. Vielmehr könnte der Blick auf diese Regelung manchen zu der Annahme verleiten, dass der im Vergleich zu § 42 Abs. 2 Hs. 1 VwGO anders formulierte § 47 Abs. 2 S. 1 VwGO abschließend ist und deshalb Normenkontrollanträge von Verbänden unzulässig sind.[779] Zur besseren Umsetzung der supranationalen und völkerrechtlichen Vorgaben liegt daher ein solcher Schritt zur Aufnahme einer Öffnungsklausel nahe. Dass man eine solche Änderung momentan nicht in Erwägung zieht, mag möglicherweise damit zusammenhängen, dass eine solche Öffnung wie bei § 42 Abs. 2 Hs. 1 VwGO den Landesgesetzgeber zur Einführung derartiger Normenkontrollmöglichkeiten für Verbände veranlassen könnte und man einer solchen Ausweitung skeptisch gegenübersteht. Andererseits leuchtet es nicht ein, warum eine solche Verbandsnormenkontrolle sich auf die in § 47

775 BT-Drucks. 18/9526, S. 34.

776 BT-Drucks. 18/5926, S. 43.

777 *Giesberts*, in: Posser/Wolff, Beck`OK VwGO, § 47 Rn. 1, 3, 42; *Panzer*, in Schoch/Schneider/Bier, VwGO, § 47 Rn. 8, 39.

778 BT-Drucks. 18/9526, S. 17.

779 So in der Tat *Radespiel*, Die naturschutzrechtliche Verbandsklage, S. 60.

Abs. 1 Nr. 1 VwGO genannten Normenkontrollgegenstände beschränken sollte. Wenn der Bund es nach § 47 Abs. 1 Nr. 2 VwGO ohnehin in die Entscheidungsmacht des jeweiligen Landesgesetzgebers stellt, ob im Rang unter dem Landesgesetz stehende Rechtsvorschriften einer Normenkontrolle unterzogen werden können, dann liegt es nahe, ihnen auch eine entsprechende Entscheidungsmacht hinsichtlich der Antragsbefugnis von Verbänden zuzugestehen. Da die Eröffnung der Normenkontrolle ohnehin vom Verhalten des Landesgesetzgebers abhängt, wird dieser selbstverständlich unter Beachtung des grundgesetzlich besonders geschützten Individualrechtsschutzes verantwortlich darüber entscheiden, ob in Bezug auf eng ausgewählte Bereiche den Verbänden eine solche Normenkontrollbefugnis eingeräumt werden sollte.

V. Rechtsschutz bei Verfahrensfehlern

Obwohl sich das deutsche Verwaltungsrecht der Wichtigkeit der Einhaltung von Verfahrensregeln für die inhaltliche Richtigkeit der Sachentscheidungen von Behörden bewusst ist, besteht eine große Zurückhaltung gegenüber Rechtsschutzmöglichkeiten allein wegen Verfahrensfehlern. Angesichts des Grundsatzes der Gesetzmäßigkeit der Verwaltung (Art. 20 Abs. 3 GG) vertraut man in Deutschland mit seiner legalistischen Verwaltungskultur seit langem in die Verfahrensrechtstreue der Behörden.[780] Von wenigen Ausnahmefällen abgesehen, kann eine Behördenentscheidung wegen eines Verfahrensfehlers erst mit einem Rechtsbehelf gegen die abschließende Sachentscheidung angegriffen werden (s. § 44a VwGO).[781]

1. Deutsche Unterscheidung zwischen absoluten und relativen Verfahrensfehlern

Gerichtliche Rechtsbehelfe gegen die Sachentscheidung wegen Verfahrensfehlern scheitern jedoch oftmals an der Klagebefugnis nach § 42 Abs. 2 Hs. 2 VwGO, da viele Verfahrensvorschriften nur im öffentlichen Interesse

780 S. nur *Ziekow* NuR 2014, 229.
781 S. nur *Schlacke* UTR 2016, 173, 176; *Ziekow* NuR 2014, 229, 230.

liegen und nicht zumindest auch den Schutz des Einzelnen bezwecken.[782] Weil Verfahrensvorschriften kein Selbstzweck sind, stellt die Rechtsprechung für eine die Klagebefugnis des § 42 Abs. 2 Hs. 2 VwGO eröffnende Möglichkeit einer Verletzung in einem subjektiven öffentlichen Recht darauf ab, dass der Verfahrensfehler mit der möglichen Verletzung einer materiell-rechtlichen Rechtsposition des Rechtsbehelfsführers verbunden sein muss.[783] Aus diesem Grund führen Verfahrensfehler in aller Regel nur mit Blick auf eine verfahrensrechtlich abgesicherte materiell-rechtliche Rechtsposition zu einer subjektiven Rechtsverletzung des Rechtsbehelfsführers.[784] Besonders gut lässt sich dies an folgendem Passus einer Entscheidung des Verwaltungsgerichts des Saarlandes demonstrieren: „Die formal-rechtlichen Bestimmungen über die Baugenehmigungspflicht (§ 60 LBO), die Verfahrensfreiheit (§ 61 LBO) und die Genehmigungsfreistellung (§ 63 LBO) dienen allein den öffentlichen Interessen und sind von daher schon vom Ansatz her ungeeignet, Nachbarn irgendwelche Abwehrrechte gegenüber Vorhaben oder Nutzungen auf benachbarten Grundstücken zu gewähren. [...] Nachbarn können sich mit Erfolg nur auf die Verletzung materiellrechtlicher Bestimmungen berufen."[785] Anders ausgedrückt ist für die sog. relativen Verfahrensrechte[786] kennzeichnend, „dass der Einzelne ihre Einhaltung nicht um ihrer selbst willen ohne Rücksicht darauf erzwingen kann, ob er in einem materiellen Recht betroffen ist oder nicht".[787] Um klage- bzw. antragsbefugt zu sein, muss er vielmehr geltend machen, dass sich der gerügte Verfahrensfehler auf ein ihm zustehendes materielles subjektives öffentliches Recht ausgewirkt hat.[788]

---

782 *Greim*, Rechtsschutz bei Verfahrensfehlern, S. 32; *Guckelberger* JA 2014, 647, 650.

783 BVerwG NVwZ 2012, 573, 574 f.; VG Würzburg, Beschl. v. 2.1.2015 – W 1 S 14.50120, Rn. 21 juris; s. auch *Held* DVBl. 2016, 12, 14.

784 VG Würzburg, Beschl. v. 2.1.2015 – W 1 S 14.50120, Rn. 21 juris; s. auch *Held* DVBl. 2016, 12, 14.

785 VG Saarland, Urt. v. 8.10.2014 – 5 K 808/13, Rn. 41 juris; s. auch *Held* DVBl. 2016, 12, 15.

786 VG Würzburg, Beschl. v. 2.1.2015 – W 1 S 14.50120, Rn. 21 juris.

787 BVerwGE 117, 93, 115.

788 BVerwG, Beschl. v. 19.12.2013 – 9 B 44/13, Rn. 3 juris; kritisch *Erbguth*, Allgemeines Verwaltungsrecht, § 9 Rn. 5.

Darüber hinaus schränkt § 46 VwVfG bei den dort aufgezählten Verfahrensverstößen die Feststellung einer subjektiven Rechtsverletzung ein.[789] Ist nämlich offensichtlich, dass die Verletzung der dort genannten Verfahrensnormen die von der Behörde getroffene Entscheidung in der Sache nicht beeinflusst hat, kann der Rechtsbehelfsführer deren Aufhebung nicht allein aus diesem Grund beanspruchen. Hinter dieser auf die Ergebnisrichtigkeit abstellenden Norm verbergen sich verfahrensökonomische Erwägungen.[790] Die Gerichte sollen Sachentscheidungen der Verwaltung nicht allein wegen eines Verfahrensverstoßes aufheben müssen, welche die Behörden bei einer nunmehr korrekten Verfahrensweise sogleich wieder erlassen würden.[791] Erst vor kurzem betonte das BVerfG allerdings in Bezug auf den Grundsatz der Planerhaltung, dass bei Planungsverfahren erhebliche und berechtigte öffentliche Interessen daran bestehen, „dass diese regelmäßig zeit- und ressourcenaufwändigen Verfahren nicht wegen Mängeln aufgehoben und neu durchgeführt werden müssen, die auf das Ergebnis erkennbar keinen Einfluss gehabt haben."[792] Was die Unerheblichkeit eines solchen Abwägungsfehlers anbetrifft, sei jedoch mit Blick auf das Gewaltenteilungsprinzip eine Verneinung der Ergebniskausalität nicht in der Form möglich, dass das Gericht eine eigene hypothetische Abwägungsentscheidung anstelle der Verwaltung trifft.[793]

Nur ausnahmsweise enthalten Verfahrensvorschriften in Deutschland eigenständig gerichtlich durchsetzbare subjektive öffentliche Rechte, wenn sie unabhängig von etwaigen materiellen Rechten allein ein (möglicherweise verletztes) subjektives öffentliches Recht begründen und daher als „absolute Verfahrensrechte" einzustufen sind.[794] Nach der Rechtsprechung

---

789 *Hofmann* EurUP 2015, 266, 267 f.; *Schlacke* UTR 2016, 173, 176 f.; *Ziekow* NuR 2014, 229, 230.

790 BT-Drucks. 7/910, S. 66; *Greim*, Rechtsschutz bei Verfahrensfehlern, S. 25; *Guckelberger* JA 2014, 647, 650; *dies./Püttner* JuS 2001, 218, 219; s. auch *Schoch* VBlBW 2013, 361, 368 f.

791 *Maurer*, Allgemeines Verwaltungsrecht, § 10 Rn. 42, der aber selbst Bedenken an dieser Argumentation hat; *Pünder*, in: Ehlers/ders., Allgemeines Verwaltungsrecht, § 14 Rn. 77.

792 BVerfG NVwZ 2016, 524, 525.

793 BVerfG NVwZ 2016, 524, 526.

794 VG Würzburg, Beschl. v. 2.1.2015 – W 1 S 14.50120, Rn. 21 juris; zu diesen auch *Groß* Die Verw. 43 (2010), 349, 359; *Siegel*, Europäisierung des Öffentlichen Rechts, Rn. 222.

zeichnen sich solche Verfahrensvorschriften dadurch aus, „dass sie den Betroffenen in spezifischer Weise und unabhängig von einem materiellen Recht eine eigene, selbstständig durchsetzbare Rechtsposition gewähren wollen," die das Gericht zur Aufhebung der Sachentscheidung berechtigt.[795] Absolute Verfahrensrechte gewähren dem Begünstigten nicht nur ein Recht darauf, von den administrativen Stellen während des Verwaltungsverfahrens beteiligt zu werden, sondern darüber hinaus die Klagebefugnis in einem anschließenden Gerichtsverfahren.[796] Absolute Verfahrensrechte werden angenommen, wenn ihre Einhaltung für die Sachrichtigkeit der Entscheidung als essentiell eingestuft wird.[797] Exemplarisch dafür sei das Recht der Gemeinde auf Herstellung des Einvernehmens i. S. d. § 36 BauGB genannt.[798] Auf diese absoluten, weil „starken" Verfahrensrechte, findet § 46 VwVfG keine Anwendung,[799] d. h. die Gerichte heben die infrage stehende Behördenentscheidung allein wegen des Verfahrensfehlers unabhängig von seiner Auswirkung auf das materielle Entscheidungsergebnis auf.[800]

Wegen der nach dem traditionellen deutschen Verständnis vor allem für die Durchsetzung des materiellen Rechts dienenden Funktion des Verfahrens[801] werden absolute Verfahrensrechte bis heute als Fremdkörper im deutschen Recht empfunden und deshalb nur selten anerkannt.[802] Hinzu kommt, dass derartige absolute Rechte bei Großvorhaben für den Vorhabenträger ein „äußerst scharfes Schwert" beinhalten,[803] weshalb man aus

795 BVerwGE 117, 93, 115 f.; s. auch *Ziekow* NuR 2014, 229, 230.

796 *Steiger* VerwArch 107 (2016), 497, 506.

797 *Held* DVBl. 2016, 12, 14; nach *Steiger* VerwArch 107 (2016), 497, 506 wird das Verfahren um seiner selbst willen geschützt.

798 BVerwG NVwZ 2008, 1347, 1348; *Emmenegger*, in: Mann/Sennekamp/Uechtritz, VwVfG, § 46 Rn. 128; *Erbguth*, Allgemeines Verwaltungsrecht, § 9 Rn. 5; *Pünder*, in: Ehlers/ders., Allgemeines Verwaltungsrecht, § 14 Rn. 87.

799 *Held* DVBl. 2016, 12, 15; *Pünder*, in: Ehlers/ders., Allgemeines Verwaltungsrecht, § 14 Rn. 87; *Schwerdtfeger*, Der deutsche Verwaltungsrechtsschutz, S. 87.

800 *Hufen/Siegel*, Fehler im Verwaltungsverfahren, Rn. 46.

801 S. nur BT-Drucks. 16/2495, S. 14; BVerwGE 92, 258, 261; s. auch *Guckelberger*, in: Reinhardt, Wasserrecht im Umbruch, S. 69, 74 f.; *Pünder*, in: Ehlers/ders., Allgemeines Verwaltungsrecht, § 14 Rn. 77; *Schmidt-Aßmann* NVwZ 2007, 40, 41; *Schmidt-Preuß* NVwZ 2005, 489, 490.

802 Dazu *Appel/Singer* JuS 2007, 913, 915; *Siegel*, Europäisierung des Öffentlichen Rechts, Rn. 222; *Steiger* VerwArch 107 (2016), 497, 506; zum Ausnahmecharakter auch *Schlacke* UTR 2016, 173, 178.

803 So *Greim*, Rechtsschutz bei Verfahrensfehlern, S. 48.

Gründen einer angemessenen Ausbalancierung der konfligierenden Rechtspositionen solche nur zurückhaltend annimmt.[804] *Greim*, die sich ausführlich mit den absoluten Verfahrensrechten befasst hat, sieht in ihnen Ausnahmeerscheinungen, bei denen sich die Rechtsprechung ergebnisorientiert um eine passende Begründung für den jeweiligen Einzelfall bemüht.[805]

2. Größerer Stellenwert der unionsrechtlichen Verfahrensanforderungen

Bekanntermaßen weist das Unionsrecht in manchen Bereichen, wie im europäischen Subventions- und Umweltrecht, dem Verfahrensrecht einen gegenüber dem deutschen Verständnis größeren Stellenwert zu.[806] Das Unionsrecht misst dem Verfahren oft einen Eigenwert zu, indem die Richtigkeitsgewähr nicht nur durch die gerichtliche Kontrolle der Einhaltung des materiellen, sondern auch des Verfahrensrechts der behördlichen Entscheidungen erfolgt.[807] Das vom nationalen Kontext abweichende unionsrechtliche Verfahrensverständnis beruht auf der Einsicht, dass in manchen Bereichen die Einhaltung bestimmter Verfahrensschritte für die Erzielung inhaltlich richtiger Sachentscheidungen äußerst wichtig ist,[808] etwa weil die oft

---

804 *Greim*, Rechtsschutz bei Verfahrensfehlern, S. 48.

805 *Greim*, Rechtsschutz bei Verfahrensfehlern, S. 41 und auf S. 46 betont, dass bei genauerer Betrachtung die Rechtsprechung auch absolute Verfahrensrechte nie losgelöst vom materiellen Recht, sondern diese oft im Hinblick auf dahinter stehende materiell-rechtliche Rechtspositionen eingeräumt hat.

806 *Fehling* VVDStRL 70 (2011), 278, 317; *Kahl* NVwZ 2011, 449, 451; *Schlacke* UTR 2016, 173, 177; *Siegel*, Europäisierung des Öffentlichen Rechts, Rn. 221; *Steinbeiß-Winkelmann* NJW 2010, 1233, 1235; *Ziekow* NuR 2014, 229, 230. Zum geringeren Stellenwert des Verfahrens in Deutschland im Vergleich zu Frankreich *Ladenburger*, Verfahrensfehlerfolgen im französischen und deutschen Recht; zum englischen Recht *Schmidt-Aßmann* NVwZ 2007, 40, 41; s. auch *Hofmann* EurUP 2015, 266, 267; VG Osnabrück NuR 2016, 217, 219.

807 *Schlacke* UTR 2016, 173, 177.

808 *Böhm* UPR 2014, 201, 202; *Franzius*, in: Hoffmann-Riem/Schmidt-Aßmann/Voßkuhle, Grundlagen des Verwaltungsrechts, Bd. 1, § 4 Rn. 51; *Kment* EuR 2006, 201, 233.

vagen materiellen Normgehalte ihre Konkretisierung erst im Verfahren erfahren.[809] Des Weiteren fördert die erweiterte gerichtliche Durchsetzbarkeit solcher Bestimmungen den effet utile des Unionsrechts.[810]

Da der Wortlaut der sekundärrechtlichen Vorschriften zur Umsetzung von Art. 9 Abs. 2 AK (Art. 11 Abs. 1 UVP-Richtlinie 2011/92/EU und Art. 25 Abs. 1 IE-Richtlinie 2010/75/EU) keinen Konnex zwischen dem Verfahrensfehler und dem Inhalt der angefochtenen Behördenentscheidung voraussetzt, war lange unklar, ob und inwieweit die Aufrechterhaltung des bisherigen deutschen Verfahrensrechtsverständnisses mit den unionsrechtlichen Umweltrechtsschutzvorgaben kompatibel ist. Der EuGH stellte jedoch zwischenzeitlich in zwei Entscheidungen klar, dass trotz des uneingeschränkten Wortlauts der Sekundärrechtsnormen[811] auch im Umweltrecht weiterhin mit der deutschen Verfahrensfehlerdoktrin gearbeitet werden kann. Allerdings weist er darauf hin, dass angesichts des Wortlauts der Unionsrechtsnormen und im Hinblick auf den mit ihnen bezweckten weiten Gerichtszugang neben dem völligen Fehlen einer Umweltverträglichkeitsprüfung weitere schwerwiegende Verfahrensfehler unabhängig von ihren Auswirkungen auf den Inhalt der angefochtenen Behördenentscheidungen gerichtlich durchsetzbar und sanktionierbar sein müssen.[812] Infolge der Aufwertung des Verfahrensgedankens durch die UVP-Richtlinie 2011/92/EU als auch durch die dort eröffnete Rügefähigkeit ist sein Standpunkt wenig überraschend, dass auch Teilverstöße gegen die Richtlinie sanktionierbar sein müssen.[813] So komme der gerichtlichen Überprüfung der Einhaltung der Verfahrensgarantien in diesen Richtlinien, welche insbesondere auf eine bessere Information und Beteiligung der Öffentlichkeit

---

809 *Dolde* NVwZ 2006, 857, 863; *Franzius*, in: Hoffmann-Riem/Schmidt-Aßmann/Voßkuhle, Grundlagen des Verwaltungsrechts, Bd. 1, § 4 Rn. 54; *Guckelberger*, in: Reinhardt, Wasserrecht im Umbruch, S. 69, 75; *Voßkuhle*, Das Kompensationsprinzip, S. 63 ff. Zum oft anzutreffenden Kompromisscharakter der unionsrechtlichen Vorgaben, deren Richtigkeit und Entscheidungsgerechtigkeit im Wege eines korrekten und fairen Verfahrens zu präzisieren ist, *Schlecht*, Die Unbeachtlichkeit von Verfahrensfehlern, S. 166 f.

810 S. nur *Siegel*, Europäisierung des Öffentlichen Rechts, Rn. 221; *ders.* NJW 2014, 973, 974 f.; *Steinbeiß-Winkelmann* NJW 2010, 1233, 1235.

811 EuGH, Rs. C-72/12, NVwZ 2014, 49, 51; Rs. C-137/14, NVwZ 2015, 1665, 1667.

812 EuGH, Rs. C-72/12, NVwZ 2014, 49, 51; Rs. C-137/14 NVwZ 2015, 1665, 1667.

813 *Siegel* NJW 2014, 973, 974.

bei der Umweltverträglichkeitsprüfung öffentlicher und privater Projekte mit unter Umständen gravierenden Umweltauswirkungen abzielen, eine besondere Bedeutung zu.[814]

Andererseits berücksichtigt der EuGH bei seiner Argumentation die durch den Äquivalenz- und Effektivitätsgrundsatz begrenzte Verfahrensautonomie der Mitgliedstaaten zur Festlegung der Klagebefugnis, entweder im Sinne eines ausreichenden Interesses oder der Geltendmachung einer Rechtsverletzung.[815] „Unbestreitbar hat jedoch nicht jeder Verfahrensfehler zwangsläufig Folgen, die sich auf den Inhalt einer solchen Entscheidung auswirken können, so dass ein Fehler, bei dem dies nicht der Fall ist, denjenigen, der ihn geltend macht, nicht in seinen Rechten verletzt."[816] Deshalb hält der EuGH die Verneinung einer subjektiven Rechtsverletzung für möglich, „wenn nach den Umständen des konkreten Falls nachweislich die Möglichkeit besteht, dass die angegriffene Entscheidung ohne den geltend gemachten Verfahrensfehler nicht anders ausgefallen wäre".[817] Auch im Unionseigenverwaltungsrecht sowie in den anderen EU-Mitgliedstaaten sind nicht alle Verfahrensverstöße so bedeutsam bzw. wesentlich, dass sämtliche Verfahrensfehler zur Aufhebung der behördlichen Sachentscheidung führen müssen.[818] Abweichend zur Praxis mancher deutscher Verwaltungsgerichte dürfen jedoch insbesondere unter Berücksichtigung der Komplexität der Umweltverträglichkeitsprüfung und ihres technischen Charakters die hohen Kausalitäts- und Beweislastanforderungen nicht dem Rechtsbehelfsführer aufgebürdet werden.[819] Sonst würde den unionsrechtlichen Vorgaben ihre praktische Wirksamkeit genommen.[820] Darin sieht man einen weiteren Beleg, dass Verfahrensrechte eben gerade keine „Recht[e] zweiter Klasse" sind.[821] Vielmehr obliege die Feststellung, dass die Sachentscheidung ohne den Verfahrensfehler nicht anders ausgefallen wäre, den

814 EuGH, Rs. C-72/12, NVwZ 2014, 49, 52.

815 EuGH, Rs. C-72/12, NVwZ 2014, 49, 52; Rs. C-137/14, NVwZ 2015, 1665, 1666.

816 EuGH, Rs. C-72/12, NVwZ 2014, 49, 52.

817 EuGH, Rs. C-72/12, NVwZ 2014, 49, 52 f.; s. auch *Ziekow* NuR 2014, 229, 231.

818 S. dazu die Ausführungen von *Schlecht*, Die Unbeachtlichkeit von Verfahrensfehlern, S. 168 ff.; s. auch *Siegel* NJW 2014, 973, 975.

819 EuGH, Rs. C-72/12, NVwZ 2014, 49, 52 f.; Rs. C-137/14, NVwZ 2015, 1665, 1668; *Kahl* JZ 2016, 666, 670.

820 EuGH, Rs. C-137/14, NVwZ 2015, 1665, 1668.

821 *Kahl* JZ 2014, 722, 731; *Steiger* VerwArch 107 (2016), 497, 519.

Behörden oder Gerichten.[822] Generalanwältin *Kokott* hielt in ihren Schlussanträgen in der Rs. C-379/15 eine pauschale Heilung von Verstößen gegen verfahrensrechtliche Anforderungen im Kontext mit der UVP-Richtlinie für nicht möglich.[823] Im Umkehrschluss bedeutet dies aber auch, dass eine Heilung in Einzelfällen durchaus möglich sein kann.[824]

3. Implementierung der unionsrechtlichen Vorgaben

Nach all dem kann das Unionsrecht dazu führen, dass die deutschen Verwaltungsgerichte bei unionsrechtlich determinierten Sachverhalten in weitergehendem Maße als nach dem traditionellen deutschen Rechtsverständnis die Einhaltung von Verfahrensanforderungen gerichtlich prüfen können müssen. Weil das unionsrechtliche und deutsche Verfahrensrechtsverständnis oftmals voneinander abweichen, tritt hier ebenfalls die Frage auf, ob und welche normativen Stellschrauben verändert werden müssen bzw. werden sollen, um die aus Gründen des Unionsrechts gebotene weitergehende gerichtliche Durchsetzbarkeit einzelner seiner Verfahrensnormen zu bewirken.

Würde die Klagebefugnis von der Geltendmachung einer subjektiven Rechtsverletzung gelöst und zu der großzügigeren Interessentenklage übergegangen, wirkte sich dies auch auf die gerichtliche Durchsetzung von Verfahrensanforderungen aus. Allerdings gibt es in Deutschland bislang keine ausgefeilte Dogmatik zur Bestimmung zwischen dem für die Klage benötigten Interesse und den Verfahrensfehlern, es würde mithin Neuland betreten. Hinzu kommt, dass allein die geänderte Klagebefugnis nichts über die Möglichkeit und Zulässigkeit von Heilungs- und Unbeachtlichkeitsvorschriften bei Verfahrensfehlern aussagt.[825] Deshalb setzt die überwiegende Meinung weiterhin auf die gerichtliche Implementierung der unionsrechtli-

---

822 EuGH, Rs. C-72/12, NVwZ 2014, 49, 53; Rs. C-137/14, NVwZ 2015, 1665, 1668; s. auch *Steiger* VerwArch 107 (2016), 497, 519; *Ziekow* NuR 2014, 229, 231.

823 GA *Kokott*, Schlussanträge v. 28.4.2016 in der Rs. C-379/15 Rn. 45.

824 Näher dazu *Ziekow* NuR 2014, 229, 232; zu Unzulänglichkeiten des deutschen Rechts *Hofmann* EurUP 2015, 266, 270.

825 S. auch *Rennert*, in: Schenke/Suerbaum, Verwaltungsgerichtsbarkeit, S. 165, 173.

chen Vorgaben unter Rekurs auf die herkömmlichen subjektiven Rechtsschutzsysteme.[826] Verlangt das Unionsrecht die gerichtliche Durchsetzbarkeit von Verfahrensrechten unabhängig von ihren Auswirkungen auf das materielle Entscheidungsergebnis, kann dem durch die Annahme eines absoluten Verfahrensrechts genügt werden. Infolge der Aufwertung des Verfahrensgedankens in einigen unionsrechtlichen Bestimmungen verschiebt sich also das Verhältnis zwischen relativen und absoluten Verfahrensrechten in Deutschland etwas mehr zu den Letzteren hin.[827]

Dementsprechend hat der Bundesgesetzgeber in seiner 3. Novelle des UmwRG[828] in § 4 Abs. 1 UmwRG den Kreis der absoluten Verfahrensfehler erweitert, bei denen § 46 VwVfG nicht zur Anwendung kommt.[829] Nach der generalklauselartigen Regelung in § 4 Abs. 1 S. 1 Nr. 3 UmwRG[830] kann die Aufhebung der Entscheidung über die Zulassung bestimmter Vorhaben auch bei Verfahrensfehlern verlangt werden, die nicht geheilt wurden und nach ihrer Art und Schwere dem Fehlen einer erforderlichen Umweltverträglichkeitsprüfung bzw. der Vorprüfung des Einzelfalls der Feststellung der UVP-Pflichtigkeit oder der erforderlichen Öffentlichkeitsbeteiligung nach § 9 UVPG oder § 10 BImSchG gleichstehen, wenn dadurch der betroffenen Öffentlichkeit die Möglichkeit zur gesetzlich vorgesehenen Beteiligung am Entscheidungsprozess genommen wurde. Für alle anderen Verfahrensfehler bleibt dagegen § 46 VwVfG anwendbar (§ 4 Abs. 1a S. 1 UmwRG). In Reaktion auf die EuGH-Rechtsprechung wird nunmehr in § 4 Abs. 1a S. 2 UmwRG explizit festgelegt, dass, falls das Gericht nicht aufklären kann, ob ein solcher relativer Verfahrensfehler die Entscheidung in

---

826 Beispielsweise geht *Schlecht*, Die Unbeachtlichkeit von Verfahrensfehlern, S. 176 ff. davon aus, dass das Regel-Ausnahme-Verhältnis zwischen beachtlichen und unbeachtlichen Verfahrensfehlern im Unionsrecht und in Deutschland umgekehrt sei, es sich aber bei den unterschiedlichen Fehlerfolgenregimen um keine systematisch unvereinbaren Rechtskonzepte handle. S. auch *Böhm* UPR 2014, 201, 202; *Fellenberg* AnwBl. 2016, 648, 653; *Steinbeiß-Winkelmann* NVwZ 2016, 713, 718.

827 Dazu auch *Siegel*, Europäisierung des Öffentlichen Rechts, Rn. 224; *Steiger* VerwArch 107 (2016), 497, 499.

828 Gesetz zur Änderung des Umwelt-Rechtsbehelfsgesetzes zur Umsetzung des Urteils des Europäischen Gerichtshofs vom 7. November 2013, BGBl. 2015 I S. 2069 f.

829 BT-Drucks. 18/5927, S. 9.

830 *Kment/Lorenz* EurUP 2016, 47, 52.

der Sache beeinflusst hat, eine Beeinflussung vermutet wird. Laut der Begründung des Gesetzentwurfs haben die Gerichte im Rahmen ihrer Pflicht zur Erforschung des Sachverhalts von Amts wegen (§ 86 Abs. 1 VwGO) alle verfügbaren Erkenntnismöglichkeiten zur Aufklärung dieser Frage auszuschöpfen.[831] Der Gesetzentwurf zur Anpassung des Umwelt-Rechtsbehelfsgesetzes hält an dieser Unterscheidung zwischen absoluten und relativen Verfahrensfehlern fest, wobei die Regelung zu den Verfahrensfehlern angesichts der Umsetzung des Art. 9 Abs. 3 AK komplizierter wird und, was die Rechtsfolgen von Verfahrensfehlern bei Entscheidungen nach § 1 Abs. 1 Nrn. 3, 5, 6 UmwRG-E anbetrifft, nicht § 4 UmwRG, sondern die jeweiligen fachrechtlichen Regelungen einschließlich derer des VwVfG anwendbar sein sollen.[832]

Bei der Ausgestaltung der Folgen von Verfahrensfehlern im Umwelt-Rechtsbehelfsgesetz knüpft der Gesetzgeber an die bereits bekannte Unterscheidung zwischen schwerwiegenden und leichteren Verfahrensfehlern an.[833] Begrüßenswerter Weise übernimmt er selbst die Verantwortung für die Ausbalancierung der verschiedenen konfligierenden Rechtsgüter. Allerdings obliegt der Rechtsprechung die schwierige Aufgabe der Konkretisierung der Generalklausel in § 4 Abs. 1 S. 1 Nr. 3 UmwRG.[834] Zur Vermeidung von Unionsrechtswidrigkeiten sollte die Rechtsprechung diese Regelung im Zweifel eher weit auslegen.[835] Während bei den absoluten Verfahrensfehlern, wie dies schon bislang gang und gäbe ist, § 46 VwVfG keine Anwendung findet,[836] gilt bei den in § 4 Abs. 1a UmwRG genannten relativen Verfahrensfehlern § 46 VwVfG in modifizierter Form.[837] Leider konnte sich der Gesetzgeber bislang nicht dazu durchringen, die Regelung in § 4a Abs. 1 S. 2 UmwRG zur gerichtlichen Unaufklärbarkeit der Beeinflussung der behördlichen Sachentscheidung durch den Verfahrensfehler zu verallgemeinern. Eine solche Verallgemeinerung empfiehlt sich, um in weiteren Konstellationen einer Beanstandung der Handhabung des § 46 VwVfG in

---

831 BT-Drucks. 18/5927, S. 10; *Kment/Lorenz* EurUP 2016, 47, 52; *Schlacke* UTR 2016, 173, 184.

832 BT-Drucks. 18/9526, S. 40 f.

833 S. auch *Schlacke* UTR 2016, 173, 183 f.

834 *Schlacke* UTR 2016, 173, 182 f., die dabei auch auf die Hinweise in der Begründung des Gesetzentwurfs eingeht.

835 *Schlacke* UTR 2016, 173, 187.

836 VGH Kassel NuR 2016, 258.

837 Zur Notwendigkeit einer umsetzenden Regelung *Ziekow* NuR 2014, 229, 232.

seiner gegenwärtigen Gestalt als unionrechtswidrig zu begegnen.[838] Mit einer knappen Mehrheit votierte der 71. Deutsche Juristentag für eine solche Verallgemeinerung.[839]

Umstritten ist, welche Konsequenzen die beiden EuGH-Entscheidungen in den Rs. C-73/12 und C-570/13 für die Klagebefugnis von Einzelklägern in Bezug auf Verfahrensfehler haben. Mehrere Stimmen in der Literatur sowie das OVG Nordrhein-Westfalen haben sich unter Rekurs auf den effet utile des Unionsrechts dafür ausgesprochen, dass auch Einzelpersonen als Mitglieder der betroffenen Öffentlichkeit schwerwiegende Verfahrensfehler im Wege eines von einer materiellen Rechtsposition losgelösten subjektiven öffentlichen Rechts gerichtlich durchsetzen können müssen.[840] Abgesehen von den enteignungsrechtlich Betroffenen würde es sonst kaum Individualpersonen geben, welche die Einhaltung dieser Verfahrensvorschriften einfordern könnten.[841] Es widerspreche dem angestrebten weiten Gerichtszugang nach Art. 11 Abs. 1 UVP-Richtlinie 2011/92/EU, wenn das über die absoluten Verfahrensfehler erweiterte gerichtliche Prüfprogramm mangels Klagebefugnis der Einzelnen nicht zur Anwendung kommen könnte.[842] Demgegenüber bezieht sich nach dem 7. Senat des BVerwG der von § 46 Abs. 1 VwVfG dispensierende § 4 Abs. 1 UmwRG, der über Absatz 3 auch für Beteiligte i. S. d. § 61 Nrn. 1, 2 VwGO gilt, nur auf die

838 Dies liegt insbesondere dann nahe, wenn man, wie z. B. *Kahl* JZ 2016, 666, 670 und *Kment/Lorenz* EurUP 2016, 47, 53 f. annimmt, dass § 46 VwVfG in der Praxis falsch gehandhabt wurde und schon früher als jetzt durch den EuGH hätte ausgelegt werden müssen. Dazu, dass die jüngste Rechtsprechung des BVerfG, Nichtannahmebeschl. v. 16.12.2015 – 1 BvR 685/12, Rn. 19 juris zur Planerhaltung sich im Ergebnis mit der Haltung des EuGH deckt, s. die Ausführungen im Referat auf dem 71. DJT über den Funktionswandel der Verwaltungsgerichtsbarkeit von Prof. Dr. Martin *Beckmann*.

839 Beschlüsse 71. Deutscher Juristentag Essen 2016, S. 28 unter Nr. 20.

840 OVG Münster ZUR 2015, 492, 493; *Gärditz* JuS 2009, 385, 390; *Held* NVwZ 2012, 461, 463; *Kahl* JZ 2014, 722, 732; *ders.*, JZ 2016, 666, 668 f.; *Steiger* VerwArch 107 (2016), 497, 517; *Ziekow* NuR 2014, 229, 234.

841 *Schlacke*, in: Gärditz, VwGO, § 4 UmwRG Rn. 42; *dies.* UTR 2016, 173, 181, 186, die infolge der zwischenzeitlichen Änderung des UmwRG angesichts der Gesetzesbegründung die Frage für beantwortet hält. *Ziekow* NuR 2014, 229, 233; zur Sonderstellung der enteignungsrechtlich Betroffenen BVerwGE 67, 74, 76; BVerwG NVwZ 1999, 528, 530 f.; auch *Greim*, Rechtsschutz bei Verfahrensfehlern, S. 66; *Groß* Die Verw. 43 (2010), 349, 353; *Guckelberger* JA 2014, 647, 650.

842 OVG Münster ZUR 2015, 492, 493.

Begründetheit des Rechtsbehelfs, weshalb die jeweilige Verwaltungsentscheidung lediglich „auf die Klage eines gem. § 42 Abs. 2 VwGO klagebefugten Dritten“ hin aufzuheben ist.[843] Dass § 4 Abs. 3 i. V. m. Abs. 1 UmwRG bei Klagen von Nichtverbänden eine anderweitig begründete Klagebefugnis voraussetzen soll, wird damit erklärt, ausweislich der Materialien des Umwelt-Rechtsbehelfsgesetzes habe man weiterhin am bestehenden System des Individualrechtsschutzes festhalten und keine hiervon abweichende, eigenständige Rechtsbehelfsbefugnis einführen wollen.[844] *Ludwigs* befürchtet, andernfalls würde die in Art. 11 UVP-Richtlinie 2011/92/EU bzw. Art. 25 IE-Richtlinie 2010/75/EU angelegte Unterscheidung zwischen Umweltverbänden sowie natürlichen und juristischen Personen eingeebnet.[845]

An dieser Stelle zeigt sich erneut, dass die Schutznormtheorie einerseits flexibel genug ist, um unionsrechtliche Rechtsschutzanforderungen aufzufangen.[846] Andererseits kann sie je nach eingenommener Haltung aber auch dessen wirksame Umsetzung beeinträchtigen. Historisch zielten die Richtlinienvorgaben zum Gerichtszugang in der UVP- und IE-Richtlinie insbesondere darauf ab, Rechtsschutzmöglichkeiten für Verbände, die bislang keinen Gerichtszugang in Umweltangelegenheiten hatten, zu eröffnen und ihnen daher eine vergleichbare Stellung wie den nach herkömmlichem Recht klagebefugten Personen einzuräumen. Um dies auf jeden Fall sicherzustellen, wird bei den Umweltschutzvereinigungen unabhängig vom Rechtsschutzmodell des jeweiligen Mitgliedstaats die Klagebefugnis fingiert,[847] wodurch sie gegenüber natürlichen und juristischen Personen „privilegiert“ werden.[848] Es mutet aber befremdlich an, wenn man nun angesichts dieser Zielsetzung argumentiert, dass die Rechtsstellung der zuletzt genannten Personen aus Gründen der Unterscheidbarkeit deutlich hinter

843 BVerwG NVwZ 2016, 308, 310; ebenso OVG Lüneburg, Beschl. v. 3.11.2016 – 12 ME 131/16, Rn. 30 juris; OVG Magdeburg, Urt. v. 21.9.2016 – 2 L 98/13, Rn. 64 juris.

844 BVerwG NVwZ 2012, 573, 575; BT-Drucks. 16/2495, S. 7 f.

845 *Ludwigs* NVwZ 2016, 314, 315.

846 Deswegen spricht sich *Ebers*, Rechte, S. 193 für ihre Beibehaltung aus.

847 Zu dieser Fiktion, aber auch anderen Erklärungen *Sommerfeldt*, Die Verbandsklage, S. 90 ff.

848 *Sommerfeldt*, Die Verbandsklage, S. 96 betont dann auch, dass das Anliegen der Konvention nicht die rechtfertigungsbedürftige Besserstellung von nichtstaatlichen Organisationen sei, sondern diese sich aufgrund ihrer Sachkompetenz zur Sicherung eines hohen Umweltschutzniveaus engagieren sollen.

derjenigen der Verbände zurückbleiben müsste. Dies wird dem Umstand nicht gerecht, dass für alle dort Genannten ein weiter Gerichtszugang in Umweltangelegenheiten angestrebt wird.

Insoweit sei auf die Entscheidung des EuGH in der Rs. C-570/13 zum österreichischen Recht verwiesen, welches das Beschwerderecht bei UVP-Entscheidungen bei bestimmten öffentlichen und privaten Projekten zwar den Projektbewerbern, mitwirkenden Behörden, dem Umweltanwalt und Standortgemeinden, nicht jedoch einer Vielzahl von Privatpersonen, insbesondere den Nachbarn, zusprach.[849] Der EuGH legte zunächst dar, dass nicht alle Mitglieder der betroffenen Öffentlichkeit, sondern nur diejenigen, die ein ausreichendes Interesse haben oder sich auf eine Rechtsverletzung berufen können, Zugang zu einem Gerichtsverfahren haben müssten.[850] Die Umsetzung, was als ausreichendes Interesse und als Rechtsverletzung gilt, hat unter Beachtung des Ziels der Richtlinienvorgaben durch die Mitgliedstaaten zu erfolgen,[851] denen in dieser Hinsicht ein weiter Spielraum zukommt.[852] Deshalb stehe es dem Gesetzgeber frei, die Rechte, deren Verletzung der Einzelne geltend machen kann, auf individuelle Rechte zu begrenzen, „die nach dem nationalen Recht als subjektiv-öffentliche Rechte qualifiziert werden können“.[853]

Im Hinblick auf den intendierten weiten Gerichtszugang dürften jedoch die diesbezüglichen Richtlinienvorgaben über die Rechtsbehelfsmöglichkeiten für die Mitglieder der Öffentlichkeit „nicht restriktiv ausgelegt werden“.[854] Damit lasse sich der nahezu vollständige Ausschluss der Nachbarn von der Möglichkeit, die Nichtdurchführung einer Umweltverträglichkeitsprüfung mit einem Rechtsbehelf gegen diese Entscheidung oder die spätere Genehmigungsentscheidung anzufechten, nicht in Einklang bringen,[855] wenn diese im Genehmigungsverfahren Einwendungen gegen das Vorhaben wegen der Gefährdung ihres Lebens, ihrer Gesundheit oder ihres Ei-

849 EuGH, Rs. C-570/13, NuR 2015, 321 ff.
850 EuGH, Rs. C-570/13, NuR 2015, 321, 323.
851 EuGH, Rs. C-570/13, NuR 2015, 321, 323.
852 EuGH, Rs. C-570/13, NuR 2015, 321, 324.
853 EuGH, Rs. C-570/13, NuR 2015, 321, 324.
854 EuGH, Rs. C-570/13, NuR 2015, 321, 324.
855 EuGH, Rs. C-570/13, NuR 2015, 321, 324.

gentums oder im Hinblick auf die Belästigung durch dieses vortragen könnten.[856] Dies deutet auf einen Mittelweg zwischen den soeben geschilderten beiden Positionen hin. Um den unterschiedlichen Positionen in Rechtsprechung und Wissenschaft über die Einklagbarkeit von UVP-Fehlern bei natürlichen und juristischen Personen entgegenzuwirken, sollte der Gesetzgeber eine klare und eindeutige Regelung treffen. Dementsprechend stellte sich der 71. Deutsche Juristentag auf den Standpunkt, dass der Gesetzgeber in geeigneten Fällen ausdrücklich regeln sollte, ob und inwieweit Verfahrensvorschriften ein subjektives Recht vermitteln.[857]

4. Modifizierung des § 44a VwGO?

Auf dem Deutschen Juristentag im Jahre 1986 befürwortete die Mehrheit der Abstimmenden zur Verbesserung des Drittschutzes im Verfahren eine Änderung des § 44a VwGO dahingehend, „daß rechtzeitiger Rechtsschutz gegen behördliche Verfahrenshandlungen gewährleistet wird (Zwischenverfahren)“.[858] Getan hat sich jedoch bislang nichts. Da sich aus dem Unionsrecht die Notwendigkeit einer weitergehenden gerichtlichen Kontrolle und Sanktionierung von Verfahrensfehlern ergeben kann, wird seit geraumer Zeit erneut eine Modifizierung des § 44a VwGO diskutiert.

Nach dieser Regelung dürfen Rechtsbehelfe gegen behördliche Verfahrenshandlungen erst mit den gegen die Sachentscheidung zulässigen Rechtsbehelfen geltend gemacht werden. Infolgedessen sind selbstständige Rechtsbehelfe gegen behördliche Maßnahmen, die als Teil eines konkreten Verwaltungsverfahrens und nicht als Sachentscheidung selbst in materielle Rechtspositionen eingreifen, im Regelfall nicht möglich.[859] Anders ausgedrückt beschränkt § 44a VwGO die Verwaltungsgerichte auf einen nachträglichen anstelle eines verfahrensbegleitenden Rechtsschutzes.[860] Mit der

856 EuGH, Rs. C-570/13, NuR 2015, 321, 324, der in Rn. 49 darauf verweist, dass ein solches Verfahren in erster Linie dem Schutz des privaten Interesses des Einzelnen diene und keine spezifischen Umweltziele im Interesse der Gemeinschaft verfolge.

857 Beschlüsse 71. Deutscher Juristentag Essen 2016, S. 26 f. unter 16 c.

858 Verhandlungen des 56. DJT, Bd. 2, L 263 unter 9.

859 OVG Münster, Urt. v. 1.6.2015 – 1 A 11/14, Rn. 25 juris.

860 *Schlecht*, Die Unbeachtlichkeit von Verfahrensfehlern, S. 56; *Ziekow* NVwZ 2005, 263, 264.

so bewirkten Rechtsschutzkonzentration möchte man eine unnötige, möglicherweise sogar mehrfache Inanspruchnahme der Gerichte in derselben Angelegenheit vermeiden und auf eine effektive, zügige Erreichung des Prozessziels hinwirken.[861] Für eine isolierte Anfechtbarkeit von Verfahrenshandlungen fehle ein Bedürfnis, da noch gar nicht sicher sei, ob eine für den Einzelnen nachteilige Sachentscheidung erfolge.[862] Nur bei den in § 44a S. 2 VwGO genannten behördlichen Verfahrenshandlungen, die entweder vollstreckt werden können oder gegen einen Nichtbeteiligten ergehen, können die Verwaltungsgerichte unabhängig von der Sachentscheidung um Rechtsschutz ersucht werden.

Es herrscht weitgehend Einigkeit, dass aufgrund der verfassungsrechtlichen Garantie des effektiven Rechtsschutzes in Art. 19 Abs. 4 S. 1 GG vereinzelt eine über § 44 S. 2 VwGO hinausgehende selbstständige gerichtliche Überprüfung von Verfahrenshandlungen geboten sein kann.[863] Voraussetzung dafür ist, dass dem Rechtsuchenden durch den gerichtlichen Ausschluss der selbstständigen Überprüfung der Verfahrenshandlung unzumutbare, in einem späteren Prozess über die Sachentscheidung nicht mehr vollständig zu beseitigende Nachteile entstehen.[864] Bejaht wird dies, „wenn bei einer Abwägung zwischen dem von § 44a Satz 1 VwGO verfolgten Zweck der Gewährleistung eines effektiven Verwaltungsverfahrens und den Belangen des Betroffenen Letzteren eindeutig der Vorrang einzuräumen ist, insbesondere deshalb, weil die negativen Folgen für diesen besonders schwer wiegen".[865] Aus diesem Grund können nach dem OVG Nordrhein-Westfalen in materielle Rechtspositionen des Betroffenen eingreifende

861 BVerwGE 134, 368, 374; OVG Münster, Urt. v. 1.6.2015 – 1 A 11/14, Rn. 25 juris; *Dünchheim*, Verwaltungsprozeßrecht unter europäischem Einfluß, S. 169; *Pünder*, in: Ehlers/ders., Allgemeines Verwaltungsrecht, § 14 Rn. 90; *Schlecht*, Die Unbeachtlichkeit von Verfahrensfehlern, S. 56.

862 *Hill*, Das fehlerhafte Verfahren und seine Folgen im Verwaltungsrecht, S. 44; *Schlecht*, Die Unbeachtlichkeit von Verfahrensfehlern, S. 57.

863 OVG Münster, Urt. v. 1.6.2015 1 A 11/14, Rn. 25 juris; *Gärditz*, in: ders., VwGO, § 44a VwGO Rn. 18; *W.-R. Schenke*, in: Kopp/Schenke, VwGO, § 44a Rn. 8; *Ziekow*, in: Sodan/ders., VwGO, § 44a Rn. 73 f.; i. E. ebenso, aber sich für eine teleologische Reduktion des § 44a S. 1 VwGO aussprechend, *Schmidt-Aßmann*, Kohärenz und Konsistenz, S. 238.

864 OVG Münster, Urt. v. 1.6.2015 – 1 A 11/14, Rn. 33 juris.

865 OVG Münster, Urt. v. 1.6.2015 – 1 A 11/14, Rn. 33 juris.

Verfahrenshandlungen mit einer im Verhältnis zur abschließenden Sachentscheidung andersartigen Beschwer Gegenstand eines gerichtlichen Kontrollverfahrens sein.[866]

In seiner Garzweiler-Entscheidung hatte das BVerfG grundsätzlich keine Bedenken, wenn der Gesetzgeber den Betroffenen auch in komplexen Verfahren Rechtsschutzmöglichkeiten erst gegen die abschließende Sachentscheidung ermöglicht, zumal § 44a VwGO die Betroffenen dadurch von einer vorherigen Anfechtung entbindet.[867] Allerdings müsse gewährleistet sein, dass eine umfassende und effektive Überprüfung der Sachentscheidung einschließlich der Vorentscheidungen erfolge.[868] Sollte eine solche Kontrolle zwar vorgesehen, aber mit Rücksicht auf die Dauer und Komplexität der Verwaltungsverfahren realistischerweise nicht zu erwarten sein, sei dies mit Art. 14 i. V. m. Art. 19 Abs. 4 GG unvereinbar.[869] Selbst wenn das Verfassungsrecht keine selbstständige Anfechtbarkeit von Verfahrenshandlungen gebietet, könnte eine solche insbesondere bei Zulassungsentscheidungen über (Groß-)Vorhaben sinnvoll sein, statt diese erst ganz am Ende wegen eines Verfahrensfehlers zu Fall zu bringen.[870]

Bislang finden sich nur wenige Abhandlungen zu den Auswirkungen des Unionsrechts auf § 44a VwGO.[871] Hervorzuheben ist in dieser Hinsicht eine Entscheidung des EuGH aus dem Jahre 2010, deren Inhalt beinahe ähnlich wie die Garzweiler-Entscheidung des BVerfG aus dem Jahre 2014 ausfiel. Nach Meinung des EuGH verstößt es nicht gegen das Recht auf einen wirksamen Rechtsbehelf, wenn die Rechtmäßigkeit einer Entscheidung im beschleunigten Verfahren über einen Asylantrag erst im Rahmen eines Rechtsbehelfs gegen die endgültige Sachentscheidung gerichtlich überprüft

---

866 OVG Münster, Urt. v. 1.6.2015 – 1 A 11/14, Rn. 33 juris.

867 BVerfG DVBl. 2014, 175, 177; s. auch BVerfG NJW 2016, 3425, 3428.

868 BVerfG DVBl. 2014, 175, 177.

869 BVerfG DVBl. 2014, 175, 177; dazu auch *Knappe* DVBl. 2016, 276, 280 f.

870 Z. B. *Durner* NuR 2012, 369, 372 f.; *Franzius*, in: FS für Michael Kloepfer, S. 377, 394 ff.; zur Entwertung aufwändiger Vorleistungen auch *Gärditz* NVwZ 2014, 1, 10.

871 Zu den Aufweichungen dieses Prinzips durch das Unionsrecht, insbesondere im Vergaberecht, *Saurer*, Der Einzelne im europäischen Verwaltungsrecht, S. 374; dazu, dass § 44a VwGO auf die Einräumung eigenständiger materieller Rechtspositionen, wie z. B. des Anspruchs auf Zugang zu Umweltinformationen, keine Anwendung findet, *Dünchheim*, Verwaltungsprozeßrecht unter europäischem Einfluß, S. 172 f.; zur Untätigkeitsklage auf Entscheidung über einen Asylantrag VG München NVwZ 2016, 486 ff.

wird.[872] Die Gründe für die Durchführung eines beschleunigten Verfahrens müssten aber später im Rahmen des Rechtsbehelfs gegen diese endgültige Entscheidung wirksam angefochten und geprüft werden können.[873] Die sekundärrechtlichen Vorschriften zum Rechtsschutz in Umweltangelegenheiten überlassen grundsätzlich den Mitgliedstaaten die Festlegung, in welchem Verfahrensstadium die Entscheidungen, Handlungen oder Unterlassungen der Behörden angefochten werden können.[874] Auch hier geht es also vorwiegend um rechtspolitische Erwägungen, weil die Möglichkeit eines Zwischenstreits bei Verfahrensfehlern das bei einem erst gegen die Zulassungsentscheidung zulässigen und begründeten Rechtsbehelf erforderliche Zurückdrehen des Verfahrens vermeiden kann.[875] Jedoch wird von Teilen des Schrifttums wegen der Gleichstellung der materiellen und der Verfahrensfehler in Art. 9 Abs. 2 AK zwar nicht aus unions-, wohl aber aus völkerrechtlichen Gründen die Notwendigkeit eines früher einsetzenden Rechtsschutzes bei Verfahrensfehlern befürwortet.[876] Auf dieser Linie liegt das Urteil des EuGH vom 8.11.2016. Danach stehen Art. 47 GRCh i. V. m. Art. 9 Abs. 2, 4 AK einer Auslegung des nationalen Rechts entgegen, dass die Klage einer Umweltschutzorganisation gegen die Versagung der Stellung als Beteiligten eines Verwaltungsverfahrens automatisch abgewiesen wird, wenn die Genehmigung für ein Vorhaben erteilt wird, in dessen Erlassverfahren die Beteiligtenstellung nicht zwingend geprüft wurde und dieses beendet werden konnte, bevor eine endgültige gerichtliche Entscheidung über diese Stellung ergangen ist. Es sei unionsrechtswidrig, in dieser Konstellation die Umweltschutzorganisation zur Erhebung einer Klage an-

872 EuGH, Rs. C-69/10, NVwZ 2011, 1380, 1383.

873 EuGH, Rs. C-69/10, NVwZ 2011, 1380, 1383.

874 Art. 25 Abs. 2 IE-Richtlinie 2010/75/EU; Art. 11 Abs. 2 UVP-Richtlinie 2011/92/EU. Anders verhält es sich dagegen in Bezug auf die Zugangsansprüche zu Umweltinformationen, dazu *Ehlers* DVBl. 2004, 1441, 1446. Für eine selbstständige Einklagbarkeit absoluter Verfahrensrechte *Kadelbach*, Allgemeines Verwaltungsrecht, S. 422; *Schoch*, Die Europäisierung des verwaltungsgerichtlichen Rechtsschutzes, S. 39.

875 *Greim*, Rechtsschutz bei Verfahrensfehlern, S. 148; *Ziekow* NuR 2014, 229, 235; a. A. *Dünchheim*, Verwaltungsprozeßrecht unter europäischem Einfluß, S. 175 in Bezug auf die dort genannten UVP-Rechte.

876 *Saurer*, Der Einzelne im europäischen Verwaltungsrecht, S. 375.

derer Art zu zwingen, um die Beteiligtenstellung zu erlangen und die gerichtliche Prüfung der Einhaltung des Art. 6 Abs. 3 Richtlinie 92/43/EWG verlangen zu können.[877]

Als ein Bereich, in dem § 44a VwGO künftig aus unionsrechtlichen Gründen anders gehandhabt werden muss, ist das Datenschutzrecht zu benennen. Art. 78 Abs. 1 EU-DSGVO gewährt jeder natürlichen oder juristischen Person das Recht auf einen wirksamen Rechtsbehelf „gegen einen sie betreffenden rechtsverbindlichen Beschluss einer Aufsichtsbehörde". Da solche Beschlüsse in Wahrnehmung von Untersuchungsbefugnissen des Art. 58 Abs. 1 EU-DSGVO liegen können, die der Sachverhaltsaufklärung und nur der Vorbereitung von Abhilfeentscheidungen dienen, muss der Einzelne wegen Art. 78 Abs. 1 EU-DSGVO verwaltungsgerichtlichen Rechtsschutz gegen diese vorgelagerten Maßnahmen erhalten können.[878] Weil die in Art. 288 Abs. 4 AEUV geregelten Beschlüsse sich nicht mit dem deutschen Verständnis der Verwaltungsaktskriterien in § 35 VwVfG decken, müssen diese Maßnahmen, die nach herkömmlichem deutschen Verständnis oft nur vorbereitende Verfahrenshandlungen sind, eigenständig anfechtbar sein.[879] Laut Erwägungsgrund (143) Satz 5 EU-DSGVO ist von einem Beschluss i. S. d. Rechts auf einen wirksamen Rechtsbehelf insbesondere bei der Ausübung von Untersuchungsbefugnissen durch die Aufsichtsbehörde auszugehen.[880] Während sich zwar in manchen dieser Fälle eine isolierte Anfechtbarkeit aufgrund von § 44a S. 2 VwGO ergeben mag, liegt es nahe, in den anderen nicht erfassten Konstellationen die Einschlägigkeit des § 44a VwGO infolge des Anwendungsvorrangs von Art. 78 Abs. 1 EU-DSGVO zu verneinen.[881] Hinsichtlich der Rechtsschutzprobleme nach Maßgabe des Trennungsmodells bei der europäischen Verbundverwaltung setzt sich zunehmend die Erkenntnis durch, dass mitgliedstaatliche Beiträge zu Sachentscheidungen auf Unionsebene bei Bedarf aus Gründen effektiven Rechtsschutzes abweichend von § 44a VwGO von den Verwaltungsgerichten kontrollierbar sein müssten.[882]

877 EuGH, Rs. C-243/15, NuR 2016, 840, 844 f.

878 *Sydow* ZG 2016, 237, 247.

879 *Sydow* ZG 2016, 237, 247.

880 *Sydow* ZG 2016, 273, 248.

881 *Sydow* ZG 2016, 273, 248 f.

882 *Glaser*, Die Entwicklung des europäischen Verwaltungsrechts, S. 587; *Siegel*, Europäisierung des Öffentlichen Rechts, Rn. 433.

Alles in allem kann man festhalten, dass die in § 44a S. 1 VwGO enthaltene Regelung, dass Verfahrenshandlungen erst zusammen mit der abschließenden Sachentscheidung angreifbar sind, teils aus verfassungsrechtlichen und teils aus unionsrechtlichen Gründen durchbrochen wird. Es handelt sich hierbei aber bislang um Ausnahmesituationen, sodass der Grundsatz weiterhin seine Berechtigung behält. Betrachtet man die unionsrechtlichen Vorgaben, welche derartige Abweichungen gebieten können, lassen sich diese bislang nur schwer auf einen einheitlichen Nenner bringen. Wegen des engen Zusammenhangs zwischen § 44a VwGO und den diversen Verfahrensnormen liegt es nahe, diese zentrale Rechtsschutzvorschrift erst in dem Moment zu ändern, in dem man sich auf eine einheitliche Position zum Verfahrensverständnis geeinigt hat. Momentan dürften die Chancen zu einer grundlegenden Änderung des § 44a VwGO als gering einzuschätzen sein, wie man an Bemerkungen erkennen kann, wonach „ein derartiger Systemwechsel beim Rechtsschutz einen Traditionsbruch im deutschen Recht darstellen würde".[883] Dementsprechend wird im gegenwärtigen Umwelt-Rechtsbehelfsgesetz und im Gesetzentwurf zu seiner Änderung explizit auf die Geltung des § 44a VwGO verwiesen.[884]

§ 44a VwGO sollte daher zunächst punktuell in Bereichen geändert werden, in denen dies entweder aus unionsrechtlichen Gründen zwingend oder zumindest rechtspolitisch sinnvoll ist. Je mehr sich aus dem Unionsrecht die Notwendigkeit absoluter Verfahrensvorschriften ergibt, desto dringlicher wird diese Diskussion jedenfalls bei komplexen Zulassungsverfahren. Derartige Änderungen könnten zugleich zum Anlass genommen werden, die aus verfassungsrechtlicher Sicht zu enge Formulierung der Ausnahmen in § 44a S. 2 VwGO normativ besser umzusetzen.[885]

VI. Modifizierung des Untersuchungsgrundsatzes?

Unter anderem weil die erweiterte Einklagbarkeit unionsrechtlicher Rechte einschließlich der Verbandsklage zu mehr Arbeit für die Verwaltungsgerichtsbarkeit führen kann bzw. führt, stellen Teile des Schrifttums Überlegungen zu einer Modifizierung des Untersuchungsgrundsatzes an, der die

883 *Greim*, Rechtsschutz bei Verfahrensfehlern, S. 148 f.

884 BT-Drucks. 18/9526, S. 8, 37.

885 An dieser Stelle möchte ich meinem wissenschaftlichen Mitarbeiter *Manuel Kollmann* für seinen Hinweis danken.

Verwaltungsgerichte zur Erforschung des Sachverhalts von Amts wegen anhält (§ 86 Abs. 1 S. 1 Hs. 1 VwGO). Aus historischer Perspektive hat man sich bei der Etablierung der Verwaltungsgerichte in Deutschland bewusst für eine Abweichung von dem im Zivilprozess geltenden Verhandlungsgrundsatz entschieden, weil dieser mit der Privatautonomie in Verbindung gebracht wurde.[886] Dementsprechend heißt es in den Materialien zur Verwaltungsgerichtsordnung aus dem Jahre 1957: „Hier werden im Verwaltungsgerichtsprozeß seit jeher bewährte allgemeine Verfahrensgrundsätze wiedergegeben.“[887] Für die Verwaltungsgerichtsbarkeit soll ein anderer Grundsatz als für die Zivilgerichtsbarkeit gelten, um einerseits die Unabhängigkeit sowie Flexibilität der Verwaltung zu wahren, andererseits dem besonderen öffentlichen Interesse an richtigen staatlichen Entscheidungen Rechnung zu tragen sowie auf die Ungleichheit der Parteien und deren besonderen Schutzbedürfnisse Rücksicht zu nehmen.[888] Als man im Jahre 1985 den Erlass einer vereinheitlichten Verwaltungsprozessordnung (VwPO) in Erwägung zog, wurde die Beibehaltung des Untersuchungsgrundsatzes als selbstverständlich angesehen, wobei wie bisher die Beantwortung der Frage Rechtsprechung und Wissenschaft überlassen bleibt, „inwieweit der Amtsermittlungspflicht Grenzen gesetzt sind, wenn die Beteiligten ihrer Mitwirkungspflicht nicht nachkommen“.[889]

In jüngerer Zeit mehren sich Äußerungen, die auf die Möglichkeit oder gar das Gebotensein einer partiellen oder generellen Modifizierung des § 86 VwGO in seiner aktuellen Gestalt hindeuten. So wird vertreten, dass bei der Verletztenklage angesichts ihres individuellen Charakters an und für sich die Geltung des Beibringungsgrundsatzes näher liegen würde.[890] Demgegenüber würden in Rechtsschutzsystemen von EU-Mitgliedstaaten, die mehr auf eine objektive Kontrolle der Verwaltung durch die Gerichte abzielten, gute Gründe für eine gerichtliche Amtsermittlung sowie eine um-

---

886 *Nolte*, Die Eigenart des verwaltungsgerichtlichen Rechtsschutzes, S. 19; s. auch *Reimer*, Verfahrenstheorie, S. 202 f.

887 BT-Drucks. 3/55, S. 40.

888 *Nolte*, Die Eigenart des verwaltungsgerichtlichen Rechtsschutzes, S. 43, der diese Begründung auf S. 159 aber für zweifelhaft hält.

889 BT-Drucks. 10/3437, S. 117.

890 *Rennert* DVBl. 2015, 793, 794; *ders.*, in: Schenke/Suerbaum, Verwaltungsgerichtsbarkeit, S. 165, 169.

fassende gerichtliche Kontrolle sprechen und sei bei ihnen jede Beschränkung der Gerichtskontrolle begründungsbedürftig.[891] Die zuletzt aufgestellte Annahme lässt sich rechtsvergleichend jedoch in dieser Verallgemeinerung nicht bestätigen. Denn oftmals kommen Staaten mit einem weiten Gerichtszugang ohne Untersuchungsgrundsatz aus.[892]

1. Wechsel zum Beibringungsgrundsatz?

Betont man die individualschutzrechtliche Funktion der Verwaltungsgerichtsbarkeit, könnte sich ein Wechsel vom Untersuchungsgrundsatz hin zum Beibringungsgrundsatz anbieten, da die Einzelnen ohnehin frei über die Geltendmachung ihrer Rechte entscheiden.[893] Die Dispositionsmaxime korrespondiere ihrer Stellung als freie und mündige Personen.[894] Die BürgerInnen seien der Verwaltung im Verwaltungsprozess nicht per se unterlegen.[895] Das gerichtliche Verfahren folge anderen Rationalitätskriterien als die behördliche Rechtsanwendung.[896] Eine passivere Rolle der Richterschaft sei positiv für deren Unabhängigkeit und fördere die Wahrnehmung der Beteiligtenstellung durch die Parteien.[897] Die Vorstellung einer eigenständigen Wahrnehmung des öffentlichen Interesses durch die Verwaltungsrichter sei zweifelhaft.[898] Vergleichbares gelte für das Argument der Wahrheitsfindung, da diese im Prozess nur rekonstruiert werde und die Ver-

891 *Rennert* DVBl. 2015, 793, 798; *ders.*, in: Schenke/Suerbaum, Verwaltungsgerichtsbarkeit, S. 165, 169.

892 Zur geringen Verbreitung des Untersuchungsgrundsatzes im europäischen Prozessrechtsvergleich *v. Danwitz*, Verwaltungsrechtliches System, S. 270 f.; *Meßerschmidt* EurUP 2014, 11, 17; zur tendenziell geringen Amtsermittlung des EuGH *Zierke*, Die Steuerungswirkung der Darlegungs- und Beweislast, S. 10 ff. Zur Unionsebene und zu Frankreich auch *Classen*, in: Schenke/Suerbaum, Verwaltungsgerichtsbarkeit, S. 11, 21 ff.

893 Nachweise bei *Kaufmann*, Untersuchungsgrundsatz, S. 161, 231 f.

894 *Kaufmann*, Untersuchungsgrundsatz, S. 231 f., wonach diese gerade nicht Objekt der Rechtsfürsorge sein sollten.

895 In diese Richtung *Kaufmann*, Untersuchungsgrundsatz, S. 233.

896 *Kaufmann*, Untersuchungsgrundsatz, S. 233 f.

897 *Kaufmann*, Untersuchungsgrundsatz, S. 233 f., 414.

898 *Kaufmann*, Untersuchungsgrundsatz, S. 291.

waltungsgerichtsordnung sie teilweise limitierenden Regelungen unterstelle.[899] Dies zeige sich an der Rechtsprechung des BVerwG, wonach die Untersuchungspflicht dort endet, wo die Mitwirkung der Parteien beginne.[900] Die prozessuale Wahrheit beinhalte immer eine Wahrheit von spezifischer Kohärenz.[901] Die Wahrnehmung des Untersuchungsgrundsatzes durch die Verwaltungsgerichte hänge im Wesentlichen von den Transferleistungen der Beteiligten ab.[902]

Laut *Wimmer* verschwimmt die strikte dogmatische Entgegensetzung von verwaltungsprozessualem Untersuchungs- und zivilprozessualem Beibringungsgrundsatz in der Praxis zunehmend, „da Verwaltungsrichter unter Pensendruck und im Bemühen um eine effiziente Erledigung der Streitsachen unstreitigen Sachverhaltsvortrag nur zurückhaltend durch aufwändige Maßnahmen der Amtsermittlung überprüfen werden".[903] Wenn dies aber tatsächlich so sein sollte, könnte man argumentieren, dass die Umstellung des Verwaltungsprozesses auf den Beibringungsgrundsatz die ohnehin schon bestehende Rechtswirklichkeit treffender wiedergibt. Zugleich könnten sich dadurch manche Friktionen verringern, die aus der Verweisung mancher VwGO-Normen auf die dem Beibringungsgrundsatz folgende Zivilprozessordnung resultieren (s. §§ 98, 173 S. 1 VwGO). Zudem soll der in Art. 103 Abs. 1 GG garantierte Anspruch auf rechtliches Gehör ein dialogisch strukturiertes Rechtserkenntnisverfahren nahe legen.[904]

Nichtsdestotrotz gibt es aus meiner Sicht gute sowohl rechtliche als auch rechtspolitische Gründe für ein Festhalten an der bestehenden Rechtslage. Zwar ist es richtig, dass etwa Vorhabenträger oder Unternehmen der Verwaltung im Verwaltungsprozess nicht per se unterlegen sind. Daraus darf man aber nicht den Schluss ziehen, dass dies bei allen Rechtsuchenden der Fall ist. Da die Verwaltung tagtäglich mit dem Gesetzesvollzug zu tun hat und dem Bürger entsprechende Kenntnisse und Fähigkeiten in aller Regel

899 *Kaufmann*, Untersuchungsgrundsatz, S. 332 f.; zur Wahrheitsfindung auch *Reimer*, Verfahrenstheorie, S. 206.

900 BVerwG, Beschl. v. 4.12.2013 – 5 B 42/13, Rn. 22 juris; siehe auch *Geiger*, in: Eyermann, VwGO, § 86 Rn. 20; *Kothe/Redeker*, Beweisantrag und Amtsermittlung im Verwaltungsprozess, S. 24.

901 *Kaufmann*, Untersuchungsgrundsatz, S. 333.

902 *Kaufmann*, Untersuchungsgrundsatz, S. 415 ff.

903 *Wimmer*, in: Gärditz, VwGO, § 86 Rn. 7; s. auch *Heydemann*, in: FS für Ehlers, S. 453, 458.

904 *Kaufmann*, Untersuchungsgrundsatz, S. 237.

fehlen, ist bei vielen Streitigkeiten nach wie vor ein Bedürfnis nach Herstellung prozessualer Waffengleichheit zu verzeichnen.[905] Der Untersuchungsgrundsatz trägt bei diesen Personen zur Wahrnehmung ihrer (Freiheits-)Rechte bei. Wie die zweite Kammer des 1. Senats des BVerfG erst vor kurzem hervorgehoben hat, hat ein Gericht in Verfahren, in denen die Offizialmaxime gilt, alle für ihre Entscheidung maßgeblichen Tatsachen von Amts wegen zu ermitteln und muss deshalb unter Umständen auch von sich aus Tatsachen in den Prozess einführen, die es kennt und die entscheidungserheblich sein können.[906] Insbesondere bei verwaltungsrechtlichen Streitigkeiten in mehrpoligen Rechtsverhältnissen ist es sachgerecht, wenn der von den Gerichten zugrunde zu legende Streitstoff nicht allein vom Vorbringen der Beteiligten abhängt.[907]

Der Untersuchungsgrundsatz hindert die Beteiligten keinesfalls daran, sich in mündiger Weise in den Prozess einzubringen, indem sie bereits in ihren Prozessschriftsätzen alles aus ihrer Sicht Wesentliche vortragen und ihren grundrechtlich abgesicherten Anspruch auf rechtliches Gehör verantwortungsvoll wahrnehmen. Das BVerfG betont immer wieder, dass die Gerichte in der Regel ohne eine Anhörung der Beteiligten kein abschließendes rechtliches Urteil über einen konkreten Sachverhalt treffen können und die Anhörung den Verfahrensbeteiligten die Gelegenheit eröffnet, „die Willensbildung des Gerichts zu beeinflussen“.[908] Deshalb darf das Gericht auch gerichtskundige Tatsachen nur berücksichtigen, wenn es den Beteiligten zuvor rechtliches Gehör gewährt hat.[909] Die bisherige Praxis belegt, dass die Verwaltungsgerichte trotz ihrer gegenüber der Zivilgerichtsbarkeit aktiveren Rolle die Sachverhaltsaufklärung unabhängig und neutral vornehmen können.[910] Hinzu kommt, dass die Verwaltung heute angesichts der Komplexität mancher zu beurteilender Vorgänge in bestimmten Bereichen selbst nur noch eine nachvollziehende Amtsermittlung vornimmt.[911] Wenn deren

905 Zur prozessualen Waffengleichheit als Grund für den Untersuchungsgrundsatz z. B. *Rennert* DVBl. 2015, 793, 794; s. auch *Gärditz*, Der Funktionswandel der Verwaltungsgerichtsbarkeit, D 74.

906 BVerfG, Kammerbeschl. v. 6.9.2016 – 1 BvR 1586/15, Rn. 13 juris.

907 Dazu, dass das öffentliche Interesse auch in der Betroffenheit einer unbestimmten oder größeren Zahl von Personen außerhalb des engeren Kreises der Verfahrensbeteiligten liegen kann, *Reimer*, Verfahrenstheorie, S. 207.

908 BVerfG NVwZ-RR 2011, 460; s. auch BVerfGE 94, 166, 207.

909 BVerfG, Kammerbeschl. v. 6.9.2016 – 1 BvR 1586/15, Rn. 13 juris.

910 Vgl. *Nolte*, Die Eigenart des verwaltungsgerichtlichen Rechtsschutzes, S. 163.

911 *Meßerschmidt* EurUP 2014, 11, 21.

Wissensgenerierungsprobleme aber gestiegen sind, ist es wenig einleuchtend, warum die gerichtlichen Ermittlungsmöglichkeiten zusätzlich zurückgeführt werden sollen.[912]

Zwar ist es richtig, dass die deutschen Verwaltungsgerichte im Unterschied etwa zur italienischen Verwaltungsgerichtsbarkeit[913] eine aktivere Rolle wahrnehmen, weil sie für die Sachverhaltsaufklärung letztverantwortlich sind.[914] Auch folgt aus dem Blick auf die Verfahrensweise der Unionsgerichte und die Rechtslage in anderen EU-Mitgliedstaaten, dass sich aus dem Unionsrecht nicht per se die zwingende Notwendigkeit zur Vorhaltung des Untersuchungsgrundsatzes ergibt.[915] Jedoch bleibt abzuwarten, ob der EuGH der – allerdings nach Art. 52 Abs. 1 GRCh einschränkbaren[916] – Rechtsschutzgarantie des Art. 47 GRCh zumindest in einzelnen Bereichen erhöhte Ermittlungsanforderungen für die Gerichte entnehmen wird. Ausweislich einer Entscheidung desselben kann ein Gericht i. S. d. Art. 47 GRCh nur dann über Streitigkeiten hinsichtlich unionsrechtlicher Rechte und Pflichten befinden, „wenn es über die Befugnis verfügt, alle für die bei ihm anhängige Streitigkeit relevanten Tatsachen- und Rechtsfragen zu prüfen".[917] Mit § 86 Abs. 1 VwGO steht Deutschland insoweit auf der sicheren Seite. Darüber hinaus sei daran erinnert, dass erst jüngst zur Herstellung der Unionsrechtskonformität von § 46 VwVfG bei Verfahrensfehlern im Umweltverfahrensrecht die deutschen Verwaltungsgerichte zur vollen Aufklärung der Frage angehalten wurden, ob sich der in Rede stehende Verfahrensfehler auf die Sachentscheidung nicht ausgewirkt hat (s. auch § 4 Abs. 1a S. 1 UmwRG).[918]

---

912 *Meßerschmidt* EurUP 2014, 11, 21.

913 *Fraenkel-Haeberle/Galetta*, Rechtsschutz gegen die Verwaltung – Italien; zur passiven Rolle der amerikanischen Gerichtsbarkeit z. B. *Jarass* DÖV 1985, 377, 378 f.; *Lerche*, in: Frowein, Die Kontrolldichte, S. 249, 250.

914 *Reimer*, Verfahrenstheorie, S. 206.

915 Zur geringen Verbreitung des Untersuchungsgrundsatzes im europäischen Prozessrechtsvergleich *v. Danwitz*, Verwaltungsrechtliches System, S. 270 f.; *Meßerschmidt* EurUP 2014, 11, 17; zur tendenziell geringen Amtsermittlung des EuGH *Zierke*, Die Steuerungswirkung der Darlegungs- und Beweislast vor dem Gerichtshof der Europäischen Union, S. 10 ff.

916 EuGH, Rs. C-205/15, Urt. v. 30.6.2016, Rn. 44 juris; *Kment/Vorwalter* JuS 2015, 193, 196.

917 EuGH, Rs. C-199/11, EuZW 2013, 24, 26.

918 S. dazu unter C. V.

Teilweise wird angenommen, dass der Untersuchungsgrundsatz eine Folge des Art. 19 Abs. 4 GG sei.[919] So meinte etwa die 3. Kammer des zweiten Senats des BVerfG, es gehöre zur Gewährleistung eines wirksamen Rechtsschutzes, „dass dem Richter eine hinreichende Prüfungsbefugnis hinsichtlich der tatsächlichen und rechtlichen Seite eines Streitfalls zukommt".[920] Befürwortet man dagegen mit anderen, dass sich aus Art. 19 Abs. 4 S. 1 GG keine umfassende Geltung des Untersuchungsgrundsatzes ableiten lässt,[921] ist stets im Auge zu behalten, dass sich jedenfalls aus einzelnen Grundrechten erhöhte Anforderungen an die Sachverhaltsaufklärung ergeben, etwa beim Asylgrundrecht aus Art. 16a GG[922] oder bei Enteignungen i. S. d. Art. 14 Abs. 3 GG.[923] Nach dem BVerfG unterstellt das Gebot des effektiven Rechtsschutzes nicht nur jeden potentiell rechtsverletzenden Akt der Exekutive „in tatsächlicher und rechtlicher Hinsicht der richterlichen Prüfung",[924] sondern müssen die Gerichte auch den betroffenen Rechten zur tatsächlichen Wirksamkeit verhelfen.[925] „Das Maß dessen, was wirkungsvoller Rechtsschutz ist, bestimmt sich entscheidend auch nach dem sachlichen Gehalt des als verletzt behaupteten Rechts."[926] Deshalb haben die verfahrensrechtlichen Anforderungen an die Sachverhaltsaufklärung, wenn es um den Schutz des Rechts auf Leben und körperliche Unversehrtheit sowie des Freiheitsgrundrechts geht, „dem hohen Wert dieser Rechte Rechnung zu tragen".[927] Jedenfalls in solchen Konstellationen hat der in § 86 Abs. 1 S. 1 Hs. 1 VwGO normierte Untersuchungsgrundsatz verfassungsrechtliches Gewicht.[928]

Da die Verwaltungsgerichte die öffentliche Gewalt kontrollieren, die anders als Privatpersonen unmittelbar und sehr umfassend an die Grundrechte

---

919 *Geiger*, in: Eyermann, VwGO, § 86 Rn. 5; *Rixen*, in: Sodan/Ziekow, VwGO, § 86 Rn. 8; *Schenke*, Verwaltungsprozessrecht, Rn. 21; *Störmer*, in: Fehling/Kastner/ders., Hk-VerwR, § 86 VwGO Rn. 7; unklar BVerfGK 9, 390, 395.

920 BVerfG, Nichtannahmebeschl. v. 9.6.2015 – 2 BvR 965/15, Rn. 18 juris.

921 Z. B. *Gärditz*, Der Funktionswandel der Verwaltungsgerichtsbarkeit, D 75 f.; *Kaufmann*, Untersuchungsgrundsatz, S. 277 f.; *Rennert* DVBl. 2015, 793, 794; *Schmidt-Aßmann*, in: Maunz/Dürig, GG-Kommentar, Art. 19 Abs. 4 Rn. 219.

922 BVerfG NVwZ 2015, 1204, 1205.

923 BVerfGE 74, 264, 282 f.; BVerfG DVBl. 2014, 175, 177.

924 BVerfG NVwZ 2013, 500, 501.

925 BVerfG NVwZ 2013, 500, 501.

926 BVerfG NVwZ 2013, 500, 501; s. auch BVerfGE 60, 253, 297.

927 BVerfG NVwZ 2013, 500, 501; BVerfGE 117, 71, 106 f.

928 BVerfG NVwZ 2013, 500, 501.

gebunden ist (s. Art. 1 Abs. 3 GG),[929] unterscheiden sich die vor der Verwaltungsgerichtsbarkeit ausgetragenen Streitigkeiten regelmäßig deutlich von den zivilgerichtlichen Verfahren. Wegen der großen Bandbreite der von den Verwaltungsgerichten zu behandelnden Streitigkeiten werden je nach Streitigkeit ganz unterschiedliche Grundrechte maßgeblich sein. Weil es eine ganze Reihe von vor den Verwaltungsgerichten ausgetragenen Streitigkeiten gibt, bei denen der Untersuchungsgrundsatz einen verfassungsrechtlichen Hintergrund hat, ist von einer generellen Einführung des Beibringungsgrundsatzes in die Verwaltungsgerichtsbarkeit abzuraten.[930] Vielmehr steht der VwGO-Gesetzgeber bei Beibehaltung des Untersuchungsgrundsatzes sowohl in verfassungs- als auch unionsrechtlicher Hinsicht auf der sicheren Seite. Abgesehen davon, dass sich eine abgrenzungsscharfe Festlegung der verwaltungsgerichtlichen Streitigkeiten, in denen der Untersuchungsgrundsatz gilt bzw. nicht gilt, kaum treffen lässt, wäre eine solche Aufspaltung des gerichtlichen Procedere wenig praktikabel und würde den Eindruck eines verwaltungsgerichtlichen Rechtsschutzes erster und zweiter Klasse hervorrufen. Auch sollte man nicht ausblenden, dass der Untersuchungsgrundsatz nur eine Prozessmaxime ist und das Verwaltungsprozessrecht durchaus Mitwirkungsobliegenheiten für die Beteiligten kennt. Dementsprechend haben die Verwaltungsgerichte nach § 86 Abs. 1 S. 1 Hs. 2 VwGO bei der Sachverhaltsermittlung von Amts wegen die Beteiligten heranzuziehen. Weil die Verwaltungsgerichte bei der Art und Weise der Sachverhaltsermittlung über ein Ermessen verfügen,[931] besteht für sie ausreichend Raum und Gelegenheit, dabei auf den unterschiedlichen grund- und verfassungsrechtlichen Hintergrund der jeweiligen Streitigkeit Rücksicht zu nehmen.[932]

2. Ausgestaltung des § 86 Abs. 1 S. 1 VwGO als Ermessensnorm?

Weil eine generelle Übertragung des Beibringungsgrundsatzes auf den Verwaltungsprozess zu weit gehen würde, regt *Gärditz* als Mittelweg an, dass die Verwaltungsgerichte nach ihrem Verfahrensermessen den Sachverhalt

929 S. nur BVerfG NJW 2016, 3153, 3154.

930 So auch *Gärditz*, Der Funktionswandel der Verwaltungsgerichtsbarkeit, D 76 f.

931 *Breunig*, in: Posser/Wolff, Beck`OK, VwGO, § 86 Rn. 21; *Guckelberger*, Norm- und Sachverhaltswissen im Verwaltungsprozess, VerwArch 2017 i. E.

932 S. auch *Gärditz*, Der Funktionswandel der Verwaltungsgerichtsbarkeit, D 77.

auch ohne Beanstandung von Amts wegen untersuchen sollen, wenn dies nach den konkreten Umständen indiziert erscheint.[933] Man könnte deshalb in Erwägung ziehen, § 86 Abs. 1 S. 1 VwGO dahingehend umzuformulieren, dass das Verwaltungsgericht den Sachverhalt nach seinem pflichtgemäßen Ermessen von Amts wegen erforscht. Dadurch würde den Beteiligten verdeutlicht, dass sich die Nichtwahrnehmung von Argumentations- und Plausibilisierungslasten[934] oder anderer Mitwirkungsobliegenheiten zu ihren Lasten auswirken kann. Dies hält sie möglicherweise von Anfang an stärker zur Übernahme der eigenen Prozessverantwortung an. Andererseits besteht so für die Gerichte weiterhin die Möglichkeit zum Abbau von Ungleichheiten, etwa infolge kognitiver Asymmetrien[935] oder aus sozialen Gründen.[936]

Allerdings ist sehr fraglich, ob mit einer solchen Änderung der Formulierung des § 86 Abs. 1 S. 1 VwGO ein erheblicher Mehrwert verbunden wäre. Bereits § 86 Abs. 3 VwGO verpflichtet den Vorsitzenden auf die Beseitigung von Formfehlern, die Erläuterung unklarer Anträge, die Stellung sachdienlicher Anträge oder die Ergänzung ungenügender tatsächlicher Angaben hinzuwirken und die Beteiligten zur Wahrnehmung ihrer Prozessrolle anzuhalten. Kommt es zum Schwur, wird nachher in den Rechtsmittelverfahren vorgetragen werden, das Gericht habe sein Verfahrensermessen nicht pflichtgemäß ausgeübt. Insoweit ist *Wimmer* in seiner Einschätzung zuzustimmen, dass sich § 86 Abs. 1 VwGO als ausreichend flexibel erwiesen hat, um die Bedürfnisse unterschiedlicher Systeme, gesellschaftlicher Entwicklungen, Rechtstraditionen und richterlicher Selbst- und Rollenverständnisse zu implementieren.[937]

Schließlich sollte bei der Entscheidung über eine etwaige Modifizierung des Untersuchungsgrundsatzes im Blick behalten werden, wie sich ein solcher Schritt im Vergleich zu anderen, außerhalb der Verwaltungsgerichtsbarkeit angesiedelten Bereichen auswirken und einzuordnen sein wird. So gilt für die den ordentlichen Gerichten zugewiesenen, verwaltungsähnlichen Verfahren in Angelegenheiten der freiwilligen Gerichtsbarkeit (§ 26 FamFG), in Insolvenzsachen (§ 5 Abs. 1 S. 1 InsO) sowie in wirtschaftsverwaltungsrechtlichen Angelegenheiten gem. § 82 Abs. 1 EnWG und § 70

933 *Gärditz*, Der Funktionswandel der Verwaltungsgerichtsbarkeit, D 75.
934 Zur verfassungsrechtlichen Zulässigkeit solcher Anforderungen *Gärditz*, Der Funktionswandel der Verwaltungsgerichtsbarkeit, D 76 f.
935 *Gärditz*, Der Funktionswandel der Verwaltungsgerichtsbarkeit, D 74.
936 *Gärditz*, Der Funktionswandel der Verwaltungsgerichtsbarkeit, D 74.
937 *Wimmer*, in: Gärditz, VwGO, § 86 Rn. 12.

Abs. 1 GWB ein zwingend formulierter Untersuchungsgrundsatz. Angesichts der bislang zu verzeichnenden großen Einheitlichkeit bei der Ausgestaltung der Prozessmaximen sollte deshalb der in der Verwaltungsgerichtsordnung normierte Untersuchungsgrundsatz keinesfalls im Alleingang und ohne Blick auf seine Ausgestaltung in anderen Rechtsnormen geändert werden. *Reimer* kommt in seiner Habilitationsschrift zu dem Schluss, dass die Untersuchungsmaxime nach den geltenden deutschen Verfahrensordnungen eher die Regel ist[938] und die Zuordnung zu dieser Maxime eine Verfahrensordnung insgesamt beschreibt.[939] Die im Einzelnen zwischen ihnen bestehenden Unterschiede, etwa infolge von Regelungen zur Mitwirkung der Beteiligten, werden aus Gründen eines typisierenden Vergleichs zwischen diesen Verfahrensordnungen ausgeblendet, weshalb die Beibringungs- und Untersuchungsmaxime nur idealtypischen Charakter hätten.[940]

Auch wenn es angesichts der oft anzutreffenden Abweichungen im positiven Verfahrensrecht unterschiedliche Ansichten zu Stellenwert und Bedeutung der Maximen gibt,[941] können sie Hinweise für die Auslegung und Anwendung einzelner Normen geben[942] und verfügen nach der Untersuchung von *Reimer* über einen wenigstens dreifachen theoretischen Erkenntniswert: Zunächst beinhalten sie theoretische Leitunterscheidungen zur Beschreibung einer Verfahrensordnung als Ganzes.[943] Des Weiteren fungieren sie als Topoi für die Ausleuchtung des Sinnhorizonts und die Bewertung einer Verfahrensordnung[944] und könnten sich schließlich als sinnvolle Konzepte wissenschaftlicher Rechtspolitik darstellen, indem die Leitunterscheidung einen konstruktiven „Bauplan" vorgibt.[945] Sie könnten Vorschläge für Änderungen des Verfahrensrechts aus Gründen seiner Konsistenz und Systematizität hervorrufen und Abweichungen von den Maximen erst zulassen, wenn sie einer kritischen Überprüfung zugeführt wurden.[946]

---

938 *Reimer*, Verfahrenstheorie, S. 208.
939 *Reimer*, Verfahrenstheorie, S. 208.
940 *Reimer*, Verfahrenstheorie, S. 208.
941 Dazu eingehend *Reimer*, Verfahrenstheorie, S. 219 ff. mit Nachweisen.
942 *Reimer*, Verfahrenstheorie, S. 220, der diese Funktion aber eher für begrenzt hält.
943 *Reimer*, Verfahrenstheorie, S. 221.
944 *Reimer*, Verfahrenstheorie, S. 221.
945 *Reimer*, Verfahrenstheorie, S. 222.
946 *Reimer*, Verfahrenstheorie, S. 222.

Vor diesem Hintergrund erscheint es mir – sofern man dies für notwendig erachten sollte – plausibler, allenfalls über die Veränderung einzelner Stellschauben bei den Mitwirkungsregelungen der Beteiligten zu diskutieren, als § 86 Abs. 1 S. 1 VwGO zu ändern. Sollen die Beteiligten zu einem Mehr an Mitwirkung veranlasst werden, sollte ihnen dies durch Änderungen dieser Regelungen, nicht aber durch eine ins Ermessen des Gerichts gestellte Ermittlung des Sachverhalts von Amts wegen klar vor Augen geführt werden. Es ist deshalb zu begrüßen, dass sich der 71. Deutsche Juristentag mit großer Mehrheit gegen eine Überführung der Erforschung des Sachverhalts von Amts wegen in das pflichtgemäße Ermessen der Verwaltungsgerichte ausgesprochen hat.[947]

VII. Materielle Präklusion und Alternativen

In engem Zusammenhang mit der gerichtlichen Aufklärungs- und Prüfungsbefugnis steht auch die materielle Präklusion von Einwendungen, die in den Worten von *Berkemann* dazu führt, „dass eine vollständige inhaltliche Rechtskontrolle [der Verwaltungsgerichte] nicht möglich ist".[948] Vor allem seit den 1990er Jahren hat der deutsche Gesetzgeber vermehrt materielle Präklusionsvorschriften insbesondere bei komplexen Planungs- und Zulassungsentscheidungen im Umwelt- und Technikrecht eingeführt.[949] Diese sollen die Betroffenen dazu anhalten, ihre Einwendungen gegen ein Vorhaben bereits während des Verwaltungsverfahrens und vor Erlass der behördlichen Sachentscheidung vorzutragen.[950] Dadurch können sie nicht nur ihre Rechte möglichst frühzeitig wahren, sondern verbessert sich auch die behördliche Entscheidungsgrundlage.[951] Dementsprechend kann etwa nach § 73 Abs. 4 S. 1 VwVfG jeder, dessen Belang durch ein Vorhaben im

---

947 Beschlüsse 71. Deutscher Juristentag Essen 2016, S. 28 unter Nr. 19.

948 *Berkemann*, in: Kloepfer, Rechtsschutz im Umweltrecht, S. 13, 58; dazu auch *Külpmann* wiedergegeben bei *Kümper* NuR 2016, 622, 623.

949 S. dazu nur *Schlacke* UTR 2016, 173, 187 ff. und *Siegel* NVwZ 2016, 337, 338 f. einschließlich der Unterscheidung zwischen den verschiedenen Präklusionsarten; dazu, dass bereits § 29 S. 3 der Preußischen Allgemeinen Gewerbeordnung eine Präklusion enthielt, *Bunge* NuR 2016, 11, 16 in Fn. 37.

950 *Guckelberger/Geber* EurUP 2014, 167, 168; *Hofmann* EurUP 2015, 266, 273; *Schlacke* UTR 2016, 173, 188.

951 *Guckelberger/Geber* EurUP 2014, 167, 170.

Planfeststellungsverfahren berührt werden kann, bis zwei Wochen nach Ablauf der Auslegungsfrist Einwendungen gegen den Plan erheben. Aus Gründen der Beschleunigung und Rechtssicherheit[952] werden mit Ablauf der Einwendungsfrist alle nicht auf besonderen privatrechtlichen Titeln beruhenden Einwendungen ausgeschlossen (§ 73 Abs. 4 S. 3 VwVfG). Der durch die Verwaltungsentscheidung Begünstigte wird so vor einem überraschenden neuen Prozessvortrag geschützt.[953] Infolge der materiellen Präklusion müssen sich die Gerichte mit verspätet vorgetragenen Einwendungen des Rechtsuchenden nicht befassen.[954] Bereits in den 1980er Jahren hielt das BVerfG in seinem Sasbach-Beschluss derartige Präklusionsnormen für verfassungsrechtlich unbedenklich, soweit sie einem zulässigen Zweck dienen, der Grundrechtseingriff nicht außer Verhältnis zu dem damit verfolgten Zweck steht und die Voraussetzungen und Rechtsfolgen der Präklusion klar geregelt sind.[955] Für *Külpmann* lässt sich die „Karriere" der materiellen Präklusion mit einer bestimmten Art des richterlichen Denkens erklären: Sie ermögliche eine Abschichtung des Problemstoffs und fördere die Reduzierung von Komplexität sowie des Prüfumfangs.[956]

Bis zur Entscheidung des EuGH vom 15. Oktober 2015 ging die Rechtsprechung und das überwiegende Schrifttum von der Unionsrechtskonformität zumutbarer materieller Präklusionsfristen aus, da sie dem auf Unionsebene ebenfalls als grundlegend anerkannten Ziel der Rechtssicherheit dienen.[957] Im von der EU-Kommission angestrengten Vertragsverletzungsverfahren trug Deutschland dementsprechend vor, die materiellen Präklusionsvorschriften in § 73 Abs. 4 VwVfG und in § 2 Abs. 3 UmwRG sollten die

952 BVerfGE 61, 82, 116; BVerwG NuR 2010, 339, 340; *Guckelberger/Geber* EurUP 2014, 167, 168; *Schlacke* UTR 2016, 173, 188.

953 *Schlacke* UTR 2016, 173, 188.

954 *Guckelberger/Geber* EurUP 2014, 167, 168.

955 BVerfGE 61, 82, 109 ff.; BVerfG, Nichtannahmebeschl. v. 11.7.2014 – 1 BvR 1884/11, Rn. 2 juris; *Guckelberger/Geber* EurUP 2014, 167, 170; *Siegel* NVwZ 2016, 337, 338. Zu den Schutzmechanismen und Grenzen *Kment* UPR Sonderheft 2016, 487, 488 f.

956 *Külpmann* wiedergegeben bei *Kümper* NuR 2016, 622, 623.

957 S. nur BVerwG NVwZ 2012, 176, 177; *Genth* NuR 2008, 28, 31; *Kment*, Nationale Unbeachtlichkeits-, Heilungs- und Präklusionsvorschriften, S. 65 f.; *Siegel* DÖV 2012, 709, 713 f. m. w. N.; a. A. *Guckelberger/Geber* EurUP 2014, 167, 171 ff.; *Saurer*, Der Einzelne im europäischen Verwaltungsrecht, S. 345; *Schenderlein*, Rechtsschutz und Partizipation, S. 242 f.; *Wegener*, in: Verhandlungen des 69. DJT, Bd. II/1, M 59, M 70; s. auch schon *Erbguth* UPR 2000, 81, 90 ff.

Rechtssicherheit und Effizienz der verwaltungsbehördlichen sowie gerichtlichen Verfahren gewährleisten.[958] Das Verwaltungsverfahren könne die ihm zugeschriebene Funktion des Interessenausgleichs nicht erfüllen, wenn Personen aus taktischen Gründen zunächst bestimmte Einwendungen nicht vortragen und diese erst im späteren Gerichtsverfahren vorbringen würden.[959] Die Präklusion fördere die Gerichtskontrolle, indem sich diese auf die maßgeblichen, möglichst umfassend und detailliert vorgetragenen Umstände fokussiere.[960]

Demgegenüber stellte sich der EuGH in seiner oft als „Paukenschlag"[961] empfundenen Entscheidung auf den Standpunkt, dass Art. 11 Abs. 1 UVP-Richtlinie 2011/92/EU und Art. 25 Abs. 1 IE-Richtlinie 2010/75/EU uneingeschränkt die Überprüfung der materiellen und verfahrensrechtlichen Rechtmäßigkeit der Behördenentscheidung gebieten.[962] Die dem Rechtsbehelfsführer durch die Präklusion auferlegten Beschränkungen ließen sich nicht mit Erwägungen der Rechtssicherheit rechtfertigen. „Es ist nämlich keineswegs erwiesen, dass eine umfassende gerichtliche Kontrolle der sachlichen Richtigkeit dieser Entscheidung diesem Grundsatz abträglich sein könnte."[963] Dahinter dürfte die Überlegung stehen, dass die Gründe für die Dauer der Gerichtsverfahren bei komplexen Zulassungsentscheidungen meistens vielfältig sind und ein Prozess allein aus dem Grund, weil eine Einwendung materiell präkludiert ist, nicht zwangsläufig schneller beendet sein muss. Anstelle eine präkludierte Einwendung einfach unberücksichtigt zu lassen, verlagert sich in manchen Fällen der Rechtsstreit und hat das Gericht nunmehr die umstrittenen Voraussetzungen für den Eintritt der Präklusion zu prüfen.[964] Des Weiteren wird die Entscheidung des EuGH damit erklärt, dass der Vorhabenträger mit der Präklusion einen vorzeitigen Vorteil erhält, ohne dass die Rechtmäßigkeit und Schutzwürdigkeit dieser Position feststeht, was aber dem Ziel des Umweltrechtsschutzes nach der Aarhus-Konvention abträglich sei.[965]

---

958 Wiedergegeben in EuGH, Rs. C-137/14, NVwZ 2015, 1665, 1669 Rn. 71.
959 Wiedergegeben in EuGH, Rs. C-137/14, NVwZ 2015, 1665, 1669 Rn. 72.
960 Wiedergegeben in EuGH, Rs. C-137/14, NVwZ 2015, 1665, 1669 Rn. 72.
961 So *Kahl* JZ 2016, 666, 670.
962 EuGH, Rs. C-137/14, NVwZ 2015, 1665, 1669 Rn. 77.
963 EuGH, Rs. C-137/14, NVwZ 2015, 1665, 1670 Rn. 79.
964 *Bunge* NuR 2016, 11, 15.
965 *Hofmann* EurUP 2015, 266, 274; in diese Richtung auch *Schenderlein*, Rechtsschutz und Partizipation, S. 242.

Zwar erkennt der EuGH an, dass der erstmalige Vortrag einer Einwendung im Gerichtsverfahren sich als nachteilig für die Effizienz des Verwaltungsverfahrens auswirken kann; nichtdestotrotz lasse sich die materielle Präklusion nicht mit dem Ziel der Richtlinien in Einklang bringen, einen weitreichenden Gerichtszugang mit einer möglichst umfassenden Kontrolle zu eröffnen.[966] Allerdings könne der nationale Gesetzgeber spezifische Verfahrensvorschriften aufstellen, „nach denen z. B. ein missbräuchliches oder unredliches Vorbingen unzulässig ist, [...] um die Wirksamkeit des gerichtlichen Verfahrens zu gewährleisten".[967] Obwohl sich die EuGH-Entscheidung nur auf die Verbandspräklusion bezog, treffen ihre Erwägungen gleichermaßen auf die Individualpräklusion zu.[968] Es würde befremdlich anmuten, wenn die gegenüber den betroffenen Individuen oft versierteren Verbände gegenüber diesen geringeren Mitwirkungsanforderungen unterstellt würden.[969]

In Deutschland tun sich viele mit dieser Entscheidung schwer[970] und kritisieren sie u. a. wegen ihrer kurzen Begründung.[971] Andererseits ist es nicht ungewöhnlich, dass der EuGH einen anderen Begründungsstil pflegt. Man kann der Entscheidung durchaus die für den EuGH maßgeblichen Erwägungen entnehmen. Auch gibt es andere EU-Mitgliedstaaten, die im Umweltrecht ohne vergleichbare Präklusionsregelungen auskommen.[972] Während man in Deutschland bislang annahm, dass Ausschlussfristen und ihre Rechtfertigung einem einheitlichen Muster folgen, nimmt der EuGH bei deren Beurteilung eine sektorspezifische und feinkörnigere Betrachtung vor. Dies zeigt sich an seiner Entscheidung vom November 2015, die sich auf Ausschlussfristen für die Geltendmachung bestimmter Ansprüche im Kontext mit Vergabeverfahren bezog. In dieser hielt es der EuGH für möglich,

---

966 EuGH, Rs. C-137/14, NVwZ 2015, 1665, 1670 Rn. 80.

967 EuGH, Rs. C-137/14, NVwZ 2015, 1665, 1670 Rn. 81.

968 S. auch *Széchényi* BayVBl. 2016, 366, 368; *Siegel* NVwZ 2016, 337, 340.

969 *Siegel* NVwZ 2016, 337, 340.

970 *Kahl* JZ 2016, 666, 670; *Siegel* NVwZ 2016, 337, 340.

971 *Hofmann* EurUP 2015, 266, 274; *Klinger* ZUR 2016, 41, 42; *Kment/Lorenz* EurUP 2016, 47, 56; *Siegel* NVwZ 2016, 337, 339; daneben weil die Begründung substanzlos ist *Kahl* JZ 2016, 666, 670; ähnlich *Kment* UPR Sonderheft 2016, 487, 490 f.; weil einiges im Dunkeln bleibt *Jacob* jM 2016, 166, 167; s. auch *Steinbeiß-Winkelmann* NVwZ 2016, 713, 719.

972 *Fellenberg* NVwZ 2015, 1721, 1723; *Guckelberger/Geber* EurUP 2014, 167, 169.

dass „die Anforderungen an die Rechtssicherheit betreffend die Zulässigkeitsvoraussetzungen für Klagen unterschiedlich hoch [sind], je nachdem, ob es sich um Schadensersatzklagen oder um Nachprüfungsverfahren mit dem Ziel handelt, einem Vertrag die Wirksamkeit zu entziehen".[973] Infolgedessen ist bei jeder Ausschlussfrist mit unionsrechtlichem Hintergrund sorgfältig zu prüfen, ob sich diese in der gewählten Ausgestaltung mit den diesbezüglichen Vorgaben in Einklang bringen lässt. Je nach einschlägigen unionsrechtlichen Regelungen kann die Präklusion unzulässig oder aber zulässig sein, ist dann aber angemessen auszugestalten.

Infolge dieser Entscheidung stellt sich die spannende Frage, was mit den vielen materiellen Präklusionsnormen im deutschen Verwaltungsrecht geschehen soll. Angesichts der vom EuGH eröffneten Hintertür für rechtsmissbräuchliches Verhalten wird vorgeschlagen, die Einwendungsfrist bei den Präklusionsnormen auszudehnen und im Übrigen ein Verschuldenserfordernis vorzusehen, das durch Regelbeispiele konkretisiert werden könnte.[974] Da sich die vom EuGH anerkannte Missbrauchsklausel jedoch auf Ausnahmefälle beschränkt und eine Kombination von Einwendungsfrist und Verschuldenserfordernis auf eine zu weitgehende Einschränkung des Gerichtszugangs hinauslaufen könnte, ist davon abzuraten. Stattdessen ist darüber nachzudenken, ob man insgesamt oder nur bereichsspezifisch von der materiellen Präklusion Abstand nehmen sollte sowie welche anderen unionsrechtskonformen Möglichkeiten bestehen, um einer teils befürchteten Überforderung der Gerichte bei der Kontrolle komplexer Zulassungsentscheidungen entgegenzutreten.

Für einen generellen Verzicht auf die materielle Präklusion im Verwaltungsrecht könnte sprechen, dass sich die gesetzlichen Regelungen häufig auf Vorhaben mit einem Umweltbezug beziehen und daher noch kaum ein Anwendungsbereich für materielle Präklusionsvorschriften verbleibt bzw. man durch deren Abschaffung zugleich weiteren Streitigkeiten über ihre Unionsrechtskonformität zuvorkommen könnte. Da es bei den sekundärrechtlichen Umsetzungsvorschriften zu Art. 9 Abs. 2 AK unerheblich ist, ob die als verletzt gerügten Vorschriften dem Umweltrecht oder anderen Rechtsbereichen angehören, entfaltet die EuGH-Rechtsprechung eine erhebliche Tragweite.[975] *Wegener* forderte bereits in seinem Referat auf dem

973 EuGH, Rs. C-166/14, EuZW 2016, 140, 142 Rn. 39.
974 So *Kahl* JZ 2016, 666, 670; *Klinger* ZUR 2016, 41, 42.
975 S. auch *Bunge* NuR 2016, 1, 18; *Klinger* ZUR 2016, 41, 42; *Siegel* NVwZ 2016, 337, 339 f.

69. Deutschen Juristentag die Beseitigung der materiellen Präklusion. Sie widerspreche dem rechtsstaatlichen Gebot der Sicherung rechtmäßiger Entscheidungen sowie der Waffengleichheit, da der Projektträger und die Genehmigungsbehörde im Verwaltungsprozess uneingeschränkt neue Tatsachen vortragen dürften.[976] Zudem gerät man bei Beibehaltung anderer Präklusionsvorschriften unter einen erhöhten Rechtfertigungsdruck, warum man in diesen Bereichen nicht ohne dieses Instrument auskommen könnte. Überdies brauchen die Verwaltungsgerichte bei einem Verzicht auf die materielle Präklusion die vielfach umstrittene Frage des Vorliegens der Präklusionsvoraussetzungen nicht mehr zu prüfen und können sich auf die Sachentscheidung konzentrieren.[977]

Andererseits hält der EuGH Präklusionsfristen nicht per se,[978] sondern nur in bestimmten Bereichen für mit dem Unionsrecht inkompatibel. Da es – wie vorher gesehen – gute Argumente für die Beibehaltung der bislang in Deutschland bewährten materiellen Präklusion gibt, wäre es deshalb voreilig, sich sofort vollständig von dieser Rechtsfigur zu verabschieden. Es muss sich erst zeigen, wie sich der Wegfall der materiellen Präklusion auf den Rechtsschutz und die Tätigkeit der Verwaltungsgerichte im Anwendungsbereich der sekundärrechtlichen Umsetzungsvorschriften zu Art. 9 Abs. 2 AK auswirken wird. Da Deutschland ebenfalls Vertragspartei dieses Übereinkommens ist, sollte im Anwendungsbereich dieser Regelung aus Praktikabilitätsgründen von einer Differenzierung zwischen nationalem und europäischem Umweltrecht Abstand genommen werden. Eine solche wird in der Praxis nur zu erheblichen Abgrenzungsproblemen führen.[979] Zutreffend betont *Schlacke*, dass die Ermittlung, ob der rechtliche Maßstab für die Beurteilung des Streitgegenstands einen unionsrechtlichen oder nationalen Hintergrund hat, heute oftmals erhebliche Schwierigkeiten bereitet.[980] Obwohl die Entscheidung des EuGH nur § 2 Abs. 3 UmwRG und § 73

976 *Wegener*, in: Verhandlungen des 69. DJT, Bd. II/1, M 59, M 70.

977 In diese Richtung *Jarass* wiedergegeben bei *Otto* NVwZ 2016. 292 f.

978 S. auch *Kment/Lorenz* EurUP 2016, 47, 57.

979 Wie hier auch *Frenz* NuR 2015, 832, 834; *Schlacke* UTR 2016, 173, 192; *Siegel* NVwZ 2016, 337, 339 f.

980 *Schlacke* UTR 2016, 173, 192.

Abs. 4 VwVfG betrifft, herrscht Einigkeit, dass sie auch auf andere Präklusionsregelungen, wie etwa § 10 Abs. 3 S. 4, 5 BImSchG, zutrifft.[981] Begrenzt man die aus dem EuGH-Urteil zu ziehenden Folgerungen zunächst auf die von den Richtlinien erfassten Bereiche,[982] können erste Erfahrungen mit anderweitigen Regelungen gesammelt werden, welche in einem gewissen Maße die Auswirkungen des Wegfalls der materiellen Präklusion infolge des Unionsrechts abmildern sollen.

In die zuletzt genannte Richtung weist der Gesetzentwurf zur Anpassung des Umwelt-Rechtsbehelfsgesetzes. Nach § 2 Abs. 1 Nr. 3 lit. a UmwRG-E kommt es in Verfahren nach § 1 Abs. 1 S. 1 Nrn. 1–2b UmwRG-E nur noch darauf an, ob die Vereinigung sich als solche am Verfahren hätte beteiligen dürfen. Was die Umsetzung des Art. 9 Abs. 3 AK anbetrifft, möchte man aber dort an der materiellen Präklusion festhalten.[983] Denn nach § 2 Abs. 1 Nr. 3 lit. b UmwRG-E sollen Rechtsbehelfe der anerkannten Vereinigungen gegen SUP-pflichtige Pläne und Programme davon abhängen, dass sie zur Beteiligung an diesen Verfahren berechtigt waren und „sie sich hierbei in der Sache gemäß den geltenden Rechtsvorschriften geäußert" haben oder ihnen entgegen den geltenden Rechtsvorschriften keine Gelegenheit zur Äußerung gegeben wurde. Gem. § 7 Abs. 3 UmwRG-E ist eine Vereinigung in dem Verfahren über einen solchen Rechtsbehelf mit allen Einwendungen ausgeschlossen, die sie nicht oder nach den geltenden Rechtsvorschriften nicht rechtzeitig geltend gemacht hat, aber hätte geltend machen können. Um nicht prüfen zu müssen, ob ein Bebauungsplan UVP- oder SUP-pflichtig ist, werden allerdings Bebauungspläne in Satz 2 von dieser materiellen Präklusion ausgenommen.[984]

In der Begründung des Gesetzentwurfs wird darauf verwiesen, dass die Entscheidung des EuGH auf der Grundlage von UVP- und der jetzigen IE-Richtlinie erging und sich daher lediglich auf die Präklusionsregelungen in diesem Bereich bezog. „Die Verfahren nach § 1 Absatz 1 Satz 1 Nummer 4 basieren jedoch auf anderen Rechtsgrundlagen und sind daher von der Entscheidung des Gerichtshofs nicht erfasst."[985] Der Österreichische Verwaltungsgerichtshof hat am 26.5.2015 den EuGH im Vorabentscheidungsersuchen zur Klärung der Unionsrechtskonformität einer Präklusionsregelung

---

981 *Bunge* NuR 2016, 11, 16 ff.; *Kment/Lorenz* EurUP 2016, 47, 55 f.; *Schlacke* UTR 2016, 173, 190 f.

982 So *Zeissler/Schmitz* UPR 2016, 1, 6.

983 BT-Drucks. 18/9526, S. 43.

984 BT-Drucks. 18/9526, S. 43; *Michl* NuR 2016, 543, 548.

985 BT-Drucks. 18/9526, S. 43.

im Anwendungsbereich des Art. 9 Abs. 3 AK angerufen. Als Pro-Argumente für die Unionsrechtskonformität benennt er dabei Erwägungen der Rechtssicherheit sowie der Effizienz verwaltungsbehördlicher und gerichtlicher Verfahren, zumal die Umweltorganisationen Einwendungen während der Verwaltungsverfahren geltend machen könnten und sich diese Regelung auf Verfahren beziehen, „die in Bezug auf die Umweltauswirkungen regelmäßig Vorhaben geringerer Bedeutung (als die einer Umweltverträglichkeitsprüfung zu unterziehenden Vorhaben) zum Inhalt haben“.[986]

Auch wenn das damit verfolgte Anliegen aus deutscher Perspektive nachvollziehbar und billigenswert ist, halte ich eine solche Zersplitterung der Rechtsschutzanforderungen für nicht sinnvoll. Zwar ist es richtig, dass Art. 9 Abs. 2 und 3 AK sich hinsichtlich der zur Prüfung gestellten Gegenstände sowie des Prüfumfangs voneinander unterscheiden und Art. 9 Abs. 3 AK explizit die im innerstaatlichen Recht festgelegten Kriterien erwähnt. Trotzdem wird bei einer solchen Vorgabe erneut zu klären sein, ob sie mit dem Unionsrecht und der Konvention kompatibel ist. Denn der EuGH hat der in Art. 9 Abs. 2 AK genannten Formulierung „um die materiell-rechtliche und verfahrensrechtliche Rechtmäßigkeit von Entscheidungen, Handlungen oder Unterlassungen anzufechten“ entnommen, dass die Klagegründe gerade nicht beschränkt werden dürfen. Eine ähnliche Formulierung wird in Art. 9 Abs. 3 AK verwendet. Dort ist vom Zugang zu verwaltungsbehördlichen oder gerichtlichen Verfahren die Rede, „um die von Privatpersonen und Behörden vorgenommenen Handlungen und begangenen Unterlassungen anzufechten, die gegen umweltbezogene Bestimmungen ihres innerstaatlichen Rechts verstoßen“. Stellt man diese beiden Formulierungen gegenüber, braucht man wenig Phantasie, um zu erahnen, dass der EuGH in Bezug auf diese Vorgaben gerade keine einschränkenden Anforderungen billigen wird.[987] Denn Art. 9 Abs. 3 AK stellt ebenso wie Absatz 2 auf den effektiven Umweltrechtsschutz ab, der aber nach Absatz 3 auf Verstöße gegen umweltbezogene Vorgaben beschränkt wird. Auch wird die in Art. 9

---

986 Österreichischer Verwaltungsgerichtshof, Beschl. v. 26.11.2015, Zl. EU 2015/0008-1 (Ra 2015/07/0055).

987 Für eine Unionsrechtswidrigkeit Stellungnahme BRAK Nr. 12/2016 zum Referentenentwurf vom Mai 2016, S. 7; Stellungnahme des NABU zum Referentenentwurf des UmwRG vom 19.4.2016, S. 12, https://www.nabu.de/imperia/md/content/nabude/naturschutz/naturschutzrecht/160517-nabu-stellungnahme-umwrg.pdf, zuletzt abgerufen am 24.11.2016. *Schlacke* UPR Sonderheft 2016, 478, 484, die darüber hinaus Probleme hinsichtlich des Äquivalenz- und Effektivitätsgrundsatzes ausmacht.

Abs. 4 AK enthaltene Vorgabe effektiven Rechtsschutzes auf Art. 9 Abs. 2 und 3 AK gleichermaßen bezogen. Um wegen einer Verletzung des Unionsrechts nicht erneut vor die Unionsgerichte „gezerrt" zu werden, empfiehlt es sich, von einer Beibehaltung der Präklusion im Anwendungsbereich des Art. 9 Abs. 3 AK Abstand zu nehmen. Damit geht zugleich der Vorteil einer einheitlichen Verfahrensweise und einheitlicher Beurteilungsmaßstäbe einher.[988] So wird auch die Ausklammerung SUP-pflichtiger Bebauungspläne von der materiellen Präklusion in § 7 Abs. 3 S. 2 UmwRG-E mit Vereinfachungserwägungen begründet.[989]

Im Übrigen setzt der UmwRG-E auf die Überspielung der nach dem Fachrecht im Anwendungsbereich dieses Gesetzes nicht mehr zulässigen materiellen Präklusionsregelungen durch abweichende Sonderregelungen.[990] Außerdem soll § 47 Abs. 2a VwGO komplett gestrichen werden, weil „ein Fortgelten der Präklusionsvorschrift außerhalb des Anwendungsbereichs des § 1 Absatz 1 des UmwRG nicht praxisgerecht wäre".[991] Da sich die EuGH-Entscheidung nur auf die UVP-Richtlinie bezog, kann man durchaus bezweifeln, ob sich diese Rechtsprechung auf die keine Rechtsschutzvorgabe enthaltende SUP-Richtlinie ohne weiteres übertragen lässt.[992] Hinzu kommt, dass § 47 Abs. 2a VwGO es nicht ausschließt, dass die klagebefugten Personen die Verwaltungsgerichte stets um Inzidentrechtsschutz durch Initiierung einer Anfechtungs- oder Verpflichtungsklage ersuchen können. Ohne auf die bereits besprochene Frage einzugehen, ob nicht jedenfalls bei einer Ausformung des Art. 9 Abs. 3 AK durch den nationalen Gesetzgeber derartige Präklusionen bedenklich sein könnten, spricht für die Streichung dieser Präklusionsnorm, dass sie ohnehin nicht besonders wirkmächtig ist.[993] Sie greift nur, wenn sich der Antragsteller allein, d. h. lediglich auf Einwendungen beruft, die er im Beteiligungsverfahren hätte geltend machen können, aber dort nicht (rechtzeitig) vorgetragen

988 Kritisch auch Stellungnahme BRAK Nr. 12/2016 zum Referentenentwurf vom Mai 2016, S. 7 f.

989 BT-Drucks. 18/9526, S. 43.

990 BT-Drucks. 18/9526, S. 39.

991 BT-Drucks. 18/9526, S. 51.

992 Für eine Unionsrechtswidrigkeit bei der Erfassung von Bebauungsplänen, die UVP-pflichtige Vorhaben erfassen, *Berkemann* DVBl. 2016, 205, 214; *Bunge* NuR 2016, 11, 18; *Schlacke* UTR 2016, 173, 191.

993 In diese Richtung *Külpmann* wiedergegeben bei *Kümper* NuR 2016, 622, 623. Kritisch dagegen Stellungnahme BRAK Nr. 12/2016 zum Referentenentwurf vom Mai 2016, S. 7.

hat.[994] Hat der Antragsteller während dieses Verfahrens nur eine Einwendung fristgemäß vorgetragen, darf er sich im Normenkontrollverfahren auch auf andere, bislang nicht erhobene Einwendungen berufen.[995] Wie das BVerwG kürzlich herausgearbeitet hat, unterscheidet sich der im Kontext mit § 3 Abs. 2 BauGB zu lesende § 47 Abs. 2a VwGO von § 73 Abs. 4 S. 1 VwVfG dadurch, dass sich diese Regelung nicht auf die Geltendmachung eigener abwägungserheblicher Belange beschränkt.[996] Schließlich ist der Bündelungseffekt erfolgreicher Normenkontrollanträge zu berücksichtigen (§ 47 Abs. 5 S. 2 Hs. 2 VwGO).[997] Dadurch kann sich eine Vielzahl von Gerichtsverfahren vor den Verwaltungsgerichten erübrigen, in denen sie inzident die Gültigkeit der in § 47 Abs. 2a VwGO genannten Rechtsvorschriften zu prüfen haben.

1. Formelle Präklusion

Da sich die Entscheidung des EuGH nur auf die Kontrollmöglichkeiten der Verwaltungsgerichte bezog, darf der Gesetzgeber im Umweltrecht weiterhin angemessen ausgestaltete formelle Präklusionsvorschriften vorsehen, deren Ausschlusswirkung sich auf das Verwaltungsverfahren beschränkt.[998] Bei der formellen Präklusion wird aus Gründen der Verfahrenseffizienz vorgegeben, dass die näher bezeichnete Öffentlichkeit ihre Einwendungen bis zu einem bestimmten Zeitpunkt des Verwaltungsverfahrens vorbringen muss, ohne dass sie später an der Erhebung anderer oder weiterer Einwendungen im gerichtlichen Verfahren gehindert wird.[999] Zwar werden Zweifel an der Sinnhaftigkeit der formellen Präklusion aufgeworfen, weil sie den

---

994 S. nur BVerwG ZfBR 2016, 260, 261; *Guckelberger*, in: FS für Schenke, S. 759, 767.

995 BVerwGE 138, 84, 86; BVerwG ZfBR 2016, 260, 261; *Guckelberger*, in: FS für Schenke, S. 759, 767.

996 BVerwG ZfBR 2016, 260, 261.

997 *Panzer*, in: Schoch/Schneider/Bier, VwGO, § 47 Rn. 119; *Ziekow*, in: Sodan/ders. § 47 Rn. 364.

998 *Bunge* NuR 2016, 11, 17; *Guckelberger*, Die Verjährung, S. 524; *Kment* UPR Sonderheft 2016, 487, 491; *Schlacke* UTR 2016, 173, 191, 196; *Siegel* NVwZ 2016, 337, 338 f.; *Széchényi* BayVBl. 2016, 366, 369; s. auch BT-Drucks. 18/9526, S. 2.

999 *Siegel* NVwZ 2016, 337, 338 f.

Kläger gerade nicht an neuem Vorbringen im Gerichtsverfahren hindert.[1000] Dabei wird jedoch ausschließlich die Gerichtsperspektive eingenommen und die Perspektive der Verwaltung vernachlässigt. Das Erfordernis, dass die Einwendungsberechtigten ihre Bedenken bis zu einem bestimmten Zeitpunkt des Verwaltungsverfahrens äußern müssen, kommt nicht nur den entscheidenden Behörden entgegen, sondern bewirkt im Idealfall, dass möglichst viele Einwendungen frühzeitig im Verwaltungsverfahren vorgetragen werden. Auch ist es ein Irrtum anzunehmen, dass die Verwaltung bei formellen Präklusionsnormen sehenden Auges rechtswidrige Entscheidungen trifft.[1001] Diese Normen erlauben ihr die Fortführung des Verfahrens nach Fristablauf ohne einen Verfahrensfehler.[1002] Demgegenüber ergibt sich aus den allgemeinen Regeln, also dem in § 24 VwVfG geregelten Untersuchungsgrundsatz, und bei planerischen Entscheidungen folgt grundsätzlich aus dem Abwägungsgebot, ob und inwieweit die Verwaltung verspätet vorgetragene Einwendungen bei ihrer Entscheidung dennoch zu berücksichtigen hat.[1003] Dementsprechend betonte der Bundesrat in seiner Stellungnahme zum UmwRG-E, dass es einhellige Auffassung sei, „dass verfristete Einwendungen neben bestimmten verfahrensrechtlichen Konsequenzen nicht zugleich die materielle Unbeachtlichkeit zur Folge haben".[1004] Aufgrund der Pflicht der Behörden zur Sachverhaltserforschung von Amts wegen müssten sie selbstverständlich verfristete Einwendungen ebenso wie jede andere, ihnen bekannt gewordene Tatsache in ihren Entscheidungsprozess einbeziehen.[1005]

Angesichts der Komplexität der Materie, aber auch im Hinblick darauf, dass es im späteren Gerichtsverfahren keine materielle Präklusion mehr

---

1000 Referat von Prof. Dr. Martin *Beckmann* auf dem 71. DJT über den Funktionswandel der Verwaltungsgerichtsbarkeit.

1001 So die Stellungnahme BRAK Nr. 12/2016 zum Referentenentwurf vom Mai 2016, S. 8.

1002 Zur formellen Behördenpräklusion *Siegel*, Die Verfahrensbeteiligung von Behörden, S. 188 ff. Dazu, dass derartige Einwendungen nicht zum Gegenstand des Erörterungstermins gemacht werden müssen, BT-Drucks. 18/9909, S. 6.

1003 *Röhl/Ladenburger*, Die materielle Präklusion im raumbezogenen Verwaltungsrecht, S. 40 f.; zur formellen Behördenpräklusion *Siegel*, Die Verfahrensbeteiligung von Behörden, S. 188.

1004 BT-Drucks. 18/9909, S. 3, s. auch die Gegenäußerung der Bundesregierung auf S. 6.

1005 BT-Drucks. 18/9909, S. 3.

gibt, wird nunmehr überlegt, ob die Stellungnahmefrist für die Öffentlichkeit und Verbände bei umweltbedeutsamen Vorhaben nicht an die Fristvorgaben für die Behörden und Träger öffentlicher Belange angepasst oder eine behördliche Verlängerungsmöglichkeit für die Stellungnahmefrist eingeführt werden könnte.[1006] Dementsprechend tritt der Gesetzentwurf der Bundesregierung zur Anpassung des Umwelt-Rechtsbehelfsgesetzes für eine Konkretisierung in den Fachgesetzen ein, wonach die Einwendungsfrist für die Öffentlichkeit generell um zwei Wochen verlängert wird und bei komplexen Zulassungsverfahren, bei denen Unterlagen in erheblichem Umfang gesichtet werden müssten, eine Fristverlängerungsmöglichkeit bis zu dem Zeitpunkt besteht, welcher den beteiligten Behörden für die Abgabe ihrer Stellungnahmen eingeräumt ist.[1007] Der Bundesrat äußerte sich in seiner Stellungnahme gegenüber diesem Anliegen skeptisch, weil damit ein erheblicher Mehraufwand durch Anpassung von Mustertexten sowie voraussichtlich zahlreichen Entscheidungen über Verlängerungen von Äußerungsfristen einhergehen würde.[1008] Angesichts des Wegfalls der materiellen Präklusion sollten die Äußerungsfristen keinesfalls so kurz bemessen sein, dass sinnvolle Debatten nicht mehr geführt werden können oder sich in den gerichtlichen Rechtsschutz verlagern.

Auch die formelle Präklusion entfaltet ein – allerdings im Vergleich zur materiellen Präklusion geringeres – Beschleunigungspotenzial.[1009] Damit muss nicht zwangsläufig eine Entwertung des Verfahrens einhergehen. Denn insbesondere die Umweltverbände werden ihren Mitgliedern nur schwer vermitteln können, warum sie wichtige Einwendungen erstmals im Gerichtsverfahren geltend machen.[1010] Dies zeigt auch eine Entscheidung des EuGH in einer Konstellation, in der eine Umweltschutzorganisation im Hinblick auf Art. 6 Abs. 3 Richtlinie 92/43 EWG gerichtlichen Rechtsschutz einforderte, weil ihr der Beteiligtenstatus im Verwaltungsverfahren abgesprochen wurde. Insoweit betonte der EuGH, diese Regelung solle sicherstellen, „dass vor der[…] Genehmigung unter Berücksichtigung der

1006 Nachweise bei *Otto* NVwZ 2016, 292, 293.

1007 BT-Drucks. 18/9526, S. 2, 24.

1008 BT-Drucks. 18/9909, S. 1.

1009 *Siegel* NVwZ 2016, 337, 339; s. auch *Fellenberg* NVwZ 2015, 1721, 1723.

1010 Demgegenüber meinen *Zeissler/Schmitz* UPR 2016, 1, 3, dass sich die Verbände hinsichtlich der Detailtiefe zurückhalten würden, insbesondere wenn sie noch keine große Erfahrung haben.

besten einschlägigen wissenschaftlichen Erkenntnisse sämtliche Gesichtspunkte der Pläne oder Projekte zu ermitteln sind, die [...] die für dieses Gebiet festgelegten Erhaltungsziele beeinträchtigen können."[1011] Viele Personen und Verbände werden angesichts begrenzter finanzieller Ressourcen und zur Vermeidung unnötiger Kosten[1012] so früh und so detailliert wie möglich zu den maßgeblichen Fakten Stellung nehmen wollen; so erhöhen sich ihre Chancen, dass ihr Vortrag von der Verwaltung aufgegriffen wird und sich ein Gerichtsverfahren erübrigt.[1013] Schließlich ist zu berücksichtigen, dass sich die Verwaltungsgerichte bei der Begründetheitsprüfung von Abwägungsentscheidungen seit langem auf die Kontrolle erkennbarer Belange beschränken.[1014] Dementsprechend hatte das BVerfG hinsichtlich eines aufgrund seines Eigentumsrechts klagenden Rechtsbehelfsführers keine Bedenken, wenn der Gesetzgeber angesichts des Interesses der Allgemeinheit an einer zügigen und ressourcenschonenden Umsetzung von Infrastrukturvorhaben den Rechtsschutzanspruch des Betroffenen auf solche Abwägungsfehler beschränkt.[1015] Der Einzelne hat es in der Hand, durch einen entsprechenden Vortrag während des Verwaltungsverfahrens diese Erkennbarkeit herzustellen. Weil der Vorhabenträger und die Verwaltung kein Interesse daran haben, dass eine Zulassungsentscheidung erst im Gerichtsverfahren kassiert wird, werden sie sich um eine sehr sorgfältige Aufklärung der Sach- und Rechtslage bemühen.[1016] Sofern man in gewissen Bereichen die Rechtsfigur der materiellen Präklusion fortführen möchte, die nur im Bereich des Umweltrechtsschutzes im Hinblick auf das Unionsrecht und die Aarhus-Konvention überspielt wird, kann es sich durchaus als sinnvoll erweisen, aus Gründen des Gleichklangs im zuletzt genannten Bereich weiterhin die formelle Präklusion einzusetzen.

1011 EuGH NuR 2016. 840, 842.

1012 An dieser Stelle möchte ich meinem wissenschaftlichen Mitarbeiter *Manuel Kollmann* für seinen Hinweis danken.

1013 *Bunge* NuR 2016, 11, 19.

1014 *Siegel* NVwZ 2015, 337, 341.

1015 BVerfG NVwZ 2016, 524, 525.

1016 *Siegel* NVwZ 2016, 337, 341.

2. Missbrauchsklausel

Darüber hinaus besteht die Möglichkeit, die vom EuGH explizit anerkannten Konstellationen des missbräuchlichen oder unredlichen Verhaltens in Gesetzesform abzubilden.[1017] Anders als bei der pauschalisierenden Präklusion knüpft eine solche Regelung an eine subjektive Komponente des Rechtsuchenden an.[1018] Dementsprechend wird im UmwRG-E beinahe wortwörtlich an die EuGH-Rechtsprechung anknüpfend folgender § 5 vorgesehen: „Einwendungen, die eine Person oder eine Vereinigung im Sinne des § 4 Absatz 3 Satz 1 erstmals im Rechtsbehelfsverfahren erhebt, bleiben unberücksichtigt, wenn die erstmalige Geltendmachung im Rechtsbehelfsverfahren missbräuchlich oder unredlich ist."[1019] Man kann geteilter Meinung sein, ob eine solche Regelung sinnvoll ist. So wiesen Stellungnahmen unmittelbar im Anschluss an die EuGH-Entscheidung auf die Probleme bei der Bestimmung eines solchen missbräuchlichen oder unredlichen Verhaltens hin.[1020] Dementsprechend wurde § 5 UmwRG-E wegen seiner Unbestimmtheit[1021] sowie den absehbaren Schwierigkeiten für die Rechtsprechung bei der Konkretisierung[1022] teils kritisiert oder abgelehnt. Somit ist abzusehen, dass diese Rechtsschutzvorgabe erneut Streit provozieren wird. Weil der EuGH aber selbst eine solche Regelung für möglich hielt, werden sich die Betroffenen mit einem erfolgreichen Angriff gegen die Ausgestaltung als solche jedoch schwerer tun.[1023] Diese Ausgestaltung ist zu begrüßen. Sie betont die Wichtigkeit des Verfahrens, schiebt Auswüchsen einen Riegel vor und hält zu einem redlichen Verhalten an.[1024]

Wie bei anderen Rechtsnormen auch, hat die Verwaltungsgerichtsbarkeit den Inhalt dieser Regelung in Bezug auf den jeweiligen Einzelfall mittels

1017 *Siegel* NVwZ 2016, 337, 340 f.; *Steinbeiß-Winkelmann* NVwZ 2016, 713, 719; für eine solche Missbrauchsklausel anstelle der materiellen Präklusion schon *Wegener*, Verhandlungen des 69. Deutschen Juristentages, Band II/1, M 59, M 70.

1018 *Kment/Lorenz* EurUP 2016, 47, 57.

1019 BT-Drucks. 18/9526, S. 11.

1020 *Klinger* ZUR 2016, 42; *Zeissler/Schmitz* UPR 2016, 1, 6.

1021 *Michl* NuR 2016, 543, 550.

1022 *Klinger* ZUR 2016, 41, 42; *Michl* NuR 2016, 543, 550; *Zeissler/Schmitz* UPR 2016, 1, 6; s. auch *Calliess* NVwZ-Editorial 23/2016 im Hinblick auf zeitraubende gerichtliche Streitigkeiten.

1023 S. auch *Fellenberg* AnwBl. 2016, 648, 652.

1024 S. auch *Müggenborg*, Stellungnahme des DAV, NuR 2016, 473, 474.

Auslegung zu konkretisieren.[1025] Um nicht vom EuGH beanstandet zu werden, sollte sie sich im Unterschied zur Handhabung der nunmehr als unionsrechtswidrig eingestuften materiellen Präklusion von vornherein um eine gegenüber den unionsrechtlichen Anforderungen aufgeschlossene Haltung bemühen. Laut der Begründung im Gesetzentwurf zu § 5 UmwRG-E kann ein missbräuchliches oder unredliches Verfahrensverhalten etwa dann gegeben sein, wenn der Rechtsbehelfsführer im Verwaltungsverfahren kundgetan hat, er werde keine Einwendungen erheben.[1026] Rechtsbehelfe anerkannter Umweltvereinigungen sollen unredlich oder missbräuchlich sein, „wenn die im Rechtsbehelfsverfahren erstmalige Erhebung bestimmter Einwendungen, die der Vereinigung bereits im Zulassungsverfahren bekannt waren, den Schutzanliegen und Umweltbelangen, als deren Sachwalter sich die Vereinigung versteht, zuwiderläuft, die Vereinigung sich also, gemessen an den Zielen ihrer Satzung oder ihrer Rolle als ‚Quasi-Verwaltungshelfer' ‚unvernünftig' verhält".[1027] Zutreffend mahnt *Beckmann* zum vorsichtigen Umgang mit dieser Aussage, da ein unvernünftiges Verhalten nicht zwangsläufig unredlich oder missbräuchlich sein muss.[1028] Man denke etwa an neues Vorbringen, weil eine Vereinigung während des Verfahrens hinzugelernt hat.[1029]

Angesichts des völker- und unionsrechtlichen Hintergrunds der Missbrauchsklausel ist eine gegenüber dem Unionsrecht aufgeschlossene Haltung der Rechtsprechung erforderlich.[1030] Weil die Unionsgerichte letztverantwortlich über den Inhalt des Unionsrechts befinden, legen diese auch die Grenzen fest, die sich aus dem Rechtsmissbrauchsverbot für dessen Geltendmachung ergeben.[1031] Aus diesem Grund sollten sich die deutschen Verwaltungsgerichte an der EuGH-Rechtsprechung zu vergleichbaren Problemen orientieren. Mehrfach, zuletzt in Bezug auf das „AGG-Hopping", judizierte der EuGH, dass sich ein rechtsmissbräuchliches Verhalten

---

1025 S. auch BT-Drucks. 18/9526, S. 41; zu den Schwierigkeiten dieser Konkretisierung *Széchényi* BayVBl. 2016, 366, 368.

1026 BT-Drucks. 18/9526, S. 41.

1027 BT-Drucks. 18/9526, S. 41.

1028 Referat von Prof. Dr. Martin *Beckmann* auf dem 71. DJT über den Funktionswandel der Verwaltungsgerichtsbarkeit.

1029 *Schlacke* UTR 2016, 173, 192; VG Osnabrück NuR 2016, 217, 224.

1030 In diese Richtung auch *Michl* NuR 2016, 543, 550.

1031 *Ebers*, Rechte, S. 375.

durch eine objektive und subjektive Komponente auszeichnet.[1032] Hinsichtlich des objektiven Merkmals sei eine Gesamtwürdigung der objektiven Umstände vorzunehmen.[1033] Für das subjektive Tatbestandsmerkmal müsse sich aus objektiven Anhaltspunkten ergeben, dass sich die Person einen nicht zu rechtfertigenden Vorteil verschaffen wolle, etwa weil ihr Verhalten einen künstlichen Charakter hat[1034] oder ein kollusives Zusammenwirken nachweisbar sei.[1035] Wegen des mit dem unionsrechtlichen Umweltrechtsschutz angestrebten weiten Gerichtszugangs ist § 5 UmwRG-E restriktiv auszulegen.[1036] Entgegen anderslautender Stimmen[1037] darf die Beweislast dafür nicht dem Rechtsbehelfsführer aufgebürdet werden.[1038] Abgesehen davon, dass dieser dadurch einer Art Generalverdacht unterstellt würde, ließe sich die gegenteilige Ansicht nicht mit dem vom EuGH befürworteten weiten Gerichtszugang in Einklang bringen.[1039]

3. Prozessuale (Ausschluss-)Fristen

Weitere Überlegungen gehen dahin, zur Beschleunigung der gerichtlichen Verfahren die Anforderungen an die Begründung des Rechtsbehelfs zu erhöhen.[1040] Möglicherweise sollte man – wie dies bei den Rechtsmitteln der

---

1032 EuGH, Urt. v. 13.3.2014 – Rs. C-155/13, Rn. 31 juris; Rs. C-423/15, NJW 2016, 2796, 2797.

1033 EuGH, Urt. v. 13.3.2014 – Rs. C-155/13, Rn. 32 juris; Rs. C-423/15, NJW 2016, 2796, 2797.

1034 EuGH, Urt. v. 28.7.2016 – Rs. C-423/15, Rn. 40 f. juris.

1035 EuGH, Rs. C-255/02, Slg. 2006 I-1609, 1655.

1036 *Schlacke* UTR 2016, 173, 193; *Siegel* NVwZ 2016, 337, 340 f.; zur damit einhergehenden geringen Filterwirkung *Steinbeiß-Winkelmann* NVwZ 2016, 713, 719.

1037 *Kment/Lorenz* EurUP 2016, 47, 57. Ebenso *Kment* UPR Sonderheft 2016, 487, 492 unter Berufung auf eine angemessene Ausbalancierung der Interessen und einen ausreichenden Anwendungsbereich.

1038 *Ludwigs* NJW 2015, 3484, 3486; *Schlacke* UTR 2016, 173, 192; *Siegel* NVwZ 2016, 337, 340. Hinsichtlich des „AGG-Hoppings" stellte sich der EuGH, Rs. C-423/15, NJW 2016, 2796, 2798 auf den Standpunkt, dass das Gericht nach den Beweisregeln des nationalen Rechts über das Vorliegen eines Rechtsmissbrauchs zu entscheiden hat, soweit dies nicht die Wirksamkeit des Unionsrechts beeinträchtigt.

1039 *Ludwigs* NJW 2015, 3484, 3486; *Schlacke* UTR 2016, 173, 192.

1040 *Otto* NVwZ 2016, 292, 293.

Fall ist – Fristvorgaben für die Begründung der Rechtsbehelfe aufstellen. Auch wenn die Aarhus-Konvention und sekundärrechtlichen Umweltrechtsschutzbestimmungen auf einen weiten Gerichtszugang abzielen, stehen sie Fristvorgaben nicht per se entgegen. Wie an Art. 9 Abs. 4 AK, Art. 11 Abs. 4 UAbs. 2 UVP-Richtlinie 2011/92/EU sowie Art. 25 Abs. 4 UAbs. 2 IE-Richtlinie 2010/75/EU deutlich wird, sind die Gerichtsverfahren zügig durchzuführen. Erst jüngst entschied der EuGH, dass das Unionsrecht mangels einer Regelung zur Frist für die Anfechtung einer Genehmigung in der UVP-Richtlinie die Mitgliedstaaten grundsätzlich nicht an der Festlegung derartiger Fristen hindert. Die „Festsetzung angemessener Fristen für die Rechtsverfolgung im Interesse der Rechtssicherheit, die zugleich den betroffenen Einzelnen und die betroffene Behörde schützt, [ist] mit dem Unionsrecht vereinbar“.[1041] Insbesondere sieht der EuGH derartige Fristen nicht als geeignet an, „die Ausübung der durch die Unionsrechtsordnung verliehenen Rechte praktisch unmöglich zu machen oder übermäßig zu erschweren“.[1042] Generalanwältin *Kokott* meinte in ihren Schlussanträgen: „Die Frist von drei Jahren für die Aufhebung einer Genehmigung, die ohne eine gebotene Umweltverträglichkeitsprüfung erteilt wurde, erscheint insoweit angemessen, ja sogar großzügig, falls die Betroffenen – wie im Ausgangsfall die Stadt Wiener Neustadt – Kenntnis von der Genehmigung hatten oder haben mussten.“[1043]

§ 6 UmwRG-E greift die bisherige Regelung in § 4a Abs. 1 UmwRG auf. Danach hat der Kläger innerhalb einer Frist von sechs Wochen die zur Begründung seiner Klage dienenden Tatsachen und Beweismittel anzugeben, wobei diese Frist auf Antrag verlängerbar ist. Von einer solchen nur sechswöchigen Begründungsfrist ist abzuraten. Denn sie wird der Komplexität vieler Umweltrechtsstreitigkeiten[1044] und dem Umstand nicht gerecht, dass aufgrund der Unionsrechtswidrigkeit der materiellen Präklusion ein Umweltrechtsbehelf nicht mehr generell von der Beteiligung am vorausgehenden Verwaltungsverfahren abhängig gemacht werden darf. Insoweit ist zweifelhaft, ob es sich hierbei noch um eine angemessene Fristenregelung handelt. Zurzeit läuft gegen Deutschland ein Pilotverfahren (EU-Pilot

1041 EuGH, Rs. C-348/15, Urt. v. 17.11.2016, Rn. 41 juris.
1042 EuGH, Rs. C-348/15, Urt. v. 17.11.2016, Rn. 41 juris.
1043 Schlussanträge GA *Kokott* v. 8.9.2016 in der Rs. C-348/15, Rn. 40 juris.
1044 *Schlacke* ZUR 2013, 195, 200.

5908/13/ENVI) wegen Zweifeln der EU-Kommission an der Unionsrechtskonformität des § 4a UmwRG.[1045] Es gibt gute Argumente, von einer dermaßen kurzen Frist abzugehen[1046] und die Klagebegründungsfrist länger auszugestalten.[1047] Die Verlängerungsmöglichkeit, die für die Herstellung einer etwaigen Unionsrechtskonformität wichtig ist, sollte nicht der Regelfall sein, sondern sich auf Ausnahmekonstellationen beschränken. Überdies geht mit ihr für die Rechtsbehelfsführer eine nur schwer abzuschätzende Unsicherheit einher. Auf jeden Fall muss eine bereichsspezifische Fristvorgabe im Umweltrecht angesichts der unionsrechtlichen Rechtsschutzanforderungen entweder ausreichend lange bemessen oder durchlässig sein. Zur Vermeidung von Rechtsstreitigkeiten über die Wahrung des Fristerfordernisses durch die einzelnen Rechtsbehelfsführer sollte dieses möglichst „einfach" ausgestaltet sein.

Anstelle solcher bereichsspezifischer Fristvorgaben kann man die Aufnahme einer allgemeinen Vorschrift zur Klagebegründungsfrist in die Verwaltungsgerichtsordnung in Erwägung ziehen.[1048] Dieser Ansatz trägt zur Vereinheitlichung des Verwaltungsprozessrechts bei. Infolgedessen würde die Prüfung der Einhaltung und die Verlängerung der Klagebegründungsfrist zum Alltagsgeschäft der Verwaltungsgerichtsbarkeit werden. Aufgrund der Vielzahl der vor den Verwaltungsgerichten ausgetragenen Streitigkeiten und den unterschiedlichen Schutzbedürfnissen der Beteiligten scheinen mir jedoch bereichsspezifische Sonderregelungen vorzugswürdig. Eine generelle Klagebegründungsfrist z. B. von zwei Monaten könnte zu Verzögerungen bei Gerichtsverfahren in an sich einfach gelagerten Streitigkeiten führen. Auch sind nicht alle Individualkläger gleichermaßen versiert. Vor Gerichten mit besonderen Anforderungen an die Postulationsfähigkeit (s. § 67 Abs. 4 VwGO) tut man sich deshalb mit der Aufstellung derartiger Begründungsanforderungen einschließlich Fristvorgaben leichter als bei Rechtsbehelfen, die bei den Verwaltungsgerichten einzulegen sind.

1045 BT-Drucks. 18/9526, S. 41 f.

1046 *Schlacke* ZUR 2013, 195, 200.

1047 So auch *Schlacke* ZUR 2013, 195, 200; allgemein zur Fristdauer *Siegel* NVwZ 2016, 337, 341; zu gerichtlichen Ausschlussfristen *Neuhäuser*, Die Zulassung der Berufung, S. 388 ff.; zur Zulässigkeit einer Ausschlussfrist von sechs Monaten, die jedoch nicht das Umweltrecht betraf, EuGH, Rs. C-78/98, Slg. 2000 I-03201, 03240 Rn. 33, 67.

1048 S. die anfängliche These 11 vom Juni 2016 zum Referat von Prof. Dr. Klaus *Rennert* auf dem 71. DJT über den Funktionswandel der Verwaltungsgerichtsbarkeit, wonach generell eine Frist zur Klagebegründung von zwei Monaten eingeführt werden sollte.

In rechtspolitischer Hinsicht ist nach all dem abzuwägen, ob man es bei der Kombination von § 6 UmwRG-E i. V. mit der allgemeinen Präklusionsregelung in § 87b VwGO belassen oder bei großen Infrastrukturvorhaben eine besondere Zeitvorgabe zur Substantiierung der Rechtsbehelfe aufstellen sollte. Als Kontra-Argumente gegen eine solche Spezialregelung lassen sich die an und für sich unerwünschte Zersplitterung des Prozessrechts sowie die Erwägung nennen, dass § 87b VwGO den Verwaltungsgerichten eine mit Blick auf den jeweiligen Einzelfall angemessene Prozessführung erlaubt. Die Richterschaft muss sich bei der Ausübung ihres diesbezüglichen Verfahrensermessens von den Vorgaben in Art. 11 Abs. 4 UAbs. 2 Var. 3 UVP-Richtlinie 2011/92/EU, Art. 25 Abs. 4 UAbs. 2 Var. 3 IE-Richtlinie 2010/75/EU leiten lassen, wonach die betreffenden Verfahren zügig durchzuführen sind. Die Verwaltungsgerichtsbarkeit muss sich deshalb möglichst bald mit diesen Angelegenheiten befassen und auf eine Vervollständigung der Angaben zu den Tatsachen und etwaigen Beweismitteln hinwirken. Andererseits geht mit dieser auf den Einzelfall fokussierenden Bestimmung eine große Unsicherheit für alle Beteiligten einher, da sie schwer abschätzen können, wann eine solche Aufforderung ergeht und wie lange die jeweilige Frist bemessen sein wird.

Wegen der besonderen Bedeutung und des Interesses an einer zügigen Realisierung von Infrastrukturvorhaben, aber auch deren gleichmäßigen prozessualen Behandlung gibt es deshalb gute Gründe, den Rechtsbehelfsführern eine klare Fristvorgabe für die Begründung ihres Rechtsbehelfs zu setzen.[1049] Dabei ist zu berücksichtigen, dass die Aarhus-Konvention von einer prozessualen Gleichstellung der Verbände mit natürlichen und juristischen Personen ausgeht und deshalb von unterschiedlichen Anforderungen abgesehen werden sollte. Des Weiteren darf eine solche Frist keinesfalls so bemessen sein, dass dadurch der von der Aarhus-Konvention und den diesbezüglichen Sekundärrechtsnormen intendierte weite Gerichtszugang gefährdet wird. Außerdem muss die Fristvorgabe der Komplexität der Vorhaben Rechnung tragen. Der Gesetzgeber steht insoweit vor der schwierigen Aufgabe, bei einer solchen Frist die „goldene Mitte“ zwischen den verschiedenen Rechtsschutzanforderungen – weiter Gerichtszugang auf der

1049 Für eine stärkere Verwendung von Ausschlussfristen *Steinbeiß-Winkelmann* NVwZ 2016, 713, 719.

einen Seite und zügiger Rechtsschutz auf der anderen Seite – zu finden.[1050] Je kürzer die Fristvorgabe ausfällt, desto eher wächst im Hinblick auf das Unionsrecht das Bedürfnis, über Fristverlängerungsmöglichkeiten dessen Anforderungen Rechnung zu tragen.[1051]

Die Mehrheit der Abstimmenden auf dem 71. Deutschen Juristentag in Essen befürwortete eine bereichsspezifische Sonderregelung zur Klagebegründung. Danach sollte zur Sicherung der Funktionsfähigkeit der gerichtlichen Verwaltungskontrolle in umwelt- und planungsrechtlichen Angelegenheiten für die Verletzten- wie die Verbandsklage eine gesetzliche Klagebegründungsfrist von vier Monaten bestehen.[1052] In der Diskussion war vor allem umstritten, zu welchem Zeitpunkt die Klagebegründungsfrist beginnen soll. Die überwiegende Meinung tendierte zu einem Gleichlauf mit der einmonatigen Klageerhebungsfrist, wobei das Gericht die Frist nach den aus dem Rechtsmittelrecht bekannten Regeln verlängern können soll, insbesondere wenn einem innerhalb der Klageerhebungsfrist gestellten Antrag auf Akteneinsicht nicht rechtzeitig entsprochen wird.[1053] Je mehr der elektronische Rechtsverkehr mit den Gerichten voranschreitet und die elektronische Akteneinsicht Usus wird, desto mehr werden die zuletzt genannten Probleme an Bedeutung verlieren.[1054] Abweichend von der allgemeinen Regelung in § 87b VwGO soll ein verspäteter Vortrag, der nicht entschuldigt wird, unabhängig von der Frage der Verzögerung generell zurückgewiesen werden.[1055] Die innerprozessuale Präklusion soll jedoch die Befugnis der Verwaltungsgerichtsbarkeit zur Sachaufklärung von Amts wegen nicht beschneiden.[1056]

1050 Zu den unionsrechtlichen Bedenken gegenüber Darlegungsanforderungen bei den Rechtsmitteln, weil sich die deutschen Verwaltungsgerichte nicht völlig passiv verhalten würden, *Neuhäuser*, Die Zulassung der Berufung, S. 464 ff.

1051 Dazu *Siegel* NVwZ 2016, 337, 341.

1052 Beschlüsse 71. DJT Essen 2016, S. 29 unter Nr. 23a.

1053 Beschlüsse 71. DJT Essen 2016, S. 29 unter Nr. 23a.

1054 Allgemein zur elektronischen Akteneinsicht während des Verwaltungsverfahrens *Guckelberger*, in: Hill/Schliesky, Auf dem Weg zum digitalen Staat, S. 129, 136 ff.

1055 Beschlüsse 71. DJT Essen 2016, S. 29 unter Nr. 23a.

1056 Beschlüsse 71. DJT Essen 2016, S. 29 unter Nr. 23b.

4. Weitere denkbare Alternativen

Auch wurden Überlegungen angestellt, den gerichtlichen Rechtsschutz in zwei Phasen zu untergliedern. In einer ersten Phase solle das Gericht den Klagevortrag kursorisch prüfen, den Prozessstoff erörtern und mit den Beteiligten eine einvernehmliche Lösung unter Einbeziehung einer Heilung von Mängeln versuchen.[1057] Gelinge dies nicht, sollten in einer zweiten Phase die verbleibenden Streitpunkte strittig entschieden werden.[1058] Dabei wurde die Frage aufgeworfen, ob dieser Vorschlag letztlich die Einführung einer obligatorischen Mediation bedeuten würde.[1059] Vor Letzterem ist abzuraten, da sich nur ein Teil, nicht aber alle Großvorhaben für die alternative Streitschlichtung eignen, sei es, weil von vornherein keine Win-Win-Situation zu erzielen ist oder die Parteien kein Interesse an einer gütlichen Streitbeilegung haben.[1060] Bei gebundenen Zulassungsentscheidungen kann ein Dialog einen Konflikt auch erst hervorrufen.[1061]

Außerdem werden Erwägungen zur Heilung von Verfahrensfehlern während des Gerichtsverfahrens wieder zu Diskussionen Anlass geben, inwieweit das deutsche Verständnis von Verfahrensvorschriften mit dem Unionsrecht kompatibel ist. Zwar entschied der EuGH in Bezug auf die UVP-Richtlinie, dass das Gemeinschaftsrecht nationalen Heilungsvorschriften nicht per se entgegensteht, „doch darf eine solche Möglichkeit nur eingeräumt werden, wenn sie den Betroffenen keine Gelegenheit bietet, das Gemeinschaftsrecht zu umgehen oder es nicht anzuwenden, und die Ausnahme bleibt".[1062] *Schwerdtfeger* betont in ihrer Dissertation, dass eine Heilung nur bei solchen Verfahrensfehlern in Betracht kommen kann, bei denen sich der Zweck der missachteten Verfahrensvorschriften in dem späten Stadium noch erreichen lässt.[1063] Da die Öffentlichkeitsbeteiligung nach Art. 6 Abs. 4, Art. 8 AK frühzeitig erfolgen und bei der Entscheidung angemessen berücksichtigt werden soll, wird sich deren Zweck durch eine Nachholung

---

1057 *Rennert* wiedergegeben bei *Otto* NVwZ 2016, 292, 293.

1058 *Rennert* wiedergegeben bei *Otto* NVwZ 2016, 292, 293.

1059 *Otto* NVwZ 2016, 292, 293.

1060 Näher zur Mediation im Umweltrecht *Guckelberger*, in: Seok/Ziekow, Mediation als Methode, S. 235, 254 ff.

1061 *Saurer* DVBl. 2012, 1082, 1088; *Schwab* UPR 2014, 281, 283.

1062 EuGH, Rs. C-215/06, NuR 2008, 562, 564; s. auch *Hofmann* EurUP 2015, 266, 270.

1063 *Schwerdtfeger*, Der deutsche Verwaltungsrechtsschutz, S. 255.

erst während des Prozesses oft nicht mehr erreichen lassen.[1064] Weil das Unionsrecht dem Verfahren einen höheren Stellenwert beimisst und sich das dort maßgebliche Bild der Gewaltenteilung zwischen Verwaltung und Judikative nicht völlig mit demjenigen des deutschen Rechts deckt, ist bei der Annahme einer generellen Heilbarkeit von Verfahrensfehlern im gerichtlichen Verfahren Vorsicht geboten.[1065] Bei einem unionsrechtlichen Hintergrund ist stets in Bezug auf die verletzte Verfahrensvorschrift zu klären, ob diese unter Berücksichtigung ihres Sinns und Zwecks noch einer Heilung während des Gerichtsverfahrens zugänglich ist.[1066] Last but not least ist zu berücksichtigen, dass Gerichtsverfahren eine andere Funktion als Verwaltungsverfahren haben und nicht deren Fortsetzung sein sollen.[1067] So hielt es das BVerfG mit der allerdings grundrechtlich geschützten Garantie effektiven Rechtsschutzes hinsichtlich des Grundsatzes der Planerhaltung für nicht vereinbar, wenn „das Gericht damit seine Rolle als kontrollierende unabhängige Instanz aufgeben und sich an die Stelle der Planfeststellungsbehörde setzen würde“.[1068]

VIII. Spiegelbildlichkeit zwischen Klagebefugnis und Begründetheitsprüfung

Die Begründetheit der Anfechtungs- und Verpflichtungsklage hängt nach § 113 Abs. 1 S. 1, Abs. 5 S. 1 VwGO vom Vorliegen einer Rechtsverletzung ab.[1069] Auch bei fast allen anderen Klagearten, wie der Feststellungsklage,

---

1064 *Schwerdtfeger*, Der deutsche Verwaltungsrechtsschutz, S. 256.

1065 *Kment*, Nationale Unbeachtlichkeits-, Heilungs- und Präklusionsvorschriften, S. 95 f., 98; *Kopp/Ramsauer*, VwVfG, § 45 Rn. 5a f.; *Schwerdtfeger*, Der deutsche Verwaltungsrechtsschutz, S. 257.

1066 *Schwerdtfeger*, Der deutsche Verwaltungsrechtsschutz, S. 258 f.

1067 *Nolte*, Die Eigenart des verwaltungsgerichtlichen Rechtsschutzes, S. 76 f., 84; dazu auch *Guckelberger*, Norm- und Sachverhaltswissen im Verwaltungsprozess, VerwArch 2017 i. E.; *Schmidt-Aßmann*, in: Maunz/Dürig, GG-Kommentar, Art. 19 Abs. 4 Rn. 26; *Ziekow* EurUP 2005, 154, 160. Dazu, dass auf Unionsebene Verwaltungsverfahren und Verwaltungsprozess im Vergleich zu Deutschland weniger als Kontinuum gedacht werden, *Saurer*, Der Einzelne im europäischen Verwaltungsrecht, S. 255, 320 f.

1068 BVerfG NVwZ 2016, 524, 526

1069 Dazu, dass keine objektive Rechtskontrolle stattfindet, VGH Mannheim VBlBW 2016, 212, 214; zu dieser Spiegelbildlichkeit z. B. *Laubinger* VerwArch 82 (1991), 459, 483.

verlangen die Verwaltungsgerichte in der Praxis spiegelbildlich zur analogen Anwendung des § 42 Abs. 2 VwGO bei der Klagebefugnis für ihre Begründetheit, dass der Kläger in seinen Rechten verletzt sein muss.[1070] Wie ein Blick auf die in § 47 VwGO geregelte Normenkontrolle sowie die unionsrechtliche Individualnichtigkeitsklage in Art. 263 Abs. 4 AEUV zeigt, ist dieser Gleichklang zwischen Klagebefugnis und Begründetheitsprüfung keinesfalls zwingend.[1071] Schon die Prüfung einer möglichen Verletzung in einem subjektiven öffentlichen Recht bei der Klagebefugnis trägt dazu bei, dass man das deutsche Rechtsschutzsystem als ein entsprechend der Rechtsschutzgarantie in Art. 19 Abs. 4 GG individualschutzrechtlich ausgerichtetes begreifen könnte. Wie bei der Erörterung der Klagebefugnis aufgezeigt, kann der Gesetzgeber bei der einfachgesetzlichen Ausgestaltung des Prozessrechts über die Anforderungen des Art. 19 Abs. 4 GG hinausgehen.[1072] So haben sich einzelne Stimmen im Schrifttum für eine Auflösung des Junktims zwischen Klagebefugnis und Begründetheitsprüfung ausgesprochen. § 113 Abs. 1 VwGO nötige die Gerichte zur künstlichen Aufspaltung einheitlich getroffener Sachentscheidungen.[1073] Es sei nicht nachvollziehbar, warum sie eine infrage stehende Verwaltungsmaßnahme erst prüfen sollen, welche anschließend durch das Erfordernis einer vorliegenden Rechtsverletzung begrenzt wird.[1074] Außerdem wird danach gefragt, welches Interesse ein demokratischer Rechtsstaat an der Aufrechterhaltung einer objektiv rechtswidrigen, aber mangels subjektiver Rechtsverletzung nicht aufhebbaren Maßnahme haben könnte.[1075]

Die Spiegelbildlichkeit zwischen der verwaltungsprozessualen Klagebefugnis und dem Maßstab der Gerichte für die Begründetheitsprüfung hat in Deutschland eine lange Tradition. Ihr liegen Erwägungen der Gewaltenteilung und des Ausgleichs verschiedener konfligierender Rechtsgüter in

1070 Zur Prüfung der Rechtsverletzung bei der Begründetheit der Feststellungsklage BVerwG NVwZ-RR 2016, 323, 324 f.

1071 *Ludwigs* NJW 2015, 3484, 3485; s. auch *Ziekow*, NVwZ 2005, 263, 265; – a. A. *Greim,* Rechtsschutz bei Verfahrensfehlern im Umweltrecht, S. 143.

1072 *Ludwigs* NJW 2015, 3484, 3485; *Skouris* DVBl. 2016, 937, 940 – aber ohne direkten Bezug zu Art. 19 Abs. 4 GG.

1073 *Classen,* Die Europäisierung der Verwaltungsgerichtsbarkeit, S. 53.

1074 *Classen,* Die Europäisierung der Verwaltungsgerichtsbarkeit, S. 53.

1075 In diese Richtung *Sinner* UPR 2016, 7, 9.

mehrpoligen Rechtsverhältnissen zugrunde.[1076] Für die Verwaltungsgerichtsbarkeit ergibt sich daraus jedenfalls dann ein Entlastungseffekt, wenn sie von vornherein gewisse, kein subjektives Recht beinhaltende Vorschriften von der Prüfung ausnehmen kann. Rechtsverstöße außerhalb des Prüfprogramms müssen keinesfalls folgenlos bleiben, sondern können von der Verwaltung, allerdings unter Beachtung etwaiger einschränkender Vorgaben, etwa durch die Regelungen über die Aufhebung von Verwaltungsakten, korrigiert werden.[1077] Darüber hinaus wird in dieser Beschränkung ein wichtiger Baustein für die Beibehaltung der intensiven Gerichtskontrolle in Deutschland gesehen.[1078]

Da andere EU-Mitgliedstaaten und auch die Nichtigkeitsklage nach Art. 263 Abs. 4 AEUV keinen solchen Gleichlauf zwischen Klagebefugnis und Begründetheit der Klage kennen,[1079] geriet § 113 Abs. 1 VwGO in das Visier der EU-Kommission. Aus diesem Grund verwundert es nicht, wenn sich der aus Belgien stammende Generalanwalt *Wathelet* in der Rs. C-137/14 mit § 113 Abs. 1 VwGO schwer tat. Indem § 113 Abs. 1 S. 1 VwGO die Aufhebung eines Verwaltungsakts auf Fälle des vorab oder zeitgleich festgestellten Vorliegens einer Rechtsverletzung beschränke, werde über die Zulässigkeitsvoraussetzungen des Art. 11 Abs. 1 lit. b UVP-Richtlinie 2011/92/EU und des Art. 25 Abs. 1 lit. b IE-Richtlinie 2010/75/EU hinausgehend ein dort nicht vorgesehenes Hindernis für den Gerichtszugang geschaffen und würden Reichweite sowie Nutzen der gerichtlichen Überprüfung unzulässig eingeschränkt.[1080] Das nach diesen Normen mögliche Erfordernis einer Rechtsverletzung betreffe nur die Zulässigkeit der

---

1076 *Niesler*, Individualrechtsschutz, S. 28; eingehend zum subjektiven Recht in multipolaren Rechtsverhältnissen *Schmidt-Preuß,* Kollidierende Privatinteressen im Verwaltungsrecht, s. dazu insbesondere die allerdings auf die Klagebefugnis bezogenen Ausführungen auf S. 550 ff.; s. auch *Steinbeiß-Winkelmann* NJW 2010, 1233, 1238.

1077 Dazu *Sinner* UPR 2016, 7, 9.

1078 Dazu *Neidhardt*, Nationale Rechtsinstitute, S. 86 ff.

1079 Zu Frankreich *Classen,* Die Europäisierung der Verwaltungsgerichtsbarkeit, S. 64; s. auch *Ludwigs* NJW 2015, 3484, 3485; *Skouris* DVBl. 2016, 937, 938. Nach *Epiney/Reitemeyer*, in: GfU, Dokumentation zur 37. wissenschaftlichen Fachtagung der Gesellschaft für Umweltrecht, S. 71 Rn. 90 erfolgt nur in Österreich und Deutschland eine Beschränkung auf die Prüfung bestimmter verletzter Normen.

1080 Schlussanträge GA *Wathelet* v. 21.5.2015 in der Rs. C-137/14 Rn. 58; dazu, dass der genaue Vortrag in dieser Hinsicht unter Umständen auf einem Schreibfehler oder Missverständnis beruht, *Hofman* EurUP 2015, 266, 275.

Klage.[1081] Zum Vortrag Deutschlands, dass bei einer nur objektiven Rechtswidrigkeit des Verwaltungsakts die Verwaltung diesen eventuell zurücknehmen könne, ohne hierzu verpflichtet zu sein,[1082] meinte er: „Auch wenn nicht jede – noch so geringfügige – Rechtswidrigkeit zwangsläufig zur Aufhebung eines Verwaltungsakts führen muss, hat doch die alleinige Feststellung der Rechtswidrigkeit eines Verwaltungsakts durch den deutschen Verwaltungsrichter nicht den gleichen rechtlichen Wert wie die Aufhebung dieses Verwaltungsakts“[1083] und lasse sich dies nur schwer mit dem Anspruch des Einzelnen auf Schutz der Umwelt, die seiner Gesundheit und seinem Wohlbefinden dient, in Einklang bringen.[1084]

Die mit Spannung erwartete Entscheidung des EuGH wurde deshalb mit großer Erleichterung aufgenommen, wonach ein EU-Mitgliedstaat, der die Zulässigkeit von Rechtsbehelfen Einzelner nach den Richtlinienbestimmungen vom Erfordernis einer subjektiven Rechtsverletzung abhängig machen darf, „auch vorschreiben darf, dass die Aufhebung einer Verwaltungsentscheidung durch das zuständige Gericht die Verletzung eines subjektiven Rechts auf Seiten des Klägers voraussetzt“.[1085] Nur bei den Umweltverbänden, bei denen eine solche Rechtsverletzung fingiert wird, darf diese Beschränkung nicht angewendet werden.[1086] Wenn die einschlägigen Rechtsvorschriften den Mitgliedstaaten die Wahl überlassen, wie sie den Gerichtszugang bei der Klagebefugnis ausgestalten, gibt es gute Gründe für eine Anerkennung der beiden Rechtsschutzmodelle in ihrer Systematik.[1087] Die Entscheidung des EuGH trägt der primärrechtlich abgesicherten Verfahrensautonomie der Mitgliedstaaten Rechnung (Art. 291 Abs. 1 AEUV); die Annahme einer so gravierenden Abweichung hätte einer klaren Vorgabe

1081 GA *Wathelet* v. 21.5.2015 in der Rs. C-137/14 Rn. 58.
1082 GA *Wathelet* v. 21.5.2015 in der Rs. C-137/14 Rn. 59.
1083 GA *Wathelet* v. 21.5.2015 in der Rs. C-137/14 Rn. 60.
1084 GA *Wathelet* v. 21.5.2015 in der Rs. C-137/14 Rn. 61.
1085 EuGH, Rs. C-137/14, NVwZ 2015, 1665, 1667.
1086 EuGH, Rs. C-137/14, NVwZ 2015, 1665, 1667; s. auch *Fellenberg* NVwZ 2015, 1721, 1722; *Kment/Lorenz* EurUP 2016, 47, 48, 49; *Steinbeiß-Winkelmann* NVwZ 2016, 713, 718.
1087 *Schwerdtfeger*, Der deutsche Verwaltungsrechtsschutz, S. 238; *Sobotta* EuZW 2016, 72 weist darauf hin, dass die vorgesehenen Regelungsbefugnisse der Mitgliedstaaten angesichts der Existenz absoluter Verfahrensrechte sonst kaum noch eine Bedeutung hätten.

in den Sekundärrechtsnormen durch die dafür verantwortlichen Stellen bedurft.[1088] Obwohl teilweise Zweifel an der Richtigkeit dieser Sichtweise u. a. im Hinblick auf die korrekte Umsetzung von Art. 9 Abs. 2 AK geäußert werden,[1089] gebietet das Unionsrecht also keine generelle Aufgabe des Erfordernisses einer Rechtsverletzung bei der gerichtlichen Prüfung der Begründetheit der Rechtsbehelfe.[1090] Die Haltung des EuGH wird begrüßt. Es mag zwar bei einzelnen Rechtsbehelfen, wie der abstrakten Normenkontrolle, plausible Gründe für einen Verzicht auf das Junktim bei der Begründetheit geben. Im Massengeschäft der Klagen wird jedoch bei Aufhebung des Junktims von einer Beeinträchtigung der Funktionsfähigkeit der Verwaltungsgerichte ausgegangen,[1091] die man im worst case eben hätte schnell anderweitig auffangen müssen.[1092]

Was die unionsrechtlich notwendige Ausnahme hinsichtlich der umweltrechtlichen Verbandsklage anbetrifft, wird dem bislang durch eine teleologische Reduzierung u. a. des § 113 Abs. 1 VwGO Rechnung getragen.[1093] Aus Gründen der Rechtssicherheit und der Rechtsklarheit liegt es nahe, die an eine Rechtsverletzung anknüpfenden Normen zur Begründetheit ebenfalls mit der Formulierung „soweit gesetzlich nichts anderes bestimmt ist" zu verknüpfen.[1094] Dadurch würde die Rechtslage treffender wiedergegeben und ließen sich künftige Vorgaben besser implementieren, bei denen aufgrund des Unionsrechts oder aus anderen Gründen bestimmten Personen die Möglichkeit zur gerichtlichen Durchsetzung bestimmter Vorschriften losgelöst von einem subjektiven Recht eingeräumt wird. Zudem wird so ein Gleichklang zur „Parallelvorschrift" in § 42 Abs. 2 VwGO erzielt. Da bei

---

1088 *Skouris* DVBl. 2016, 937, 942; s. auch *Ludwigs* NJW 2015, 3484, 3485; *Kahl* JZ 2016, 666, 669.

1089 *Mayer* NuR 2016, 106, 107; *Niesler*, Individualrechtsschutz, S. 238; s. auch *Bunge* NuR 2016, 11, 14, 18.

1090 Dazu *Hofmann* EurUP 2015, 266, 275; *Kment/Lorenz* EurUP 2016, 47, 51. *Sommermann*, in: Schenke/Suerbaum, Verwaltungsgerichtsbarkeit in der Europäischen Union, S. 189, 207 weist zutreffend darauf hin, dass damit eine künftige Richtungsänderung des Unionsrechts und der EuGH-Rechtsprechung noch lange nicht ausgeschlossen ist.

1091 So *Kahl* JZ 2016, 666, 669.

1092 Referat von Prof. Dr. Martin *Beckmann* auf dem 71. DJT über den Funktionswandel der Verwaltungsgerichtsbarkeit.

1093 I. E. *Groß* Die Verw. 43 (2010), 349, 363.

1094 *Niesler*, Individualrechtsschutz, S. 239.

den absoluten Verfahrensrechten eine Aufhebung der angegriffenen Verwaltungsentscheidung unabhängig von einer Verletzung in einem materiellen subjektiven öffentlichen Recht erfolgt, ergibt sich auch aus Gründen des Verfahrensrechtsschutzes keine unionsrechtlich gebotene Notwendigkeit zur Abänderung des § 113 Abs. 1 VwGO.[1095] Im Moment kann – sieht man von der hier vorgeschlagenen Änderung ab – die bisherige Rechtslage hinsichtlich der Begründetheit der Rechtsbehelfe beibehalten werden.

IX. Verwaltungsgerichtliche Kontrolldichte

Von dem sich aus § 113 Abs. 1 S. 1, Abs. 5 S. 1 VwGO ergebenden Umfang der Begründetheitsprüfung ist die Diskussion um die Kontrolldichte der Verwaltungsgerichte zu unterscheiden. Im Vergleich der EU-Mitgliedstaaten nehmen die deutschen Verwaltungsgerichte auch hier eine Sonderrolle ein, indem sie eine sehr intensive Kontrolle der Begründetheit der Rechtsbehelfe in tatsächlicher und rechtlicher Hinsicht vornehmen.[1096]

Die volle Rechts- und Tatsachenkognitionsbefugnis der Verwaltungsgerichte in Deutschland ist in aller Regel der Rechtsschutzgarantie des Art. 19 Abs. 4 GG geschuldet.[1097] Das BVerfG entnimmt ihr in ständiger Rechtsprechung eine Pflicht der Gerichte zu einer vollständigen Nachprüfung der staatlichen Maßnahmen in tatsächlicher und rechtlicher Hinsicht.[1098] Die Verwaltungsgerichte haben grundsätzlich „Verwaltungsakte in rechtlicher und tatsächlicher Hinsicht vollständig nachzuprüfen."[1099] Damit ist eine

---

1095 S. auch *Steinbeiß-Winkelmann* NVwZ 2016, 713, 718.

1096 *Kment* JuS 2015, 193, 196; *Saurer*, Der Einzelne im europäischen Verwaltungsrecht, S. 382 f.; *Schmidt-Aßmann* DVBl. 1997, 281, 285; *Schwarze* NVwZ 2000, 241, 249; dazu, dass in Staaten mit einem objektiven Rechtsschutzsystem eine abgeschwächte Gerichtskontrolle nicht der Rechtfertigung vor dem Individuum bedürfen soll, *Nowak* NuR 2015, 375, 383; s. auch *Kahl/Burs* DVBl. 2016, 1157, 1162; *Neidhardt*, Nationale Rechtsinstitute, S. 88. Kritisch, weil insoweit von einer Überlegenheit des deutschen Rechtsschutzes ausgegangen wird, aber es dazu keine empirische Untersuchungen gibt, *Wegener* JZ 2016, 829, 830.

1097 BVerfGE 15, 275, 282; 129, 1, 20; BVerfG, Beschl. v. 22.11.2016 – 1 BvL 6/14 u. a., Rn. 20 juris; *Gärditz* DVBl. 2016, 399, 400; *Siegel*, Europäisierung des Öffentlichen Rechts, Rn. 228.

1098 BVerfGE 15, 275, 282; 84, 34, 49; BVerfG EuGRZ 2013, 563, 568; Beschl. v. 22.11.2016 – 1 BvL 6/14 u. a., Rn. 20 juris.

1099 BVerfG, Beschl. v. 22.11.2016 – 1 BvL 6/14 u. a., Rn. 20 juris.

Bindung der Gerichte an tatsächliche oder rechtliche Feststellungen und Wertungen der anderen Gewalten unvereinbar.[1100] Die vollumfängliche Kontrolle unbestimmter Rechtsbegriffe durch die Verwaltungsgerichte wird darüber hinaus mit Gewaltenteilungserwägungen begründet, weil die Gerichte dafür sowohl historisch prädestiniert als auch aufgrund ihrer konkreten Gestalt nach Zusammensetzung, organisatorischer Selbstständigkeit sowie aufgrund der verfassungsrechtlich gewährleisteten richterlichen Unabhängigkeit am besten geeignet seien.[1101] Beispielsweise meinte das BVerfG hinsichtlich der Eilentscheidungsbefugnis der Bundesregierung für den Streitkräfteeinsatz bei Gefahr im Verzug, dass es sich bei dieser Voraussetzung um einen unbestimmten Rechtsbegriff handelt. „Die prognostischen Elemente des Gefahrenbegriffs geben insoweit für eine andere Sichtweise nichts her. Sie sind nichts weiter als Elemente der Unbestimmtheit von Rechtsbegriffen und rechtfertigen – wie auch in anderen der Gefahrenabwehr dienenden Befugnisnormen – nicht schon von sich aus eine Kontrollbeschränkung der Gerichte."[1102] Weil der Rechtsschutzgarantie jedoch kein absoluter Vorrang zukommt, wird dadurch eine Zurückführung der Gerichtskontrolle nicht per se ausgeschlossen und kann der Gesetzgeber der Verwaltung Gestaltungs-, Ermessens- oder Beurteilungsspielräume eröffnen.[1103] In den Worten des BVerfG endet die Kontrolle der Verwaltungsgerichte „dort, wo das materielle Recht in verfassungsrechtlich unbedenklicher Weise das Entscheidungsverhalten nicht vollständig determiniert und der Verwaltung einen Einschätzungs- und Auswahlspielraum belässt."[1104]

Grundsätzlich müssen sich solche Spielräume für die Verwaltung aus dem Gesetz oder dessen Auslegung ergeben.[1105] Bei deren Eröffnung ist der

---

1100 BVerfG EuGRZ 2013, 563, 568 Rn. 53.

1101 S. nur *Thiemann*, in: FS für Ehlers, S. 257, 271.

1102 BVerfG NVwZ 2015, 1593, 1597; zur Verneinung von Spielräumen im Gefahrenabwehrrecht auch *Kahl/Burs* DVBl. 2016, 1158, 1160; *Thiemann*, in: FS für Ehlers, S. 257, 272.

1103 BVerfGE 15, 275, 282; 103, 142, 157; 129, 1, 21 f.; BVerfG DVBl. 2012, 230, 231; s. auch *Christiansen*, Optimierung des Rechtsschutzes, S. 70 ff.

1104 BVerfG DVBl. 2012, 230, 231.

1105 BVerfGE 49, 89, 139 f.; 84, 34, 49 f.; BVerfG DVBl. 2012, 230, 231, s. auch: „Demgegenüber kann es weder der Verwaltung noch den Gerichten überlassen werden, ohne gesetzliche Grundlage […] die Grenze zwischen Gesetzesbindung und grundsätzlich umfassender Rechtskontrolle der Verwaltung zu verschieben."

Gesetzgeber nicht völlig frei, sondern hat die Grundrechte, das Rechtsstaats- und Demokratieprinzip sowie die den Gerichten nach dem Grundgesetz zukommende Aufgabe für die letztverbindliche Normauslegung sowie Kontrolle des Gesetzesvollzugs im Einzelfall zu beachten.[1106] Schließlich müssen den Fachgerichten auch hier ausreichend Möglichkeiten für eine substanzielle Kontrolle des Behördenhandelns verbleiben.[1107] Die in Art. 19 Abs. 4 GG garantierte Effektivität des Rechtsschutzes verwehrt es dem Gesetzgeber, diesen ohne hinreichend gewichtigen Grund „durch zu zahlreiche oder weitgreifende Beurteilungsspielräume für ganze Sachbereiche oder gar Rechtsgebiete aus[zu]hebeln".[1108] Für die Richtigkeit dieser Ansicht spricht u. a., dass Art. 19 Abs. 4 GG keinem Gesetzesvorbehalt unterstellt ist.[1109]

Dass Ermessens- und planerische Abwägungsentscheidungen notwendig und verfassungsrechtlich unbedenklich sind, ist allgemein anerkannt.[1110] Ob sich ausnahmsweise nur eingeschränkt nachprüfbare Verwaltungsentscheidungen auch ohne gesetzliche Grundlage von Verfassungs wegen ergeben könnten, ließ das BVerfG bisher offen.[1111] In einer Entscheidung aus dem Jahre 2013 hielt es solche allenfalls in eng umrissenen Bereichen für möglich, „namentlich wenn unbestimmte Rechtsbegriffe wegen hoher Komplexität oder besonderer Dynamik der geregelten Materie so vage sind und ihre Konkretisierung im Nachvollzug der Verwaltungsentscheidung so schwierig ist, dass deren gerichtliche Kontrolle an die Funktionsgrenzen der

---

1106 BVerfG DVBl. 2012, 230, 525; BVerfG, Beschl. v. 22.11.2016 – 1 BvL 6/14 u. a., Rn. 21 juris; s. auch *Gärditz*, Der Funktionswandel der Verwaltungsgerichtsbarkeit, D 53 f.

1107 BVerwG, Urt. v. 17.8.2016 – 6 C 50/15, Rn. 32 juris.

1108 BVerfG DVBl. 2012, 230, 231; s. auch *Storost* UPR 2015, 47; dazu, dass das Erfordernis des gewichtigen Grundes letztlich kaum begrenzende Wirkung haben soll, *Kahl/Burs* DVBl. 2016, 1157, 1161 f.

1109 *Classen*, Die Europäisierung der Verwaltungsgerichtsbarkeit, S. 130; *Pielow*, in: Baur/Salje/Schmidt-Preuß, Regulierung in der Energiewirtschaft, Kap. 57 Rn. 27; dazu, dass auch dies eine immer noch sehr weite Grenze bildet, *Kahl/Burs* DVBl. 2016, 1157, 1162.

1110 BVerfGE 129, 1, 21 f.; BVerfG NVwZ 2016, 524, 525; zur Rückführung der planerischen Abwägung auf das Rechtsstaatsprinzip BVerwGE 59, 253, 257; 64, 270, 272 f.; *Kümper* NVwZ 2016, 592; eingehend *Durner*, Konflikte räumlicher Planungen, S. 301 ff. m. w. N.

1111 BVerfG EuGRZ 2013, 563, 568 Rn. 54.

Rechtsprechung stoßen würde".[1112] Weil sich die Erwägungen für die Annahme eines Beurteilungsspielraums der Verwaltung im Laufe der Zeit ändern oder entfallen können, haben die staatlichen Stellen und insbesondere der Gesetzgeber dies im Auge zu behalten sowie gegebenenfalls die daraus nötigen Konsequenzen zu ziehen. Jüngst entschied das BVerfG, dass der Gesetzgeber spätestens bis zum 31.7.2018 eine Neureglung zu § 35 Abs. 5 S. 2, 3 TKG treffen müsse. Die Regelung knüpfe an die im Zeitpunkt ihres Erlasses vorgefundene Marktstellung der regulierten Unternehmen und der Finanzschwäche von Wettbewerbern an. Weil sich die Marktsituation im Telekommunikationsbereich zwischenzeitlich jedoch anders darstelle, sei die zunächst verfassungskonforme Regelung nicht mehr mit Art. 19 Abs. 4 S. 1 GG kompatibel.[1113]

Eröffnet der Gesetzgeber der Verwaltung derartige Spielräume, können die Gerichte die Entscheidungen der Verwaltung je nach Art der zu prüfenden Maßnahme nur eingeschränkt prüfen.[1114] So kontrollieren die Verwaltungsgerichte Ermessensentscheidungen nach § 114 S. 1 VwGO dahingehend, ob die Verwaltung die gesetzlichen Grenzen des ihr eingeräumten Ermessens überschritten oder von dem Ermessen in einer mit dem Zweck der Ermächtigung unvereinbaren Weise Gebrauch gemacht hat. Bei Beurteilungsspielräumen haben die Gerichte die konkrete Ausübung des Beurteilungsspielraums zu prüfen.[1115] Die Gerichtskontrolle umfasst insbesondere, wie dies in § 4a Abs. 2 UmwRG einfachgesetzlich niedergelegt ist, die Überprüfung, ob die Verwaltung Verfahrensvorschriften nicht eingehalten, anzuwendende Begriffe oder den Rahmen verkannt hat, in dem sie agieren kann, ob die Verwaltung von einem unrichtigen Sachverhalt ausgegangen

---

1112 BVerfG EuGRZ 2013, 563, 568 Rn. 54; dazu, dass die Beschränkung eine spezifisch deutsche Zauberformel für die richterliche Selbstbeschränkung ist, *Storost* UPR 2015, 47, 49. Zur gesetzlichen Anordnung eines Beurteilungsspielraums, weil die Verwaltungsgerichte im Regulierungsrecht in einer bestimmten Konstellation an ihre Funktionsgrenzen stoßen, BVerfG, Beschl. v. 22.11.2016 – 1 BvL 6/14 u. a., Rn. 48 juris. Für die Entbehrlichkeit einer normativen Ermächtigung in dieser Konstellation *Thiemann*, in: FS für Ehlers, S. 257, 274 ff.

1113 BVerfG, Beschl. v. 22.11.2016 – 1 BvL 6/14 u. a., Rn. 71 f. juris.

1114 BVerfGE 129, 1, 21 f.; BVerfG, Nichtannahmebeschl. v. 9.6.2015 – 2 BvR 965/15, Rn. 18 juris; s. zur Unterscheidung zwischen Beurteilungsspielraum, Ermessen und Regulierungsermessen nur *Gärditz* DVBl. 2016, 399, 400.

1115 BVerfG, Beschl. v. 22.11.2016 – 1 BvL 6/14 u. a., Rn. 41 juris.

ist oder sachfremde Erwägungen anstellte.[1116] Bei den Beurteilungsspielräumen der Verwaltung fokussiert sich also die Gerichtskontrolle insbesondere auf die Einhaltung der Verfahrensanforderungen.[1117] So wies das BVerfG erst kürzlich darauf hin, dass „die Einhaltung der rechtsstaatlichen Grundsätze einer fehlerfreien Planungsentscheidung [...], wie die Richtigkeitsgewähr von Verfahren im Allgemeinen, [...] für eine rechtsstaatlich nicht zu beanstandende und auch in der Sache vertretbare Planung bürgt".[1118]

1. Unionsrechtliche Vorgaben

Da Art. 47 GRCh den dort genannten Personen ein Recht auf einen „wirksamen Rechtsbehelf" verleiht, lässt sich die von den deutschen Verwaltungsgerichten praktizierte intensive Kontrolle mit diesem Rechtsschutzgrundrecht durchaus in Einklang bringen.[1119] Wegen der Einschränkbarkeit dieses Grundrechts (s. Art. 52 Abs. 1 GRCh) kann sich u. a. aus einzelnen Sekundärrechtsnormen die Notwendigkeit eines Entscheidungsspielraums für die vollziehenden Behörden ergeben.[1120] So entschied der EuGH unter Verweis auf den der EU-Kommission bei bestimmten Beurteilungen wirtschaftlicher Art zustehenden Spielraum, dass von den mitgliedstaatlichen Gerichten bei dermaßen komplexen Entscheidungen keine über seinen Kontrollmaßstab gegenüber den Unionsorganen hinausgehende Kontrolle

1116 BVerfG, Beschl. v. 22.11.2016 – 1 BvL 6/14 u. a., Rn. 41 juris. Zu dienstlichen Beurteilungen BVerfG NVwZ 2016, 764, 765; NJW 2016, 3425, 3426. S. auch BVerwG NVwZ 2016, 161, 163.

1117 S. auch *Augsberg/Augsberg* VerwArch 98 (2007), 290, 314; *Beckmann* Rechtstheorie 2014, 141, 153 ff.; *Jochum*, Verwaltungsverfahrensrecht und Verwaltungsprozeßrecht, S. 136.

1118 BVerfG NVwZ 2016, 524, 525.

1119 Dazu, dass Deutschland bei einer Beibehaltung seiner Kontrolldichte im Hinblick auf Art. 47 GRCh auf der sicheren Seite steht, *Schmidt-Aßmann*, Kohärenz und Konsistenz, S. 242. Dazu, dass es erste Ansätze gibt, Art. 47 GRCh ein Mindestmaß an Kontrolldichte zu entnehmen, *Kahl/Burs* DVBl. 2016, 1157, 1163.

1120 *Kment* JuS 2015, 193, 196.

verlangt werden könne.[1121] Besondere Unionsinteressen können dazu führen, dass die nationalen Gerichte der Verwaltung in bestimmten Einzelsituationen einen Beurteilungsspielraum einzuräumen haben.[1122] Unionsrechtlich vorgegebene Spielräume „überspielen" etwaige strengere grundgesetzliche Anforderungen[1123] und sind von den Verwaltungsgerichten aufgrund des in Art. 4 Abs. 3 EUV niedergelegten Grundsatzes loyaler Zusammenarbeit zu respektieren.[1124]

Genauso wenig wie hier eine Gesamtsichtung des deutschen Verwaltungsrechts auf etwaige auf Tatbestandsseite eröffnete Beurteilungs- bzw. auf der Rechtsfolgenseite angesiedelte Ermessens- und Abwägungsentscheidungen geleistet werden kann,[1125] kann eine solche für Beurteilungsspielräume im Unionsrecht erfolgen. Letzteres verwendet im Übrigen diesen Begriff sehr unspezifisch und differenziert nicht wie in der deutschen Doktrin zwischen unbestimmten Rechtsbegriffen mit Beurteilungsspielraum und Ermessen.[1126] Da man sich auf Unionsebene oft leichter auf finale als konditional-programmierte Normen verständigen kann, wird angenommen, dass dieses zu einem Mehr an Spielräumen für die vollziehende mitgliedstaatliche Verwaltung führt.[1127] Ob und inwieweit dies tatsächlich zu-

---

1121 EuGH, Rs. C-120/97, Slg. 1999 I-223 Rn. 32 ff.; s. auch BVerwG N&R 2008, 140 141; zur geringeren Kontrolldichte der Unionsorgane durch den EuGH z. B. *Classen*, in: Schenke/Suerbaum, Verwaltungsgerichtsbarkeit, S. 11, 16 ff.; s. auch *Schlacke*, Überindividueller Rechtsschutz, S. 96.

1122 *Kahl/Burs* DVBl. 2016, 1157, 1163. Nach *Classen*, in: Schenke/Suerbaum, Verwaltungsgerichtsbarkeit, S. 11, 40 f. kommt z. B. eine Reduzierung der Kontrolldichte bei der europäischen Verbundverwaltung in Betracht, wenn Behörden anderer Mitgliedstaaten an der Verwaltungsentscheidung informell beteiligt wurden.

1123 *Wollenschläger* VVDStRL 75 (2016), 187, 218 f.

1124 *Dörr*, Der europäisierte Rechtsschutzauftrag, S. 203 f.

1125 Näher dazu z. B. *Siegel*, Europäisierung des Öffentlichen Rechts, Rn. 229 f.

1126 BVerwG NVwZ 2016, 161, 162; *v. Danwitz*, Europäisches Verwaltungsrecht, S. 590 Fn. 681; *Heydemann*, in: FS für Ehlers, S. 453, 461; *Jestaedt*, in: Ehlers/Pünders, Allgemeines Verwaltungsrecht, § 11 Rn. 28; *Kahl/Burs* DVBl. 2016, 1157, 1162; *Schmidt-Aßmann*, Allgemeines Verwaltungsrecht als Ordnungsidee, S. 205 f.; *Schwarze*, in: ders./Schmidt-Aßmann, Das Ausmaß der gerichtlichen Kontrolle, S. 203, 204.

1127 *Saurer*, Der Einzelne im europäischen Verwaltungsrecht, S. 380; s. auch *Heydemann*, in: FS für Ehlers, S. 453, 461; *Kahl/Burs* DVBl. 2016, 1157, 1162; *Siegel*, Europäisierung des Öffentlichen Rechts, Rn. 231. Zur Annahme eines

trifft, ist richtigerweise stets mit Blick auf die jeweils einschlägige Unionsrechtsvorschrift festzustellen.[1128] Berücksichtigt man dies, werden als Bereiche mit einer zu verzeichnenden Europäisierung der Gestaltungsspielräume vor allem das Umwelt- sowie Regulierungsrecht ausgemacht,[1129] also Bereiche, bei denen es um Sachverhalte mit einer spezifisch wissenschaftlich-technischen oder ökonomischen Komplexität geht.[1130]

a) Beispiele für aus Gründen des Unionsrechts bejahte Entscheidungsfreiräume

In einer Entscheidung aus dem Jahre 2008 stellte sich das BVerwG auf den Standpunkt, das höherrangige Gemeinschaftsrecht (Art. 15, 16 TK-Richtlinie 2002/21/EG) gebiete hinsichtlich der Marktdefinition und -analyse durch die Regulierungsbehörde im Telekommunikationssektor die Einräumung eines Beurteilungsspielraums. Denn eine uneingeschränkte Kontrolle lasse sich mit den unbestimmten Rechtsbegriffen in der Rahmenrichtlinie und dem von dieser intendierten Kooperations- und Koordinationseffekt bei der Festlegung und Analyse der Märkte nicht vereinbaren.[1131] Ohne auf die umstrittene Frage einzugehen, ob sich diese Haltung des BVerwG tatsächlich auf das Unionsrecht zurückführen lässt,[1132] äußerte das BVerfG aus der Perspektive des Art. 19 Abs. 4 GG keine Bedenken an der Zurücknahme der Gerichtskontrolle. Es gebe tragfähige Gründe für die Annahme einer reduzierten Gerichtskontrolle durch den nationalen Gesetzgeber. Den in § 10 Abs. 2 S. 1 TKG erwähnten Kriterien seien wertende und prognostische Elemente immanent, welche eine Charakterisierung einer Annahme als

Beurteilungsspielraums beim Visakodex EuGH, Rs. C-84/12, NVwZ 2014, 289, 291 f. Rn. 60 ff.

1128 Dazu, dass die jeweils einschlägigen Rechtsgrundlagen und Entscheidungsvorgaben auf ihre konkrete Gestaltung und Programmierungsleistung zu prüfen sind, auch *Schneider*, in: Fehling /Ruffert, Regulierungsrecht, § 22 Rn. 22.

1129 *Siegel*, Europäisierung des Öffentlichen Rechts, Rn. 231.

1130 *Saurer*, Der Einzelne im europäischen Verwaltungsrecht, S. 380.

1131 BVerwG N&R 2008, 140, 141; s. auch BVerwGE 131, 41, 46.

1132 Kritisch *Gärditz* DVBl. 2016, 399, 404; *Ludwigs*, in: Säcker/Schmidt-Preuß, Grundsatzfragen des Regulierungsrechts, S. 251, 265 ff.; *ders.* RdE 2013, 297 ff.; *Pielow*, in: Baur/Salje/Schmidt-Preuß, Regulierung in der Energiewirtschaft, Kap. 57 Rn. 21, wonach sich der EuGH nur zu den Gestaltungsspielräumen der Regulierungsbehörde im Verhältnis zur Legislative geäußert habe.

„richtig“ oder „falsch“ aufgrund ihrer Abhängigkeit von ökonomischen Einschätzungen bis in alle Einzelheiten schwer fallen lasse.[1133] Dagegen beanstandete das BVerfG den vom BVerwG angenommenen Ausschluss einer einstweiligen Anordnung nach § 35 Abs. 5 S. 2 TKG, weil „sich der der Regulierungsbehörde im Rahmen der Bestimmung der Kosten der effizienten Leistungsbereitstellung partiell eingeräumte Beurteilungsspielraum aus den unionsrechtlichen Vorgaben zur Preiskontrolle ergibt“.[1134] Unabhängig von der Frage, ob die Arcor-Entscheidung des EuGH in den hier fraglichen Fällen ein behördliches Letztentscheidungsrecht gebiete, hielt es eine einstweilige Anordnung nicht für ausgeschlossen, „weil ein Beurteilungsspielraum der Bundesnetzagentur durch die weitergehende vorläufige Anordnungsbefugnis des Gerichts im Eilverfahren nach § 35 Abs. 5 Satz 2 TKG weder rechtlich noch faktisch in Frage gestellt wird.“[1135]

Im Bereich des Umweltrechts ging das BVerwG z. B. davon aus, dass den Mitgliedstaaten bei der Meldung von FFH-Gebieten nach Art. 4 Abs. 1 FFH-Richtlinie 92/43/EWG entsprechend der im Anhang 1 genannten Kriterien ein ökologisch-fachlicher Beurteilungsspielraum zukommt.[1136] Unter Rekurs auf den EuGH[1137] hat es Art. 4 Abs. 1 Vogelschutzrichtlinie 2009/147/EG einen fachlichen Beurteilungsspielraum bei der Frage entnommen, welche Gebiete sich nach ornithologischen Kriterien für die Erhaltung der zu schützenden Vogelarten zahlen- und flächenmäßig am besten eignen.[1138]

Vor kurzem entschied das BVerwG im Hinblick auf die Entscheidung des EuGH in der Rechtssache C-84/12,[1139] dass den zuständigen Auslandsvertretungen bei der Prüfung von Visumsanträgen nach der EG-Verordnung 810/2009 sowohl in Bezug auf die Anwendungsvoraussetzungen der Art. 32 Abs. 1 und Art. 35 Abs. 6 als auch der Tatsachenwürdigung hinsichtlich den dort genannten, einer Visumserteilung entgegenstehenden Gründen ein weiter Beurteilungsspielraum zusteht. Nach den als verbindlich zugrunde zu legenden EuGH-Annahmen sei die Beurteilung der indi-

1133 BVerfG NVwZ 2012, 694, 697.
1134 BVerwGE 149, 94, 105.
1135 BVerfG, Beschl. v. 22.11.2016 – 1 BvL 6/14, Rn. 50 juris.
1136 BVerwGE 118, 15, 20; BVerwG NuR 2015, 772, 775.
1137 EuGH, Rs. C-44/95, NuR 1997, 36, 37.
1138 BVerwGE 149, 229, 237.
1139 EuGH, Rs. C-84/12, NVwZ 2014, 289 ff.

viduellen Situation des Visumsantragstellers im Hinblick auf die Feststellung etwaiger Verweigerungsgründe mit komplexen Bewertungen verbunden.[1140] Zutreffend stellte sich das BVerwG auf den Standpunkt, dass den Behörden beim Vollzug unionsrechtlicher Normen ggf. unabhängig von der Einschlägigkeit einer der im innerstaatlichen Recht anerkannten Fallgruppen eines Beurteilungsspielraums die notwendigen Entscheidungsfreiräume zuzugestehen sind: „Die in der deutschen Verwaltungsrechtstradition geltenden Maßstäbe werden insoweit vom Unionsrecht überlagert. Denn im Rahmen des europäischen Rechts ist es Aufgabe des europäischen Gesetz- bzw. Verordnungsgebers die Rechtspositionen auszugestalten, die Art. 6 Abs. 3 EUV i. V. m. Art. 13 EMRK und Art. 47 GRCh (und im deutschen Rechtskreis Art. 19 Abs. 4 GG) voraussetzen."[1141] Mangels konkreter Vorgaben des Unionsrechts für die bei diesen Freiräumen vorzunehmende gerichtliche Kontrolle erfolge diese unter Beachtung des Äquivalenz- und Effektivitätsgrundsatzes nach nationalen Maßstäben.[1142]

b) Umsetzung unionsrechtlich gebotener Entscheidungsfreiräume durch die Verwaltungsgerichte

Bei Streitigkeiten mit einem unionsrechtlichen Hintergrund unterscheidet sich die Herangehensweise der deutschen Verwaltungsgerichte bei der Ermittlung ihrer Kontrolldichte nicht wesentlich von derjenigen bei rein innerstaatlichen Sachverhalten. Wie bei der für das deutsche Recht entwickelten normativen Ermächtigungslehre[1143] haben sie auch bei unionsrechtlichen Vorschriften zunächst zu klären, ob sich aus diesen ein Entscheidungsfreiraum für die Verwaltung entnehmen lässt. In einem ersten Schritt muss über das „Ob" eines solchen Spielraums befunden werden. Aus dem Uni-

1140 BVerwG NVwZ 2016, 161, 162.
1141 BVerwG NVwZ 2016, 161, 162.
1142 BVerwG NVwZ 2016, 161, 163.
1143 Hierzu etwa *Jacob/Lau* NVwZ 2015, 241, 242; *Jestaedt*, in: Ehlers/Pünder, Allgemeines Verwaltungsrecht, § 11 Rn. 34 ff.; *Kment/Vorwalter* JuS 2015, 193, 196 f.; *Pache*, Tatbestandliche Abwägung, S. 69 ff.; *Ramsauer*, in: FG 50 Jahre BVerwG, S. 699, 706 f.

onsrecht lässt sich nicht die Notwendigkeit einer generell zurückgenommenen Kontrolldichte entnehmen.[1144] Vielmehr stoßen hier die mitgliedstaatliche Verfahrensautonomie (Art. 291 Abs. 1 AEUV) und das Interesse an einer effektiven Durchsetzung des Unionsrechts aufeinander.[1145] Weil das Unionsrecht eine autonome Rechtsordnung enthält, können die aus ihm zu entnehmenden Entscheidungsfreiräume von den auf der nationalen Ebene entwickelten Fallgruppen für die Annahme eines behördlichen Beurteilungsspielraums abweichen. Wegen des offenen Charakters dieses auf einer Typisierung beruhenden Katalogs[1146] lassen sich in diesen derartige Abweichungen problemlos integrieren. Anschließend müssen sich die VerwaltungsrichterInnen über die sich daraus ergebenden Konsequenzen für ihre Gerichtskontrolle vergewissern. Sind für diese die für das innerstaatliche Recht entwickelten Prüfkriterien maßgeblich oder fordert das Unionsrecht dichtere Prüfkriterien, etwa in verfahrensrechtlicher Hinsicht? Die deutschen Verwaltungsgerichte müssen zur Beantwortung dieser nicht immer einfachen Fragen ein gutes Gespür (Judiz) entwickeln. Dabei haben sie einerseits die Motive für derartige Vorgaben, aber auch die vielfach anzutreffende Rücksichtnahme auf die Verfahrensautonomie der Mitgliedstaaten einzubeziehen.[1147] Unter den Voraussetzungen des Art. 267 AEUV können bzw. müssen sie den EuGH um Präzisierung bitten.

Liegen keine unmittelbar anwendbaren Unionsrechtsnormen vor, sind die unionsrechtlichen Vorgaben über die nationalen (Umsetzungs-)Vorschriften zu implementieren. Diese sind unionsrechtskonform auszulegen bzw. anzuwenden. Da die deutsche Rechtsordnung nur selten explizite Vorgaben zur gerichtlichen Kontrolldichte macht, kann die Implementierung häufig ohne jegliche Schwierigkeiten erfolgen. Die Verwaltungsgerichte sollten sich dabei soweit wie möglich innerhalb des bestehenden Systems bewegen. Nur wenn dieses keine befriedigenden Lösungsansätze bietet,

---

1144 *Kahl/Burs* DVBl. 2016, 1156, 1162; s. auch *Classen* NJW 2016, 2621, 2623; *Franzius* UPR 2016, 281, 294; *Jestaedt*, in: Ehlers/Pünder, Allgemeines Verwaltungsrecht, § 11 Rn. 28.

1145 *Kahl/Burs* DVBl. 2016, 1156, 1162.

1146 Dazu *Jestaedt*, in: Ehlers/Pünder, Allgemeines Verwaltunsgrecht, § 11 Rn. 29; *Kahl/Burs* DVBl. 2016, 1157, 1159.

1147 Dazu, dass Unionsrecht und der EuGH bislang eine große Zurückhaltung in Bezug auf die Kontrolldichte walten lassen, *Gärditz* JuS 2009, 385, 392; *Niesler*, Individualrechtsschutz, S. 199; *Schwarze* NVwZ 2000, 241, 249; zur Verfahrensautonomie auch *Nettesheim* AöR 132 (2007), 333, 384.

sollte auf neue Rechtsfiguren zurückgegriffen werden. Solche Neuschöpfungen, wie z. B. die vom BVerwG entwickelte Rechtsfigur des Regulierungsermessens, werden in Teilen des Schrifttums kritisch gesehen.[1148]

Mit diesem sog. Regulierungsermessen „hat die Rechtsprechung auf den Umstand reagiert, dass das Telekommunikationsgesetz neben klassischen Ermessensermächtigungen und der Einräumung von Beurteilungsspielräumen auf der Tatbestandsseite (vgl. z. B. § 10 Abs. 2 Satz 2 TKG) Normen enthält, die der Regulierungsbehörde Entscheidungsspielräume einräumen, die sich keiner dieser Kategorien zuordnen lassen".[1149] Im Unterschied zu dem herkömmlichen Ermessen werde der Behörde ein umfassender Auswahl- und Ausgestaltungsspielraum auf der Rechtsfolgenseite zugestanden, bei dem es eine untrennbare Verbindung mit einer durch zahlreiche unbestimmte Rechtsbegriffe gesteuerten Abwägung zu verzeichnen gibt, bei der eine Vielzahl gegenläufiger Regulierungsziele sowie sonstige öffentliche und private Belange auszutarieren sind.[1150] In der Sache behandelt die Rechtsprechung dieses Regulierungsermessen wie ein planerisches Ermessen und prüft, ob die Behörde eine Abwägung vorgenommen (sog. Abwägungsausfall) und in diese alle relevanten Belange eingestellt hat (sog. Abwägungsdefizit).[1151] Des Weiteren wird kontrolliert, ob die Bedeutung betroffener Belange verkannt (sog. Abwägungsfehleinschätzung) oder zwischen ihnen ein unverhältnismäßiger Ausgleich vorgenommen wurde (sog. Abwägungsdisproportionalität).[1152]

Allein der Umstand, dass beim Regulierungsermessen die für das deutsche Verwaltungsrecht charakteristische Unterscheidung zwischen Tatbestand und Rechtsfolge verwischt wird und man sich Vorstellungen anderer Rechtsordnungen annähert, bildet keinen tragfähigen Kritikpunkt an dieser

---

1148 Kritisch gegenüber dem Regulierungsermessen z. B. *Gärditz* DVBl. 2016, 399, 403 ff.; *Ruffert*, in: Ehlers/Fehling/Pünder, Besonderes Verwaltungsrecht, Bd. 1, § 21 Rn. 39; *Sachs/Jasper* NVwZ 2012, 649 ff.; *Schoch*, in: Hoffmann-Riem/Schmidt-Aßmann/Voßkuhle, Grundlagen des Verwaltungsrechts, Bd. III, § 50 Rn. 291 ff.; *Würtenberger* GewArch 2016, 6, 9 ff.

1149 BVerwG NVwZ 2014, 1034, 1036; s. auch schon BVerwGE 131, 41, 47; s. näher zum Regulierungsermessen *Pielow*, in: Baur/Salje/Schmidt-Preuß, Regulierung in der Energiewirtschaft, Kap. 57 Rn. 9.

1150 BVerwG NVwZ 2014, 1034, 1035 f.; BVerwGE 131, 41, 62.

1151 BVerwG NVwZ 2014, 1034, 1036; BVerwGE 131, 41, 62.

1152 BVerwG NVwZ 2014, 1034, 1036; BVerwGE 131, 41, 62.

neuen Rechtsfigur.[1153] Das Rechtssystem muss lernfähig bleiben und, wenn die bislang maßgeblichen Argumente nicht mehr überzeugen, anpassungsfähig sein. Dementsprechend hat das BVerwG zu dem Regulierungsermessen ausgeführt, dass in diesen Konstellationen nach seiner Ansicht eine Abweichung von der üblichen Normstruktur vorliegt, weshalb es die Anwendung anderer Maßstäbe für geboten erachtet. Da sich – wie gesehen – die Gerichtskontrolle nach dem materiellen Recht richtet und der Gesetzgeber die Normen angesichts seiner Gestaltungsfreiheit unterschiedlich ausformen kann, setzt die Rechtsprechung bei der Betrachtung der Normstruktur grundsätzlich an der richtigen Stelle an.[1154] Dass derartige Überlegungen kein Novum sind, zeigt das Beispiel der auf eine Rechtsprechung aus dem Jahre 1970 zurückgehenden Figur der „Koppelungsvorschrift".[1155] Diese wurde am Beispiel des damaligen § 131 Abs. 1 S. 1 AO entwickelt, der auf Tatbestandsseite eine „unbillige Härte" und auf der Rechtsfolgenseite ein „können" vorsah. Würde man den Begriff „unbillig" für voll gerichtlich überprüfbar halten, würde es keinen Raum mehr für ein Ermessen geben.[1156] Weil nach Ansicht des Gemeinsamen Senats der obersten Gerichtshöfe des Bundes zwischen diesen beiden Elementen ein untrennbarer Zusammenhang bestand, sah er von einer Aufspaltung der Vorschrift zum Zweck der Auslegung ab und qualifizierte sie als einheitliche Ermessensvorschrift.[1157]

All dies zeigt, dass die Gerichte sehr sorgfältig die Normstruktur der jeweils einschlägigen Norm betrachten und beurteilen müssen, wobei sie selbstverständlich auch die Folgen ihrer Zuordnung für den Rechtsschutz

---

1153 Zur Möglichkeit derartiger Verschleifungen *Gärditz* DVBl. 2016, 399, 400; ein gemeinsamer Kontrollstandard wird z. B. von *Saurer*, Der Einzelne im europäischen Verwaltungsrecht, S. 386, für möglich gehalten. S. auch *Ludwigs* JZ 2009, 290, 292 ff.

1154 BVerwGE 131, 41, 47 f.

1155 Diese enthalten auf der Tatbestandsseite einen unbestimmten Rechtsbegriff und auf der Rechtsfolgenseite eine Ermessensermächtigung BVerwGE 72, 1, 4; 80, 90, 95; dazu auch *Püttner*, Allgemeines Verwaltungsrecht, S. 55 f.

1156 Gemeinsamer Senat der obersten Gerichtshöfe des Bundes BVerwGE 39, 355, 365.

1157 Gemeinsamer Senat der obersten Gerichtshöfe des Bundes BVerwGE 39, 355, 367 f.

des Einzelnen in Erwägung ziehen müssen.[1158] Hinsichtlich der gerichtlichen Überprüfung des Regulierungsermessens ist deshalb zu erörtern, ob diese grobmaschige gerichtliche Überprüfung den Grundrechten der tangierten Personen gerecht wird und die zu prüfenden Sachverhalte nicht deutlich weniger konfligierende Interessen als planerische Abwägungsentscheidungen aufweisen.[1159] Weil der Regulierungsbehörde in Bezug auf das Merkmal der Kostenorientierung in Art. 3 Abs. 3 EG-Verordnung Nr. 2887/2000 ein auf der Tatbestandsseite anzusiedelnder Beurteilungsspielraum zusteht, der sich gewissermaßen an der Nahtstelle zum Regulierungsermessen befindet, entschied das BVerwG, dass hier nicht nur die Kontrollkriterien für den Beurteilungsspielraum anzuwenden sind, sondern „die eigentliche Bewertung der Behörde jedenfalls auch darauf nachzuprüfen [ist], ob sie im Hinblick auf die Kriterien, die in der Rechtsnorm ausdrücklich hervorgehoben oder doch in ihr angelegt sind, plausibel und erschöpfend argumentiert hat".[1160] Insoweit zeichnet sich die Tendenz ab, dass die gerichtlichen Kriterien für die Überprüfung von Beurteilungsspielräumen der Verwaltung in einzelnen Bereichen künftig weiter ausdifferenziert werden und man noch mehr auf die Überprüfung einzelner Verfahrensschritte achten wird, indem z. B. Behörden ihre Rechtskonkretisierungsmaßstäbe offenlegen müssen.[1161] Dementsprechend empfiehlt *Brüning* anstelle der dogmatischen Einteilung zwischen Handlungs- und Kontrollsituationen die Verwendung einer Gleitformel, an deren einem Pol die vollständige Rechtsanwendung durch die Verwaltungsgerichte und auf dem anderen die reduzierte gerichtliche Kontrolle steht.[1162]

1158 S. auch die Entscheidung des Gemeinsamen Senates der obersten Gerichtshöfe des Bundes BVerwGE 39, 355, 368 f. zum Rechtsschutz.

1159 *Gärditz* DVBl. 2016, 399, 403; *Pielow*, in: Baur/Salje/Schmidt-Preuß, Regulierung in der Energiewirtschaft, Kap. 57 Rn. 13 f.

1160 BVerwG NVwZ 2012, 1047, 1051.

1161 So *Wollenschläger*, Wissensgenerierung, S. 113, 129, 167, 179 ff., 207 ff. Dazu, dass sich das planerische Ermessen bei der Schließung einer Schule von der Abwägung im Bau- und Fachplanungsrecht unterscheidet, s. OVG Lüneburg NVwZ-RR 2015, 935, 936.

1162 *Brüning* Die Verw. 48 (2015), 155, 171; ähnlich auch *Jestaedt*, in: Ehlers/Pünder, Allgemeines Verwaltungsrecht, § 11 Rn. 54; zur Möglichkeit je nach Sachbereich variierender Kontrolldichte *Augsberg/Augsberg* VerwArch 98 (2007), 290, 298.

Da die Verwaltungsrechtsprechung insbesondere im Bereich des Umwelt- und Technikrechts, aber auch des Telekommunikationsrechts vermehrt Entscheidungsfreiräume für die Verwaltung anerkannt hat, haben sich die ausgemachten Unterschiede zwischen dem deutschen und Unionsrecht etwas verringert.[1163] Soweit nicht das Unionsrecht derartige, auch nicht unter Berufung auf den Identitätsvorbehalt abwehrbare Freiräume[1164] vorgibt, ist der deutsche Gesetzgeber in seinem Zuständigkeitsbereich an die Vorgaben des Art. 19 Abs. 4 GG gebunden. Auch die Verwaltungsgerichte haben dem, mangels überlagernder Unionsrechtsvorgaben, Rechnung zu tragen. Aus diesem Grund sollten sie die ihnen vom Grundgesetz zugewiesene Rechtsschutzaufgabe selbstbewusst wahrnehmen und das Vorliegen der engen Voraussetzungen für die Annahme eines Beurteilungsspielraums der Verwaltung sorgfältig prüfen.[1165] Beispielhaft sei auf eine Entscheidung des BVerwG aus dem Jahre 2013 verwiesen. In dieser ist es von seiner bisherigen Rechtsprechung zur Annahme eines Beurteilungsspielraums in Bezug auf die gesundheitliche Eignung von Beamtenbewerbern abgerückt. Zutreffend stellte es sich auf den Standpunkt, dass allein die Notwendigkeit der rechtlichen Beurteilung eines komplexen Sachverhalts noch keinen behördlichen Beurteilungsspielraum nach sich zieht.[1166] Ein solcher ist erst dann anzunehmen, wenn die Gerichte ihre „Aufgabe, die entscheidungsrelevanten tatsächlichen Umstände festzustellen und rechtlich zu bewerten, rechtlich selbst dann nicht bewältigen können, wenn sie im gebotenen Umfang auf die Sachkunde der Verwaltung zurückgreifen oder sich auf andere Weise sachverständiger Hilfe bedienen".[1167]

1163 Nach *Kahl* NVwZ 2011, 449, 450 lässt sich daher nicht mehr kategorisch von einer deutschen Phobie und unionsrechtlichen Euphorie gegenüber solchen Spielräumen reden; anders noch *ders.* Die Verw. 2010, Beih. 10, 39, 76 f.

1164 Dazu *Schmidt-Aßmann*, Kohärenz und Konsistenz, S. 82.

1165 Zur manchmal vorschnellen Bejahung derartiger Spielräume durch die Verwaltung *Berkemann*, in: FS für Kloepfer, S. 16; s. auch *Jacob/Lau* NVwZ 2015, 241, 243 ff.; kritisch gegenüber einer BVerwG-Entscheidung auch *Warg* NVwZ 2016, 331 ff. Dazu, dass nicht jede Komplexität die Annahme eines Beurteilungsspielraums rechtfertigen kann, *Kahl/Burs* DVBl. 2016, 1157, 1160.

1166 BVerwGE 147, 244, 250; dazu, dass nicht bei jeder ökonomischen Komplexität die Annahme eines Beurteilungsspielraums geboten ist, *Gärditz* DVBl. 2016, 399, 403; *Jacob/Lau* NVwZ 2015, 241, 243.

1167 BVerwGE 147, 244, 251; s. auch *Jacob/Lau* NVwZ 2015, 241, 243; *Kahl/Burs* DVBl. 2016, 1157, 1160. Kritisch gegenüber der traditionellen Vorstellung der Sachverständigengutachten als Garant objektiv richtiger Entscheidungen *Classen*, in: Schenke/Suerbaum, Verwaltungsgerichtsbarkeit, S. 11, 16.

2. Weitergehende Zurückführung der gerichtlichen Kontrolldichte?

Um die Arbeitslast für die Verwaltungsgerichtsbarkeit infolge des insbesondere durch das Unionsrecht erweiterten Gerichtszugangs zu reduzieren,[1168] werden vereinzelt Überlegungen dazu angestellt, künftig die Kontrolldichte der Verwaltung stärker zurückzuführen.[1169] Zur Unterstützung dieser Forderung werden eine Reihe von Argumenten vorgebracht. Rechtsvergleichend würden die Gerichte in Staaten mit einem weiten Gerichtszugang im Sinne eines objektiven Rechtsschutzmodells in der Sache keine so eingehende Prüfung wie in Deutschland vornehmen.[1170] Teils wird eine solche Korrektur aufgrund der dadurch bewirkten Verschiebungen im Gewaltenteilungsgefüge hin zur Verwaltungsgerichtsbarkeit und angesichts deren Überforderung sogar für notwendig erachtet.[1171] Das Verfahren und die Zusammensetzung der Verwaltungsgerichte würden einen solchen Schritt nahelegen.[1172] Dadurch würden die Rechtsuchenden keinesfalls rechtsschutzlos gestellt, weil die Verwaltungsgerichte immer noch eine nachvollziehende Rechtsprüfung im Wege einer Vertretbarkeitskontrolle vornehmen würden.[1173] Eine solche Umstellung sei mit einem Mehr an Kohärenz für die europäischen Lehren des Verwaltungshandelns verbunden.[1174] Da bei der Annahme solcher Spielräume mehr Wert auf die Einhaltung des Ver-

1168 Zur Beeinträchtigung der Leistungsfähigkeit des deutschen Systems *Franßen* DVBl. 1998, 413, 420 f.; s. auch *Breuer* Die Verw. 45 (2012), 171, 182; *Groß* Die Verw. 43 (2010), 349, 376; *Rennert*, in: Schenke/Suerbaum, Verwaltungsgerichtsbarkeit, S. 165, 179; *Schoch* NVwZ 1999, 457, 466.

1169 Eingehend zu dieser Diskussion *Gehring*, Kompensation der europarechtlich bedingten Erweiterung, insbesondere S. 218 ff. m. w. N.

1170 *Breuer* Die Verw. 45 (2012), 171, 182; *Rennert* DVBl. 2015, 793,798 f. Zu Frankreich *Classen,* Die Europäisierung, S. 141 ff.; s. auch *Nowak* NuR 2015, 375, 382 f.

1171 *Hölscheidt* EuR 2001, 376, 393; *Gehring*, Kompensation der europarechtlich bedingten Erweiterung, S. 249.

1172 *Classen,* Die Europäisierung, S. 140. Auf S. 134 f. argumentiert er, dass sich die Autorität des Richters aus Unabhängigkeit und Sachkompetenz zusammensetzt und daher nur dort greift, wo er über beide verfügt, und im Übrigen die Verwaltung gegenüber der Justiz stärker demokratisch legitimiert sei.

1173 Dazu *Beckmann* Rechtstheorie 2014, 141, 156.

1174 Nachweise bei *Meßerschmidt* EurUP 2014, 11, 13.

fahrens durch die Behörden gelegt werde, werde dessen Einhaltung gestärkt.[1175] Teilweise wird auch befürchtet, Staaten mit einer intensiven gerichtlichen Kontrolle würden gegenüber anderen ins Hintertreffen geraten.[1176] Wenn die Gerichte weniger intensiv kontrollieren, gehe damit der Vorteil einer schnelleren Beendigung der Rechtsstreite einher.[1177]

Eine generelle Rückführung der Kontrolldichte der Verwaltungsgerichte lässt sich ohne eine Änderung der Verfassung im Hinblick auf die sich aus einzelnen Grundrechten sowie Art. 19 Abs. 4 GG ergebenden Rechtsschutzanforderungen nicht verwirklichen.[1178] Völlig zu Recht wird ein solcher gravierender Wechsel momentan nicht angestrebt. Die Rechtsschutzgarantie in Deutschland kann auf eine lange Geschichte zurückblicken und stellt eine Reaktion auf das Staatsunrecht in den Zeiten vor Inkrafttreten des Grundgesetzes dar.[1179] Auch Frankreich mit seinem eher objektiv-rechtlichen Kontrollsystem kennt zwischenzeitlich Rechtsbereiche, in denen die Gerichte eine intensive Kontrolle von Verwaltungsentscheidungen vornehmen (sog. pleine juridiction).[1180] Deutschland würde über das Ziel hinausschießen, wenn es als Reaktion auf einen u. a. auf das Unionsrecht zurückzuführenden erweiterten Gerichtszugang für die Verwaltungsgerichte allgemein bei der Begründetheitsprüfung des jeweiligen Rechtsbehelfs eine weniger eingehende Prüfung vorgeben würde.[1181] Die Vorstellung, objektivrechtliche Weitungen des Gerichtszugangs durch einen generellen Abbau von Rechtsschutzstandards für in subjektiven Rechten verletzte Individualkläger zu „erkaufen“, mutet befremdlich an.[1182]

Es gibt keinen Erfahrungssatz des Inhalts, dass eine erweiterte Klagebefugnis in anderen Staaten sozusagen automatisch zu einer Reduzierung der

---

1175 Dazu *Leidinger* NVwZ 2011, 1345, 1350; dass damit möglicherweise die Notwendigkeit eines Ausbaus des Verfahrensrechtsschutzes einhergeht *Beckmann* Rechtstheorie 2014, 141, 157.

1176 Dazu *Ruffert*, Subjektive Rechte im Umweltrecht, S. 329.

1177 Dazu *Christiansen*, Optimierung des Rechtsschutzes, S. 72 f.

1178 So auch *Saurer*, Der Einzelne im europäischen Verwaltungsrecht, S. 385; s. auch *Schlacke* UTR 2016, 173, 196; gegen eine Generalisierung auch *Franzius* UPR 2016, 281, 294; *Schoch* NVwZ 1999, 457, 466.

1179 *Meßerschmidt* EurUP 2014, 11, 14.

1180 Näher dazu *Perrière/Labrune* NVwZ 2016, 280; zur Erhöhung der Gerichtskontrolle in Frankreich auch *Franzius* UPR 2016, 281, 294.

1181 Dazu, dass es letztlich um eine Mischung gehe, *Schlacke* UTR 2016, 173, 195.

1182 *Franzius* UPR 2016, 281, 294; *Gärditz* NJW-Beil. 2016, 41, 43 f.

Kontrolldichte führt.[1183] Nicht der weite Gerichtszugang als solcher, sondern z. B. Erwägungen der Gewaltenteilung oder der größeren Sachkunde der Verwaltung sind der Grund, warum andere Länder sich für eine andere Ausgestaltung der Kontrolldichte der Gerichte entschieden haben.[1184] Überdies kann nicht ausgeschlossen werden, dass das Unionsrecht bzw. der EuGH bei einer zu geringen Kontrolle der Gerichte in der Sache dem gegensteuern wird.[1185] Fällt der praktizierte Kontrollmaßstab der nationalen Verwaltungsgerichte zu gering aus, steigt die Wahrscheinlichkeit, dass der EuGH diesen wegen seiner Abträglichkeit für die Effektivität des Unionsrechts beanstanden wird.[1186] Allein aus Kohärenzgründen die verwaltungsgerichtliche Kontrolldichte anzugleichen, vermag angesichts der unterschiedlichen Kontrollstandards in den einzelnen Mitgliedstaaten und der Offenheit des Unionsrechts hinsichtlich der Prozessautonomie der Mitgliedstaaten nicht zu überzeugen.[1187] Abgesehen von den unionsrechtlichen Normen, aus denen ein Entscheidungsfreiraum für die Verwaltung entnommen wird, lässt sich aus dem Unionsrecht kein Grund für eine darüber hinausgehende Beschränkung der Kontrolldichte der Verwaltungsgerichte entnehmen.[1188] Eine generelle Zurückführung der Gerichtskontrolle würde nur bei einer Stärkung des Verfahrensrechts und seiner Einhaltung möglich sein. Vor einer solch gravierenden Umstellung müsste aber erst eruiert werden, ob und inwieweit nicht zugleich verfahrensrechtliche Heilungs- und Unbeachtlichkeitsvorschriften bei Fehlern zurückzuführen oder zu beseitigen sind.[1189] Dadurch würde der Prozess- und Verfahrensrechtsgesetzgeber erheblich beansprucht. Zusätzlich müsste das Verfahrensbewusstsein der Verwaltung geschärft werden. Aus all diesen Gründen sind solche Bestrebungen momentan nicht weiter zu verfolgen.

1183 *Nowak* NuR 2015, 375, 241; s. auch *Groß* Die Verw. 43 (2010), 349, 376; dazu, dass sich rechtsvergleichend nur schwer Aussagen treffen lassen, *Ruffert*, Subjektive Rechte im Umweltrecht, S. 331.

1184 *Breuer* Die Verw. 45 (2012), 171, 182.

1185 *Ruffert*, Subjektive Rechte im Umweltrecht, S. 332; s. auch *Rennert*, in: Schenke/Suerbaum, Verwaltungsgerichtsbarkeit, S. 165, 181.

1186 *Schlacke*, Überindividueller Rechtsschutz, S. 97; s. auch *Rennert*, in: Schenke/Suerbaum, Verwaltungsgerichtsbarkeit, S. 165, 181.

1187 In diese Richtung auch *Meßerschmidt* EurUP 2014, 11, 23.

1188 *Franzius* EurUP 2014, 283, 292.

1189 *Neidhardt*, Nationale Rechtsinstitute, S. 175; zum Korrelat zwischen Verfahren und Kontrolldichte auch *Franzius* UPR 2016, 281, 294 f.

Weil Art. 19 Abs. 4 GG, aber auch das grundgesetzliche Gewaltenteilungsprinzip dem Gesetzgeber teils beträchtliche Gestaltungsspielräume bei der Ausgestaltung des Prozessrechts belassen,[1190] ist es durchaus vorstellbar, dass der Gesetzgeber sektoral, also in einzelnen Bereichen, die verwaltungsgerichtliche Kontrolldichte etwas zurückführt.[1191] Solche Erwägungen werden momentan insbesondere in Bezug auf solche Bereiche angestellt, die nicht dem Schutzbereich des Art. 19 Abs. 4 GG unterfallen, also insbesondere bei den Verbandsklagen.[1192] Würde der Gesetzgeber bei derartigen, aus Gründen des Unionsrechts vorgeschriebenen erweiterten Rechtsschutzmöglichkeiten den Kontrollstandard zurückführen, kann dies jedoch zu Friktionen mit dem Äquivalenzgrundsatz und Diskriminierungsverbot führen. Nur wenn in vergleichbaren Fällen bei rein innerstaatlichen Angelegenheiten die Kontrolldichte der Verwaltungsgerichte vergleichbar wäre, ließen sich Verstöße gegen den Äquivalenzgrundsatz vermeiden.[1193]

Im Umweltrecht laufen derartige Überlegungen der in Art. 11 Abs. 3 UVP-Richtlinie 2011/92/EU und Art. 25 Abs. 3 IE-Richtlinie 2010/75/EU vorgesehenen Gleichstellung der Umweltschutzvereinigungen mit den Individualklägern zuwider.[1194] Dem Gesetzgeber kann angesichts der Staatszielbestimmung des Art. 20a GG durchaus an einer umfassenden Gerichtskontrolle bei diesen Rechtsbehelfen gelegen sein. Der Sinn und Zweck der altruistischen Verbandsklage im Umweltrecht besteht ja gerade darin, die Einhaltung der Gesetzesbindung der Verwaltung sicherzustellen.[1195] Ein Auseinanderfallen der gerichtlichen Prüfmaßstäbe wäre überdies kaum praxisgerecht, wenn es in dem jeweiligen Rechtsgebiet Individualkläger geben kann, die – wie etwa Enteignungsbetroffene – eine intensive Gerichtskontrolle beanspruchen können. Zu Recht weist *Fellenberg* darauf hin, dass die

---

1190 *Saurer*, Der Einzelne im europäischen Verwaltungsrecht, S. 386; s. auch *Niesler*, Individualrechtsschutz, S. 201; zum Gewaltenteilungsgrundsatz *Christiansen*, Optimierung des Rechtsschutzes, S. 167 f.

1191 *Meßerschmidt* EurUP 2014, 11, 21.

1192 S. dazu die Überlegungen im Referat von Prof. Dr. Klaus *Rennert* über den Funktionswandel der Verwaltungsgerichtsbarkeit auf dem 71. DJT; s. auch *Fellenberg* AnwBl. 2016, 648, 652.

1193 Dazu auch *Niesler*, Individualrechtsschutz, S. 200. Zu derartigen Bedenken auch *Wegener* JZ 2016, 829, 832.

1194 In diese Richtung auch *Fellenberg* AnwBl. 2016, 648, 652.

1195 S. auch *Fellenberg* AnwBl. 2016, 648, 652. Nach *Beckmann* Rechtstheorie 2014, 141, 143 wirken sich die Vollzugsdefizite zu Lasten des Parlamentsgesetzgebers aus.

sachlichen Gründe, aus denen Beurteilungsspielräume anerkannt werden, von der Klageart unabhängig sind.[1196] Im Übrigen würde sich bei einer solchen Überlegung wieder vermehrt die Frage nach der Unionsrechtskonformität verfahrensrechtlicher Heilungs- und Unbeachtlichkeitsvorschriften stellen. Auch bei Verbandsklagen zur Ergänzung des Individualrechtsschutzes in Fällen, in denen sich die Betroffenen mit der Rechtsdurchsetzung schwer tun, wäre kritisch zu hinterfragen, ob eine zurückgeführte gerichtliche Kontrolldichte dem mit derartigen Rechtsschutzmöglichkeiten verfolgten Anliegen noch gerecht wird bzw. werden kann. Alles in allem bleibt bei derartigen partiellen, eine geringere Kontrolldichte anordnenden Sondervorschriften die vermehrte Anrufung der Verfassungs- bzw. Unionsgerichte zu befürchten. Sie führen zu einer größeren Rechtszersplitterung und müssen nicht zwangsläufig den Verwaltungsgerichten die Arbeit erleichtern. Insoweit sei nur daran erinnert, dass bei einer verringerten materiell-rechtlichen Kontrolle sich der Rechtsschutz häufig mehr auf die Einhaltung von Verfahrensanforderungen zuspitzt.[1197]

Entsprechend der bisherigen Praxis sollte deshalb mit Blick auf das jeweilige materielle Recht entschieden werden, ob es gute und ausreichend gewichtige Sachgründe für die Anordnung einer reduzierten Gerichtskontrolle gibt. Selbst wenn der Gesetzgeber aus unions- oder verfassungsrechtlichen Gründen in einzelnen Bereichen die verwaltungsgerichtliche Kontrollintensität verringern darf, sollte sorgfältig überlegt werden, ob von dieser Möglichkeit Gebrauch gemacht werden sollte.[1198] Bevor man die Kontrolldichte der Verwaltungsgerichte allein wegen des unionsrechtlich erweiterten Gerichtszugangs zurückführt, wäre zunächst festzustellen, ob die vielfach geäußerte Überlastungsprognose der Verwaltungsgerichte empirisch zutrifft.[1199] Sollte dies zu bejahen sein, sind in die vorzunehmende Abwägung andere Alternativen einzubeziehen, wie etwa eine bessere personelle Ausstattung der Verwaltungsgerichte.[1200] Da die gerichtliche Verfahrensdauer von einer Vielzahl von Faktoren abhängt, garantiert allein die geringere gerichtliche Kontrolldichte nicht, dass diese Rechtsstreitigkeiten

---

1196 *Fellenberg* AnwBl. 2016, 648, 652.
1197 *Leidinger* NVwZ 2011, 1345, 1349.
1198 Ablehnend z. B. *Meßerschmidt* EurUP 2014, 11, 14.
1199 S. auch *Hofmann* EurUP 2015, 266, 278.
1200 So auch die Ausführungen im Referat von Prof. Dr. Martin *Beckmann* auf dem 71. DJT über den Funktionswandel der Verwaltungsgerichtsbarkeit.

deshalb schneller abgeschlossen sein werden.[1201] Auch ist in die Überlegung einzustellen, dass die von den Verwaltungsgerichten praktizierte intensive Gerichtskontrolle sehr geschätzt wurde und sich durchaus positiv auf das Ansehen der Verwaltungsgerichtsbarkeit im In- und Ausland auswirken kann. Weil die intensive Gerichtskontrolle ein hohes Gut ist, sollte von ihr nicht vorschnell Abstand genommen werden.[1202]

1201 *Christiansen*, Optimierung des Rechtsschutzes, S. 72, wonach bei einer allein streitigen Tatsachenfeststellung die Kontrolldichte allein zu keiner schnelleren Beendigung des Rechtsstreits führt.

1202 Ähnlich auch *Hofmann* EurUP 2015, 266, 278.

D. Fazit einschließlich der auf dem 71. Deutschen Juristentag vertretenen Thesen

In den vergangenen Jahrzehnten sind die deutschen Verwaltungsgerichte mehr und mehr in die Rolle funktionaler Unionsgerichte hineingewachsen. Dieser Aufgabenstellung haben sie bei der Auslegung und Anwendung nationaler Prozessvorschriften gebührend Rechnung zu tragen. Auch hat das Unionsrecht in manchen Bereichen für einen über den deutschen Individualrechtsschutz hinausgehenden Gerichtszugang gesorgt. Deshalb verwundert es nicht, dass einzelne Stellschrauben des deutschen Verwaltungsprozessrechts unter der Ägide des Unionsrechts unter Anpassungsdruck geraten. Während seit über zwanzig Jahren intensiv diskutiert wird, wie die Klagebefugnis für die wirksame Durchsetzung unionsrechtlicher Rechte am besten ausgestaltet werden sollte, tut sich erst seit kurzem ernsthaft die Frage auf, ob zu diesem Zweck nicht auch einzelne Stellschrauben der statthaften Rechtsbehelfe in der Hauptsache geändert werden sollten.

Mangels einer allgemeinen Kompetenz für das Prozessrecht kann die Union nur bereichsspezifische Rechtsschutzvorgaben erlassen. Weil die unionsrechtlichen Rechtsschutzvorgaben oft auf Kompromissen beruhen, nimmt die Wahrscheinlichkeit sektorspezifischer Vorgaben zu. Diese lassen sich oft nur schwer auf einen allgemeinen Nenner zurückführen. Dadurch wird ihre kohärente Implementierung auf nationaler Ebene erschwert. Stehen bislang vornehmlich die Auswirkungen des europäischen Umweltrechts auf den nationalen Verwaltungsrechtsschutz im Zentrum der Debatte, wird sich dieses Blickfeld absehbar um Fragen im Zusammenhang mit dem Datenrechtsschutz erweitern. *Sydow* hat zutreffend auf die Schwierigkeiten hingewiesen, die sich aus dem Nebeneinander von unmittelbaren Rechtsschutzvorgaben aus der EU-DSGVO und der Verwaltungsgerichtsordnung ergeben werden.[1203] Die Europäisierung führe gegenwärtig zu sektoralen Sonderprozessrechten, „ohne dass sachliche Eigenheiten des jeweiligen Rechtsgebiets dies nahelegen (Umweltrecht, Datenschutzrecht)“.[1204] Dadurch erhöht sich die Gefahr, dass man allein zu deren Im-

1203 *Sydow* ZG 2016, 237, 252.
1204 *Sydow* ZG 2016, 237, 252.

plementierung die allgemeinen prozessualen Vorgaben aus den Augen verliert und ihre stimmige Einfügung in das bestehende Prozessrechtsgefüge vernachlässigt. Der Erlass bzw. die Fortführung bereichsübergreifender allgemeiner prozessualer Vorschriften ist heute bei weitem nicht mehr so einfach möglich wie bei Erlass der Verwaltungsgerichtsordnung im Jahr 1960.

Damit die Berechtigten ihre Rechtsschutzmöglichkeiten tatsächlich wahrnehmen, empfiehlt es sich weiterhin, aus Gründen der Rechtsklarheit, der Vereinfachung sowie der Disziplinierung von Sonderinteressen soweit wie möglich von sonderprozessualen Vorschriften abzusehen. Auch wenn die heute anzustellenden Überlegungen schwieriger als damals sind, sollte man sich ausreichend Zeit nehmen, um über geeignete Wege zur Implementierung unionsrechtlicher Rechtsschutzvorgaben über die bestehenden VwGO-Normen oder auch deren Modifizierung nachzudenken. Weil die Verwaltungsgerichtsordnung über mehrere Verweisungen mit ihrem Pendant, der Zivilprozessordnung, verknüpft ist, liegt es nahe, die Rechtslage und den Diskussionsstand im Zivilprozessrecht in die Überlegungen miteinzubeziehen.

Selbst wenn mancher in dem Unionsrecht einen „Störfaktor" für das innerstaatliche Recht sieht, kann dieses sinnvolle Lernprozesse anstoßen.[1205] Dementsprechend tritt *Sydow* dafür ein, die bestehenden Sonderprozessrechte kritisch auf ihr Potenzial für mögliche Fortentwicklungen des Verwaltungsprozessrechts jenseits der unionsrechtlich vorgegebenen Bereiche zu untersuchen.[1206] „Sie könnten [...] als Impulsgeber wirken, um auf Dauer die Sonderprozessrechte wieder in den Rahmen einer fortentwickelten VwGO zu integrieren."[1207] Damit die nationalen Kodifikationen weiterhin ihren Zweck erreichen, sollte sich Deutschland auf Unionsebene vermehrt dafür einsetzen, dass der europäische Gesetzgeber ohne hinreichende Gründe keine disparaten Rechtsschutzvorgaben für die Mitgliedstaaten aufstellt.[1208] Andererseits sind verallgemeinernde Rechtsschutzvorgaben für

---

1205 *Wollenschläger* VVDStRL 75 (2016), 187, 240; dazu, dass das Unionsrecht den RichterInnen neue Blickwinkel eröffnet, *Enders* ZUR 2016, 387, 388.

1206 *Sydow* ZG 2016, 237, 252.

1207 *Sydow* ZG 2016, 237, 252.

1208 Näher zu dieser besonderen Verantwortung des Unionsgesetzgebers *Schärdel*, Die Bücherkodifikation, S. 91. Dazu auch *Guckelberger/Geber*, Allgemeines Europäisches Verwaltungsverfahrensrecht, S. 88.

die Mitgliedstaaten ein gutes Mittel, um auf die europäische Rechtssetzung nachhaltig Einfluss nehmen zu können.[1209]

Die momentan vielerorts sehr emotional geführten Diskussionen zeigen, dass sich viele mit Abweichungen von den herkömmlichen, oft auf eine lange Rechtstradition zurückzuführenden nationalen Prozessnormen schwer tun. Sogar wenn es nachvollziehbare und oftmals gute Argumente für diesen Standpunkt gibt, verhindert er, dass Anstrengungen etwa über die Verallgemeinerungsfähigkeit der Ausgestaltung der Verbandsklagemöglichkeiten angestellt werden. Dies ist – auch langfristig gesehen – aus Gründen einer guten Gesetzgebung bedauerlich. Es wäre daher sowohl wichtig als auch wünschenswert, die diesbezüglichen Vorbehalte aufzugeben und alle rechtlichen Möglichkeiten in einer sachlich geführten Diskussion auszuloten. Um Missverständnissen in den Diskussionen zuvorzukommen, erscheint es mir wichtig, sich auf einen einheitlichen Sprachgebrauch zu verständigen. Dies gilt insbesondere für den vermehrt gebrauchten Begriffs des prokuratorischen Rechts. Meines Erachtens ist es sinnvoll, zwischen verschiedenen Formen subjektiver öffentlicher Rechte zu unterscheiden. Derartige Ausdifferenzierungen berücksichtigen z. B., dass bei ihnen unterschiedliche Rechtsgüter auszubalancieren sind. Ob derartige Vorschläge tatsächlich aufgegriffen werden sollen oder nicht, haben die dafür verantwortlichen Akteure innerhalb der unions- und verfassungsrechtlichen Vorgaben politisch zu entscheiden.

1. Die deutschen Verwaltungsgerichte sind zunehmend in die Rolle funktionaler Unionsgerichte hineingewachsen. Es bietet sich daher an, dies am Anfang der Verwaltungsgerichtsordnung durch eine Aufgabenumschreibung der Verwaltungsgerichtsbarkeit hervorzuheben.

2. Wegen der unionsrechtlichen Determinierung vieler verwaltungsgerichtlicher Streitigkeiten gerät (auch) das Verwaltungsprozessrecht zunehmend unter Anpassungsdruck. Bezogen auf die einzelnen prozessualen Regelungen ist zu prüfen und zu entscheiden, ob und inwieweit diese behutsam fortzuentwickeln sind, ob die Nachjustierung (zunächst) bereichsspezifisch oder in der Verwaltungsgerichtsordnung, nur für unionsrechtlich infiltrierte Streitigkeiten oder darüber hinausgehend erfolgen soll. Anstelle auf nationalen prozessualen Ausgestaltungen bis zu deren Beanstandung als

---

1209 S. etwa *Kahl* Die Verw. 43 (2010), Beiheft 10, 39, 61 ff.; *Kloepfer*, in: Merten/Schreckenberger, Kodifikation gestern und heute, S. 195, 202.

unionsrechtswidrig zu beharren, sollte eine prospektive Strategie eingeschlagen werden.

3. Infolge des Rechtsschutzgrundrechts in Art. 47 GRCh kommt der Verwaltungsgerichtsbarkeit im europäischen Rechtsprechungsverbund eine Auffangfunktion zu. Grundsätzlich können die Mitgliedstaaten ihrer Pflicht aus Art. 19 Abs. 1 UAbs. 2 EUV durch das Arsenal ihrer herkömmlichen Rechtsschutzformen Rechnung tragen. Bislang erweist sich insbesondere die Feststellungsklage (§ 43 VwGO) als ein geeignetes Instrument zur Vermeidung etwaiger Rechtsschutzlücken.

4. Angesichts der Schwierigkeiten bei der Bestimmung des richtigen Beklagten hat der Bundesrat die Bundesregierung im Hinblick auf die Safe-Harbor-Entscheidung des EuGH zur Einräumung eines Klagerechts für Datenschutzaufsichtsbehörden durch Bereitstellung einer „spezielle[n] Form einer objektiven Feststellungsklage" aufgefordert. Hält man einen solchen Rechtsbehelf für notwendig, sollte dieser bereichsspezifisch im Bundesdatenschutzgesetz ausgeformt werden.

5. Bekanntermaßen erkennt das Unionsrecht gegenüber dem deutschen Recht großzügiger gerichtlich durchsetzbare Rechte des Einzelnen an, weshalb diverse Lösungen zur Umsetzung seiner Vorgaben und zur Fortentwicklung des nationalen Rechts vorgeschlagen werden (Weg über die Öffnungsklausel in § 42 Abs. 2 Hs. 1 VwGO, sollte kein subjektives öffentliches Recht i. S. d. klassischen Schutznormtheorie vorliegen; unionsrechtskonforme Auslegung des § 42 Abs. 2 Hs. 2 VwGO; spezielle Regelung i. S. e. Interessentenklage bei unionsrechtlich determinierten Rechten; allgemeiner Übergang zur Interessentenklage; Abschaffung des § 42 Abs. 2 VwGO unter Beibehaltung des § 113 Abs. 1 VwGO). Da es kaum Mitgliedstaaten gibt, welche die Begründetheitsprüfung des Rechtsbehelfs auf das Vorliegen einer subjektiven Rechtsverletzung beschränken, ist dem zuletzt genannten Vorschlag eine klare Absage zu erteilen. Gute Argumente sprechen dafür, von einer speziell auf das Unionsrecht bezogenen Regelung zur Klagebefugnis abzusehen.

6. Für einen Übergang zu einer großzügigeren Interessentenklage spricht, dass sie zu einer besseren prozessualen Durchsetzung des Unionsrechts beitragen könnte. Mehrere sekundärrechtliche Rechtsschutznormen belassen den Mitgliedstaaten die Wahl zwischen Interessenten- und Verletztenklage. Dies belegt, dass Letztere zur effektiven Durchsetzung des Unionsrechts ebenso geeignet ist. Weil sich die Entwicklung der Rechtsschutzanforderungen auf Unionsebene schwer abschätzen lässt, empfiehlt es sich momentan nicht, von § 42 Abs. 2 Hs. 2 VwGO Abstand zu nehmen.

7. Verbandsklagen sind in Rechtsbereichen mit belegbaren strukturellen Vollzugsdefiziten in Erwägung zu ziehen (im Umwelt-, möglicherweise im Tierschutz- und Denkmalschutzrecht). Des Weiteren können Verbandsklagen dort sinnvoll sein, wo eine besondere Durchsetzungsschwäche des individuellen Rechtsschutzes zu verzeichnen ist (z. B. für Menschen mit Behinderung, möglicherweise im Datenschutzrecht). Auch wenn keine verfassungsrechtliche Pflicht zur Einführung derartiger Verbandsklagen besteht, ist dem Gesetzgeber die Implementierung solcher Rechtsschutzmöglichkeiten angesichts (landes-)verfassungsrechtlicher Staatszielbestimmungen, Schutzaufträge sowie der objektiv-rechtlichen Dimension der Grundrechte nicht verwehrt.

8. Wegen der Systementscheidung des Grundgesetzes für den Individualrechtsschutz (Art. 19 Abs. 4 S. 1 GG) sowie einer Vielzahl primär- und sekundärrechtlicher Rechtspositionen für Einzelne können Verbandsklagen den Individualrechtsschutz immer nur punktuell arrondieren. Es ist Sache des Gesetzgebers, diese beiden Rechtsschutzformen unter Berücksichtigung der konfligierenden Rechtspositionen angemessen auszutarieren.

9. Wie ein Blick auf Art. 9 Abs. 2 Aarhus-Konvention und die sekundärrechtlichen Umsetzungsnormen belegt, ist vor Verallgemeinerungen des Inhalts Vorsicht geboten, dass vom Verbandsrechtsschutz bei durchsetzbaren subjektiven Rechten abzusehen ist. Auch hinsichtlich einer Durchsetzungsschwäche individuellen Rechtsschutzes greift diese Annahme zu kurz.

10. Bei den sog. prokuratorischen Rechten wird einer Person oder einem Verband ein subjektives öffentliches Recht zur Durchsetzung fremder oder altruistischer Interessen eingeräumt. Dass prokuratorische Verbandsrechte rechtskonstruktiv möglich sind, zeigt ein Blick auf das Zivilrecht (§ 3 Abs. 1 S. 1 Nr. 2 UKlaG). Solche Rechte setzen eine besondere gesetzliche Einräumung voraus. Angesichts der Besonderheiten des Öffentlichen Rechts sollten jedoch keine prokuratorischen Verbandsrechte eingeführt werden. Stattdessen sollte den Verbänden die Anrufung der Gerichte unabhängig von einer subjektiven Rechtsverletzung ermöglicht werden.

11. Eine Streichung der Öffnungsklausel in § 42 Abs. 2 Hs. 1 VwGO ist aus Rücksichtnahme auf die Bundesländer und zur besseren Implementierung unionsrechtlicher Rechtsschutzvorgaben abzulehnen. Die Antragsbefugnis in § 47 Abs. 2 S. 1 Hs. 1 VwGO sollte ebenfalls mit einer Öffnungsklausel versehen werden.

12. Von einer Zusammenfassung aller öffentlich-rechtlichen Verbandsklagen in einem Verbandsklagegesetz oder in einer Verbandsklageordnung ist angesichts ihrer Ausdifferenziertheit abzuraten. Sinnvoller wäre es, langfristig in die Verwaltungsgerichtsordnung eine allgemeine Vorschrift zur Verbandsklage aufzunehmen, die mit bereichsspezifischen Regelungen zu kombinieren ist. Unter Beteiligung von Wissenschaft und Praxis sollte ein entsprechender Normvorschlag erarbeitet werden. Bei einem solchen Schritt bestünde die Gelegenheit, § 42 Abs. 2 VwGO in eine allgemeine Vorschrift über die Klagebefugnis zu überführen.

13. Ein Sonderprozessrecht für Verbandsklagen (z. B. Unterstellung unter den Beibringungsgrundsatz, erhöhte Substantiierungserfordernisse oder eine Zurückführung der gerichtlichen Kontrolldichte) ist nicht empfehlenswert, insbesondere wenn das Unionsrecht Verbände anderen klagebefugten Personen gleichstellt.

14. Eine Änderung der prozessualen Vorschriften im Hinblick auf den Verfahrensrechtsschutz ist momentan nicht geboten. Die Regelung in § 4 Abs. 1a S. 2 UmwRG zur Beweislast hinsichtlich der Unbeachtlichkeit von Verfahrensfehlern lässt sich verallgemeinern. Gegebenenfalls ist § 44a VwGO bereichsspezifisch zu modifizieren. Bei einer Zunahme absoluter Verfahrensrechte infolge des Unionsrechts liegt eine Modifizierung des § 44a VwGO nahe.

15. Der Untersuchungsgrundsatz des § 86 Abs. 1 S. 1 VwGO ist weiterhin beizubehalten. Modifizierungen sollten keinesfalls ohne Blick auf die Ausgestaltung dieser Maxime in Verfahren der ordentlichen Gerichtsbarkeit getroffen werden.

16. Infolge der Entscheidung des EuGH in der Rs. C-137/14, wonach Art. 11 Abs. 1 UVP-Richtlinie und Art. 25 Abs. 1 IE-Richtlinie keine materielle Präklusion erlauben, wird dieses Instrument an Bedeutung verlieren. Um Erfahrungen zu sammeln, liegt es nahe, zunächst nur in diesem Rechtsbereich von der materiellen Präklusion Abstand zu nehmen, ohne dabei zwischen europäischem und nationalem Recht zu differenzieren. Im Unterschied zum RefE-UmwRG sollte nicht nur hinsichtlich der Implementierung von Art. 9 Abs. 2 AK, sondern auch im Hinblick auf dessen Absatz 3 von der materiellen Präklusion Abstand genommen werden. § 47 Abs. 2a VwGO ist zu streichen.

17. Aus Gründen der Verfahrenseffizienz darf der Gesetzgeber weiterhin formelle Präklusionsvorschriften verwenden, die jedoch angemessen auszugestalten sind. Ergänzend sollte eine Missbrauchsklausel i. S. d. EuGH-Rechtsprechung eingeführt werden. Denkbar wäre auch, bereichsspezifisch Fristvorgaben für die Begründung des gerichtlichen Rechtsbehelfs vorzusehen, die jedoch bei komplexen Zulassungsentscheidungen ausreichend lange bemessen oder durchlässig sein müssen.

18. An der Spiegelbildlichkeit von Klagebefugnis und Begründetheitsprüfung (s. § 113 Abs. 1 S. 1, Abs. 5 S. 1 VwGO) kann weiterhin festgehalten werden. Allerdings sollten diese Normen um die Formulierung „soweit gesetzlich nichts anderes bestimmt ist“ ergänzt werden.

19. Weil es nur wenige explizite Vorgaben zur Kontrolldichte der Verwaltungsgerichte gibt, lassen sich hierauf bezogene Unionsrechtsvorgaben meistens ohne Schwierigkeiten implementieren. Vergleichbar der für das deutsche Recht etablierten normativen Ermächtigungslehre haben die Verwaltungsgerichte zu prüfen, ob sich aus dem Unionsrecht Entscheidungsspielräume ergeben, und wenn ja, welche Folgen dies für den anzuwendenden Kontrollmaßstab zeitigt. Allein der Umstand, dass das Unionsrecht teilweise einen weitergehenden Zugang zu den Verwaltungsgerichten eröffnet, sollte nicht zum Anlass genommen werden, ihre Kontrolldichte in der Sache sozusagen kompensierend zurückzuführen.

Literaturverzeichnis

Appel, Ivo, Zur Aktualität der Kodifikationsidee – Anmerkungen am Beispiel des Umweltgesetzbuchs als Dauerprojekt, in: Koch, Arnd/Rossi, Matthias, Kodifikation in Europa, Frankfurt 2012, S. 1 ff.

Ders./Singer, Jörg, Verfahrensvorschriften als subjektive Rechte, Jus 2007, 913 ff.

Augsberg, Ino/Augsberg, Steffen, Prognostische Elemente in der Rechtsprechung des Bundesverfassungsgerichts, VerwArch 98 (2007), 290 ff.

Bader, Johann/Funke-Kaiser, Michael/Stuhlfauth, Thomas/v. Albedyll, Jörg, Verwaltungsgerichtsordnung, 6. Aufl., Heidelberg, München, Landsberg, Frechen, Hamburg 2014.

Bast, Jürgen, Rechtsschutz im europäischen Verwaltungsrecht, in: Leible, Stefan/Terhechte, Jörg Philipp, Enzyklopädie Europarecht, Band 3, Europäisches Rechtsschutz- und Verfahrensrecht, Baden-Baden 2014, § 35.

Bauer, Friederike, Die Durchsetzung des europäischen Umweltrechts in Deutschland, Baden-Baden 2011.

Bauer, Hartmut, Altes und Neues zur Schutznormtheorie, AöR 113 (1988), 582 ff.

Ders., Geschichtliche Grundlagen der Lehre vom subjektiven öffentlichen Recht, Berlin 1986.

Baumann-Hasske, Harald/Kunzmann, Bernd, Die Verfassung des Freistaates Sachsen, Kommentar, 3. Aufl., Berlin 2011.

Baur, Jürgen F./Salje, Peter/Schmidt-Preuß, Matthias, Regulierung in der Energiewirtschaft, 2. Aufl., Köln 2016.

Beckmann, Martin, Funktionswandel der Verwaltungsgerichtsbarkeit, Referat auf dem 71. DJT, i. E.

Ders., Strukturprinzipien des deutschen Verwaltungsprozesses – Gesetzliche Regelungsdichte und Verwaltungsgerichtliche Kontrolldichte, Rechtstheorie 45 (2014), 141 ff.

Bender, Bernd, Einige rechtspolitische Bemerkungen zur Verbandsklage im öffentlichen Recht, DÖV 1976, 584 ff.

Benecke, Alexander/Wagner, Julian, Öffnungsklauseln in der Datenschutz-Grundverordnung und das deutsche BDSG – Grenzen und Gestaltungsspielräume für ein nationales Datenschutzrecht, DVBl. 2016, 600 ff.

Berkemann, Jörg, Die unionsrechtliche Umweltverbandsklage des EuGH – Der deutsche Gesetzgeber ist belehrt "so nicht" und in Bedrängnis, DVBl. 2011, 1253 ff.

Ders., Sinn und Funktionsgrenzen des Rechtsschutzes im Umweltrecht, in: Kloepfer, Michael, Rechtsschutz im Umweltrecht, Berlin 2014, S. 13 ff.

Bettermann, Karl August, Wesen und Streitgegenstand der verwaltungsgerichtlichen Anfechtungsklage, DVBl. 1953, 163 ff.

Bleckmann, Albert, Die Klagebefugnis der Verbände im Anfechtungsprozeß, VerwArch 63 (1972), S. 183 ff.

Blume, Ekkehard, Drittschutz im Denkmalrecht, in: Quo vadis Denkmalrecht? Kulturerbe zwischen Pflege und Recht, i. E.

Böhm, Monika, Die gerichtliche Kontrolle von UVP-Fehlern, UPR 2014, 201 ff.

Bornkamm, Joachim/Montag, Frank/Säcker, Franz Jürgen, Münchner Kommentar, Europäisches und Deutsches Wettbewerbsrecht, Band 2 Gesetz gegen Wettbewerbsbeschränkungen (GWB), §§ 1–96, 130, 131, 2. Aufl., München 2015.

Breuer, Marten, Die Klagebefugnis von Umweltverbänden unter Anpassungsdruck des Völker- und Europarechts, Die Verw. 45 (2012), 171 ff.

Brosius-Gersdorf, Frauke, Dritte Gewalt im Wandel: Veränderte Anforderungen an Legitimität und Effektivität?, VVDStRL 74 (2014), 169 ff.

Bruckert, Felix, Die Ausweitung der Klagebefugnis im Umweltrecht, NuR 2015, 541 ff.

Brüning, Christoph, Verwaltung und Verwaltungsgerichtsbarkeit, Die Verw. 48 (2015), 155 ff.

Bühler, Ottmar, Die subjektiven öffentlichen Rechte und der Schutz in der deutschen Verwaltungsrechtsprechung, Berlin u. a. 1914.

Bull, Hans Peter/Mehde, Veith, Allgemeines Verwaltungsrecht mit Verwaltungslehre, 9. Aufl., Heidelberg 2015.

Bunge, Thomas, Der Rechtsschutz in Umweltangelegenheiten in Deutschland – Stand und offene Fragen, ZUR 2015, 531 ff.

Ders., Weiter Zugang zu Gerichten nach der UVP- und der Industrieemissions-Richtlinie: Vorgaben für das deutsche Verwaltungsprozessrecht, NuR 2016, 11 ff.

Ders., Zur Klagebefugnis anerkannter Umweltverbände, ZUR 2014, 3 ff.

Bunte, Hermann-Josef, Kartellrecht, Band 1, Deutsches Kartellrecht, 12. Aufl., Köln 2014.

Burgi, Martin, Die dienende Funktion des Verwaltungsverfahrens: Zweckbestimmung und Fehlerfolgenrecht in der Reform, DVBl. 2011, 1317 ff.

Ders., Verwaltungsprozess und Europarecht, München 1996.

Ders./Wolfgang, Durner, Modernisierung des Verwaltungsverfahrensrechts durch Stärkung des VwVfG, Baden-Baden 2012.

Calliess, Christian, Feinstaub im Rechtsschutz deutscher Gerichte. Europarechtliche Vorgaben für die Klagebefugnis vor deutschen Gerichten und ihre dogmatische Verarbeitung, NVwZ 2006, 1 ff.

Ders., Kohärenz und Konvergenz beim europäischen Individualrechtsschutz – Der Zugang zum Gericht im Lichte des Grundrechts auf effektiven Rechtsschutz, NJW 2002, 3577 ff.

Ders., Rechtsstaat und Umweltstaat. Zugleich ein Beitrag zur Grundrechtsdogmatik im Rahmen mehrpoliger Verfassungsrechtsverhältnisse, Tübingen 2001.

Ders., Verbandsklage im neuen Umweltrechtsbehelfs-Gesetz – endgültig gut?, NVwZ-Editorial 23/2016.

Caspar, Johannes, Tierschutz im Recht der modernen Industriegesellschaft, Baden-Baden 1999.

Ders., Verbandsklage im Tierschutzrecht durch Landesgesetz, DÖV 2008, 145 ff.

Christiansen, Neele Ann, Optimierung des Rechtsschutzes im Telekommunikations- und Energierecht, Tübingen 2013.

Classen, Claus Dieter, Der EuGH und die Herausbildung eines europäischen Verwaltungsrechts, in: Schenke, Ralf Peter/Suerbaum, Joachim, Verwaltungsgerichtsbarkeit in der Europäischen Union, Baden-Baden 2016, S. 11 ff.

Ders., Die Europäisierung der Verwaltungsgerichtsbarkeit, Tübingen 1996.

Ders., Unionsrechtlicher Einfluss auf die Funktion der deutschen Verwaltungsgerichtsbarkeit?, NJW 2016, 2621 ff.

Danwitz, *Thomas von*, Europäisches Verwaltungsrecht, Berlin, Heidelberg 2008.

Ders., Verwaltungsrechtliches System und Europäische Integration, Tübingen 1996.

Dietz, Andreas, Klagebefugnisse gegen Planfeststellungsbeschlüsse: Einzelne – Gemeinden – Umweltverbände, UPR Sonderheft 2016, 469 ff.

Dörr, *Oliver*, Der europäische Rechtsschutzauftrag deutscher Gerichte, Tübingen 2003.

Ders./Grote, Rainer/Marauhn, Thilo, EMRK/GG, Konkordanz-Kommentar, Band 1, 2. Aufl., Tübingen 2013.

Dolde, Klaus-Peter, Verwaltungsverfahren und Deregulierung, NVwZ 2006, 857 ff.

Dreier, Horst, Grundgesetz, Kommentar, Band 1, 3. Aufl., Tübingen 2013.

Dünchheim, Thomas, Verwaltungsprozeßrecht unter europäischem Einfluß, Berlin 2003.

Durner, Wolfgang, Konflikte räumlicher Planungen, Tübingen 2005.

Ders., Reformbedarf in der Verwaltungsgerichtsordnung, NVwZ 2015, 841 ff.

Ders., Vollzugs- und Verfassungsfragen des NABEG, NuR 2012, 369 ff.

Ders./Walter, Christian, Rechtspolitische Spielräume bei der Umsetzung der Århus-Konvention, Berlin 2005.

Ebers, Martin, Rechte, Rechtsbehelfe und Sanktionen im Unionsprivatrecht, Tübingen 2016.

Ehlers, Dirk, Die Europäisierung des Verwaltungsprozeßrechts, Berlin 1999.

Ders., Die Europäisierung des Verwaltungsprozeßrechts, DVBl. 2004, 1441 ff.

Ders., Die Klagebefugnis nach deutschem, europäischem Gemeinschafts- und US-amerikanischem Recht, VerwArch 84 (1993), 139 ff.

Ders./Fehling, Michael/Pünder, Hermann, Besonderes Verwaltungsrecht, Band 1, 3. Aufl., Heidelberg 2012.

Ders./Pünder, Hermann, Allgemeines Verwaltungsrecht, 15. Aufl., Berlin 2016.

Eichberger, Michael, Objektive Verwaltungskontrolle aus verfassungsrechtlicher Sicht, 2016, online abrufbar unter http://www.zukunft-der-verwaltungsgerichtsbarkeit.de/wp-content/uploads/eichberger-objektive-verwaltungskontrolle.pdf.

Ekardt, Felix, Verfassungs- und verwaltungsrechtliche Gründe für eine liberalere Klagebefugnis – Zugleich eine Kritik der Begriffe Gemeinwohl und Vorsorge, Der Staat 44 (2005), 622 ff.

Ellner, Susanna, Die Stimme der Tiere verstummt, Neue Zürcher Zeitung v. 16.12.2010, abrufbar unter http://www.nzz.ch/die-stimme-der-tiere-verstummt-1.8696578.

Epiney, Astrid, Primär- und Sekundärrechtsschutz im Öffentlichen Recht, VVDStRL 61 (2002), 362 ff.

Dies./Reitemeyer, Stefan, Verwaltungsgerichtlicher Rechtsschutz im Umweltrecht – Vorgaben der Aarhus-Konvention und des EU-Rechts und Rechtsvergleich, in: GfU, Dokumentation zur 37. wissenschaftlichen Fachtagung der Gesellschaft für Umweltrecht e. V. Berlin 2013, Berlin 2014, S. 71 ff.

Erbguth, Wilfried, Allgemeines Verwaltungsrecht mit Verwaltungsprozess- und Staatshaftungsrecht, 8. Aufl., Baden-Baden 2016.

Ders., Zum Gehalt und zur verfassungs- wie europarechtlichen Vereinbarkeit der verwaltungsprozessual ausgerichteten Beschleunigungsgesetzgebung – am Beispiel des Planfeststellungsrechts, UPR 2000, 81 ff.

Eyermann, Erich, Verwaltungsgerichtsordnung, Kommentar, 14. Aufl., München 2014.

Faber, Heiko, Die Verbandsklage im Verwaltungsprozeß, Baden-Baden 1972.

Fehling, Michael, Eigenwert des Verfahrens im Verwaltungsrecht, VVDStRL 70 (2011), 278 ff.

Ders./Kastner, Berthold/Störmer, Rainer, Handkommentar Verwaltungsrecht, 4. Aufl., Baden-Baden 2016.

Fellenberg, Frank, Auf dem Prüfstand der Praxis: Der Umfang des Verwaltungsrechtsschutzes, AnwBl. 2016, 648 ff.

Ders., Weiter frischer Wind aus Luxemburg – Zu den Klagemöglichkeiten im Umweltrecht, NVwZ 2015, 1721 ff.

Fest, Phillip/Köpernik, Kristin, Das Verbandsklagerecht im Tierschutz, DVBl. 2012, 1473 ff.

Fraenkel-Haeberle, Christina/Galetta, Diana Urania, Rechtsschutz gegen die Verwaltung – Italien, Ius Publicum Europaeum, Band 8, i. E.

Franßen, Everhardt, 50 Jahre Verwaltungsgerichtsbarkeit in der Bundesrepublik Deutschland, DVBl. 1998, 413 ff.

Franzius, Claudio, Aktuelle Probleme des Umweltrechtsschutzes, in: ders./Lejeune, Stefanie/Lewinski, Kai von/Meßerschmidt, Klaus/Michael, Gerhard, Beharren. Bewegen, Festschrift für Michael Kloepfer zum 70. Geburtstag, Berlin 2013, S. 376 ff.

Ders., Das Recht auf informationelle Selbstbestimmung, ZJS 2015, 259 ff.

Ders., Modernisierung des subjektiven öffentlichen Rechts – Zum Funktionswandel der Verwaltungsgerichtsbarkeit, UPR 2016, 281 ff.

Ders., Rolle des Verfassungsrahmens, in: Leible, Stefan/Terhechte, Jörg Philipp, Enzyklopädie Europarecht, Band 3, Europäisches Rechtsschutz- und Verfahrensrecht, Baden-Baden 2014, § 4.

Ders., Stärkungen des Verfahrensrechtsschutzes im Umweltrecht, EurUP 2014, 283 ff.

Frenz, Walter, Notwendige Unterscheidung von Umweltverbands- und Individualklage – Besprechung des BVerwG-Urteils vom 5.9.2013 (7 C 21.12), UPR 2014, 1 ff.

Ders., Umweltklagen weiter effektuiert: Subjektive Rechte, Präklusion und Entscheidungserheblichkeit von Verfahrensfehlern, NuR 2015, 832 ff.

Frowein, Jochen Abr., Die Kontrolldichte bei der gerichtlichen Überprüfung von Handlungen der Verwaltung, Berlin, Heidelberg, New York 1993.

Führ, Martin/Schenten, Julian/Schulze, Falk/Schütte, Silvia, Verbandsklage nach UmwRG – empirische Befunde und rechtliche Bewertung, NVwZ 2014, 1041 ff.

Gärditz, Klaus Ferdinand, Europäisches Verwaltungsprozessrecht, JuS 2009, 385 ff.

Ders., Europäisierter Umweltrechtsschutz als Laboratorium des Verwaltungsprozessrechts: Entwicklungspfade zwischen Prozeduralisierung, Objektivierung und Subjektivierung, EurUP 2015, 196 ff.

Ders., Funktionswandel der Verwaltungsgerichtsbarkeit unter dem Einfluss des Unionsrecht – Umfang des Verwaltungsrechtsschutzes auf dem Prüfstand, Gutachten D zum 71. Deutschen Juristentag, München 2016.

Ders., Funktionswandel der Verwaltungsgerichtsbarkeit unter dem Einfluss des Unionsrechts? – Umfang des Verwaltungsrechtsschutzes auf dem Prüfstand, NJW-Beilage 2016, 41 ff.

Ders., Regulierungsermessen im Energierecht, DVBl. 2016, 399 ff.

Ders., Verwaltungsgerichtlicher Rechtsschutz im Umweltrecht, in: GfU, Dokumentation zur 37. wissenschaftlichen Fachtagung der Gesellschaft für Umweltrecht e.V. Berlin 2013, Berlin 2014, S. 35 ff.

Ders., Verwaltungsgerichtlicher Rechtsschutz im Umweltrecht, NVwZ 2014, 1 ff.

Ders., Verwaltungsgerichtsordnung mit Nebengesetzen, Kommentar, Baden-Baden 2013.

Gatz, Stephan, Drittschutz bei denkmalrechtlicher Genehmigung, in: Verein der Bundesrichter bei dem Bundesverwaltungsgericht e. V., jurisPR-BVerwG 16/2009 Anm. 2.

Gehring, Stefan, Kompensation der europarechtlich bedingten Erweiterung der Initiativberechtigung durch die Senkung der gerichtlichen Kontrolldichte?, Regensburg 2000.

Geiger, Caroline, Kollektiver Rechtsschutz im Zivilprozess, Tübingen 2015.

Gellermann, Martin, Verbandsklagen im Umweltrecht – aktueller Stand, Perspektiven und praktische Probleme, DVBl. 2013, 1341 ff.

Genth, Mario, Ist das neue Umwelt-Rechtsbehelfsgesetz europarechtskonform?, NuR 2008, 28 ff.

Giegerich, Thomas, Völkerrechtsfreundlichkeit „light" – Viel Schatten und wenig Licht im BVerfG-Beschluss zum Treaty Override, Saar Expert Papers 02/2016, abrufbar unter: http://jean-monnet-saar.eu/?page_id=70.

Ders., Wettbewerb von Rechtsordnungen, VVDStRL 69 (2010), 54 ff.

Ders./Lauer, Sabrina, Der Justizgewährleistungsanspruch in Europa: Art. 47 GrCh, Art. 19 I UAbs. 2 EUV und das deutsche Verwaltungsprozessrecht, ZEuS 2014, 461 ff.

Gierth, Karl, Klagebefugnis und Popularklage, DÖV 1980, 893 ff.

Glaser, Andreas, Die Entwicklung des Europäischen Verwaltungsrechts aus der Perspektive der Handlungsformenlehre, Tübingen 2013.

Ders., Mindeststandards und Verfahrensgrundsätze im Verwaltungsverfahren unter europäischem Einfluss, in: Weller, Matthias/Althammer, Christoph, Mindeststandards im europäischen Zivilprozessrecht – Grundvoraussetzung für gegenseitiges Vertrauen, Tübingen 2015, S. 149 ff.

Gola, Peter, Verbandsklagen – ein neues Schwert des Datenschutzes?, RDV 2016, 17 ff.

Grabitz, Eberhard/Hilf, Meinhard/Nettesheim, Martin, Das Recht der Europäischen Union, München, Losblatt.

Greim, Jeanine, Die Verbandsklage nach dem Umwelt-Rechtsbehelfsgesetz – Politik der (zu) kleinen Schritte, BayVBl. 2014, 517 ff.

Dies., Rechtsschutz bei Verfahrensfehlern im Umweltrecht – Eine Abhandlung am Beispiel des Umwelt-Rechtsbehelfsgesetzes, Berlin 2013.

Gröpl, Christoph/Windthorst, Kay/von Coelln, Christian, Grundgesetz, Studienkommentar, 2. Aufl., München 2013.

Groß, Thomas, Die Klagebefugnis als gesetzliches Regulativ des Kontrollzugangs, Die Verw. 43 (2010), 349 ff.

Grunow, Moritz/Salzborn, Nadja, Zum Prüfungsumfang der Umweltverbandsklage, ZUR 2015, 156 ff.

Guckelberger, Annette, Argumente für und gegen einen parlamentarischen Ombudsmann aus heutiger Sicht, DÖV 2013, 613 ff.

Dies., Der neue staatshaftungsrechtliche Entschädigungsanspruch bei überlangen Gerichtsverfahren, DÖV 2012, 289 ff.

Dies., Der Widerruf von Verfügungen im schweizerischen Verwaltungsrecht, ZBl. 2007, 293 ff.

Dies., Der Zugang zum Verwaltungsgericht nach deutschem und nach schweizerischem Recht, ZBl. 1998, 345 ff.

Dies., Die Präklusionsregelung des § 47 Abs. 2a VwGO bei der Normenkontrolle, in: Baumeister, Peter/Roth, Wolfgang/Ruthig, Josef, Festschrift für Wolf-Rüdiger Schenke zum 70. Geburtstag, Berlin 2011, S. 759 ff.

Dies., Die Verjährung im Öffentlichen Recht, Tübingen 2004.

Dies., Elektronische Akten und Akteneinsicht, in: Hill, Hermann/Schliesky, Utz, Auf dem Weg zum Digitalen Staat – auch ein besserer Staat?, Baden-Baden 2015, S. 129 ff.

Dies., Entwicklungslinien im Umweltrechtsschutz, JA 2014, 647 ff.

Dies., Norm- und Sachverhaltswissen im Verwaltungsprozess, VerwArch 2017 i. E.

Dies., Steuerung des Wasserrechts: Planung, Verfahren, Öffentlichkeit, in: Reinhardt, Michael, Wasserrecht im Umbruch, Berlin 2007, S. 69 ff.

Dies., in: Steinbach, Armin, Verwaltungsrechtsprechung, Tübingen 2017.

Dies./Geber, Frederic, Allgemeines Europäisches Verwaltungsverfahrensrecht vor seiner unionsrechtlichen Kodifizierung?, Baden-Baden 2013.

Dies./Geber, Frederic, Präklusion unter dem Einfluss der Aarhus-Konvention, EurUP 2014, 167 ff.

Dies./Püttner, Günter, Beschleunigung von Verwaltungsverfahren, JuS 2001, 218 ff.

Hager, Günter, Die tierschutzrechtliche Verbandsklage – Rechtspolitische Diskussion, NuR 2016, 831 ff.

Hailbronner, Kai, Die Zusage auf Einhaltung des objektiven Rechts, DVBl. 1979, 767 ff.

Held, Jürgen, Individualrechtsschutz bei fehlerhaftem Verwaltungsverfahren, NVwZ 2012, 461 ff.

Ders., Umweltrechtliche Verfahrensfehler im Lichte der neuesten Rechtsprechung, DVBl. 2016, 12 ff.

Herberger, Maximilian/Martinek, Michael/Rüssmann, Helmut/Weth, Stephan, juris Praxiskommentar BGB, Band 2 Schuldrecht, 7. Aufl., Saarbrücken 2015.

Hess, *Burkhard*, „Private law enforcement" und Kollektivklagen, JZ 2011, 66 ff.

Heydemann, Christoph, Rechtsgestaltung im Verwaltungsgerichtsprozess – ein Beitrag über das gerichtliche Ermessen, in: Posser, Herbert/Pünder, Hermann/Schröder Ulrich Jan, Rechtsgestaltung im Öffentlichen Recht, Liber Amicorum für Dirk Ehlers zum 70. Geburstag, München 2015, S. 453 ff.

Hill, Hermann, Das fehlerhafte Verfahren und seine Folgen im Verwaltungsrecht, Heidelberg 1986.

Hlava, *Daniel*, Die verbandlichen Klagerechte nach SGB IX und BGG, Forum A, Beitrag A23-2012 unter reha-recht.de, 22.10.2012.

Hölscheidt, Sven, Abschied vom subjektiven öffentlichen Recht?, EuR 2001, 376 ff.

Hoffmann-Riem, Wolfgang, Der grundrechtliche Schutz der Vertraulichkeit und Integrität eigengenutzter informationstechnischer Systeme, JZ 2008, 1009 ff.

Hofmann, Ekkehard, Der Funktionswandel der Verwaltungsgerichtsbarkeit – nur eine Frage des Umweltrechts?, EurUP 2015, 266 ff.

Hofmann, Jens, Rechtsschutz und Haftung im Europäischen Verwaltungsverbund, in: Schmidt-Aßmann, Eberhard/Schöndorf-Haubold, Bettina, Der Europäische Verwaltungsverbund, Tübingen 2005, S. 353 ff.

Huber, Peter M., Die Europäisierung des verwaltungsgerichtlichen Rechtsschutzes, BayVBl. 2001, 577 ff.

Ders., Wirkungsvoller Rechtsschutz bei Supranationalisierung, in: Geis, Max-Emanuel/Winkler, Markus/Bickenbach, Christian, Von der Kultur der Verfassung, Festschrift für Friedhelm Hufen zum 70. Geburtstag, München 2015, S. 585 ff.

Hufen, Friedhelm, Verwaltungsprozessrecht, 10. Aufl., München 2016.

Ders./Siegel, Thorsten, Fehler im Verwaltungsverfahren, 5. Aufl., Baden-Baden 2013.

Immenga, Ulrich/Mestmäcker, Ernst-Joachim, Wettbewerbsrecht, Band 2, GWB/Teil 1, 5. Aufl., München 2014.

Jacob, Thomas, Subjektiver Rechtsschutz, Einwendungspräklusion und Bestandskraft – klare Worte vom EuGH?, jM 2016, 166 ff.

Ders./Lau, Marcus, Beurteilungsspielraum und Einschätzungsprärogative, NVwZ 2015, 241 ff.

Janal, Ruth, Europäisches Zivilverfahrensrecht und Gewerblicher Rechtsschutz, Tübingen 2015.

Jarass, Hans, Besonderheiten des amerikanischen Verwaltungsrechts im Vergleich – Zugleich ein Beitrag zum Stellenwert des Verwaltungsverfahrens, DÖV 1985, 377 ff.

Ders., Charta der Grundrechte der EU, 3. Aufl. München 2016.

Ders./Pieroth, Bodo, Grundgesetz für die Bundesrepublik Deutschland, 14. Aufl., München 2016.

Jochum, Heike, Verwaltungsverfahrensrecht und Verwaltungsprozeßrecht – Die normative Konnexität von Verwaltungsverfahrens- und Verwaltungsprozeßrecht und die Steuerungsleistung des materiellen Verwaltungsrechts, Tübingen 2004.

Kadelbach, Stefan, Allgemeines Verwaltungsrecht unter europäischem Einfluß, Tübingen 1999.

Kahl, Wolfgang, 35 Jahre Verwaltungsverfahrensgesetz – 35 Jahre Europäisierung des Verwaltungsverfahrensrechts, NVwZ 2011, 449 ff.

Ders., Die Europäisierung des Verwaltungsrechts als Herausforderung an Systembildung und Kodifikationsidee, Die Verw. 43 (2010), Beiheft 10, S. 39 ff.

Ders., Neuere höchstrichterliche Rechtsprechung zum Umweltrecht – Teil 1, JZ 2014, 722 ff.

Ders., Neuere höchstrichterliche Rechtsprechung zum Umweltrecht – Teil 1, JZ 2016, 666 ff.

Ders./Burs, Matthias, Beurteilungsspielräume der Verwaltung im Naturschutzrecht (Teil 1), DVBl. 2016, 1157 ff.

Kallweit, Nils-Christian, Drittschutz aus dem Denkmalschutz, Berlin 2013.

Karge, Marcus, Das Umwelt- Rechtsbehelfsgesetz im System des deutschen Verwaltungsprozessrechts, Baden-Baden 2010.

Kaufhold, Ann-Kathrin, Instrumente und gerichtliche Kontrolle der Finanzaufsicht, Die Verw. 49 (2016), 339 ff.

Kaufmann, Horst, Zur Geschichte des aktionenrechtlichen Denkens, JZ 1964, 482 ff.

Kaufmann, Marcel, Untersuchungsgrundsatz und Verwaltungsgerichtsbarkeit, Tübingen 2002.

Kleinlein, Thomas, Erweiterung und Restriktion des Rechtsschutzes im Gemeinsamen Europäischen Asylsystem, DÖV 2016, 1032 ff.

Klenke, Reinhard, Der „Ausschluss der Popularklage" – vom Sinn des § 42 II VwGO, NWVBl. 2005, 125 ff.

Klinger, Remo, Anmerkung zum Urteil des EuGH vom 15.10.2015, ZUR 2016, 41 ff.

Ders., Ausweitung der Verbandsklage im Umweltbereich – „Trianel". „Slowakischer Braunbär" und die Folgen, in: Kloepfer, Michael, Rechtsschutz im Umweltrecht, Berlin 2014, S. 135 ff.

Ders., Stellungnahme zum Gesetzentwurf der Bundesregierung zu einem Gesetz zur Anpassung des Umwelt-Rechtsbehelfsgesetzes und anderer Vorschriften an europa- und völkerrechtliche Vorgaben, NuR 2016, 835 f.

Klocke, Daniel Matthias, Rechtsschutz in kollektiven Strukturen, Tübingen 2016.

Kloepfer, Michael, Denkmalschutz und Umweltschutz – Rechtliche Verschränkungen und Konflikte zwischen dem raumgebundenen Kulturgüterschutz und dem Umwelt- und Planungsrecht, Berlin 2012.

Ders., Die tierschutzrechtliche Verbandsklage – eine Einführung, NuR 2016, 729 ff.

Ders., Umweltrecht, 4. Aufl., München 2016.

Kment, Martin, Der ewige Patient: die Umweltverbandsklage – Einblicke in eine lange Krankenakte und neue Therapieansätze, UPR 2013, 41 ff.

Ders., Die Stellung nationaler Unbeachtlichkeits-, Heilungs- und Präklusionsvorschriften im europäischen Recht, EuR 2006, 201 ff.

Ders., Die Überformung des deutschen Planungsrechts durch EU-Recht – Hat die Präklusion eine Zukunft?, UPR Sonderheft 2016, 487 ff.

Ders., Nationale Unbeachtlichkeits, Heilungs- und Präklusionsvorschriften und Europäisches Recht, Berlin 2005.

Ders./Lorenz, Christina, Eckpfeiler des deutschen Verwaltungsrechts auf europäischem Prüfstand, EurUP 2016, 47 ff.

Ders./Vorwalter, Sebastian, Beurteilungsermessen und Ermessen, JuS 2015, 193 ff.

Knappe, Lukas, Gestufter Netzausbau und Bundesfachplanung im Spannungsfeld des effektiven Rechtsschutzes, DVBl. 2016, 276 ff.

Knöpfle, Franz, Organisierte Einwirkungen auf die Verwaltung, DVBl. 1975, 707 ff.

Koch, *Hans-Joachim*, Die Verbandsklage im Umweltrecht , NVwZ 2007, 369 ff.

Kohl, Wolfgang, Das Reichsverwaltungsgericht, Tübingen 1991.

Kokott, Juliane, Europäisierung des Verwaltungsprozeßrechts, Die Verw. 31 (1998), 335 ff.

Dies./Sobotta, Christoph, Rechtsschutz im Umweltrecht – Weichenstellungen in der Rechtsprechung des Gerichtshofs der Europäischen Union, in: GfU, Dokumentation zur 37. wissenschaftlichen Fachtagung der Gesellschaft für Umweltrecht e. V. Berlin 2013, Berlin 2014, S. 17 ff.

Kopp, Ferdinand/Ramsauer, Ulrich, Verwaltungsverfahrensgesetz, Kommentar, 16. Aufl., München 2015.

Kopp, Ferdinand/Schenke, Wolf-Rüdiger, Verwaltungsgerichtsordnung, Kommentar, 21. Aufl., München 2015.

Kossens, Michael/von der Heide, Dirk/Maaß, Michael, SGB IX, 4. Aufl., München 2015.

Kothe, Peter/Redeker, Martin, Beweisantrag und Amtsermittlung im Verwaltungsprozess, Stuttgart 2011.

Kotzur, Markus, Die europäische Gerichtsbarkeit, in: Leible, Stefan/Terhechte, Jörg Philipp, Enzyklopädie Europarecht, Band 3, Europäisches Rechtsschutz- und Verfahrensrecht, Baden-Baden 2014, § 5.

Krause, Peter, Bundessozialgericht und Allgemeines Verwaltungsrecht, NJW 1979, 1007 ff.

Krebs, Walter, Subjektiver Rechtsschutz und objektive Rechtskontrolle, in: Erichsen, Hans-Uwe/Joppe, Werner/v. Mutius, Albert, System des verwaltungsgerichtlichen Rechtsschutzes, Festschrift für Christian-Friedrich Menger, Köln 1985, S. 191 ff.

Kühling, Jürgen/Martini, Mario/Heberlein, Johanna/Kühl, Benjamin/Nink, David/Weinzierl, Quirin/Wenzel, Michael, Die Datenschutz-Grundverordnung und das nationale Recht – Erste Überlegungen zum innerstaatlichen Regelungsbedarf, Münster 2016.

Kümper, Boas, Abwägung bei Infrastrukturvorhaben: aktuelle Rechtsfragen, NVwZ 2016, 592 ff.

Ders., (Umwelt-)Rechtsschutz unter Anpassungsdruck, NuR 2016, 622 ff.

Ladenburger, Clemens, Verfahrensfehlerfolgen im französischen und deutschen Verwaltungsrecht, Berlin, Heidelberg 1999.

Ladeur, Karl-Heinz, Bitte weniger Rechte!, FAZ v. 8.12.2016, S. 8.

Lau, Marcus, Das Urteil des BVerwG vom 5.9.2013 oder vom Versuch, den „slowakischen Braunbären" zu zähmen?, NVwZ 2014, 637 ff.

Laubinger, Hans-Werner, Feststellungsklage und Klagebefugnis (§ 42 Abs. 2 VwGO), VerwArch 82 (1991), 459 ff.

Leidinger, Tobias, Europäisiertes Verbandsklagerecht und deutscher Individualrechtsschutz – Das Trianel-Urteil des EuGH und seine Folgen für das deutsche Verwaltungsrechtssystem, NVwZ 2011, 1345 ff.

Lepsius, Oliver, Hat die Europäisierung des Verwaltungsrechts Methode? Oder: Die zwei Phasen der Europäisierung des Verwaltungsrechts, Die Verw. 43 (2010), Beiheft 10, S. 179 ff.

Lewinski, Kai von, Das Umweltgesetzbuch in den Augen von Thibaut und Savigny, in: Liber discipulorum für Michael Kloepfer zum 65. Geburtstag, Umweltgesetzbuch und Gesetzgebung im Kontext, München 2008, S. 1 ff.

Loewenheim, Ulrich/Meessen, Karl/Riesenkampff, Alexander/Kersting, Christian/Meyer-Lindermann, Hans Jürgen, Kartellrecht, 3. Aufl., München 2016.

Löwer, Wolfgang, Tierversuche im Verfassungs- und Verwaltungsrecht. Zugleich ein Beitrag zum bremischen Staatsrecht, WissR 2006, Beiheft 16.

Ludwigs, Markus, Anmerkung zu BVerwG, Urt. v. 22.10.2015 – 7 C 15/13, NVwZ 2016, 314 f.

Ders., Bausteine des Verwaltungsrechts auf dem Prüfstand des EuGH. Die Revolution ist ausgeblieben, NJW 2015, 3484 ff.

Ders., Das Regulierungsermessen als Herausforderung für die Letztentscheidungsdogmatik im Verwaltungsrecht, JZ 2016, 290 ff.

Ders., EU-rechtliche Vorgaben und nationale Gestaltungsspielräume – Behördenabhängigkeit und Regulierungsermessen als Sicherung der effektiven Umsetzung von EU-Recht?, in: Säcker, Franz-Jürgen/Schmidt-Preuß, Matthias, Grundsatzfragen des Regulierungsrechts, Baden-Baden 2015, S. 251 ff.

Ders., Regulierungsermessen: Spielräume gerichtlich eingeschränkter Kontrolle im Regulierungsrecht, RdE 2013, 297 ff.

Lüthge, Jürgen, Die Verbandsklage im Bremischen Naturschutzgesetz, NJW 1980, 1037 ff.

Mangold, Anna Katharina/Wahl, Rainer, Das europäisierte deutsche Rechtsschutzkonzept, Die Verw. 48 (2015), 1 ff.

Mann,Thomas/Sennekamp, Christoph/Uechtritz, Michael, Verwaltungsverfahrensgesetz, Baden-Baden 2014.

Masing, Johannes, Der Rechtsstatus des Einzelnen im Verwaltungsrecht, in: Hoffmann-Riem, Wolfgang/Schmidt-Aßmann, Eberhard/Voßkuhle, Andreas, Grundlagen des Verwaltungsrechts, Band 1, 2. Aufl., München 2012.

Ders., Die Mobilisierung des Bürgers für die Durchsetzung des Rechts, Berlin 1997.

Maunz, Theodor/Dürig, Günter, Grundgesetz, Kommentar, München, Loseblatt.

Ders./Schmidt-Bleibtreu, Bruno/Klein, Franz/Bethge, Herbert, Bundesverfassungsgerichtsgesetz, Loseblatt-Kommentar, München, Loseblatt.

Maurer, Hartmut, Allgemeines Verwaltungsrecht, 18. Aufl., München 2011.

Mayer, Christoph, Neues aus Luxemburg in Sachen Gerichtszugang, NuR 2016, 106 ff.

Mayer-Ladewig, Jens, EMRK, Kommentar, 3. Aufl., Baden-Baden 2011.

Meier, Regina, Das ideelle Verbandsbeschwerderecht. Eine Darstellung der Regelungen auf Bundesebene, Zürich u. a. 2015

Merli, Franz, Rechtsschutz in grenzüberschreitenden verwaltungsrechtlichen Kooperationsverfahren in Europa, in: Holoubek, Michael/Lang, Michael, Verfahren der Zusammenarbeit von Verwaltungsbehörden in Europa, Wien 2012, S. 377 ff.

Meßerschmidt, Klaus, Proliferation und Privatisierung von Beurteilungsspielräumen und Umweltrecht, EurUP 2014, 11 ff.

Michl, Fabian, Die Umweltverbandsklage nach dem Regierungsentwurf zur Anpassung des UmwRG an europa- und völkerrechtliche Vorgaben, NuR 2016 S. 543 ff.

Minkner, Martin, Die Gerichtsverwaltung in Deutschland und Italien, Tübingen 2015.

Möller, Christian, Verbandsklagerecht im Denkmalschutz aufgrund der Rechtsprechung des Europäischen Gerichtshofs (EuGH), abrufbar über *recht.denkmalnetzbayern.de.*

Möllers, Christoph, Individuelle Legitimation: Wie rechtfertigen sich Gerichte?, in: Geis, Anna/Nullmeier, Frank/Daase, Christopher, Der Aufstieg der Legitimationspolitik, Baden-Baden 2012, S. 398 ff.

Müller, Bilun, The Effect of the Aarhus Convention`s Right of Access to the Courts in Germany, in: Lohse, Eva Julia/Poto, Margherita, Participatory Rights in the Environmental Decision-Making Process, Berlin 2015, S. 203 ff.

Münch, Ingo von/Kunig, Philip, Grundgesetz, Kommentar, Band 1, 6. Aufl., München 2012.

Mutius, Albert von, Zulässigkeit der Verbandsklage?, VerwArch 64 (1973), 311 ff.

Näckel, Antje/Wasielewski, Andreas, Verbandsklagerecht im Tierschutz – ein Plädoyer, NordÖR 2004, 379 ff.

Neidhardt, Stephan, Nationale Rechtsinstitute als Bausteine europäischen Verwaltungsrechts, Tübingen 2008.

Nettesheim, Martin, Subjektive Rechte im Unionsrecht, AöR 132 (2007), 333 ff.

Neuhäuser, Gert Armin, Die Zulassung der Berufung im Verwaltungsprozess unter den Einwirkungen des Verfassungs- und des Unionsrechts, Berlin 2012.

Niesler, Andre, Individualrechtsschutz im Verwaltungsprozess. Ein Beitrag zur Neujustierung des Rechtsschutzsystems der VwGO, Berlin 2012.

Nietsch, Thomas, Zur Überprüfung der Einhaltung des Datenschutzrechts durch Verbraucherverbände, CR 2014, 272 ff.

Nolte, Jakob, Die Eigenart des verwaltungsgerichtlichen Rechtsschutzes, Tübingen 2015.

Nowak, Carsten, Ausformungen, Wirkungen und Kernfragen des Europäischen Umweltverfassungsrechts, NuR 2015, 375 ff.

Ders., Europäisches Kooperationsverwaltungsrecht, in: Leible, Stefan/Terhechte, Jörg Philipp, Enzyklopädie Europarecht, Band 3, Europäisches Rechtsschutz- und Verfahrensrecht, Baden-Baden 2014, § 34.

Oebbecke, Janbernd, Entwicklungen und Tendenzen im deutschen Denkmalrecht, DVBl. 2015, 1288 ff.

Otto, Christian-W., Rechtsschutz im Umweltrecht nach dem EuGH-Urteil vom 15.10.2015 – C-137/14, NVwZ 2016, 292 ff.

Paal, Boris P./Pauly, Daniel A., Datenschutz-Grundverordnung, München 2017.

Pabel, Katharina, Der Europäische Gerichtshof für Menschenrechte als Verwaltungsgericht, in: Schenke, Ralf Peter/Suerbaum, Joachim, Verwaltungsgerichtsbarkeit in der Europäischen Union, Baden-Baden 2016, S. 121 ff.

Pache, Eckhard, Tatbestandliche Abwägung und Beurteilungsspielraum, Tübingen 2001.

Peine, Franz-Joseph, Zur praktischen Bedeutung der Kodifikationsidee – dargestellt am Umweltrecht und am Gewerberecht, in: Ipsen, Jörn/Schmidt-Jortzig, Edzard, Festschrift für Dietrich Rauschning, Recht – Staat – Gemeinwohl, Köln 2001, S. 669 ff.

Pernice, Ingolf, Kriterien der normativen Umsetzung von Umweltrichtlinien der EG im Lichte der Rechtsprechung des EuGH, EuR 1994, 325 ff.

Ders., Umweltvölker- und europarechtliche Vorgaben zum Verbandsklagerecht und das System des deutschen Verwaltungsrechtsschutzes, JZ 2015, 967 ff.

Pernice-Warnke, Silvia, Effektiver Zugang zu Gericht. Die Klagebefugnis für Individualkläger und Verbände in Umweltangelegenheiten unter Reformdruck, Baden-Baden 2009.

Perrière, Manon/Labrune, Nicolas, Die Reichweite der verwaltungsgerichtlichen Kontrolle, NVwZ 2016, 280 ff.

Pfau, Mario, Wie der Slowakische Braunbär die Luftreinhaltung durchsetzte – Bewertung der Entscheidung des Bundesverwaltungsgerichts vom 05. September 2013 – 7 C 21/12, VBlBW 2015, 357 ff.

Pietzcker, Jost, Die Schutznormlehre – Verständnisse und Mißverständnisse, in: Depenheuer, Otto/ Heintzen, Markus/Jestaedt, Matthias/Axer, Peter, Festschrift für Josef Isensee, Staat im Wort, Heidelberg 2007, S. 577 ff.

Plagemann, Hermann, Prozessrecht – Wandel des Sozialstaates. Herausforderungen an den Sozialrechtsschutz, in: v. Wulffen, Matthias/Krasney, Otto Ernst, Festschrift 50 Jahre Bundessozialgericht, München 2014, S. 813 ff.

Porsch, Winfried, Verwaltungsgerichtlicher Rechtsschutz im Umweltrecht, NVwZ 2013, 1393 ff.

Posser, Herbert/Wolff, Heinrich Amadeus Wolff, Beck'scher Online-Kommentar VwGO, 39. Edition 1.10.2016.

Prantl, Heribert, Sammelklagen in Deutschland wären ein Fehler, Süddeutsche Zeitung v. 27.10.2016.

Precht, Richard David, Tiere denken – Vom Recht der Tiere und den Grenzen des Menschen, München 2016.

Püttner, Günter, Allgemeines Verwaltungsrecht, 7. Aufl., Düsseldorf 1995.

Radespiel, Liane, Die naturschutzrechtliche Verbandsklage, Baden-Baden 2007.

Ramsauer, Ulrich, Die Dogmatik der subjektiven öffentlichen Rechte, JuS 2012, 769 ff.

Ders., Rechtsschutz durch nachvollziehende Kontrolle – Bemerkungen zu Methodik und Technik verwaltungsgerichtlicher Entscheidungsfindung, in: Festgabe 50 Jahre Bundesverwaltungsgericht, Köln u. a. 2003, S. 699 ff.

Redeker, Konrad/v. Oertzen, Hans-Joachim, Verwaltungsgerichtsordnung, Kommentar, 16. Aufl., Stuttgart 2014.

Rehbinder, Eckard/Burgbacher, Hans-Gerwin/Knieper, Rolf, Bürgerklage im Umweltrecht, Berlin 1972.

Reimer, Philipp, Verfahrenstheorie, Tübingen 2015.

Remmert, Barbara, Die nationale Ausgestaltung richtlinienrechtlich geforderter subjektiver Rechtsstellungen. Am Beispiel der Umweltinformationsrichtlinie und der Richtlinien zur Vergabe öffentlicher Liefer- und Bauaufträge, Die Verw. 29 (1996), 465 ff.

Rengeling, Hans-Werner/Szczekalla, Peter, Grundrechte in der Europäischen Union – Charta der Grundrechte und Allgemeine Rechtsgrundsätze, Köln, Berlin, München 2004.

Rennert, Klaus, Funktionswandel der Verwaltungsgerichtsbarkeit?, in: Schenke, Ralf Peter/Suerbaum, Joachim, Verwaltungsgerichtsbarkeit in der Europäischen Union, Baden-Baden 2016, S. 165 ff.

Ders., Funktionswandel der Verwaltungsgerichtsbarkeit?, DVBl. 2015, 793 ff.

Ders., Legitimation und Legitimität des Richters, JZ 2015, 529 ff.

Ders., Referat auf dem 71. DJT, i.E.

Ress, Georg, Partieller Abschied von der Schutznormlehre durch Völkerrecht und Europarecht?, in: Meng, Werner/ders./Stein, Torsten, Europäische Integration und Globalisierung, Festschrift zum 60-jährigen Bestehen des Europa-Instituts, Baden-Baden 2011, S. 449 ff.

Röhl, Hans Christian/Ladenburger, Clemens, Die materielle Präklusion im raumbezogenen Verwaltungsrecht: verfassungs- und gemeinschaftsrechtliche Vorgaben, verwaltungsrechtsdogmatische Einordnung, Berlin 1997.

Rohwetter, Marcus, Auf sie mit Gebrüll!, Die Zeit v. 8.12.2016, S. 35.

Roos, Philipp, Die AGB-Verbandsklage im Urhebervertragsrecht, Baden-Baden 2016.

Rossi, Matthias, Föderale Regelungsbefugnisse für Verbandsklagerechte im Tierschutzrecht, NuR 2016, 733 ff.

Roth, Herbert, Private Rechtsdurchsetzung im Zivilprozess, JZ 2016, 1134 ff.

Ruffert, Matthias, Rechtsprechungsanalyse. Verwaltungsrecht im europäischen Verwaltungsverbund, Die Verw. 48 (2015), 547 ff.

Ders., Subjektive Rechte im Umweltrecht der Europäischen Gemeinschaft, Heidelberg 1996.

Rupp, Hans Heinrich, Kritische Bemerkungen zur Klagebefugnis im Verwaltungsprozeß, DVBl. 1982, 144 ff.

Ders., Popularklage im Umweltschutzrecht?, ZRP 1972, 32 ff.

Ruthig, Josef, Transformiertes Gemeinschaftsrecht und die Klagebefugnis des § 42 II VwGO, BayVBl. 1997, 289 ff.

Ders., Verbandsklagen als Rechtsproblem, in: Geis, Max-Emanuel/Winkler, Markus/Bickenbach, Christian, Von der Kultur der Verfassung, Festschrift für Friedhelm Hufen zum 70. Geburtstag, München 2015, S. 625 ff.

Sachs, Michael/Jasper, Christian, Regulierungsermessen und Beurteilungsspielräume – Verfassungsrechtliche Grundlagen, NVwZ 2012, 649 ff.

Säcker, Franz-Jürgen/Schmidt-Preuß, Matthias, Grundsatzfragen des Regulierungsrecht, Berlin 2015.

Sauer, Matthias, Rechtsschutz in Umweltangelegenheiten im Umbruch? Versuch eines Überblicks zum Stand der Diskussion, ZUR 2014, 195 ff.

Saurer, Johannes, Der Einzelne im europäischen Verwaltungsrecht, Tübingen 2014.

Ders., Die einheitsstiftende Funktion des Rechtsschutzes in der Europäischen Union, RW 2016, 26 ff.

Ders., Großvorhaben als Herausforderung für den demokratischen Rechtsstaat, DVBl. 2012, 1082 ff.

Schärdel, Florian, Die Bücherkodifikation – Untersuchung einer Gesetzgebungstechnik, Baden-Baden 2012.

Schenderlein, Kristin, Rechtsschutz und Partizipation im Umweltrecht, Marburg 2013.

Schenke, Wolf-Rüdiger, Altes und Neues zum Rechtsschutz gegen untergesetzliche Normen, NVwZ 2016, 720 ff.

Ders., Verwaltungsprozessrecht, 14. Aufl., Heidelberg 2014.

Schilken, Eberhard, Der Zweck des Zivilprozesses und der kollektive Rechtsschutz, in: Meller-Hannich, Caroline, Kollektiver Rechtsschutz im Zivilprozess, Baden-Baden 2008, S. 21 ff.

Schink, Alexander, Der slowakische Braunbär und der deutsche Verwaltungsprozess – Anmerkungen zur jüngsten Rechtsprechung des EuGH, DÖV 2012, 622 ff.

Schlacke, Sabine, (Auf)Brüche des Öffentlichen Rechts: von der Verletztenklage zur Interessentenklage, DVBl. 2015, 929 ff.

Dies., Bedeutung von Verfahrensfehlern im Umwelt- und Planungsrecht – unter besonderer Berücksichtigung des Gesetzentwurfs zum UmwRG vom 5.9.2016, UPR Sonderheft 2016, 478 ff.

Dies., Die Europäisierung des Verwaltungs(prozess)rechts durch Umweltrecht: Folgen von Verfahrensfehlern und Präklusion, UTR 2016, 173 ff.

Dies., Die Novelle des Umwelt-Rechtsbehelfsgesetzes – EuGH ante portas?, ZUR 2013, 195 ff.

Dies., Überindividueller Rechtsschutz, Tübingen 2008.

Dies., Zur fortschreitenden Europäisierung des (Umwelt-)Rechtsschutzes – Schutznormdoktrin und Verfahrensfehlerlehre erneut unter Anpassungsdruck, NVwZ 2014, 11 ff.

Schlecht, Anna-Maria, Die Unbeachtlichkeit von Verfahrensfehlern im deutschen Umweltrecht – Einwirkungen der Aarhus-Konvention und des Gemeinschaftsrechts auf die Grenzen gerichtlicher Kontrolle, Berlin 2013.

Schmaltz, Christiane, Die EMRK als Rechtsquelle des europäischen Verwaltungsrechts und Verwaltungsprozessrechts, in: Schenke, Ralf Peter/Suerbaum, Joachim, Verwaltungsgerichtsbarkeit in der Europäischen Union, Baden-Baden 2016, S. 99 ff.

Schmidt-Aßmann, Eberhard, Das allgemeine Verwaltungsrecht als Ordnungsidee, 2. Aufl., Berlin, Heidelberg 2006.

Ders., Die Kontrolldichte der Verwaltungsgerichte: Verfassungsgerichtliche Vorgaben und Perspektiven, DVBl. 1997, 281 ff.

Ders., Kohärenz und Konsistenz des Verwaltungsrechtsschutzes – Herausforderungen angesichts vernetzter Verwaltungen und Rechtsordnungen, Tübingen 2015.

Ders., Umweltrecht – Innovation – Rechtsschutz, EurUP 2016, 360 ff.

Ders., Verwaltungsverfahren und Verwaltungskultur, NVwZ 2007, 40 ff.

Schmidt-Bleibtreu/Hofmann, Hans/Henneke, Hans-Günter, Grundgesetz, Kommentar, 13. Aufl., Köln 2014.

Schmidt-Preuß, Matthias, Gegenwart und Zukunft des Verfahrensrechts, NVwZ 2005, 489 ff.

Ders., Kollidierende Privatinteressen im Verwaltungsrecht, Berlin 1992.

Schmitt Glaeser, Walter, Der freiheitliche Staat des Grundgesetzes, Tübingen 2016.

Schneider, Jens-Peter, Rechtsschutz Regulierungsrecht, in: Fehling, Michael/Ruffert, Matthias, Regulierungsrecht, Tübingen 2010, S. 1200 ff.

Schoch, Friedrich, Das Recht auf informationelle Selbstbestimmung, Jura 2008, 352 ff.

Ders., Die Europäisierung des verwaltungsgerichtlichen Rechtsschutzes, Berlin 2000.

Ders., Individualrechtsschutz im deutschen Umweltrecht unter dem Einfluß des Gemeinschaftsrechts, NVwZ 1999, 457 ff.

Ders., Verwaltungsgerichtsbarkeit, quo vadis?, VBlBW 2013, 361 ff.

Ders./Schneider, Jens-Peter/Bier, Wolfgang, Verwaltungsgerichtsordnung, München, Loseblatt.

Scholz, Rupert, Individualer oder kollektiver Rechtsschutz?, ZG 2003, 248 ff.

Schütte, Peter/Winkler, Martin, Aktuelle Entwicklungen im Bundesumweltrecht, ZUR 2016, 696 ff.

Schulz, Sebastian, Datenschutz als überindividuelles Interesse, ZD 2014, 510 ff.

Schwab, Joachim, Frühe Öffentlichkeitsbeteiligung und behördliche Genehmigungsverfahren, UPR 2014, 281 ff.

Schwarze, Jürgen, Europäische Rahmenbedingungen für die Verwaltungsgerichtsbarkeit, NVwZ 2000, 241 ff.

Ders., EU-Kommentar, 3. Aufl., Baden-Baden 2012.

Ders./Schmidt-Aßmann, Eberhard, Das Ausmaß der gerichtlichen Kontrolle im Wirtschaftsverwaltungs- und Umweltrecht, Baden-Baden 1992.

Schwerdtfeger, Angela, Der deutsche Verwaltungsrechtsschutz unter dem Einfluss der Aarhus-Konvention – Zugleich ein Beitrag zur Fortentwicklung der subjektiven öffentlichen Rechte unter besonderer Berücksichtigung des Gemeinschaftsrechts, Tübingen 2010.

Seibert, Max-Jürgen, Verbandsklage im Umweltrecht, NVwZ 2013, 1040 ff.

Seifert, Ulrich, Fortschritte beim Rechtsschutz in Umweltangelegenheiten nach Art. 9 Abs. 3 Aarhus-Konvention? – Jüngste Lösungsansätze von EuGH und BVerwG, ZEuS 2016, 49 ff.

Seok, Jong Hyun/ Ziekow, Jan, Mediation als Methode und Instrument der Konfliktermittlung im öffentlichen Sektor, Berlin 2010.

Siegel, Thorsten, Ausweitung und Eingrenzung der Klagerechte im Umweltrecht, NJW 2014, 973 ff.

Ders., Die Präklusion im europäisierten Verwaltungsrecht, NVwZ 2016, 337 ff.

Ders., Die Verfahrensbeteiligung von Behörden und anderen Trägern öffentlicher Belange: eine Analyse der rechtlichen Grundlagen unter besonderer Berücksichtigung der Beschleunigungsgesetzgebung, Berlin 2001.

Ders., Europäisierung des Öffentlichen Rechts: Rahmenbedingungen und Schnittstellen zwischen dem Europarecht und dem nationalen Verwaltungsrecht, Tübingen 2012.

Ders., Zur Einklagbarkeit der Umweltverträglichkeit – Wesen und Reichweite von Umwelt-Rechtsbehelfen, DÖV 2012, 709 ff.

Sinner, Wolfgang, Ein Meilenstein für die UVP? Anmerkung zum Urteil des EuGH vom 16.10.2015, Rs. C-137/14, UPR 2016, 7 ff.

Skouris, Vassilios, Auswirkungen der Rechtsprechung des Europäischen Gerichtshofs auf die Funktion der deutschen Verwaltungsgerichtsbarkeit – Zur Reichweite des Urteils des EuGH vom 15.10.2015 in der Rechtssache 137/14, DVBl. 2016, 937 ff.

Ders., Landesrechtliche Einführung der Verbandsklage?, NVwZ 1982, 233 ff.

Ders., Verletzten- und Interessentenklage im Verwaltungsprozeß, Köln 1979.

Sobotta, Christoph, Umweltrecht: Verstoß gegen Verpflichtungen zur Umweltverträglichkeitsprüfung bei bestimmten öffentlichen und privaten Projekten – Anmerkungen, EuZW 2016, 66 ff.

Sodan, Helge/Ziekow, Jan, Grundkurs Öffentliches Recht, 7. Aufl., München 2016.

Dies., Verwaltungsgerichtsordnung, Kommentar, 4. Aufl., Baden-Baden 2014.

Sommerfeldt, Katharina, Die Verbandsklage des Umwelt-Rechtsbehelfsgesetzes, Frankfurt/Main 2016.

Sommermann, Karl-Peter, Die Europäisierung der nationalen Verwaltungsgerichtsbarkeit in rechtsvergleichender Perspektive, in: Schenke, Ralf Peter/Suerbaum, Joachim, Verwaltungsgerichtsbarkeit in der Europäischen Union, Baden-Baden 2016, S. 189 ff.

Spinner, Jasmin, Die Verbandsklage gegen Bebauungspläne aufgrund des Umwelt-Rechtsbehelfsgesetzes, NuR 2011, 335 ff.

Steiger, Dominik, Entgrenzte Gerichte? Die Ausweitung des subjektiven Rechts und der richterlichen Kontrollbefugnisse, VerwArch 107 (2016), 497 ff.

Steinbeiß-Winkelmann, Christine, Europäisierung des Verwaltungsrechtsschutzes Anmerkungen zu einer „unendlichen Geschichte“, NJW 2010, 1233 ff.

Dies., Rechtsschutz bei überlangen Gerichtsverfahren, NJW 2014, 177 ff.

Dies., Verwaltungsgerichtsbarkeit zwischen Überlasten, Zuständigkeitsverlusten und Funktionswandel, NVwZ 2016, 713 ff.

Stelkens, Paul, Einige verwaltungsprozessuale Fragen zur Verbandsklage, DVBl. 1975, 137 ff.

Ders./Bonk, Heinz Joachim/Sachs, Michael, Verwaltungsverfahrensgesetz, 8. Aufl., München 2014.

Stern, Klaus, Das Staatsrecht der Bundesrepublik Deutschland, Band IV/2, München 2011.

Ders./Sachs, Michael, Europäische Grundrechte-Charta, München 2016.

Storost, Ulrich, Erforderlichkeit von Fachkonventionen für die arten- und gebietsschutzrechtliche Prüfung aus verwaltungsrichterlicher Sicht, UPR 2015, 47 ff.

Stuckie, Saskia, Toward Hominid and Other Humanoid Rights: Are We Witnessing als Legal Revolution?, Verfassungsblog v. 30.12.2016.

Stüer, Bernhard, Anmerkung zu EuGH, Urteil vom 16.04.2015 – Rs. C-570/13 (Karoline Gruber), DVBl. 2015, 769 ff.

Ders., Zukunft der Verwaltungsgerichtsbarkeit, Bericht über die Tagung vom 22.4.2016 in der Bucerius-Law-School, DVBl. 2016, 829 ff.

Sußmann, Alexandra, Vollzugs- und Rechtsschutzdefizite im Umweltrecht unter Berücksichtigung supranationaler und internationaler Vorgaben, Würzburg 2006.

Sydow, Gernot, Kohärenz des datenschutzrechtlichen Rechtsschutzes auf nationaler und europäischer Ebene, zum Rechtsschutzregime der Datenschutz-Grundverordnung, ZG 2016, 237 ff.

Thiemann, Christian, Die Konkretisierung unbestimmter Rechtsbegriffe des Verwaltungsrechts im Gefüge der Teilgewalten, in: Pünder, Hermann/Posser, Herbert/Schröder Ulrich Jan, Rechtsgestaltung im öffentlichen Recht, Liber Amicorum für Prof. Dr. Dirk Ehlers zum 70. Geburtstag, München 2015, S. 257 ff.

Ule, Carl Hermann/Laubinger, Hans-Werner, Gutachten B, Empfehlen sich unter dem Gesichtspunkt der Gewährleistung notwendigen Umweltschutzes ergänzende Regelungen im Verwaltungsverfahrens- und Verwaltungsprozeßrecht?, in: Verhandlungen des 52. Deutschen Juristentages, München 1978.

Vetter, Philipp, Bis zu 44.176 Dollar in den USA, 0 Euro in Deutschland, WeltN 24 online v. 2.11.2016.

Voßkuhle, Andreas, Das Kompensationsprinzip, Grundlagen einer prospektiven Ausgleichsordnung für die Folgen privater Freiheitsbetätigung – Zur Flexibilisierung des Verwaltungsrechts am Beispiel des Umwelt- und Planungsrechts, Tübingen 1999.

Ders./Sydow, Gernot, Die demokratische Legitimation des Richters, JZ 2002, 673 ff.

Weber, Teresa, Umweltschutz durch Rechtsschutz?, Wien 2015.

Wegener, Bernhard W., Nein, nein, nein!? – Kein Funktionswandel der Verwaltungsgerichtsbarkeit unter dem Einfluss des Unionsrechts?, JZ 2016, 829 ff.

Ders., Neue Formen der Bürgerbeteiligung? Planung und Zulassung von Projekten in der parlamentarischen Demokratie, in: Verhandlungen des 69. Deutschen Juristentages, Band II/1, München 2012, M 59 ff.

Ders., Rechte des Einzelnen – Die Interessentenklage im europäischen Umweltrecht, Baden-Baden 1998.

Wernsmann, Rainer, Das Vorabentscheidungsverfahren im europäischen Verwaltungsgerichtsverbund, in: Schenke, Ralf Peter/Suerbaum, Joachim, Verwaltungsgerichtsbarkeit in der Europäischen Union, Baden-Baden 2016, S. 147 ff.

Weyreuther, Felix, Verwaltungskontrolle durch Verbände?, Düsseldorf 1975.

Willoweit, Dietmar, Rechtsprechung und Staatsverfassung, JZ 2016, 429 ff.

Windau, Benedikt, Referentenentwurf zur Einführung einer Musterfeststellungsklage: Einer klagt für alle, LTO v. 19.12.2016.

Winter, Gerd, Individualrechtsschutz im deutschen Umweltrecht unter dem Einfluß des Gemeinschaftsrechts, NVwZ 1999, 467 ff.

Wittreck, Fabian, Dritte Gewalt im Wandel – Veränderte Anforderungen an Legitimität und Effektivität?, VVDStRL 74 (2014), 115 ff.

Wolf, Rainer, Zur Entwicklung der Verbandsklage im Umweltrecht, ZUR 1994, 1 ff.

Wollenschläger, Burkard, Wissensgenerierung im Verfahren, Tübingen 2009.

Wollenschläger, Ferdinand, Verfassung im Allgemeinen Verwaltungsrecht: Bedeutungsverlust durch Europäisierung und Emanzipation?, VVDStRL 75 (2016), 187 ff.

Würtenberger, Thomas, Entscheidungen über den Marktzugang nach Regulierungsermessen?, GewArch 2016, 6 ff.

Zeissler, Christian/Schmitz, Vera, Das Urteil des EuGH vom 15.10.2015 in der Rechtssache C-137/14 als Ende der umweltrechtlichen Präklusion?, UPR 2016, 1 ff.

Ziekow, Jan, Das Umwelt-Rechtsbehelfsgesetz im System des deutschen Rechtsschutzes, NVwZ 2007, 259 ff.

Ders., Die Verbandsklage gegen Planungsakte, in: ders., Planung 2000 – Herausforderungen für das Fachplanungsrecht, Berlin 2001, S. 197 ff.

Ders., Europa und der deutsche Verwaltungsprozess – Schlaglichter auf eine unendliche Geschichte, NVwZ 2010, 793 ff.

Ders., Strategie zur Umsetzung der Aarhus-Konvention, EurUP 2005, 154 ff.

Ders., Verfahrensfehler im Umweltrecht – notwendige Nachjustierungen im deutschen Verwaltungsrecht, NuR 2014, 229 ff.

Ders., Von der Reanimation des Verfahrensrechts, NVwZ 2005, 263 ff.

Ders./Siegel, Thorsten, Anerkannte Naturschutzverbände als „Anwälte der Natur“, Berlin 2000.

Zierke, Katayun, Die Steuerungswirkung der Darlegungs- und Beweislast im Verfahren vor dem Gerichtshof der Europäischen Union, Tübingen 2015.

Stichwortverzeichnis